Franz Courth

Trinität
Von der Reformation bis zur Gegenwart

HANDBUCH
DER DOGMENGESCHICHTE

Herausgegeben von

Michael Schmaus † · Alois Kardinal Grillmeier
Leo Scheffczyk · Michael Seybold

Schriftleitung

Michael Seybold · Erich Naab

BAND II

Der Trinitarische Gott · Die Schöpfung
Die Sünde

Faszikel 1c

Trinität
Von der Reformation bis zur Gegenwart

HERDER

FREIBURG · BASEL · WIEN

Franz Courth

Trinität

Von der Reformation bis zur Gegenwart

1996

HERDER

FREIBURG · BASEL · WIEN

Imprimatur. – Freiburg im Breisgau, den 25. April 1996
Der Generalvikar Dr. Bechtold
Satz: Fotosetzerei G. Scheydecker, Freiburg im Breisgau
Druck und Bindung: Freiburger Graphische Betriebe 1996
ISBN 3-451-00741-X

INHALT

VORWORT

Die für die Neuzeit nachzuzeichnende Geschichte des Trinitätsdogmas und seiner lehrmäßigen Auslegung stößt als theologisches Grundproblem auf den von Gotthold Ephraim Lessing beschworenen „garstigen Graben" der Geschichte. Wer diese Epoche bearbeitet, findet dort weniger begriffliche Aneignungsbemühungen als in der Patristik und Scholastik. Vielmehr trifft er verstärkt auf die grundsätzliche Frage, ob und wie Gott im Raum der Geschichte zu erweisen ist. Inwiefern darf sie als Ort seiner heilenden Nähe gewertet werden? Diese Frage zieht sich wie ein roter Faden durch den hier bearbeiteten Zeitraum von der Reformation bis zur Gegenwart.

Wie bei den beiden vorausgegangenen Bänden zur Trinitätsgeschichte der Patristik und Scholastik sei auch hier der Hinweis vorangestellt, daß die Darstellung keine materiale Vollständigkeit beansprucht. Erstrebt ist ein verantwortlicher Überblick, der sich einer vorgegebenen Seitenzahl einzufügen hatte. Wer weiterführende Information sucht, sei auf die entsprechende Literatur verwiesen.

Freundlicher Dank gilt den Herausgebern des von Michael Schmaus begründeten *Handbuchs der Dogmengeschichte* für das Vertrauen, das sie mir mit der Übertragung auch dieses Bandes entgegengebracht haben: dem Hochwürdigsten Herrn Kardinal Alois Grillmeier SJ, meinem verehrten Münchener Lehrer, Prof. Dr. Leo Scheffczyk, sowie Herrn Prof. Dr. Michael Seybold, Eichstätt; er nimmt zudem seit Jahren schon die sensible Aufgabe der Schriftleitung wahr. In den Händen seines bewährten Mitarbeiters, Dr. theol. Erich Naab, lag die redaktionelle Betreuung des Bandes. Bei der Arbeit am Manuskript standen mir als wissenschaftliche Hilfskräfte Frau Dipl. theol. Gisela Hahne und Herr Dipl. theol. Mark Reinhold zuverlässig zur Seite. Für deren Dienst hat die Deutsche Forschungsgemeinschaft dankenswerterweise eine Beihilfe gewährt. In Absprache mit der Schriftleitung wurden die Abkürzungen des neuen LThK[3] verwendet.

Das Buch widme ich der Philosophisch-Theologischen Hochschule der Pallottiner in Vallendar aus Anlaß ihres hundertjährigen Bestehens mit Beginn des Wintersemesters 1996/97. Mehr als dreißig Jahre davon habe ich aktiv miterlebt und nach Kräften mitgestaltet, zuerst als Student, dann als Lehrer. In wechselvollen Jahren ist sie mir zur Alma Mater geworden.

Vallendar, im Januar 1996

Franz Courth, SAC.

TRINITÄT

VON DER REFORMATION BIS ZUR GEGENWART

ALLGEMEINES SCHRIFTTUM: *Régnon* (P 1892–98); *Seeberg* IV/1–2 (L ^{3}1920); *Grabmann G* (Fr 1933, Nachdr. Da 1961); *H. Schauf*, Die Einwohnung des Heiligen Geistes (FThSt 59) (Fr 1941); *A. Michel*, Trinité II. La théologie latine du VIe au XXe siècle: DThC XV/2 (1950) 1702–1830; *Barth PrTh* (Zollikon-Z ^{2}1952), als Siebenstern-Taschenbuch 177/78 (HH 1975); *L. Scheffczyk* (Hg.), Theologie in Aufbruch und Widerstreit (Bremen 1965); *ders.*, Lehramtliche Formulierungen und Dogmengeschichte der Trinität: MySal II (1967) 146–220; *ders.*, Uneingelöste Traditionen der Trinitätslehre: W. Breuning (Hg.), Trinität. Aktuelle Perspektiven der Theologie (QD 101) (Fr-Bs-W 1984) 47–72; ferner in: L. Scheffczyk, Glaube in der Bewährung (St. Ottilien 1991) 87–112; *W. Breuning*, Trinitätslehre: BTZJ III (1970) 21–36; *ders.*, Pneumatologie: ebd. 120–126; *E.J. Fortman*, The Triune God. A historical Study of the Doctrine of the Trinity (Lo 1972); *H. Stephan – M. Schmidt*, Geschichte der evangelischen Theologie in Deutschland seit dem Idealismus (B-NY ^{3}1973); *B. Lohse*, Epochen der Dogmengeschichte (St-B ^{3}1974); *KThD*, 3 Bde. (M 1975); *B. de Margerie*, La trinité chrétienne dans l'histoire (Théologie historique 31) (P 1975); *H. Waldenfels*, Die Offenbarung. Von der Reformation bis zur Gegenwart (HDG I/1b) (Fr-Bs-W 1977); *Joh. Auer*, Gott – der Eine und Dreieine (KKD II) (Rb 1978) 178–228; *M. Greschat* (Hg.), Theologen des Protestantismus im 19. u. 20. Jh., 2 Bde. (St u.a. 1978); *Adam DG* II (Gt ^{4}1981); *Chr. Schütz*, Gegenwärtige Tendenzen in der Gottes- und Trinitätslehre: MySal Erg.Bd. (1981) 264–322; *ders.*, Einführung in die Pneumatologie (Da 1985); *Y. Congar*, Der Heilige Geist (Fr-Bs-W 1982); *I. García-Tato*, Die Trinitätslehre K. Barths als dogmatisches Strukturprinzip (Bad Honnef 1983); *B. Hägglund*, Geschichte der Theologie (B 1983); *HDThG* III (Gö 1984); *W. Löser*, Trinitätstheologie heute. Ansätze und Entwürfe: W. Breuning (Hg.), Trinität. Aktuelle Perspektiven der Theologie (QD 101) (Fr-Bs-W 1984) 19–45; *J. Pelikan*, The Christian Tradition IV-V (Ch-Lo 1984/89); *F. Courth*, Trinität. In der Scholastik (HDG II/1b) (Fr-Bs-W 1985); *ders.*, Trinität. In der Schrift und Patristik (HDG II/1a) (Fr-Bs-W 1988); *ders.*, Der Gott der dreifaltigen Liebe (Pb 1993); *H. Petri*, Glaube und Gotteserkenntnis. Von der Reformation bis zur Gegenwart (HDG I/2c) (Fr-Bs-W 1985); *E. Salmann*, Neuzeit und Offenbarung. Studien zur trinitarischen Analogik des Christentums (StAns 94) (Ro 1986); Persona e personalismi, hg. v. *A. Pavan* u. *A. Milano* (Na 1987); Trinitas. A Theological Encyclopedia of the Holy Trinity, hg. v. *M. O'Carrol* (Wilmington 1987); *E. Dirscherl*, Der Heilige Geist und das menschliche Bewußtsein. Eine theologiegeschichtlich-systematische Untersuchung (Bonner dogm. Studien 4) (Wü 1989); Diccionario teológico El Dios Cristiano, hg. v. *X. Pikaza* u. *N. Silanes* (Sa 1992); *N. Ciola*, La crisi del teocentrismo trinitario nel novecento teologico (Ro 1993); *J. Ackva*, An den dreieinen Gott glauben (FTS 47) (F 1994); *R. Gibellini*, Handbuch der Theologie im 20. Jh. (Rb 1995).

Bibliographien: Bibliotheca Trinitariorum, hg. v. *E. Schadel*, I–II (M u.a. 1984/88); Estudios trinitarios 11/2 (1977) 131–525; 25 (1991); Literaturberichte: RSR 66 (1978) 417–461; 70 (1982) 374–413; 75 (1987) 451–474 *(B. Sesboüé)*; 78 (1990) 97–130 241–268 *(Chr. Theobald).*

Erstes Kapitel

IM RAUM DER REFORMATION

§ 1. Martin Luther

SCHRIFTTUM: *J. Köstlin*, Luthers Theologie in ihrer geschichtlichen Entwicklung und ihrem inneren Zusammenhange, 2 Bde. (St ²1901); *A. Michel*, Trinité III: DThC XV/2 (1950) 1766–1780; *H. Brandt*, Luthers Lehre vom verborgenen Gott (B 1958); *P. Althaus*, Die Theologie Martin Luthers (Gt 1962) 175–177; *M. Lienhard*, La doctrine du Saint-Esprit chez Luther: Verbum Caro 19/Nr.76 (1965) 11–38; *ders.*, Martin Luthers christologisches Zeugnis (B 1980) bes. 237–244; *A. Peters*, Die Trinitätslehre in der reformatorischen Christenheit: ThLZ 94 (1969) 561–569; *ders.*, Verborgener Gott – dreieiniger Gott nach Martin Luther: K. Rahner (Hg.), Der eine Gott und der dreieine Gott (M-Z 1983) 117–140; *H.-M. Barth*, Fides creatrix Divinitatis. Bemerkungen zu Luthers Rede von Gott und dem Glauben: NZSTh 14 (1972) 89–106; *Th. Beer*, Der fröhliche Wechsel und Streit. Grundzüge der Theologie Martin Luthers [L 1974] (Ei ²1980) 491–512; *R. Jansen*, Studien zu Luthers Trinitätslehre (Be-F 1976); *R. Weier*, Das Theologieverständnis Martin Luthers (Pb 1976); *I. García-Tato*, Die Trinitätslehre Karl Barths als dogmatisches Strukturprinzip (Bad Honnef 1983) 11–35; *H. Beintker*, Gott VII: TRE XIII (1984) 662–668 (Lit.); *A. Milano*, La Trinità dei teologi e dei filosofi: l'intelligenza della persona in Dio, in: Persona e personalismi, hg. v. A. Pavan – A. Milano (Na 1987) 1–286, hier 63–72; *A. González Montes*, Reforma: Diccionario teológico El Dios Cristiano, hg. v. X. Pikaza u. N. Silanes (Sa 1992) 1199–1207.

1. *Theologiegeschichtliche Wende*

Martin Luther (1483–1546) ist in vieler Hinsicht ein theologiegeschichtlicher Wendepunkt. Vom Spätmittelalter herkommende Wege erhalten durch ihn eine neue Richtung. Das gilt bekanntermaßen für die Gnadenlehre und die Ekklesiologie. Ebenso ist die Trinitätslehre hier zu nennen. Nicht, als ob auch sie mit zur Kirchenspaltung beigetragen hätte. Aber die spätscholastische Gotteslehre mit ihrer deutlichen Vorliebe zur Distinktion und Subdistinktion erfährt bei Luther eine erkennbare Wende zu einer existentiell lebendigen, christologisch konzentrierten Sicht des Trinitätsgeheimnisses[1].

Wie unterschiedlich aber wird diese Wende wahrgenommen und beurteilt? Da vernimmt man die Meinung: Die Reformatoren, ihnen voran M. Luther, hätten die Trinitätslehre kaum belebt; das Lehrstück sei auch eigentlich nicht ihr Werk. Vertreter dieser Position ist Emil Brunner (1889–1966)[2]. Nach ihm gingen die Reformatoren, ohne das trinitarische Dogma anzutasten, an ihm eher vorbei, als daß sie es zum Gegenstand ihres eigenen Nachdenkens gemacht hätten.

Dieses Urteil dürfte von Brunners eigener Position geleitet sein. Danach ist das Trinitätsdogma im Unterschied zur paulinischen Gnadenlehre nicht biblisches und darum auch nicht kirchliches Kerygma, sondern eine „theologische Schutzlehre für das biblisch-kirchliche Glau-

---

[1] Vgl. *L. Scheffczyk*, Lehramtliche Formulierungen und Dogmengeschichte der Trinität: MySal II 195.

[2] Die christliche Lehre von Gott (Dogmatik I) (Z ⁴1972) 208. Unter Berufung auf ihn *H.-G. Fritzsche*, Lehrbuch der Dogmatik II. Lehre von Gott und der Schöpfung (B 1962) 118.

benszentrum"[3]. Wenn es Luther trotzdem auf die Kanzel gebracht und in seinen Katechismen zum Inbegriff des Glaubens an die rechtfertigende Gnade Gottes gemacht hat, ist dies dann (nur) Ausdruck seines konservativen Sinnes[4]?

Im Unterschied zu Deutungen dieser Art fehlt es nicht an positiven Hinweisen darauf, daß für Luther die Trinitätslehre tragende Grundlage der Rechtfertigungsbotschaft ist und diese mit der Christologie, der Pneumatologie und der Gotteslehre verbindet. Verwiesen wird auf die ausführliche Schriftbegründung; sie mache den eigenständigen Beitrag aus, „welchen die Reformation zur Aneignung des Trinitätsbekenntnisses im Abendland leistete"[5]. Auf der Linie dieser Interpretation erscheint die Würdigung folgerichtig, wonach der Wittenberger Reformator „ein Theologe der Trinität ist"[6]. Im theologiegeschichtlichen Zusammenhang beurteilt, verleihe Luthers inkarnatorische Dynamik auch seiner Trinitätslehre ihren deutlichen Eigenstand. Dies gelte sowohl gegenüber der augustinisch-thomistischen Tradition wie auch gegenüber den vom Deutschen Idealismus inspirierten Entwürfen[7].

Innerhalb dieses weitgespannten Interpretationsrahmens begegnen weitere inhaltliche Hinweise. Luthers Trinitätslehre deute mehr an, als daß sie wirklich entfalte[8]. Er unterlasse Überlegungen zur immanenten Trinität und wende sich gegen spekulative und begriffliche Unterscheidungen der überkommenen scholastischen Schultheologie. Dies stützt die Ansicht, der Reformator vertrete eine modalistische[9] und zugleich subordinatianische Gottes- und Christuslehre[10].

Diese große Deutungsvielfalt läßt auf einen Theologen schließen, den die überkommene Trinitäts*theologie* herausfordert, das Kerygma existentiell vertieft fruchtbar zu machen, und der für seine eigene systematische Antwort, bei aller grundsätzlichen Neuausrichtung, auf der Suche nach einer konsistenten Lösung bleibt.

2. *Existenztheologischer Ansatz*

Bekenntnismäßig steht Luther zum altkirchlichen Christus- und Trinitätsdogma. In den *Schmalkaldischen Artikeln* (1537) sagt der Reformator „Von den hohen Artikeln der göttlichen Majestät", der Trinität und der Menschwerdung: „Diese Artikel sind in keinem Zank noch Streit"[11]. Die trinitätstheologisch bedeutsame Spätschrift *Von den letzten Worten Davids* (1543) formuliert zum Glauben an die Dreipersonalität Gottes: „Und ist solcher Artikel im Papsttum und bei den Schultheologen rein blieben, daß wir mit ihnen darüber keinen Zank haben"[12]. In einer Predigt zum Dreifaltigkeitsfest (1531) äußert sich Luther ausdrücklich zur kirchlich vermittelten Gewißheit des im Apostolicum überlieferten Bekenntnisses. In Kirche und Taufe verwurzelt, zeugt das ganze Gottesvolk für den währenden Bestand des Symbolums. „Das ist das einträchtige Bekenntnis der ganzen Kirche nun über 1500 Jahre lang gewesen; und obwohl durch den Papst der Glaube verdunkelt worden ist, so sind doch die Worte stehengeblieben, um deren willen, die recht im Glauben geblieben

[3] AaO. 209.
[4] *W. Trillhaas*, Dogmatik (B 1962) 118.
[5] *A. Peters*, Die Trinitätslehre in der reformatorischen Christenheit: ThLZ 94 (1969) 561–569, 562.
[6] *I. García-Tato*, Die Trinitätslehre K. Barths (Bad Honnef 1983) 27.
[7] *A. Peters*, Verborgener Gott – dreieiniger Gott nach M. Luther: K. Rahner (Hg.), Der eine Gott und der dreieine Gott (M-Z 1983) 117–140, 126.
[8] *Y. M.-J. Congar*, Regards et réflexions sur la christologie de Luther: Chalkedon II 477.
[9] Ebd. 481; *Th. Beer*, Der fröhliche Wechsel und Streit (Ei ^{2}1980) 501 507.
[10] *M. Lienhard*, M. Luthers christologisches Zeugnis (B 1980) 237, nennt für diesen Einwand K. Holl; so auch *I. García-Tato*, Trinitätslehre 18.
[11] BSLK 415,1.
[12] WA 54,64,19f. Die Luthertexte sind folgend behutsam sprachlich adaptiert.

sind. Da es nun solang in der Christenheit geblieben und nicht erschüttert worden ist, so hast du hier einen festen Grund, auf dem du stehen kannst"[13]. Es liegt auf der Linie dieser traditionsbezogenen Aussage, daß Luther in seinem Werk *Von den Konziliis* (1539) mit kritischer Zustimmung die vier großen Hauptkonzilien akzeptiert[14]; sie hätten das apostolische Christus- und Gottesbekenntnis aufgenommen und gegenüber unbiblischen Neuerungen verteidigt. So artikulieren sie für Luther „ein unentbehrliches Stück seines Glaubens"[15].

Die so bekräftigte Anerkennung des altkirchlichen Dogmas und das entschiedene Nein zu den entgegenstehenden Häresien[16] verbindet Luther mit einer für ihn spezifischen Perspektive. Die Verbindlichkeit der altkirchlichen Konzilien und ihrer Symbole liegt für ihn nicht in ihrer formalen, strukturellen Autorität, sondern darin, wie sie ihm das Wort der Heiligen Schrift zur Sprache bringen und seinen Glauben wecken. Letztes hermeneutisches Prinzip zum Verständnis der Bibel wie der Tradition ist das Bekenntnis: Jesus Christus – mein Erlöser[17]. Sosehr Luther hierfür auf das Konzil von Chalzedon verweist, geht er doch gegenüber der klassischen Christologie einen neuen Weg. Dieser betont deutlicher den einzelnen Gläubigen als Auslegungsinstanz.

In einer Predigt (1525) kann er beispielsweise sagen: „... Christus ist nicht darum Christus genennet, das er zwo Naturen hat, was gehet mich dasselbige an? Sondern er träget diesen herrlichen und tröstlichen Namen von dem Amt und Werk, so er auf sich genommen hat; dasselbige gibt ihm den Namen. Daß er von Natur Mensch und Gott ist, das hat er für sich; aber daß er sein Amt dahin gewendet und seine Liebe ausgeschüttet und mein Heiland und Erlöser wird, das geschieht mir zu Trost und zu Gut; es gilt mir darum, das er sein Volk von Sünden los machen will"[18].

Dieser konzentrierte Blick auf den Gläubigen als Adressaten des Heilshandelns Gottes steht in erkennbarer Spannung dazu, wie etwa Thomas von Aquin (1225/26–1274) seine Eucharistie*lehre* dem Eucharistie*glauben* der Kirche ein- und unterordnet. Ausdruck dafür ist etwa jenes Gebet, das Thomas beim Empfang der Wegzehrung gesprochen hat: „... Dich habe ich gepredigt und gelehrt. Gegen dich habe ich niemals etwas gesagt; ich bin auch nicht rechthaberisch gewesen. Sollte ich aber über dieses Sakrament falsch gelehrt haben, überlasse ich es ganz der Korrektur durch die heilige römische Kirche, in deren Gehorsam ich nun aus dem Leben scheide"[19]. Thomas bindet seine religiöse Existenz ganz in den umgreifenden Raum der Kirche ein; von ihr weiß er sich getragen und auch korrigiert.

Luther setzt die Akzente anders. Er kontrapunktiert den Blick auf die kirchliche Gemeinschaft mit dem nachdrücklichen Hinweis auf das „für mich" der Erlösungstat Jesu. Sie ist der Kern des christlichen Glaubens und der entsprechenden Theologie. Sofern der Reformator von Gott spricht, hat sein Wort stets diesen heilshaft-existentiellen Bezug. Gott „in natura et maiestate sua" will er auf sich beruhen lassen und ihn nur als den in Jesus Christus inkarnierten erkennen[20]. Christliche Rede von

---

[13] WA 34/I 498–504, hier 502,18–503,3; Calwer Luther-Ausgabe V. Hg. v. W. Metzger (Siebenstern-Taschenbuch 76) (M-HH 1966) 251.

[14] WA 50,509–624, bes. 605 ff.

[15] *P. Althaus*, Theologie Luthers (Gt 1962) 289; vgl. *O. H. Pesch*, Hinführung zu Luther (Mz 1982) 225 f.

[16] Vgl. u. a. Vom Abendmahl Christi (WA 26,500,10 f.).

[17] Vgl. *P. Althaus*, Theologie Luthers 159–175; *O. H. Pesch*, Hinführung 253–259; *Y. Congar*, Martin Luther, sa foi, sa réforme (P 1983) 31–49.

[18] WA 16,217,33–218,16.

[19] *Wilhelm v. Tocco*, Vita S. Thomae Aq. (ActaSS VII, Martii I 656–684, 675).

[20] *Y. Congar*, Martin Luther 22. I. Disp. gegen die Antinomer (1527) (WA 39/I 370,13): „Deus in natura et maiestate sua est adversarius noster, exigit legem et minatur transgressoribus mortem".

Gott ist für Luther Rede vom gekreuzigten Erlöser. Er ist der Spiegel des väterlichen Herzens Gottes[21]. Vom Evangelisten Johannes und von Paulus sagt Luther, „daß sie so fest ineinander binden und hoffen Christum und den Vater, auf daß man lerne, von Gott nichts zu denken denn in Christo“[22].

Diese soteriologische Grundausrichtung auf den sich in Inkarnation und Kreuzigung entäußernden Christus läßt Luther nicht nur die bereits erwähnte Zurückhaltung vor der Zwei-Naturen-Christologie üben; er empfindet sie in der Frühphase der Reformation ebenso vor der immanenten Trinitätslehre. Hier warnt er vor den Subtilitäten und Vernünfteleien der theologischen Lehrer und verweist auf das einfache Wort Gottes. Darauf zu hören ist dem Christen aufgetragen; er soll aber nicht in die göttliche Majestät hineinschauen. „Wer kann besser von Gott reden als er selbst? Er weiß selbst am besten, was er ist und was er nicht ist. Wer besser davon reden will, der macht's entweder dunkler und ärger, oder bringt er es dahin, daß andere noch weniger davon verstehen ... Darum stillgeschwiegen mit der Vernunft und kurzum die Ohren hergehalten und auf das gehorcht, was Gott sagt“[23]!

Mit diesen beiden Grundsätzen nimmt Luther die überlieferte Trinitätslehre auf und gibt ihr neue, lebendigere Konturen: Es ist sein konzentrierter Blick auf das pro me der Erlösung Jesu und damit verbunden der Verweis auf das Gotteswort der Heiligen Schrift. Dieser Rahmen hebt nach Luther die konstitutiven Aussagen des trinitarischen Bekenntnisses hervor und macht auf die begrenzte Reichweite theologischer Vermittlung aufmerksam.

Bevor wir die theologischen Konturen von Luthers Trinitätsglauben und -lehre weiter zu heben und deutlicher zu profilieren versuchen, seien zunächst einige seiner Bekenntnisaussagen angeführt. Sie lassen bereits erkennen, daß ihr Gehalt mehr ist als überkommenes Traditionsgut oder unentfaltetes Ideenbündel. Der Reformator sieht hier das Zentrum des christlichen Gottesglaubens und seiner heilvollen Dynamik angesprochen.

3. Christliches Gottesbekenntnis

Gegenüber dem Gottesglauben der Juden wie auch dem der Muslime (Türken) ist der Dreieinigkeitsglaube *Kristallisationspunkt* der christlichen Botschaft. Beide Religionen, so Luther, machen der Kirche gegenüber geltend, „es gebe keine schändlicheren Leute auf Erden als die Christen, die wohl von *einem* Gott predigen und doch drei Götter anbeten“. Wegen dieses Einwandes, aber auch wegen antitrinitarischer Äußerungen aus Schwärmergruppen sind die Prediger gehalten, die Gläubigen ausdrücklich in das „Hauptstück“ des christlichen Bekenntnisses einzuführen. Andernfalls „könnte es alsbald geschehen, daß wir durch falsche Propheten zum türkischen Glauben verführt würden“. Fehlt beim trinitarischen Bekenntnis ein Artikel, „so ist alles verloren“[24].

Entsprechend eindeutig äußert sich Luther in seinen Konfessionsschriften. Als Auftakt der *Schmalkaldischen Artikel* steht das Bekenntnis zum dreieinigen Gott:

[21] WA 30/I 192,5.
[22] WA 45,519,24–26.
[23] WA 34/I 500,9–501,3; Calwer Luther-Ausgabe V 249.
[24] WA 34/I 498,19–499,13; Calwer Luther-Ausgabe V 247.

„1. Daß Vater, Sohn und Heiliger Geist, drei verschiedene Personen in *einem* göttlichen Wesen und Natur, alleiniger Gott ist, der Himmel und Erde geschaffen hat; 2. Daß der Vater von niemand, der Sohn vom Vater geboren ist, der Heilige Geist vom Vater und Sohn ausgeht; 3. Daß nicht der Vater und nicht der Heilige Geist, sondern der Sohn Mensch geworden ist“[25]. Bringt Luther hier ausdrücklich auch das innergöttliche Beziehungsverhältnis zur Sprache, so tritt dieser Aspekt im *Kleinen* (1529)[26] und *Großen Katechismus* (1529)[27] zurück. Statt, wie sonst üblich, das Glaubensbekenntnis in zwölf Artikel zu gliedern, will Luther es in drei Hauptartikeln zusammenfassen, „den drei Personen der Gottheit entsprechend, auf die sich alles bezieht, was wir glauben. Der erste Artikel, von Gott dem Vater, möge also die Schöpfung erklären; der zweite, von dem Sohn, die Erlösung; der dritte, von dem Heiligen Geiste, die Heiligung, als wäre der Glaube in allerkürzester Form in folgende wenige Worte gefaßt: ‚Ich glaube an Gott Vater, der mich geschaffen hat; ich glaube an Gott den Sohn, der mich erlöst hat; ich glaube an den Heiligen Geist, der mich heilig macht‘. *Ein* Gott und *ein* Glaube, aber drei Personen, darum auch drei Artikel oder Bekenntnisse“. In seinen katechetischen Deutungen unterstreicht Luther die heilsökonomische Bewegung des Apostolicums und läßt die immanente Trinität unerwähnt[28]. Es bleibt als einendes Band die paulinischen Formeln (vgl. Eph 4, 5) nachempfundene Wendung: „*Ein* Gott und *ein* Glaube, aber drei Personen“. Den Vater kennzeichnet die Schöpfung, den Sohn die Erlösung und den Heiligen Geist die Heiligung.

Wie sehr Luther im Trinitätsbekenntnis die Mitte des christlichen Gottes- und Erlösungsglaubens zusammengefaßt sieht, zeigt der unterscheidende Vergleich mit den Zehn Geboten. Diese nennen, was *wir* tun sollen; jenes sagt, was *Gott* uns tut und gibt. Diese beinhalten Gottes Forderung; jenes „bringt lauter Gnade, macht rechtschaffen und Gott angenehm“[29]. Deshalb ist mit dem Trinitätsbekenntnis auch die Grenze zu den Anhängern der anderen Religionen gezogen, „seien es Heiden, Türken, Juden oder falsche Christen und Heuchler“. Sosehr sie *einen* Gott bekennen und anbeten, wissen sie aber doch nicht, in welchem Maß dieser sie umsorgt. Ihr Bild Gottes läßt sie von ihm weder Liebe noch etwas Gutes erhoffen; so bleiben sie in ewigem Zorn und Verdammnis. „Denn sie haben den Herrn Christus nicht und sind auch mit keinen Gaben durch den Heiligen Geist erleuchtet und begnadet“[30]. Der Trinitätsglaube bekennt nach Luther die *Selbst*mitteilung des lebendigen Gottes. Als Schöpfer und Ursprung aller Gaben, als liebender Erlöser der Sünder sowie als *göttliche* Heilsgabe und Lebensspender hat er den Menschen mit sich verbunden. Gott schenkt *sich* im Akt der Schöpfung, mehr noch im Leben und Geschick Jesu Christi sowie im Wirken des Heiligen Geistes. Wo Luther dieses Heilsband gelockert sieht, sei es im Subordinatianismus der Alten Kirche oder in den verschiedenen Formen des zeitgenössischen Unitarismus, weiß er den christlichen Erlösungsglauben fundamental bedroht. Dagegen setzt er sich mit aller Kraft des Herzens, des Geistes und der Sprache zur Wehr.

---

[25] Art. I 1–3 (BSLK 414,12–19; Calwer Luther-Ausgabe I. Hg. v. W. Metzger [Siebenstern-Taschenbuch 7] [M – HH 1964] 180).
[26] BSLK 510f.
[27] BSLK 647; Calwer Luther-Ausgabe I 91f.
[28] *A. Peters*, Trinitätslehre 563f.
[29] Großer Katechismus 3. Art. (BSLK 661,23–35; Calwer Luther-Ausgabe I 104).
[30] Ebd. (BSLK 661,5–18; Calwer Luther-Ausgabe I 103).

4. Rezeption der alten Konzilien

Luthers Erlösungsverständnis ist in seiner christologischen Zuspitzung dem der Alten Kirche verbunden[31]. Das gilt vor allem im Hinblick auf die göttliche Natur Jesu. Hier würde aus der Sicht des Reformators jede einschränkende Sicht das Heil des Menschen berühren und dem Zeugnis der Heiligen Schrift widerstreiten.

Im Rückblick auf die altkirchlichen Konzilien kritisiert Luther bei Arius (ca. 260 – ca. 336) die subordinatianische Christologie. Dessen Lehre, der Erlöser sei Geschöpf, stehe die biblische Botschaft von der Gottheit Christi entgegen. Weil es diesen Glauben aufnehme, sei das nizänische Bekenntnis zur Wesensgleichheit des Sohnes mit dem Vater keine neue Erfindung; es bringe vielmehr apostolische Überlieferung zur Sprache[32].

Nestorius (nach 381 – ca. 451) gegenüber wendet Luther ein, die communicatio idiomatum ignoriert zu haben. Die Einheit von Gottheit und Menschheit in Christus bleibe für den Patriarchen von Konstantinopel äußerlich. Sich aus der Menschwerdung ergebende Aussagen könnten nach ihm nicht den Sohn Gottes betreffen. Dem erwidert der Reformator: Die Einheit von Gott und Mensch in Christus ist so eng, daß von ihr her ein Austausch der göttlichen und menschlichen Eigentümlichkeiten möglich und um unseres Heiles willen geboten ist.

> „Christus ist Gott und Mensch in einer Person, darum, was von ihm geredet wird als Mensch, das muß man von Gott auch reden, nämlich: Christus ist gestorben; und Christus ist Gott; darum ist Gott gestorben, nicht der abgesonderte Gott, sondern der vereinigte Gott mit der Menschheit; denn vom abgesonderten Gott ist beides falsch, nämlich daß Christus Gott sei und Gott gestorben sei; beides ist falsch, denn da ist Gott nicht Mensch. Dünkts aber Nestorium wunderlich zu sein, daß Gott stirbt, sollt er denken, daß ja so wunderlich ist, daß Gott Mensch wird, denn damit wird der unsterbliche Gott dasjenige, so sterben, leiden und alle menschliche Idiomata haben muß“[33].

Auf diese Weise unterstreicht Luther deutlich die Einheit des göttlichen und menschlichen Seins Christi. Neigte der Reformator zum Monophysitismus[34]? Zumindest fällt es ihm schwer, die chalzedonische Christologie in ihrer ausgewogenen Dialektik zu verstehen[35]. Wohl greift er in der *Weihnachtspostille* zu Joh 1, 1–14 (1522) die in Chalzedon gefundene Sprachregelung auf, um mit ihr den christlichen Gottesglauben zu formulieren. Dabei hält er Sabellius (3. Jh.) entgegen, die göttlichen Personen ineinander zu mischen, während Arius die Naturen scheide. „Aber die Wahrheit des christlichen Glaubens geht mitten hindurch, lehret und bekennt *unvermischte* Person und *unzerteilte Natur*. Eine andere Person ist der Vater als der Sohn; aber er ist nicht ein anderer Gott“[36]. Chalzedon bezieht das *unvermischt* und *ungetrennt* auf die beiden Naturen Christi[37]; der Prediger überträgt sie hier in den trinitätstheologischen Zusammenhang.

---

[31] Vgl. *M. Lienhard*, M. Luthers christologisches Zeugnis 231ff.

[32] Von den Konziliis (WA 50, 551, 33–552, 3).

[33] Ebd. (WA 50, 589, 22–31; *M. Luther*, Ausgewählte Werke Erg.-Bd. VII, hg. v. H.H. Borchert u. G. Merz [M ³1963] 77f.).

[34] *M. Lienhard*, M. Luthers christologisches Zeugnis 237.

[35] WA 50, 602, 7; vgl. *M. Lienhard*, aaO. 237; *Y. Congar*, Martin Luther 102.

[36] WA 10/I. 1, 191, 11–13.

[37] DH 302.

Luthers soteriologisches Anliegen, die geschichtliche Gegenwart Gottes zu betonen, leitet ihn auch bei der Frage nach der Gottheit des Heiligen Geistes. Sie sieht er von den Pneumatomachen bestritten. Ihnen zufolge wäre der Heilige Geist „nicht rechter Gott, sondern eine Creatur Gottes“[38]. Dies widerspreche aber der Sendung und Aufgabe des Trösters, zu Christus hinzuführen, Sünden zu vergeben und übernatürliches Leben zu stiften. Die Argumentation ist wie bei der göttlichen Wesensgleichheit des Sohnes. Wenn der Heilige Geist nicht Gott wäre, „so hättest du weder Vergebung der Sünden noch ewiges Leben“. Da solch göttliches Wirken wie dem Vater, so dem Sohn und dem Geist zugeschrieben wird, „so sind sie alle drei Gott“[39].

5. *Immanente Trinität*

Weil Luther das Trinitätsbekenntnis als den die Heils- und Erlösungsgeschichte einenden *Gottes*glauben zu entfalten sucht, faßt er ihn mit der augustinischen Formel zusammen: „Opera trinitatis ad extra sunt indivisa“[40]. Das an die Namen des Vaters, des Sohnes und des Heiligen Geistes geknüpfte Heilswirken ist wesenhaft *Gottes* geschichtliche Tat. Wie diesen *theo*-logischen Aspekt betont Luther auch dessen innertrinitarische Dimension. Es ist nicht einfachhin Gott, der die Geschichte des Menschen führt und durchwaltet, sondern der Vater, der Sohn und der Heilige Geist. Um dieser drei Namen und ihres heilsgeschichtlichen Profils willen spricht Luther von der *immanenten* Trinität. An sie die Heilsgeschichte zurückzubinden ist für den Reformator mehr als überkommenes Erbe; es liegt vielmehr in der Logik seines Offenbarungsverständnisses. Dieses gipfelt darin, daß die durch den Vater, den Sohn und den Heiligen Geist verwirklichte Vollendung des Heils „zur Ewigkeit Gottes selbst gehört“[41]. Was in Person und Geschichte Jesu aufscheint, was das Wirken des Heiligen Geistes bewegt, wurzelt in Gottes dreifaltigem Leben.

Diesem Gedanken vertieft nachzugehen, dazu wird Luther in den einzelnen Epochen seines Wirkens mit unterschiedlichem Nachdruck herausgefordert[42]. Zu den klassischen Kontrahenten wie die Schultheologie des Mittelalters, aber auch Judentum und Islam, kommen zu Beginn der dreißiger Jahre die das altkirchliche Dogma kritisierenden Schwärmer. Mit dieser Phase der Reformation werden Luthers Antworten zunehmend deutlicher. Begnügt er sich in den zwanziger Jahren damit, auf das biblische Zeugnis zu verweisen und trinitätstheologische Spekulationen zu kritisieren, so beschäftigen ihn seit der Mitte der dreißiger Jahre wieder Fragen der immanenten Trinitätslehre.

Das gilt besonders für die bereits erwähnte Juden-kritische Schrift „Von den letzten Worten Davids“ (1543)[43]. Es handelt sich um eine Auslegung von 2 Sam 23, 1–7.

---

38 Von den Konziliis (WA 50,575,17–18).

39 Predigt am Dreieinigkeitsfest (1531) (WA 34/I 502,13–14).

40 Von den letzten Worten Davids (WA 54,23). Vgl. *Augustinus*, Trin. I 4,7; Serm. 213,6,6.

41 *M. Lienhard*, M. Luthers christologisches Zeugnis 239.

42 *R. Jansen*, Studien zu Luthers Trinitätslehre (Be-F 1976) bes. 207–210, zeichnet ein diachrones Bild der Trinitätslehre Luthers. Sein Ergebnis lautet: „Die Trinitätslehre ist … sowohl kurze Zusammenfassung des Glaubens Luthers als auch conditio sine qua non seiner Theologie. Als solche ist sie weitgehend in seine Theologie integriert, so daß man sie nicht einfach herausbrechen könnte, ohne damit das Ganze seiner Theologie zu verändern“ (224).

43 WA 54,28–100.

Dabei sind ihm vor allem die Verse 2 und 3 für die Lehre vom dreieinigen Gott und der Göttlichkeit des Sohnes bedeutsam. Luther selber übersetzt: „Der Geist des Herrn hat durch mich geredet. Und seine Rede ist durch meine Zunge geschehen. Es hat der Gott Israels zu mir gesprochen. Der Hort Israels hat geredet. Der gerechte Herrscher unter den Menschen, der Herrscher in der Furcht Gottes". Hier ist, so Luther, insofern vom dreieinigen Gott die Rede, als David, vom Heiligen Geist bewegt, von Israels Gott, dem Vater, spricht, aber auch vom Sohn, dem Hort seines Volkes. In beiden Versen bekenne David „die zwei höchsten Artikel, daß in Gott drei unterschiedliche Personen seien. Und die eine, der Sohn, Mensch werden sollt, und das Reich und Ehre von dem Vater über alles empfangen. Und der Heilige Geist solchs in der Menschen Herz durch den Glauben schreiben, der zuvor auch verkündigt hat, durch den leiblichen Mund und Zungen der Propheten"[44].

Innerhalb dieses Zusammenhangs verweist Luther auch auf das Gen 1, 3 sowie Joh 1, 3 anklingende Schöpfungswort. Weil es *bei Gott ist* und *Kreatur stiftet*, komme ihm göttliches Wesen zu. „Also zeuget Mose und Sanct Johannes, daß Gott und das Wort gewißlich zwo unterschiedliche Personen, und gleich wohl alle beide ein einiger Schöpfer und Gott sind, in dem einigen göttlichen Wesen unzertrennet"[45]. Was da von der Schöpfung an bis hin zur Geschichte des Sohnes und zur Sendung des Heiligen Geistes an Trinitätsoffenbarung erfolgt, ist Ausdruck innergöttlichen Lebens. Danach ist es bleibende Eigentümlichkeit des Vaters, einem Quell gleich, dem Sohn in ewiger Zeugung und Geburt die Gottheit zu geben. Vom Vater und vom Sohn kommt es dem Heiligen Geist zu, göttlicher Lebensspender zu sein. Die innergöttliche Dynamik geht vom Vater aus zum Sohn und von beiden zum Heiligen Geist, keinesfalls aber umgekehrt[46]. Die hier angesprochene Zeugung versteht Luther in der Tradition Augustins (354–430) und des Hilarius von Poitiers (315–367) sowie mit differenziertem Verweis auf Petrus Lombardus (um 1095–1160). Danach sind die beiden innergöttlichen Hervorgänge „relative" und nicht „absolute" gemeint. Mit dieser Unterscheidung will Luther die trinitarischen Personen als Prinzipien des trinitarischen Lebensaustauschs betont wissen, nicht aber das göttliche Wesen[47].

Diese innertrinitarische Perspektive setzt sich für Luther mit der Inkarnation fort. Diese ist geschichtlicher Ausdruck des innergöttlichen Ursprungs des Sohnes im Vater. Sosehr dem Menschgewordenen die Fülle der Gottheit zukommt (vgl. Kol 2, 9), „ist doch damit der Vater und Heiliger Geist derselben Gottheit nicht beraubet, sondern mit dem Sohn und Menschen Christo ein einiger Gott"[48]. Ähnliches gilt vom Heiligen Geist[49]. Wie den Sohn seine ewige Zeugung *und* die zeitliche Geburt bestimmen, so prägten den Heiligen Geist sein innergöttlicher Hervorgang *und* seine Sendung in die Zeit. Ist die geschichtliche Geburt des Sohnes äußeres Zeichen seines ewigen Ursprungs, so artikuliert die geschichtliche Dynamik des Heiligen Geistes seine innertrinitarische Herkunft. Diese Parallelität von Inkarnation und

---

[44] WA 54, 36, 33–37.
[45] WA 54, 56, 25–28.
[46] WA 54, 63, 29ff.
[47] Die Promotionsdisputation von G. Major u. Joh. Faber (1544) (WA 39/II bes. 295, 13–21; 316, 16–25). Vgl. *M. Lienhard*, M. Luthers christologisches Zeugnis 242.
[48] WA 54, 60, 22–24.
[49] WA 54, 64, 14–18.

Sendung des Heiligen Geistes ist für das theologische wie für das pastorale Schrifttum Luthers charakteristisch[50].

Luthers behutsam an Augustinus orientierte Überlegungen zum Eigenstand der trinitarischen Personen mögen manchem recht abstrakt und zu subtil erscheinen sowie der akademischen Ausbildung vorzubehalten sein. Und doch sind sie in den Augen des Reformators notwendig für die Auseinandersetzung mit Sabellius, dem Judentum, dem Islam und aktuellen Häresien. Insbesondere ihnen gegenüber „ists nutz und not, daß doch ettliche, beide Laien und Gelehrte, sonderlich Pfarrherrn, Prediger und Schulmeister, von solchen nötigen Artikeln unseres Glaubens auch lernen denken und Deutsch reden“[51].

Der Verweis auf die *apologetische* Bedeutung von Luthers immanenter Trinitätsbetrachtung weckt die Frage nach ihrem grundsätzlichen theologischen Stellenwert. Hat sie nur die dienende Funktion, eine Hilfslehre zu sein, das biblische Bekenntnis zum ewigen Vater, zum göttlichen Wort und Sohn sowie zum Leben spendenden Heiligen Geist vor Mißverständnissen zu schützen? Oder ist sie zuinnerst mit den ersten Glaubensartikeln verbunden? Als deren möglichen, hilfreichen Rahmen wertet Luther die augustinische Relationslehre. So wie der Blick auf die innergöttlichen Hervorgänge will sie mithelfen, den Glauben zu bekennen, „daß die einige Gottheit nicht zertrennet, noch die Personen ineinander gemenget werden sollen“[52]. Es ist das biblisch begründete Bekenntnis zum dreieinen Gott, zum allmächtigen Schöpfer und Vater, zu seinem ewig präexistenten und Mensch gewordenen Sohn und Wort sowie zum Heiligen Geist als Vermittler göttlichen Lebens.

6. *Dynamische Gotteslehre*

Dieser konzentrierte Blick auf den Kern des christlichen Trinitätsbekenntnisses erhält weitere Konturen durch die besondere *Dynamik*, ja *Dramatik* des Luther'schen Gottesbildes. Mehr als die Frage nach der seinshaften Natur des dreifaltigen Gottes und dessen Abbildlichkeit in der Schöpfung, vor allem im Geistesleben des Menschen, bewegt den Reformator das Mensch und Welt ergreifende Wirken Gottes. Unserem Verstehen entzogen und dem Sinnen des Sünders verschlossen, tritt der heilige Gott aus seiner Allgegenwart heraus und geht im Mensch gewordenen und gekreuzigten Jesus Christus auf den in sich verschlossenen Menschen zu. Kraft des Heiligen Geistes wird der Gläubige in das gnädige Geheimnis Gottes erhoben. Dieser göttlichen Bewegung vom Vater her und zu ihm hin, durch den Sohn im Heiligen Geist entspricht das weisende Wort Luthers im *Großen Katechismus*[53]: Wir können „nimmermehr dazu kommen, des Vaters Huld und Gnade zu erkennen, ohne durch den Herrn Christus. Er ist ein Spiegel des väterlichen Herzens; ohne ihn würden wir nichts als einen zornigen und schrecklichen Richter sehen. Von Christus aber könnten wir auch nichts wissen, wenn es nicht durch den Heiligen Geist geoffenbart wäre“. Durch das vom Heiligen Geist erschlossene und im Glauben angenommene biblische Christuszeugnis vollzieht sich der Lebensweg des Gerechtfertigten als

---

50 *M. Lienhard*, La doctrine du Saint-Esprit chez Luther: Verbum Caro 19/Nr.76 (1965) 11–38,18.

51 WA 54,59,2–5.

52 WA 54,59,9–10.

53 3. Art. (BSKL 660,38–47; Calwer Lutherausgabe I 103).

Mit- und Nachgehen des gekreuzigten Erlösers hin zum Vater. Trinitätsglaube und ihn auslegende Lehre sind für Luther Antwort auf die erlösende Selbstoffenbarung Gottes; er erscheint in der unauflösbaren Spannung von völliger Entzogenheit und heiligender Nähe[54].

Dieser trinitarische Grundgedanke bleibt für das Gesamtverständnis christlicher Existenz nicht unentfaltet. Er fließt ein in Luthers Sicht der Heiligen Schrift, der Sakramente und damit der Kirche. Zusammen mit Taufe und Eucharistie ist das biblische Zeugnis für Christus bevorzugter Ort für das den Glauben weckende Wirken des Geistes. Er ist die belebende Seele des heiligen Textes ebenso wie die der heiligen Zeichen. Beide, die Bibel wie die Sakramente, sind Brücke, Steg, Weg und Leiter des göttlichen Geistes zum Menschen. Sie dürfen nicht übergangen oder gar umgestürzt werden, wie Luther Thomas Müntzer (1490?–1525) und seiner Bewegung entgegenhält. Wort und Sakrament sind Werkzeuge Gottes für unser Heil. In einer Predigt (1525) unterstreicht der Reformator, „wo Gottes Wort gepredigt wird, daß daselbst auch seine Frucht folge und sein müsse. Weil wir nun das Wort Gottes haben, so muß Gottes Geist auch bei uns sein. Wo aber der Geist ist, da muß auch der Glaube sein; er sei auch, wie schwach er wolle, ob man ihn gleich nicht siehet"[55]. Luther geht es darum, Verkündigung und Sakramente als reines Gnadengeschenk zu verstehen, als Ereignis, in dem Gott auf den Gläubigen zukommt und ihm seinen erneuernden Geist mitteilt. Einer Wirksamkeit der Sakramente ex opere operantis tritt er ausdrücklich entgegen. Wie die Verkündigung stehen die heiligen Zeichen für das erlösende Handeln Gottes am sündigen Menschen[56]; dieser ist nunmehr geheiligt. Von seiner natürlichen Herkunft samt allem religiösen Bemühen her gesehen, ist und bleibt der Gläubige Sünder. Sofern er sich aber im Wirkbereich des dreieinigen Gottes stehend weiß, darf er als wahrhaft erneuert gelten und ist es auch.

Dies mag folgender Text[57] verdeutlichen, mit dem Luther die falsche, weil vermeintlicherweise zu erwerbende, menschliche Heiligkeit unterscheidet von der wahren, weil der geschenkten, göttlichen Gabe. „Nicht aus mir bin ich heilig, sondern durch Christi Blut, damit ich besprengt, ja gewaschen bin in der Taufe, item durch sein Euangelion, so täglich über mir gesprochen wird. Darum ist solche närrichte, falsche und schädliche Demut nicht zu loben, daß du um deiner Sünd willen wolltest verleugnen, daß du heilig seiest; denn das wäre Christus Blut und Taufe verleugnet ... Ob ich wohl ein armer Sünder bin, so ist doch Christus heilig mit seiner Taufe, Wort, Sakrament und Heiligem Geist. Das ist die einige, rechte Heiligkeit, uns von Gott gegeben ... Er [der Heilige Geist] hat mich getauft und das Euangelion von Christo gepredigt und mein Herz erweckt zu glauben. Die Taufe ist ja nicht aus mir gewachsen, das Euangelion und der Glaube auch nicht, sondern er hat es mir gegeben. Denn die Finger, so mich getauft haben, sind nicht des Menschen, sondern des Heiligen Geistes Finger. Und des Predigers Mund und Wort, das ich gehört habe, ist nicht sein, sondern des Heiligen Geistes Wort und Predigt, der da durch solch auswendig [= äußeres] Mittel inwendig den Glauben gibt und also heiliget. Darum so wenig als wir sollen leugnen, daß wir getauft und Christen sind, so wenig sollen wir auch leugnen oder in Zweifel stellen, daß wir heilig sind".

Es ist eine hervorhebenswerte Besonderheit gegenüber Augustinus und deutlicher noch gegenüber Petrus Lombardus[58], wenn Luther den Heiligen Geist nicht als

---

[54] *A. Peters*, Verborgener Gott 135f.

[55] WA 17/I 434,11–15.

[56] Vgl. *W. Schwab*, Entwicklung und Gestalt der Sakramententheologie bei Martin Luther (F 1977) 374–389.

[57] Das XIV. und XV. Capitel S. Johannis (WA 45,616,5–36).

[58] Vgl. *F. Courth*, Trinität. In der Schrift und Patristik (HDG II/1a) (Fr-Bs-W 1988) 205; *ders.*, Trinität. In der Scholastik (HDG II/1b) (Fr-Bs-W 1985) 89.

unmittelbares Band zwischen Gott und Mensch sieht. Für den Sentenzenmeister ist der Heilige Geist als innertrinitarische Liebe zwischen Vater und Sohn ebenso jene Liebe, mit welcher der Gläubige Gott und den Nächsten liebt. Im Pneuma ist der dreifaltige Gott Geber und Gabe zugleich; durch ihn wohnt die ganze Trinität im Menschen. Luther dagegen sieht den Heiligen Geist als *Gottes schöpferische Kraft* im verkündeten Wort und im gefeierten Sakrament; er will hier ein „striktes Gegenüber"[59] gewahrt wissen. Statt sich *unmittelbar* dem Gläubigen zu verbinden, wirkt der Heilige Geist *indirekt* durch das Wort der Schrift und der Predigt sowie durch die sakramentalen Zeichen als seine Instrumente.

In dieser trinitätstheologischen Perspektive ist die Kirche mehr als ein Verbund selbstberufener Enthusiasten, wie bei der Bewegung Thomas Müntzers; auch ist sie mehr als der Wirkbereich heilige Herrschaft beanspruchender Gottesmänner, wie für das Papsttum. Kirche ist für Luther Versammlung *unter dem vom Heiligen Geist erfüllten Wort und den von ihm beseelten Sakramenten*. Kraft beider Lebensadern ist ungeachtet aller menschlichen Unzulänglichkeit der Glaube wahrhaft lebendig und das Christusbekenntnis wahr. So rundet sich für Luther die erlösende Botschaft vom dreieinigen Gott in der Sicht der Kirche als vom Wort geführte und vom Sakrament belebte Gemeinschaft.

7. Wirklinien

a) Im konfessionellen Rahmen

Unter gestaltender Mitwirkung Philipp Melanchthons (1497–1560) findet Luthers Trinitätsverständnis, gerade in seiner lehrhaft-dogmatischen Fassung, weitreichenden Niederschlag in der *Confessio Augustana* (1530)[60]. Sie ist eines der wichtigsten Dokumente, die im Fortlauf der Geschichte lutherische Lehrposition abgeklärt und differenziert haben[61]. In Hinsicht auf den Gottesglauben unterstreicht sie die *fundamentale Bedeutung*, welche die Trinitätslehre für Luther und seine Reformation hat[62]. Unter bewußtem Bezug auf die Lehre der Alten Kirche lautet der 1. Artikel[63]: „Zuerst wird gemäß dem Beschluß des Konzils von Nicäa (325) einmütig gelehrt und festgehalten, daß ein einziges göttliches Wesen sei, das Gott genannt wird und wahrhaftig Gott ist und doch drei Personen in diesem *einen* göttlichen Wesen sind, jede gleich mächtig, gleich ewig: Gott Vater, Gott Sohn, Gott Heiliger Geist. Alle drei sind ein göttliches Wesen, ewig, unteilbar, unbegrenzt, von unermeßlicher Macht, Weisheit und Güte, *ein* Schöpfer und Erhalter aller sichtbaren und unsichtbaren Dinge. Unter dem Wort »Person« wird nicht ein Teil oder eine Eigenschaft von etwas anderem verstanden, sondern etwas, das in sich eigenständig ist, so wie die

---

[59] *W.-D. Hauschild*: TRE XII 209.

[60] Vgl. *E. Schlink*, Theologie der lutherischen Bekenntnisschriften (M 1940) 99–104 [^{3}1948]; *H. Fagerberg*, Die Theologie der lutherischen Bekenntnisschriften von 1529 bis 1537 (Gö 1965) 116–129; *F. Hoffmann*, Theologisch-systematische Strukturen in der Confessio Augustana: Die Confessio Augustana im ökumenischen Gespräch, hg. v. F. Hoffmann u. U. Kühn (B 1980) 63–72; *H. Lubszyk*, Trinität und Inkarnation in der Augsburgischen Konfession: ebd. 109–118.

[61] *V. Pfnür*, Augsburger Bekenntnis: LThK^3 I 1226–1229, 1227.

[62] *B. Lohse*, Augsburger Bekenntnis I: TRE IV 616–628, 621.

[63] BSLK 50,1–18; dt. nach Das Augsburger Bekenntnis, deutsch: 1530–1980. Revidierter Text, hg. v. G. Gaßmann (Gö ^{4}1980) 9.

Kirchenväter diesen Begriff in dieser Sache gebraucht haben". Es folgt die Auflistung alter trinitarischer Häresien, die auch in aktuellen Bewegungen wiederaufleben.

Insgesamt faßt der genannte Artikel den traditionellen Traktat De Deo uno et trino zusammen. Wesensaussagen stehen im Vordergrund. Unter ausdrücklichem Bezug auf das Nicaenum wird das eine göttliche Wesen betont. Dieses verbindet Vater und Sohn, wie es auch dem Heiligen Geist zukommt. Dem 1. Konzil ist auch die Formulierung verdankt, daß Gott das Sichtbare und Unsichtbare geschaffen hat[64]. Bezüge zum Symbolum Quicumque[65], dem sog. Athanasianum, deuten Aussagen an, daß Gott ewig (aeternus), unermeßlich (immensus) ist und daß die drei göttlichen Personen einander in gleich ewiger (coaeterna) Hoheit verbunden sind[66]. Für den trinitarischen Person-Begriff bindet sich die Confessio Augustana ausdrücklich an die Tradition, ohne dabei die geschichtlichen Implikationen wie etwa die erweiterte, relationale Perspektive bei Richard von St. Victor (†1173) auch nur anzudeuten[67]. Unser Text bleibt auf der substanzhaften Linie des Boethius (ca. 475–527); danach eignen der Person: unvertretbare Einmaligkeit, ungeteilter Selbstand und Selbstsein (quod proprie subsistit). Diese wesensbezogene Schau steht in erkennbarer Spannung zu dem von existentiellem Impuls und heilsgeschichtlicher Dynamik bestimmten Trinitätsverständnis Luthers. Sie ist betont spekulativ und begriffsorientiert; religiöse Bewegungen und gläubige Beanspruchung treten zurück. Als Grundaussage steht im Vordergrund: Das Bekenntnis zum dreifaltigen Gott ist das tragende Fundament christlichen Glaubens.

Wie in der Confessio Augustana exemplarisch festgehalten, ist die Trinitätslehre, so Edmund Schlink (1903–1984)[68], „die Grundlage aller Aussagen der lutherischen Bekenntnisschriften". Dies sei „mit Bestimmtheit gegenüber den neuprotestantischen Versuchen festzustellen, die die Trinitätslehre der alten Kirche in den Bekenntnisschriften umdeuten oder aus ihnen wegdeuten wollen. Kein Lehrstück der Bekenntnisschriften kann abgesehen von der Trinitätslehre verstanden werden".

Diese Linie wird von der *Lutherischen Orthodoxie*[69] bewußt weiterverfolgt. Auch hier gehört die Trinitätslehre zu den Hauptlehrstücken. Im methodischen Aufbau der Dogmatik folgt sie dem Traktat über die Heilige Schrift. Verstärkt wird zu ihrer Entfaltung wieder die aristotelische Philosophie herangezogen. Diese soll mithelfen, wie die Theologie überhaupt, so auch die Gotteslehre als gedanklich vermittelbare Wahrheitsaussage zu entfalten. Ungeachtet ursprünglicher Vorbehalte gegenüber dem Einfluß des Stagiriten bei den Vätern der Reformation bedient sich die Lutherische Orthodoxie ontologischer Fragestellung ebenso wie scholastischer Begrifflichkeit, um reformatorische Erkenntnisse und Lehrinhalte in wissenschaftlich vertretbarer Form darstellen zu können[70]. Insgesamt will die orthodoxe Dogmatik Gotteslehre sein[71]. So folgt dem Blick auf das Wesen Gottes (Dreieinigkeit, Christologie)

---

64 DH 125.
65 DH 75.
66 *H. Fagerberg*, Theologie 117.
67 Vgl. *F. Courth*, Der Gott der dreifaltigen Liebe (Pb 1993) 161–169.
68 Theologie 99; vgl. auch *H. Fagerberg*, Theologie 118.
69 Zur Kennzeichnung vgl. *B. Hägglund*, Geschichte der Theologie (B 1983) 230–250; *G. Hornig*: HDThG III 71–88.
70 *G. Hornig*: HDThG III 72.
71 *B. Hägglund*, Geschichte 238–240.

die Hinwendung zu Schöpfung und Heilsordnung, in der Gottes Wille erkennbar ist. Die Trinitätslehre bleibt, Luther folgend, der patristischen Tradition verpflichtet. Dabei ist das Symbolum Quicumque besonderer Orientierungspunkt. Die biblische Begründung bieten Altes und Neues Testament. Wie bei Luther begegnen der Verweis auf das Gen 1, 3 sowie Joh 1, 3 anklingende Schöpfungswort sowie der Bezug auf den über dem Wasser schwebenden Geist (Gen 1, 2). Ferner werden die Taufe Jesu (Mt 3, 16f.) sowie der matthäische Taufbefehl (Mt 28, 19f.) trinitätstheologisch entfaltet. Im Rahmen der immanenten Trinitätsbetrachtung findet die Frage nach der Proprietät der göttlichen Personen ihre Antwort wie seit Augustinus üblich: Den Vater kennzeichnet seine währende Ursprunglosigkeit, den Sohn seine ewige Zeugung und Geburt, den Heiligen Geist die Herkunft von Vater und Sohn. Heilsgeschichtlich betrachtet, ist dem Vater die Schöpfung appropriiert, dem Sohn die Erlösung und dem Heiligen Geist die Heiligung. Diese Zueignung ist affirmativ und nicht exklusiv zu verstehen. Letzteres würde die Heilsökonomie als trinitarisches Geschehen aufspalten; dem stünde der augustinische[72] Grundsatz entgegen: opera trinitatis ad extra indivisa sunt. Weil es ihr um die *göttliche* Erlösung geht, sucht die Lutherische Orthodoxie „mit großer Sorgfalt“ den Schriftbeweis für die Göttlichkeit des Sohnes und des Heiligen Geistes zu erbringen[73].

Die trinitätsgeschichtliche Bedeutung der Lutherischen Orthodoxie liegt darin, den überlieferten Gottesglauben in eine lehrhafte Form gebracht zu haben, die nicht nur konfessionsintern, sondern auch -übergreifend seine prinzipielle Bedeutung erkennen läßt. Gewiß liegt hier eine schultheologischere Vorgehensweise und ein anderer Gebrauch der Sprache vor als bei den teilweise sehr emphatischen Aussagen Luthers oder auch denen Augustins. Religiöse Emotionen und existentielle Affekte unterbleiben. Gerade der nüchterne Sprachstil der Confessio Augustana und nicht weniger auch der Lutherischen Orthodoxie bedingt deren größere Kommunizierbarkeit. Die auf dem Augsburger Reichstag (1530) erstrebte „katholisch-universale“ Perspektive bleibt für die Gottes- und Trinitätslehre weiterhin leitend.

Die gleichwohl überschaubare Reichweite dieser Denk- und Sprachweise zeigt sich daran, daß so geformtes Vorgehen der Herausforderung von zeitgleich auftretenden antitrinitarischen Bewegungen nur begrenzt begegnen konnte. Zu unterschiedlich sind denkerische Voraussetzungen und methodische Zugänge.

b) Antitrinitarische Bewegungen

Die differenzierte Front[74] der Antitrinitarier[75] ist durch unterschiedliche geistige Strömungen gespeist: Es sind bei den Schwärmern und Spiritualisten Biblizismus und ein Verlust der Heilsgeschichte sowie das Wiederaufleben der altkirchlichen Häresien. Philosophisch ist es ein erstarkender Rationalismus, dem das Trinitätsdogma undenkbar erscheint.

Mit der dogmenkritischen Position der Täuferbewegung muß sich bereits Luther zunehmend auseinandersetzen. Calvin (1509–1564) wird dem Modalismus *Michael Servets* (ca. 1511–1553) mit theologischer und politischer Entschiedenheit entgegen-

---

[72] Trin. I 4,7; Serm. 213,6,6.

[73] *B. Hägglund*, Geschichte 240.

[74] *L. Scheffczyk*: MySal II 196; vgl. *J. Auer*, Gott – der Eine und Dreieine (KKD II) (Rb 1978) 221f.

[75] Vgl. *G.A. Benrath*, Der Antitrinitarismus: HDThG III 49–70, *ders.*: Antitrinitarier: TRE III 168–174.

treten. Der spanische Arzt veröffentlichte 1531 in Basel das Buch *De trinitatis erroribus* und ließ 1532 eine Antwort an seine Kritiker folgen: *Dialogorum de trinitate libri duo.* Wie Servet tritt auch der aus Italien stammende Arzt *Giovanni Georgio Biandrata* (lat. Blandrata) (1516–1588) dem Trinitätsglauben entgegen; dabei leitet ihn ein Christusbild, das auf die prophetische Berufung Jesu reduziert ist. Er sucht Kontakt zu dem ebenfalls aus Italien stammenden *Fausto Sozzini* (1539–1604). Auch er lehnt das Dreifaltigkeitsdogma ab; es sei selbstwidersprüchlich und überzeichne die biblische Gestalt Christi, dem keine Anbetung gebühre. Ungeachtet heftig erfahrenen Widerstandes, gerade auch aus dem Raum der erstarkenden Reformation, vermochten es die Antitrinitarier, sich an der Wende vom 16. zum 17. Jahrhundert in Osteuropa (Polen und Siebenbürgen) als Kirchengemeinden zu etablieren, wobei sie das Christentum zur Moral- und Tugendlehre[76] umgestalteten. Unter dem geistigen Einfluß des Deismus findet im 18. Jahrhundert die antitrinitarische Bewegung neue Akzeptanz.

Schließlich führt auch der Pietismus des *Nikolaus Ludwig Graf von Zinzendorf* (1700–1768) zu wesentlichen Abweichungen von der reformatorischen Christologie und Trinitätslehre[77]. Theologisch geht es dieser Bewegung darum, den verinnerlichten Glauben in seiner erleuchtenden Kraft zu erfahren; sie ist damit den Spiritualisten verwandt. Erstrebte Ziele sind: Heiligung des Lebens, tätiger Glaube, Vereinigung mit Christus. Dieses Anliegen wird aber so verfolgt, daß statt der schriftgemäßen Lehre die eigene innere Erleuchtung zum hermeneutischen Schlüssel der Heiligen Schrift wird; ja, die Bibel und die Heilsgeschichte selbst drohen in den Bereich des Sekundären zu rücken, sobald das äußere Wort die innere Erleuchtung entfacht hat. „Der Pietist klammert sich nicht im Sinne Luthers an das Wort"[78]. So tritt das Trinitätsbekenntnis hinter den unmittelbaren Christusbezug zurück. In die geistliche Vereinigung mit dem Erlöser sind der Vater wie der Heilige Geist nur indirekt einbezogen. Dem entspricht, daß die Heilsgeschichte mit ihrer trinitarischen Struktur (Schöpfung, Erlösung, Heiligung) in der Christusgestalt zusammenfließt[79].

Inhaltlich drängt die skizzierte Rückschau zu einer erneuerten Dreieinigkeitslehre, welche verschiedene offenbar gewordene Aporien zu überwinden hat. Es ist die mit Nachdruck von Luther beklagte Kluft zwischen rational-spekulativer und soteriologischer Betrachtung des Dogmas; es ist der Bruch zwischen existentiellem und heilsgeschichtlichem Zugang wie bei Graf Zinzendorf; es ist die unsicher gewordene Verbindung von persönlichem Glaubenszeugnis und kirchlichem Bekenntnis. In der Verabsolutierung einzelner Aspekte liegt die Problematik der skizzierten Sehweisen. Wenn beispielsweise der Pietismus aus der Geschichte aussteigt und sie »fromm« hinter sich lassen möchte, macht er den religiösen Akt zum Wunschtraum oder zum anthropozentrischen Selbstbezug. Bleibt nicht der Gläubige hier letztlich nur bei sich? Das geschichtlich bestimmte Gottes- und Menschenbild des Christentums fordert ein Trinitätsverständnis, das die Dramatik der Heilsgeschichte deutlicher aufnimmt und den Gott suchenden Menschen ganz einbezieht. In dieser heils-

---

[76] *L. Ullrich*: LThK³ I 776f.
[77] *G. Hornig*: HDThG III 111f.
[78] *W. Schmithals*, Der Pietismus in theologischer und geistesgeschichtlicher Sicht: Pietismus und Neuzeit 4 (1977/78. 1979) 235–301, 250.
[79] *G. Hornig*: HDThG III 112.

geschichtlichen Perspektive will trinitarisches Gottesbekenntnis mehr sein als erhabene Vision oder spekulativer Entwurf, der aber für menschliches Leben unerheblich ist; sondern im Dreieinigkeitsglauben wird Grundsätzliches über den Menschen, seinen Gottesbezug und sein Selbstverständnis ausgesagt. Darum sind die rational-spekulative und die begrifflich-differenzierende Betrachtung dieses Geheimnisses immer auch zu ergänzen durch anthropologisch-existentielle Aspekte.

Sosehr das Trinitätsbekenntnis auch auf seine Denkbarkeit hin zu befragen ist, wie es die Antitrinitarier mit Nachdruck getan haben, darf dies jedoch nicht die einzige Fragerichtung sein. Die hier genannten Themen bleiben für die weitere Trinitätsgeschichte vorerst noch uneingelöste Desiderate; wohl aber wird man sagen dürfen, daß die Sensibilität für die offenen Fragen wächst.

Welchen Beitrag leistet diesbezüglich Johannes Calvin? Vermag er der Gotteslehre neue Wege zu weisen, wenn er im Unterschied zu Luther ein ausgewogeneres Verhältnis von rationaler Erkenntnis und religiösem Zeugnis erstrebt sowie weitreichender die Pneumatologie entfaltet?

§ 2. Johannes Calvin

SCHRIFTTUM: *K. Barth*, Die Theologie Calvins. Vorlesung Göttingen Sommersemester 1922 (Barth GA II 9) (Z 1993); *A. Michel*, Trinité III: DThC XV/2 (1950) 1766–1780; *W. Krusche*, Das Wirken des Hl. Geistes nach Calvin (Gö 1957) 1–14; *W. Niesel*, Die Theologie Calvins (M ²1957) 53–59; *G. W. Locher*, Testimonium internum. Calvins Lehre vom Hl. Geist und das hermeneutische Problem (ThSt(B) 81) (Z 1964); *H. Schützeichel*, Die Glaubenstheologie Calvins (M 1972); *ders.*, Inwiefern war die Reformation Calvins eine Bewegung des Hl. Geistes?: Katholische Beiträge zur Calvinforschung (TThSt 42) (Trier 1988) 130–134; *H.-H. Esser*, Hat Calvin eine »leise modalisierende Trinitätslehre«?: Calvinus Theologus (Neukirchen 1976) 113–129; *W. Neuser*, Calvin und der Calvinismus: HDThG II (1980) 238–271, bes. 247–250; *W. Nijenhuis*, Calvin, Johannes (1509–1564): TRE VII (1981) 568–592; *A. Milano*, La Trinità dei teologi e dei filosofi: l'intelligenza della persona in Dio, in: Persona e personalismi, hg. v. A. Pavan – A. Milano (Na 1987) 1–286, hier 72–82; *D. J. Engelsma*, Calvin's Doctrine of the Trinity: Protestant Reformed Theological Journal 23 (1989) 19–37; *A. Ganoczy*, Aus seiner Fülle haben wir alle empfangen. Grundriß der Gnadenlehre (D 1989) 193–200; *P. Gisel*, Le Christ de Calvin (P 1990); *Th. F. Torrance*, Calvin's Doctrine of the Trinity: Calvin Theological Journal 25 (1990) 165–193.

1. *Gestalt und Sinn der Trinitätstheologie*

a) Vermittelnder Weg

Wie die Trinitätslehre Luthers erfährt die des Genfer Reformators gegensätzliche Beurteilung. Auch ihn sieht Emil Brunner[1] dem Thema lediglich *indirekt* zugetan. Calvin (1509–1564) wisse die Trinitätslehre nur unter dem Gesichtspunkt zu würdigen, als sie die Bestreiter der Gottheit Christi zwinge, ihre zweideutige Rede zu beenden. Des weiteren vernimmt man die (profilierte) These, Calvin lege den Dreieinigkeitsglauben modalistisch aus[2]. Es gibt aber auch positive Urteile: Der Refor-

---

[1] Die christliche Lehre von Gott (Dogmatik I) (Z ⁴1972) 208f.; unter Berufung auf ihn *H.-G. Fritzsche*, Lehrbuch der Dogmatik II. Lehre von Gott und der Schöpfung (B ²1984) 172. Vgl. auch *K. Barth*, Die Theologie Calvins (Z 1993) 422f.

[2] *K. Barth*, Theologie 445.

mator habe mit seiner *Institutio* die „bedeutendste Dogmatik seiner Zeit" geschaffen und erweise sich in seinem Compendium als „strenger Verfechter" des Dreieinigkeitsglaubens[3]. Er vertrete eine ebenso immanente wie ökonomische Trinitätslehre; *Wesen und Wirken* des lebendigen Gottes würden gleichermaßen gelehrt[4].

Die Theologie des Humanisten Calvin durchzieht, etwa im Vergleich zu Luther, eine *bemerkenswerte Ausgewogenheit* in Gedankenführung und Argumenten. Biblische Impulse, Rezeption der Väterzeugnisse und systematische Überlegungen greifen eng ineinander. Kraft seines theologischen Ordnungssinnes vermag Calvin, Gegensätze, die sich verfestigt haben, wieder zu verbinden[5]. Das zeigt sich besonders in seiner Gotteslehre.

Die Erkenntnis Gottes gehört von der Schöpfung an wesentlich zum Menschen. Daß sie durch die Sünde getrübt, nicht aber verschüttet ist, macht unsere Erlösungsbedürftigkeit aus. Sie verwehrt uns, Gottes Unendlichkeit ermessen zu können. Vermögen wir es schon nicht, die Sonne in ihrer Kreatürlichkeit zu erfassen oder die Natur des Menschen auszuloten, so gelingt es uns erst recht nicht, Gottes Wesen angemessen zu ergründen. Wohl geben Kultur- und Religionsgeschichte Kunde von einem der Menschheit spurenhaft verbliebenen Ahnen Gottes. Dieses bedarf aber der grundsätzlichen Läuterung durch das Zeugnis der Offenbarung, so daß Gott wirklich wahrgenommen wird und die ihm geschuldete Ehre erfährt. Nur weil er sich selbst erschlossen hat und es sein Wort gibt, ist Gott in seinem Wesen zu erkennen. Mit dieser harmonisierenden Sicht hebt sich Calvin von Luther ab.

„Lies den Demosthenes oder den Cicero, lies Platon oder Aristoteles oder welche du auch aus der ganzen Schar lesen magst. Sie werden dich – das gestehe ich – wundersam anlocken, ergötzen, bewegen, hinreißen. Aber wenn du dann zur Heiligen Schrift kommst, so ergreift sie dich – ob du willst oder nicht – so lebendig, dringt dir so tief ins Herz, setzt sich so im Innersten fest, daß vor der Gewalt dieser Eindrücke die Kraft jener Redner und Philosophen fast verschwindet. Man kann eben spüren, wie ein göttlicher Hauch die Schrift durchweht, wodurch sie alle menschliche Kunst, alle menschlichen Gaben weit übertrifft"[6].

Diese überbietend *zugeordnete* Sicht der biblischen Gotteserkenntnis zu ihren natürlichen Vorformen begegnet in einer vergleichbar spannungsvollen Harmonie zwischen Altem und Neuem Bund. Auch darin unterscheidet sich Calvin von Luther[7]. Der Genfer Reformator sieht beide Epochen der Heilsgeschichte als *einen einzigen Bund* Gottes; sie stehen zueinander wie Auftakt und Vollendung, wie sich andeutende Kontur zu entfaltetem Relief. Selbst Joh 1, 18 („Niemand hat Gott je gesehen. Der Einzige, der Gott ist und am Herzen des Vaters ruht, er hat Kunde gebracht") schließe Israels Fromme „nicht von der Gemeinschaft des Erkennens und der Erleuchtung aus, wie es uns beides in der Person Christi entgegenstrahlt! Er vergleicht unsere Lage mit der ihrigen und zeigt, wie die Geheimnisse, die sie nur im Schatten undeutlich erschaut haben, nun uns offenbart sind"[8]. Die Christusoffenbarung an das Haus Jakob ist für Calvin mehr als nur Verheißung. Hebr 1, 1–2 läßt ihn den Sohn in der gesamten Glaubensgeschichte Israels anwesend sein. Einst den

---

[3] *O. Weber*, Calvin II: RGG³ I 1593–1599, 1593 u. 1595.
[4] *W. Neuser*: HDThG II 248.
[5] *O. Weber*: RGG³ I 1594.
[6] Inst I 8,1 (übers. v. O. Weber [Neukirchen 1963] 28).
[7] *W. Neuser*: HDThG II 246.
[8] Inst II 9,1 (übers. v. O. Weber 256).

Juden bekanntgemacht, ist Christus für den Genfer Reformator „der Führer auch des alten Bundesvolkes in die Freiheit gewesen“[9] (vgl. 1 Kor 10, 4).

Dieser innere Zusammenhang von Altem und Neuem Testament bestimmt auch Calvins Trinitätslehre. Anfänglich ihr gegenüber zurückhaltend, sieht er sich durch *Pierre Carolis* (ca. 1480 – nach 1545) und vor allem *M. Servets* trinitätskritische Position dazu herausgefordert, diesem Glaubensartikel besondere Aufmerksamkeit zu schenken. Erkennbar wird dies in der erneuerten Fassung seiner *Institutio* (I 13, 1–5) (^{4}1559). Hinzu kommen einschlägige Streitschriften[10] sowie ein deutlicher Text im *Genfer Katechismus* (1545) (Art. 19.20)[11].

Daß Christus einendes Band zwischen der Botschaft der Propheten und dem Zeugnis der Apostel ist, kam zuvor bereits zur Sprache. Calvin entfaltet diesen Gedanken in seiner Trinitätstheologie. Dazu verweist er auf 1 Petr 1, 11 (Die Propheten „haben nachgeforscht, auf welche Zeit und welche Umstände der in ihnen wirkende Geist Christi hindeute, der die Leiden Christi und die darauf folgende Herrlichkeit im voraus bezeugte“). Diesem Schriftwort gemäß „haben die alten Propheten nicht weniger aus dem Geiste Christi heraus geredet als die Apostel und diejenigen, die nach ihnen die himmlische Lehre verwalteten“. Diese die Zeit durchziehende Wirksamkeit des Wortes fordert dessen ewige Präexistenz wie desgleichen seine Göttlichkeit. Auch die Schöpfungsgeschichte unterstreicht dies (vgl. Gen 1, 3ff.); nach ihr ist das Wort *Mittel beim Schöpfungsakt*. Diesen Gedanken weiterführend, verkünden die Boten des Neuen Testamentes, daß *durch den Sohn* die Welt geschaffen worden sei und daß er alles trage mit seinem mächtigen Wort (vgl. Hebr 1, 2f.). Sosehr alle Offenbarung »Wort Gottes« genannt zu werden verdient, hat solche Rede nur in dem Maße Geltung, als sie im *ewigen göttlichen Wort* gründet. Nach Calvin „muß auch dieses aus Gottes Wesen kommende Wort selber den höchsten Platz erhalten, nämlich denjenigen des Quells aller Offenbarung, weil es, keinem Wechsel unterworfen, immerfort als ein und dasselbe bei Gott bleibt und selbst Gott ist“[12]. Mit dem Schöpfungsakt etwa einen zeitlichen Anfang in Gott hineinzutragen steht für den Reformator im deutlichen Widerspruch zu Joh 17, 5 („Vater, verherrliche du mich jetzt bei dir mit der Herrlichkeit, die ich bei dir hatte, bevor die Welt war“) und zu Joh 1, 1. Beide Schriftstellen belegen, so Calvin, „daß das Wort vor Anbeginn der Zeit vom Vater gezeugt worden ist und dann je und je bei ihm gewohnt hat“. Damit sei seine Ewigkeit wie auch sein göttliches Sein bezeugt[13].

Dieses ewige göttliche Wort ist in Jesus Christus Mensch geworden. In ihm begegnet uns der heilende Gott selbst. Dies darf nach Calvin nicht so verstanden werden, als ob uns in Christus ein zweites, von Gott abgeleitetes Wesen nahegekom-

---

[9] Inst II 9,1 (übers. v. O. Weber 256).

[10] Confessio de Trinitate propter calumnias P. Caroli (1537) (CR 37,703–710); Defensio orthodoxae fidei de sacra Trinitate, contra prodigiosos errores Michaelis Serveti Hispani (1554) (CR 36,453–644); Ad quaestiones Georgii Blandratae responsum Ioannis Calvini (1558) (CR 37,321–332); Responsum ad fratres Polonos quomodo mediator sit Christus, ad refutandum Stancari errorem (1560) (CR 37,333–342); Impietas Valentini Gentilis detecta et palam traducta, qui Christum non sine sacrilega blasphemia Deum essentiatum esse fingit (1561) (CR 37,361–420); Ministrorum ecclesiae Genevensis responsio ad nobiles Polonos et Franciscum Stancarum Mantuanum de controversia mediatoris (1561) (CR 37,345–358); Brevis admonitio Ioannis Calvini ad fratres Polonos, ne triplicem in Deo essentiam pro tribus personis imaginando, tres sibi deos fabricent (1563) (CR 37,629–638).

[11] *J. Calvin*, Opera Selecta (=OS) II (M 1952) 76f.

[12] Inst I 13,7 (übers. v. O. Weber 59).

[13] Inst I 13,8 (übers. v. O. Weber 60).

men sei, so daß der Vater den anderen Teil zu eigen hätte. Vielmehr ist das Wesen Gottes eines, ganz im Menschgewordenen gegenwärtig. Im Konflikt mit den Antitrinitariern, ihrem Modalismus sowie ihrer subordinatianischen Christologie, wird deutlich, daß für Calvin an der wesenhaften Gottheit Christi unser Erlösungsglaube hängt. Entsprechend widmet er dem biblischen Nachweis dieser Wahrheit im trinitätstheologischen Zusammenhang der Institutio (I 13, 7–13) bemerkenswert weiten, ja „den größten Raum“[14]. Als Sohn und Bote Gottes ist Christus mehr als der gesandte Mittler all dessen, was der Vater uns zugedacht hat; vermöge seiner seinshaften Teilhabe an der göttlichen Macht selbst ist er *Urheber* unseres Heiles.

„Diese praktische Erkenntnis ist ohne Zweifel gewisser und zuverlässiger als alles müßige Gedankenspiel. Denn da sieht die gläubige Seele Gott in völliger Nähe, ergreift ihn schier mit den Händen und erfährt, daß sie von ihm lebendig gemacht, erleuchtet, gerettet, gerechtfertigt und geheiligt wird“[15].

Für die Gottheit des Heiligen Geistes geht Calvin in gleicher Weise vor; auch sie erschließt er vom Erlösungswerk her. Die hier dem Tröster zukommenden Taten stammen sämtlich aus seinshaft göttlicher Vollmacht: Er ist Herr des Lebens, Urheber der Wiedergeburt und Begründer künftiger Unsterblichkeit[16]. Entsprechend hält Calvin Servet vor, daß dieser wie den Sohn so auch den Heiligen Geist zu einem Schatten Gottes mache und beide mit der Schöpfung vermische[17].

Das so an den Namen des Vaters, des Sohnes und des Heiligen Geistes geknüpfte Gottesbekenntnis sieht Calvin im matthäischen Taufbefehl (Mt 28, 19f.) zusammengefaßt. Nach dem Willen Christi schließt der Vollzug des Sakramentes ein, daß wir mit *einem* Glauben den Vater und den Sohn und den Heiligen Geist bekennen.

„Denn diese Formel bedeutet soviel wie die Forderung der Taufe auf den Namen des *einen* Gottes, der in voller Klarheit im Vater, im Sohn und im Geiste erschienen ist; und daraus ergibt sich deutlich, daß in Gottes Wesen drei Personen sind, in welchen der *eine* Gott erkannt wird“[18].

b) Zur überlieferten Sprache

Mit ähnlich differenzierender Vermittlung sucht Calvin die Frage zu beantworten, wieweit die in der Patristik geprägte Sprachform auf das trinitarische Gottes- und Heilsverständnis der Heiligen Schrift übertragen werden dürfe. Die Suche nach einer Antwort erweist den Reformator bei aller grundsätzlichen Rückbindung an die Offenbarungszeugnisse als unterscheidenden Theologen, dem enger Biblizismus fremd ist. Begriffen wie *Person* und *Wesen* spricht Calvin ein relatives Recht zu, um Mißverständnissen und Fehldeutungen des biblischen Zeugnisses begegnen zu können. Grundsätzlich gilt für ihn, daß die Heilige Schrift das christliche Bekenntnis inhaltlich wie sprachlich formt. Ihr „ist eine sichere Regel für Denken und Reden zu entnehmen, nach der sich alles Sinnen unseres Geistes und alles Reden unseres Mundes zu richten hat“. Dieser inhaltliche wie formale Vorrang des biblischen Textes hindert jedoch nicht, bei Auslegungsdifferenzen eine neue, deutlichere Sprachregelung zu suchen. Calvin geht es darum, „das mit klaren Worten (verbis planioribus)

---

[14] *W. Niesel*, Die Theologie Calvins (M [2]1957) 56.
[15] Inst I 13,13 (übers. v. O. Weber 65).
[16] Inst I 13,14 (übers. v. O. Weber 65).
[17] Inst I 13,22 (übers. v. O. Weber 70f.).
[18] Inst I 13,16 (übers. v. O. Weber 66).

zu entfalten, was in der Schrift für unser Fassungsvermögen schwierig und verwickelt ist". Für solches Bemühen fordert der Reformator, es müsse „in Ehrfurcht und Glauben der Wahrheit der Schrift selber dienstbar sein und in Zurückhaltung und Bescheidenheit geübt werden". Schließlich dürfe eine verdeutlichende Auslegung nur aus gegebenem Anlaß erfolgen. Die Kirche handelte in höchster Not, als sie beispielsweise die Begriffe »Trinität« und »Person« übernahm und sanktionierte[19].

Den trinitarischen *Personbegriff* versteht Calvin in einem entwickelten augustinischen Sinn; substanzhaftes tritt zugunsten relationalen Denkens zurück. Person definiert er als „eine Seinsweise (subsistentia) in Gottes Wesen, die in ihren Beziehungen zu den anderen eine unübertragbare Eigenheit besitzt". Als subsistentia gefaßt, ist die trinitarische Person etwas anderes als das göttliche Wesen (essentia). Gemeint ist die unvertauschbare Eigentümlichkeit (proprietas), die *je* den drei göttlichen Namen zukommt. Sosehr ihnen das eine und unteilbare Wesen gemeinsam ist, eignet Vater, Sohn und Geist doch jeweils eine letzte Besonderheit. „Jede der drei Seinsweisen ist in Beziehung zu den anderen durch ihre Eigenheit unterschieden". Wo ohne nähere Bestimmung von *Gott* die Rede ist, sind in Einheit Vater, Sohn und Geist gemeint; sofern man aber Vater und Sohn vergleicht, kommt ihre unübertragbare Eigenheit zur Sprache. Nach Calvin geht es nicht an, „auf den Sohn anzuwenden oder zu übertragen, was dem Vater als Merkmal zur Unterscheidung zukommt"[20].

Innertrinitarisch bestimmt Calvin die Person-bildenden Proprietäten in der Tradition des scholastischen Mittelalters[21], nicht ohne im Bezug auf die Pneumatologie deutlich eigene Akzente zu setzen. Danach bestimmt den Vater, daß er Quelle und Ursprung (principium) des göttlichen Lebens ist; dem Sohn und wesensgleichen Wort wird die Weisheit (sapientia) appropriiert und dem Heiligen Geist die Kraft und Wirksamkeit (virtus et efficacia)[22].

Diese innergöttliche Ordnungsfolge formt die Offenbarungs- und Heilsgeschichte. Nicht der Vater ist Mensch geworden, gestorben und auferstanden, sondern *der*, der beim Vater *war* (Joh 1, 18) und an dessen Herrlichkeit teilhatte (Joh 17, 5)[23], der Sohn. Ausschließlich Werk des Heiligen Geistes ist es, Leben und Rechtfertigung zu stiften[24].

Zutiefst heilsgeschichtlich und so modalistischer Konzeption widerstreitend, ist Calvins Anliegen, am überlieferten Personverständnis festzuhalten. Auf diese Weise sieht er den Kern des Trinitätsglaubens artikuliert; darüber hinaus will er nicht über Worte und Begriffe streiten. Würden die trinitarischen Personen in ihrem relationalen Eigenstand zurückgenommen und zu auswechselbaren Namen oder Attributen reduziert, verflüchtigte man die lebendige Wirklichkeit Gottes; dann flatterte „nur ein leerer Begriff (inane nomen) von Gott ohne Beziehung zu dem *wahren*

---

19 Inst I 13,3 (übers. v. O. Weber 55f.).

20 Inst I 13,6 (übers. v. O. Weber 58f.).

21 Vgl. *F. Courth*, Trinität. In der Scholastik (HDG II/1b) (Fr-Bs-W 1985) 41–43.

22 Inst I 13,18 (übers. v. O. Weber 68); Genfer Katechismus (1545), Art.19 (OS II 76f.): „... in una Dei essentia patrem intueri nos convenit, tanquam principium et originem, primamve rerum omnium causam: deinde filium, qui sit aeterna eius sapientia: postremo spiritum sanctum, tanquam eius virtutem per omnia quidem diffusam, quae tamen perpetuo in ipso resideat".

23 Inst I 13,17 (übers. v. O. Weber 67).

24 Inst I 13,14 (übers. v. O. Weber 65).

Gott in unserem Gehirn herum“[25]. Gott bliebe uns in seiner erlösenden Selbstmitteilung verschlossen. Wenn in der biblischen Offenbarung von der Güte und Weisheit Gottes die Rede ist, geht es um die *seinsmächtige* Gegenwart dessen, der von Ewigkeit her gut und weise ist. Andernfalls bliebe der Gläubige bei sich selber; er entbehrte wahrhaft göttlicher Nähe und Führung[26].

2. *Pneumatologische Kontur*

a) Klare Grenzen

Daß Calvin dem Heiligen Geist »virtus« und »efficacia« als Person-bildend zueignet, kennzeichnet seine Gottes- und Erlösungslehre in besonderem Maße; ja, es ist für die gesamte Theologie des Genfer Reformators von kaum zu überschätzender Bedeutung[27]. Mit seiner pneumatologischen Perspektive nähert er sich deutlicher der Trinitätslehre Augustins[28], als dies Luther erreicht. Bei Calvin findet sich sowohl der seinshafte Ansatz der lateinischen Tradition als auch die dynamische Sehweise der Griechen. Für diese ist der Heilige Geist die Vollendung des göttlichen Lebens. Es hat im ursprunglosen Vater seinen Quell, führt zum Sohn und Wort hin und über diesen zum Heiligen Geist. Zuinnerst ergreift *er* den Menschen und macht ihn zum Teilhaber am dreipersönlichen Lebensvollzug Gottes[29]. Sosehr Calvin dieses pneumatologische Anliegen teilt und mit allem Nachdruck entfaltet, ist dies doch nur die eine Seite seiner Gotteslehre, die andere ist seine ausgeprägt seinshafte Perspektive. Beide Sehweisen bedingen einander. Soll der seinshafte Aspekt den wichtigen Unterschied zwischen Gott und Welt, Leben und Tod wahren helfen, so dient die Pneumatologie dazu, hier heilend zu vermitteln.

Diese doppelte Blickrichtung ergibt sich aus der bereits angesprochenen Konfrontation mit antitrinitarischen Einwürfen seiner Zeit. In ihnen erkennt Calvin die alten Lehren des Arius und des Sabellius wieder. Zerreiße jener das eine, unteilbare Wesen Gottes, so ebne dieser die Unterschiedenheit der Personen ein. In der Tradition des Sabellius stehend und sich letztlich als Monist erweisend, sieht Calvin den Religionsphilosoph und Arzt Servet. Für diesen wären die trinitarischen Personen „gewisse äußere Vorstellungen, die nicht … wirklich in Gottes Wesen bestünden, sondern uns Gott nur in dieser oder jener Beziehung darstellen sollten“. Eine monistische Vermischung von Gottes- und Schöpfungsglauben sieht Calvin in der Behauptung Servets, die Kreaturen „seien Teile oder Einteilungen im Wesen Gottes, von denen jede einzelne ein Teil Gottes sei; vor allem seien die Geister der Gläubigen von gleicher Ewigkeit und gleichem Grundwesen wie Gott …“[30]. Als geistige Nachfahren des Arius gelten ihm Valentino Gentile (ca. 1520–1566), Matteo Gribaldi (†1564), Giorgio Biandrata sowie Giovanni Paolo Alciati (ca. 1515/20 – ca. 1586). Nach Calvin lehren sie eine innergöttliche Differenz und Schöpfung, „weil der Vater, der allein wirklich und eigentlich Gott ist, den Sohn und den Geist schuf und

---

[25] Inst I 13,2 (übers. v. O. Weber 54); vgl. *W. Niesel*, Theologie 57f.
[26] Inst I 13,24 (übers. v. O. Weber 73).
[27] *W. Krusche*, Das Wirken des Hl. Geistes nach Calvin (Gö 1957) 9.
[28] Vgl. *F. Courth*, Trinität. In der Schrift und Patristik (HDG II/1a) (Fr-Bs-W 1988) 204–206.
[29] Vgl. *F. Courth*, Der Gott der dreifaltigen Liebe (Pb 1994) 167–169 216–219.
[30] Inst I 13,22 (übers. v. O. Weber 70f.).

dadurch seine Gottheit auf sie überströmen ließ". Den Vater sehen sie von Sohn und Geist dadurch unterschieden, daß er „der Seinsurheber (essentiator) sei"[31].

Diese Positionen drängen Calvin, die absolute Einheit und unbedingte Unzerteilbarkeit des Vater, Sohn und Geist verbindenden göttlichen Wesens mit Nachdruck gegenüber der Vielheit der Schöpfung zu betonen. Gott, der unerschaffene und eine Schöpfer, der aus sich selber existiert, duldet keine Teilung. Eine solche hätte drei Götter zur Folge. Dem steht das Zeugnis der Heiligen Schrift entgegen, „daß Gott seinem Wesen nach *einer* ist und daß deshalb das *Wesen* des Sohnes und des Geistes ungezeugt ist"[32]. Sohn wie Geist haben die göttliche Natur *aus sich selbst. Ihrem Wesen nach* kennen sie keinen Anfang; der *Person nach* haben sie ihn in Gott selber. Calvin tritt jeder Vervielfältigung und *seinshaften* Stufung in Gott entgegen. Wer solches im ungeschaffenen göttlichen Wesen selbst sucht, „der macht offenkundig Christi wahre Gottheit zunichte. Denn ohne das Wesen, und zwar das *ganze* Wesen, kann sie ja nicht bestehen"[33]. Als biblischer Beleg dient dem Reformator Ex 3, 14: „Nichts ist Gott so eigen wie das Sein, wie geschrieben steht: ‚Der Seiende sandte mich zu euch'"[34].

Mit gutem Recht sieht Calvin im aktuellen Disput Parallelen zur altkirchlichen Lehrentwicklung. Ging es einst in der Auseinandersetzung mit Arius darum, den Gedanken von Gottes offenbarender und liebender *Selbst*erschließung zu verteidigen, so war Sabellius gegenüber die Heilsgeschichte als Werk des dreipersonalen Gottes zu bekennen. Sie wäre nicht erlösend, bliebe das trinitarische Sein und Leben Gottes ein bloßer Schatten. Wie die Väter für ihr Verständnis der Heilsökonomie nicht ohne Seinslehre auskamen, so auch der humanistisch gebildete Reformator nicht. Sie dient ihm, den grundlegenden Unterschied zwischen Gott und erlösungsbedürftiger Kreatur zu wahren; ihn gnadenhaft zu überbrücken, dazu hilft ihm die Pneumatologie.

b) Tragende Aussagen

Die Verbundenheit Gottes mit der Schöpfung und dem Menschen erreicht in der Theologie *des* Pneumatologen unter den Reformatoren[35] eine bemerkenswerte Dichte. Sie hat zu der kritischen Stellungnahme geführt, Calvin gehe über die biblischen Aussagen hinaus, wenn er den Heiligen Geist als schöpferische Wirksamkeit Gottes bestimmt. „Wo immer das Handeln des dreieinigen Gottes an einem geschöpflichen Gegenüber zum Ziel kommt, ist es Gott als der Heilige Geist, der es zur Wirkung bringt ... An jedem auf das Geschaffene gerichtete Handeln Gottes ist der Heilige Geist beteiligt als der effector". Der so zugespitzte Gedanke läßt Interpreten von einer „Alleinwirksamkeit Gottes im Geist" sprechen[36].

Für Calvin ist der Heilige Geist (auch) *Schöpfer*. Der biblische wie der von den Vätern her überlieferte Glaube lehrt, „daß Gott mit der Kraft seines Wortes und seines Geistes Himmel und Erde aus *nichts* geschaffen" hat[37]. Dabei obliegt es dem

---

[31] Inst I 13,23 (übers. v. O. Weber 71).
[32] Inst I 13,25 (übers. v. O. Weber 74).
[33] Inst I 13,23 (übers. v. O. Weber 73).
[34] Ebd.
[35] *B.J. Hilberath*, Pneumatologie: Handbuch der Dogmatik I, hg. v. Th. Schneider (D 1992) 445–552, 520.
[36] *W. Krusche*, Wirken 339; vgl. *H. Schützeichel*, Die Glaubenstheologie Calvins (M 1972) 168–183.
[37] Inst I 14,20 (übers. v. O. Weber 93).

Heiligen Geist zu verhindern, daß die durch das ewige Wort geschaffene Welt sofort wieder zerfällt. Das geschähe, wenn Gott nicht mit der Kraft seines Geistes diesen Zerfall verhütete[38]. Wie er die Schöpfung belebt, so vermittelt der Geist auch die Christusgemeinschaft und damit das göttliche Heil des Menschen. Der Geist ist das *Band*, durch das uns Christus an sich bindet[39]. „Er vollzieht diese Einung mit uns *einzig und allein durch den Heiligen Geist.* Die Gnade und Kraft dieses Geistes macht uns auch zu seinen Gliedern, so daß er uns unter seiner Leitung zusammenhält und wir wiederum ihn besitzen“[40]. Durch den Geist als die *„»Hand Gottes«* (Apg 11, 21), durch die Gott seine Macht ausübt“[41], sind wir zur Einheit des Christusleibes zusammengeschlossen. Entsprechend lautet dann Calvins trinitarisches Gesamtverständnis des Glaubens: „Er ist die feste und gewisse *Erkenntnis* des göttlichen *Wohlwollens* gegen uns, die sich auf die Wahrheit der in *Christus* uns dargebotenen *Gnadenverheißung* stützt und durch den *Heiligen Geist* unserem Verstand *geoffenbart* und in unserem Herzen *versiegelt* wird“[42].

Rundet sich christlicher Gottes- und Trinitätsglaube derart im Bekenntnis zum vollendenden Wirken des Heiligen Geistes, wundert es nicht, wenn diese Grundaussagen in der Theologie Calvins allgegenwärtig sind. So in der Lehre von der Heiligen Schrift. Für Luther ist das Prinzip, mittels dessen man ihren apostolischen und inspirierten Charakter erkennt, der Verweis auf Christus („was Christum treibet“). Nach Calvin erschließt das *innere Zeugnis des Heiligen Geistes* die Bibel als inspiriertes Gotteswort[43]. „Denn wie Gott selbst in seinem Wort der einzige vollgültige Zeuge von sich selber ist, so wird auch dies Wort nicht eher im Menschenherzen Glauben finden, als bis es vom inneren Zeugnis des Heiligen Geistes versiegelt worden ist“[44]. Nach Calvin läßt sich das biblische Wort nicht vom Heiligen Geist trennen. Das gilt für das geschichtliche Werden der Bibel wie auch für ihre nachgehende Auslegung. Den Reformator bewegt dabei ein zweifaches Anliegen. Zum einen wehrt er sich dagegen, beim bloßen Buchstaben stehenzubleiben und die Heilige Schrift durch eine äußere Autorität der Kirche zu begründen. Zum anderen möchte er nicht das biblische Wort vom Wirken des Geistes gelöst wissen wie bei den Schwärmern.

Ihnen gegenüber betont er deshalb: „Der Heilige Geist ist mit seiner Wahrheit, die er in der Schrift kundgemacht hat, derart verbunden, daß er erst dann seine Kraft äußert und erweist, wenn man sein Wort mit gebührender Ehrfurcht und Achtung vor seiner Würde aufnimmt ... So kommt es einerseits erst dann in unserem Herzen zu einer festen Bindung an das Wort, wenn der Geist uns entgegenstrahlt, der uns darin Gottes Antlitz schauen läßt. Und andererseits empfangen wir den Geist ohne alle Furcht vor Täuschung, wenn wir ihn an seinem Bilde, an dem Wort wiedererkennen“[45].

Die Pneumatologie Calvins begegnet ebenso in seiner Sakramentenlehre, in der er einen Mittelweg zwischen Luther und Huldrych Zwingli (1484–1531) sucht. Der

---

[38] *W. Krusche*, Wirken 15.
[39] Inst III 1,1 (übers. v. O. Weber 337).
[40] Inst III 1,3 (übers. v. O. Weber 339).
[41] Ebd.
[42] Inst III 2,7 (übers. v. O. Weber 347); vgl. *A. Ganoczy*, Aus seiner Fülle haben wir alle empfangen (D 1989) 195f.
[43] Vgl. *H. Waldenfels*, Die Offenbarung. Von der Reformation bis zur Gegenwart. Unter Mitarbeit v. L. Scheffczyk (HDG I/1b) (Fr-Bs-W 1977) 14–19.
[44] Inst I 7,4 (übers. v. O. Weber 26).
[45] Inst I 9,3 (übers. v. O. Weber 36).

Zürcher Reformator versteht die Sakramente als Erinnerungs- und Gedächtnishandlungen wie auch als Bekenntnis- und Erkennungszeichen der Gemeinde[46]. Für Calvin dagegen übersteigen sie die Tat der Gemeinde. Mehr noch als Glaubensfeier der Gläubigen sind die sakramentalen Zeichen *Anlaß* für das Wirken des Heiligen Geistes. Dies darf aber nicht so verstanden werden, als ob die Sendung des Geistes und der Vollzug der Sakramente ineinandergriffen. Deren Empfang ist für Calvin kein *unmittelbarer* Faktor der Heilsübermittlung. Vielmehr besteht ein Parallelismus zwischen beiden[47]. Die Sakramente (Taufe und Abendmahl) haben die Funktion, den durch die Verkündigung geweckten und durch den Heiligen Geist erschlossenen Glauben zu stützen; sie dienen der zeichenhaften Beglaubigung des geistlich verankerten Wortes und erhalten von hierher Legitimation und Kraft. Für Ungläubige bleiben sie leere Gesten[48].

Es gehört zur Besonderheit Calvins, daß er sein Trinitätsverständnis über den begrenzten Raum des unmittelbaren Traktates hinaus entfaltet. Es durchzieht die gesamte Theologie, die Gotteslehre ebenso wie Anthropologie und Ekklesiologie. Das Grundanliegen des Reformators ist die heilende Verbindung zwischen Schöpfer und Geschöpf, deutlicher zwischen Erlöser und Sünder. Calvin bewegt die Frage nach dem unverfügbaren Gott, der sich im menschgewordenen Sohn und im Heiligen Geist dem Menschen nähert und dessen gebrochene Kraft zur Liebe heilt. Erlösend sind Gottes schöpferische Hingabe und Heil schenkende Liebe deshalb, weil sie aller kreatürlichen Güte vorausgehen. Darum hält Calvin gegen die Antitrinitarier an der immanenten Trinitätslehre fest. Seinen Kontrahenten erwidert er, daß der christliche Glaube seines Inhaltes entleert wäre, verstünde man Gott nach Art eines unabänderlichen Prinzips oder in der Gefolgschaft der altkirchlichen Modalisten. Gott kann für uns nur dann der frei liebende Gott sein, wenn er dies in sich selber ist. So bedeutet seine geschichtliche Selbstmitteilung nicht notwendig auch den Entzug seiner Transzendenz.

c) Spannungsvolle Erwählungslehre

Einen schwierigen Akzent erhält die Trinitätslehre Calvins durch ihre Verbindung mit seinem ausgeprägten Prädestinationsverständnis. Die Verknüpfung beider Themenkreise wird dort sichtbar, wo das *machtvolle* Wirken des Heiligen Geistes auf die Erwählten begrenzt bleibt[49]. Aber wie zentral ist der Prädestinationsgedanke für den Gesamtentwurf Calvins? Bestimmen den Reformator der Blick auf *Gottes Ehre* sowie die *Ungeschuldetheit der Gnade* derart, daß der Gedanke der sich entäußernden Liebe dem zugeordnet bleibt? Ist hierher tatsächlich seine Glaubenslogik geprägt?

Nimmt man den *Genfer Katechismus* von 1542 und zugleich die verschiedenen Auflagen der *Institutio* als Richtpunkt, legt sich folgende Antwort nahe: Sosehr die Erwählungslehre mit ihren teilweise recht sperrigen Konsequenzen im Raum steht[50], hat sie für Calvins Theologie „keinen fundamentalen Charakter in dem

---

46 *E. Kinder*: RGG³ V 1325.

47 Ebd.; vgl. *F. Courth*, Die Sakramente (Fr-Bs-W 1995) 65–72.

48 Inst IV 17,7 (übers. v. O. Weber 945).

49 Inst III 2,12 (übers. v. O. Weber 350–352).

50 Inst III 21,5 (übers. v. O. Weber 619): „Unter *Vorbestimmung* verstehen wir Gottes ewige Anordnung, vermöge deren er bei sich beschloß, was nach seinem Willen aus jedem einzelnen Menschen

Sinne ..., daß die anderen Lehren von ihr aus zu entwickeln wären"[51]. Es ist auch von ihrer mangelnden Einordnung im Gesamtentwurf Calvins die Rede[52]. Deshalb dürfte das Thema Prädestination nicht überbewertet werden.

Ist dieser Themenkreis systematisch auch unzureichend integriert, so muß ihm doch die mit der Dreifaltigkeit zuinnerst verbundene Pneumatologie grundsätzlich vorgeordnet gelten. Sie läßt wie bei Augustinus den Menschen als von Gottes wesenhafter Liebe ergriffen verstehen. *In* dieser trinitarischen Perspektive bleibt die Erwählungslehre davor bewahrt, einem Determinismus und damit einem eingegrenzten Heilsverständnis zu erliegen. Derart eingeordnet, haben ausgreifende Spekulation über Gottes Mysterien und endlose Begriffsdialektik über Freiheit und Verwerfung zurückzustehen. *So* wäre die Erwählungslehre Ausdruck für die unverfügbare Heilsmacht des Dreieinen und könnte die Glaubensgewißheit über die in Gottes ewigem Ratschluß gründende Erlösung festigen.

Zusammenfassend sei einer probaten Interpretation Calvins beigepflichtet. Danach liegt das Hauptgewicht seiner Gedanken „eindeutig auf der in einer Theologie der trinitarisch begründeten, agapehaft den Menschen zugewandten Gnade Gottes" – eine Sehweise, die Anhaltspunkte für eine ökumenische Einigung in der Gnadenlehre bietet[53].

Die aktuelle trinitätstheologische Herausforderung ist für Calvin drängender als für Luther. Diesen bewegen binnenkirchlich die spätscholastische Schultheologie und die dogmenkritischen Schwärmer; gleichsam von weiter her kommen Judentum und Islam als Kontrahenten. Calvin dagegen sieht eine deutliche Ablehnungsfront zumeist italienischer Antitrinitarier (nicht nur) in die Genfer Kirche einbrechen. Der vielschichtigen Bewegung begegnet er mit denkerischer Kraft und zugleich wachem Blick für die negativen soteriologischen Konsequenzen ihrer Positionen. Mit deren Analyse wird für ihn das trinitätstheologische Erbe der altkirchlichen Väter wieder lebendig. Zeitgenössische Diskussion wie dogmengeschichtlicher Rückblick machen dem Reformator deutlich, daß der innere Zusammenhang des biblischen Gottes-, Christus- und Erlösungsglaubens nicht irgendwo um eines erhabeneren Gottesbildes willen gelockert werden kann. Solches führt mit innerer Konsequenz zu einer Beeinträchtigung des Gesamtmysteriums. Der Realitätsgehalt der Inkarnation, die geschichtliche Nähe Gottes zum Menschen, wäre in Frage gestellt. Auf diesen inneren Bezug aufmerksam gemacht, ihn pneumatologisch akzentuiert und so als christliches Grunddogma entfaltet zu haben, dürfte *den* trinitätsgeschichtlichen Beitrag Calvins ausmachen.

---

werden sollte! Denn die Menschen werden nicht alle mit der gleichen Bestimmung erschaffen, sondern den einen wird das ewige Leben, den anderen die ewige Verdammnis vorher zugeordnet. Wie also nun der einzelne zu dem einen oder anderen Zweck *geschaffen* ist, so – sagen wir – ist er zum Leben oder zum Tode *»vorbestimmt«*".

[51] *W. Niesel*, Theologie 168.

[52] *W. Neuser*: HDThG II 253–256.

[53] *A. Ganoczy*, Fülle 200; vgl. *W. Niesel*, Theologie 161–182; *J. Moltmann*, Prädestination IV: LThK² VIII 670–672; *W. Neuser*: HDThG II 253–256.

Zweites Kapitel

POSITIVE THEOLOGIE UND HEILSÖKONOMISCHE TRINITÄTSLEHRE

§ 3. Dionysius Petavius

SCHRIFTTUM: *P. Galtier*, Petau, Denys: DThC XII/1 (1933) 1313–1337; *H. Schauf*, Die Einwohnung des Heiligen Geistes (FThSt 59) (Fr 1941); *L. Karrer*, Die historisch-positive Methode des Theologen Dionysius Petavius (MThS. S 37) (M 1970); *I.-M. Tshiamalenga*, La méthode théologique chez Denys Petau: EThL 48 (1972) 427–478; *M. Hofmann*, Theologie, Dogma und Dogmenentwicklung im theologischen Werk Denis Petau's (Regensburger Studien zur Theologie 1) (Be-F-M 1976); *ders.*, Dionysius Petavius – ein theologischer Neuaufbruch?: W. Löser, K. Lehmann, M. Lutz-Bachmann (Hg.), Dogmengeschichte und katholische Theologie (Wü 1985) 168–186; *ders.*, Petau (Denys): Cath XI (1988) 54–56.

1. *Theologiegeschichtlicher Markstein*

Die pneumatologische Perspektive Calvins hat ein katholisches Gegenstück in der Theologie des Jesuiten Dionysius Petavius (Denys Petau) (1583–1652)[1]. Er wird seit Johann Adam Möhler (1796–1838)[2], wenn auch nicht undiskutiert, Vater der Dogmengeschichte genannt. In Reims, La Flèche und Paris (Collège de Clermont) wirkt der, so Möhler[3], „gelehrteste Mann seiner Zeit" als Lehrer für Rhetorik, Griechisch und Sacra Scriptura. Ab 1621 doziert er in Paris positive Theologie. 1644 gibt er diesen Dienst auf, um sich ganz seinem Hauptwerk, den *Theologica dogmata*[4], zu widmen. Erschienen sind davon nur die Traktate: De Deo, De Trinitate, De Angelis, De Mundi opificio, De Incarnatione. Schon frühe, auch herausgeberische Beschäftigung mit Literatur der klassischen Antike und der Kirchenväter verschaffen dem Jesuiten eine profunde unmittelbare Textkenntnis. Sie ermöglicht ihm, den kirchlichen Glauben allgemein und den Trinitätsglauben insbesondere mit einer Vielzahl patristischer Zeugnisse zu erweisen. Damit ist die Besonderheit seiner Methode angedeutet. Anders als das spekulative Verfahren der Barockscholastik nimmt er in ausgeprägter Weise auf die Väter Bezug. Allein deren Lehre will er darlegen und in der biblischen Überlieferung verankert aufzeigen. Spekulationen, Unterscheidungen, Thesen und Theorien zeitgenössischer Glaubensauslegung sollen für ihn zurücktreten. Mit solch akzentuiertem Vorgehen gibt Petavius einen bemerkenswerten Impuls für einen

---

[1] *F. Courth*: MarL V 167f.

[2] *J.A. Möhler*, Kirchengeschichte III, hg. v. P.B. Gams (Rb 1868) 258f. Vgl. *I.-M. Tshiamalenga*, La méthode théologique chez Denys Petau: EThL 48 (1972) 427–478, 428; *L. Scheffczyk*, Katholische Dogmengeschichtserforschung. Tendenzen – Versuche – Resultate: W. Löser, K. Lehmann, M. Lutz-Bachmann (Hg.), Dogmengeschichte und katholische Theologie (Wü 1985) 119–147, 122; ferner *M. Hofmann*, Dionysius Petavius: ebd. 168–186; *ders.*, Theologie, Dogma und Dogmenentwicklung im theologischen Werk Denis Petaus (Be-F-M 1976).

[3] Kirchengeschichte III 258.

[4] Ed. J.-B. Fournials, 8 Bde. (P 1865–67); De Trinitate: Bd. II 253–693; Bd. III 1–509.

„neuen Stil von Theologie“[5] und wird für das 19. Jahrhundert „zum großen Anreger der theologischen Erneuerung“[6].

Innerhalb dieses grundsätzlichen Rahmens sind es zwei Gesichtspunkte, die das Werk des Petavius als trinitätsgeschichtlich bedeutungsvoll erscheinen lassen. In einer Zeit deduzierender Trinitätstheologie ist es zum einen sein prononcierter Blick in die Geschichte als Erkenntnisweg des Dreifaltigkeitsglaubens. Zum anderen ist es die Frage nach der eigenpersönlichen Einwohnung des Heiligen Geistes und damit der ganzen Trinität im Gerechtfertigten. Mit beiden Themenbereichen löst Petavius, wenn auch erst im 19. Jahrhundert aufgegriffen, einen beachtlichen Diskussions- und Rezeptionsprozeß aus.

Für die *Tübinger Schule*[7] beispielsweise wird Petavius zur maßgeblichen Brücke hin zu den Kirchenvätern. Teilweise haben markante Vertreter der Schule ganze Zitatenreihen von ihm übernommen, ohne die Hilfestellung zu vermerken. So Franz Anton Staudenmaier (1800–1856)[8], Johann Sebastian Drey (1777–1853), Johann Adam Möhler und Johann Ev. Kuhn (1806–1887). Auch Karl Josef Hefele (1809–1893) verdankt dem französischen Jesuiten viel. Über den Vermittlungsdienst als Materialquelle hinaus wissen sich die Tübinger Petavius auch in der formalen Struktur seiner Theologie verpflichtet[9]. Dies gilt generell für die grundsätzliche Bedeutung der Dogmengeschichte[10] wie für die Trinitätstheologie insbesondere. Für beides ist Joh. Ev. Kuhn ein markantes Beispiel[11].

Die Wirklinien der Tübinger hin zur *Römischen Schule* tragen auch dort mit zu einer neuen Wertschätzung des Petavius bei[12]. Carlo Passaglia (1812–1887) und Clemens Schrader (1820–1875) nennen ihn „Fürst der Theologen“[13] und beginnen mit einer neuen Edition seiner *Dogmata*[14]. Weitere Bezüge gibt es zum Dogmengeschichtsverständnis John Henry Newmans (1801–1890) und Matthias Joseph Scheebens (1835–1888)[15].

Wie seine römischen Lehrer Passaglia und Schrader greift auch Scheeben Petaus Sonderlehre von der Einwohnung des Heiligen Geistes auf. Der Kölner Theologe und ähnlich der Würzburger Herman Schell (1850–1906) sind ein beachtliches Beispiel dafür, wie unter Petaus Einfluß das Erbe der alexandrinischen Väter auch im Westen lebendig ist. Hier wird nicht nur eine substanzhafte Einwohnung des dreieinen Gottes im Gläubigen gelehrt. Insbesondere den Alexandrinern nachempfun-

---

[5] *M. Hofmann*, Theologie 76.

[6] Ebd. 255.

[7] Vgl. *R. Reinhardt*, Dionysius Petavius (1583–1652) in der Tübinger Schule. Ein Bericht aus dem Nachlaß von Stefan Lösch: ThQ 151 (1971) 160–162; *A. P. Kustermann*, Pseudepigraphie und literarische Anleihen in der Tübinger Theologie des 19. Jahrhunderts: ZKG 101 (1990) 287–300.

[8] Vgl. *B. Casper*, Erkenntnisse aus der kritischen Beschäftigung mit den frühen Aufsätzen und Rezensionen F. A. Staudenmaiers (1828–1834): ThQ 150 (1970) 262–268.

[9] *M. Hofmann*, Theologie 255.

[10] *J. Ev. v. Kuhn*, Ehrenrettung des Dionysius Petavius und der katholischen Auffassung der Dogmengeschichte: ThQ 32 (1850) 249–293. Vgl. *L. Scheffczyk*, Dogmengeschichtserforschung, bes. 122–126; *P. Stockmeier*, Die Kirchenväter in der Theologie der Tübinger Schule: Theologie im Wandel (Tübinger Theologische Reihe 1) (M – Fr 1967) 131–154.

[11] *J. Ev. v. Kuhn*, Die christliche Lehre von der göttlichen Dreieinigkeit (Kath. Dogmatik II) (Tü 1857).

[12] Vgl. *W. Kasper*, Die Lehre von der Tradition in der Römischen Schule (Fr 1962).

[13] Ebd. 379.

[14] Vgl. *M. Hofmann*, Theologie 58 u. 77.

[15] Vgl. *L. Karrer*, Die historisch-positive Methode des Theologen Dionysius Petavius (M 1970) 199 Anm. 69.

den, begegnet eben auch die Auffassung, daß die Heiligung des Menschen spiegelbildlich zu den innergöttlichen Hervorgängen zu sehen ist.

Für diese sich im 19. Jahrhundert mehr und mehr entfaltende Lehre von der personbildenden Einwohnung des Heiligen Geistes darf Petavius als einer der maßgeblichen Anreger gelten[16]. Seine Pneumatologie und seine Geschichtstheologie machen den französischen Jesuiten zu einem trinitätsgeschichtlichen Markstein. Es ist nicht überinterpretiert, wenn für die Trinitätsgeschichte „der unvergleichliche Denys Petau" als „großer Initiator" gilt[17]. Dies ist mit Blick auf beide Aspekte zu konkretisieren.

2. *Geschichte als Lernort und Quellgrund des Trinitätsglaubens*

In einem ungewöhnlich langen Vorwort[18] seines Trinitätstraktates spricht Petavius über die Lehrentwicklung der ersten drei Jahrhunderte. Wenn er auch die Identität des Gottesglaubens und die inhaltliche Konstanz der altkirchlichen Überlieferung betont, so unterstreicht er nicht weniger, daß die geistige Durchdringung sowie die sprachliche Gestalt des Glaubens in jener frühen Epoche unzureichend gewesen sind. Damit greift Petavius offensiv ein Argument der zeitgenössischen Antitrinitarier auf und bemüht sich, ihnen eine kritisch gesichtete Geschichte entgegenzustellen. Jedoch bestehen Zweifel, ob sein apologetisches Bemühen als erfolgreich gelten darf. Hat er nicht ungewollt den Unitariern und Sozinianern eine Handhabe zu ihrer Leugnung der überlieferten Trinitätslehre geboten[19]?

Des näheren sieht Petavius die vornizänische Auslegungsgeschichte unter deutlichem Einfluß Platons stehen. Es will ihm scheinen, die altkirchlichen Väter hätten, um gelehrten und philosophisch gebildeten Heiden den christlichen Glauben nahezubringen, dessen Kern nur ungenau dargelegt. Das gelte ausdrücklich für das Trinitätsbekenntnis. Urkirchlicher Unterweisung, insbesondere bei den Apologeten, sei es zunächst nur um die Grundkonturen der Glaubensgeheimnisse gegangen; heidnischen Zeitgenossen war unter Bezug auf ihre philosophische Bildung ein erster Zugang zum christlichen Gottes- und Erlösungsverständnis zu bahnen[20]. Dieses Bemühen sei dem Versuch des Apostels Paulus vergleichbar, die Athener auf den „unbekannten Gott" hin anzusprechen (vgl. Apg 17,23), ohne damit den christlichen Gott in eine Reihe mit den heidnischen Gottheiten zu stellen und darin aufgehen zu lassen. Wenn ähnlich die altkirchlichen Theologen das Trinitätsgeheimnis gegenüber den Heiden so interpretieren, daß sie manches darüber nach der Art Platons darlegten, sei das nicht ihr ganzes Anliegen. Sie griffen vielmehr zu dieser Denkweise als Erläuterung und mit Rücksicht auf das Aufnahmevermögen ihrer Hörer und Leser[21].

---

[16] Vgl. *H. Schauf*, Einwohnung, bes. 54–63.
[17] *A. Michel*: DThC XV/2 1804.
[18] Dessen redaktionelle Gestalt und inhaltliche Bedeutung sind umstritten. Handelt es sich um eine vom Orden verordnete Beschwichtigung zu schroffer Thesen über die vornizänischen Väter? Oder hatte der Text als ehemals 3. Buch ursprünglich einen anderen Ort? Vgl. *M. Hofmann*, Theologie 615 Anm. 3; *L. Karrer*, Methode 103–111.
[19] *A. Grillmeier*, Hellenisierung – Judaisierung des Christentums als Deuteprinzipien der Geschichte des kirchlichen Dogmas: ders., Mit ihm und in ihm (Fr 1975) 423–488, 429.
[20] Trin. Praef. III 3 (ed. Fournials II 267f.).
[21] Trin. Praef. III 4 (ed. Fournials II 268).

Petau fächert die altkirchlichen Theologen in ihrem Bezug zu Platon in verschiedene Gruppen auf. Nach Athanasius (ca. 295–373) beispielsweise gebe es für das Bekenntnis zur Inkarnation des göttlichen Logos einen Anknüpfungspunkt in der platonischen Lehre von der Weltseele. Vergleichs- und Anknüpfungspunkt besage aber nicht, daß hier eine inhaltliche Identität vorliege[22]. Dem alexandrinischen Bischof ähnlich hätten etwa Irenäus von Lyon († um 202), Gregor Thaumaturgos (ca. 213–270/275) sowie Methodius von Olympos († ca. 311) *nur äußerlich* die Redeweise der Philosophen übernommen. Ein wenig deutlicher sei von manchen Apologeten der Trinitätsglaube dem Platonismus angenähert worden, ohne jedoch damit seine christliche Substanz verraten zu haben[23]. Petavius nennt Justin († ca. 165), Athenagoras (2. Jh.) und Theophilus von Antiochien († 186). Bei Origenes († 253/54) schließlich vermag der Jesuit diese Grenze nur verschwommen wahrzunehmen; er nennt ihn einen ausgeprägten Platoniker und einen Vorläufer des Arius[24]. Der Subordinatianismus des alexandrinischen Presbyters fasse Platons Einfluß auf den christlichen Gottesglauben geradezu buchstäblich zusammen[25]. Im Sabellianismus dagegen sieht Petavius den Judaismus[26] sowie das Erbe des Aristoteles[27] nachwirken.

Ungeachtet des philosophischen Einflusses auf die urkirchliche Auslegung des biblischen Gotteszeugnisses, weiß Petavius dieses selbst für den Entwicklungsstrom insgesamt innerlich unberührt. Eine vertiefte Zusammenschau der vornizänischen Epoche belege die ungebrochene Identität des christlichen Gottesglaubens, wie er von Christus her den Aposteln überkommen ist und schließlich in Nizäa artikuliert wurde. Gemeint ist das die Christenheit konstituierende Bekenntnis zu dem einen Gott in drei unterschiedenen Personen[28]. Dieses Bekenntnis findet seinen Niederschlag in Texten ebenso wie in der *ungeschriebenen*, lebendigen Annahme des apostolischen Erbes und der Verkündigung des kirchlichen Lehramtes, insbesondere der des Papstes und der Konzilien; das Nicaenum gilt Petavius hierfür als Schulbeispiel. In der Art, wie der Jesuit die mündliche Überlieferung betont, ist er dem Trienter Konzil verpflichtet. Ihr kommt es zu, lebendiges Gedächtnis der Kirche zu sein[29]. Darin sind vor allem die zentralen Geheimnisse der Kirche geborgen; hier hätten sie die Väter authentischer und konkreter erläutert als in ihrem Schrifttum[30].

Daß mündliche wie schriftliche Unterweisung mit der Zeit theologisch differenzierter wurden, dazu hätten insbesondere die Häresien herausgefordert. Sie drängten vor allem beim Trinitätsdogma zu sorgfältigerer Wortwahl, zu eingehender Erörterung und Verteidigung. Wie zentral dem Jesuiten präzise trinitätstheologische Sprache ist, zeigt er in zwei Kapiteln, die er zum Abschluß des Traktates einer angemessenen Begrifflichkeit widmet[31]. Als Gegenbeispiel verweist Petau auf die Epoche vor dem arianischen Streit. Hier nur umrißhaft aufgenommen, sei der Trinitätsglaube

---

22 Trin. Praef. III 5 (ed. Fournials II 268f.).
23 Trin. I, III (ed. Fournials II 291–300).
24 Trin. I, IV 3 (ed. Fournials II 302).
25 Trin. I, I 1.2 (ed. Fournials II 281f.).
26 Trin. I, VI 4 (ed. Fournials II 320f.).
27 Trin. IV, I 4 (ed. Fournials II 607).
28 Trin. Praef. I 1: „Fidei, et professionis ejus, qua Christiani sumus, caput est unius summi Dei in essentia unitas, et in personis differentia, quo uno velut fundamento stat catholicae structura religionis; atque ab Judaeorum et gentilium utrimque pravitate disjungitur" (ed. Fournials II 253).
29 Trin. Praef. I 3–5 (ed. Fournials II 254f.).
30 Trin. III, I 7 (ed. Fournials II 507f.).
31 Trin. VIII, VIII u. IX (ed. Fournials III 495–509). Hier setzt sich Petavius auch mit der trinitätstheologischen Begrifflichkeit Luthers, Calvins und des Calvinisten Lambert Daneau (1530–1595) auseinander.

mit der Überwindung der Häresie klarer erfaßt und verkündet worden. Das Nicaenum ist deshalb eine Art Wegmarke der Trinitätsgeschichte. Seit dem Konzil ist das förmliche Bekenntnis dieser Lehre bei den Katholiken voll gegeben und steht außerhalb jeder Kontroverse. Es erfüllt die Kirche nicht mehr nur in einzelnen Rinnsalen, sondern durchzieht sie in Sturzbächen und Strömen[32].

Petau möchte mit seinem Rückblick auf die vornizänische Epoche und ihren enormen Lernprozeß zeigen, wie der Trinitätsglaube im Auf und Ab gedanklicher und existentieller Aneignung von Christus und den Aposteln bis zum Konzil von Nizäa gelangt ist, um sich fortan bis zum Ende der Welt mit voller Kraft und in kontinuierlichem Verlauf weiterzuentfalten[33].

Die Geschichte als Lernort des Trinitätsglaubens erhält ihr entscheidendes theologisches Gewicht dadurch, daß sie vor allem göttlich gestifteter *Quellgrund* dieses Glaubens ist. Anders als seine jansenistischen Kontrahenten findet Petau einführende Überlegungen im Hinweis heidnischer Autoren auf das hohe Alter sowie die ununterbrochene Beständigkeit des Gottesglaubens überhaupt[34]. Sie gründet letztlich in der dem geschichtlichen Menschen angeborenen Gottesidee, ein Gedanke, der heidnische Philosophen und christliche Theologen gleicherweise beschäftigt[35]. Und doch führen diese Überlegungen zusammen mit den naturphilosophischen Gottesbeweisen nicht unmittelbar zum Trinitätsglauben; sie bleiben in dessen Vorfeld. Der Grund hierfür liegt darin, daß christlicher Gottesglaube, und damit zuinnerst verbunden, das Inkarnationsbekenntnis der natürlichen Vernunft unerreichbar sind. Die menschliche Ratio vermag nicht einmal die Tatsächlichkeit beider Mysterien zu erschließen; selbst Engeln sind sie allein durch Offenbarung zugänglich[36]. Der dreifaltige Gott wird nur dort und insofern erkannt, als er sich selbst zu erkennen gibt[37]. Hierfür verweist Petavius u. a. auf Hilarius[38], wonach von Gott selbst erfahren werden muß, was über ihn erkannt werden will; nur mit seiner Hilfe ist über ihn zu sprechen. Als Gegenprobe können die heidnischen Autoren mit ihren recht anthropozentrischen Vorstellungen zeigen, wohin eine eigengeleitete Gotteslehre führt[39]. Im Unterschied dazu ist das Christentum eine an die Schrift des Alten und Neuen Bundes unablösbar zurückgebundene Offenbarungsreligion[40].

So kommt für Petavius der Bibel gegenüber den übrigen Glaubensprinzipien die tragende Autorität zu; die Heilige Schrift ist vor allen anderen loci theologiae zu befragen. Dies bedarf des ausdrücklichen Hinweises[41]; denn das wirkliche Gewicht der biblischen Texte kommt in den Dogmata des Petavius nur bei näherem Zusehen in den Blick, weil ihre Auslegung sehr eng mit der Väterexegese verbunden ist. Unmittelbar aber fällt jedem Leser ins Auge, daß Christus qualifizierter Anfang der christlichen Trinitätsüberlieferung ist. Von ihm, der Quelle, gelangt sie, einem Kanal gleich, zu den Aposteln und schließlich hin zum Nicaenum[42].

---

[32] Trin. Praef. I 8 (ed. Fournials II 257).
[33] Trin. Praef. VI 1 (ed. Fournials II 277).
[34] De Deo I, I 10 (ed. Fournials I 69).
[35] De Deo I, I 11 (ed. Fournials I 69 f.).
[36] De Angelis I, VIII 3 (ed. Fournials III 647).
[37] Prol. I 6 (ed. Fournials I 4 f.).
[38] Trin. V 21 (CCL 62, 172).
[39] Prol. I 6 (ed. Fournials I 5).
[40] Vgl. *M. Hofmann*, Theologie 97.
[41] Vgl. *L. Karrer*, Methode 31–36.
[42] Trin. Praef. VI 1 (ed. Fournials II 277).

Aber nicht nur die christliche Glaubensgeschichte, sondern auch die Israels ist trinitarisches Gotteszeugnis. Dem Alten Testament ist der Glaube an den dreifaltigen Gott und seine Menschwerdung andeutungsweise geoffenbart. Petavius findet bei Mose und den Propheten „indicia" trinitatis[43]. Es sind dies der verhaltene Blick auf die Göttlichkeit des Logos und das noch tastendere Ahnen von der des Heiligen Geistes[44]. Diese Spuren entbehren noch jener vollen Aussagekraft, welche Gottes Weisheit dem Zeugnis der Christus-Boten vorbehalten hatte. Das gilt für die Gottheit des Wortes und Sohnes ebenso wie die des Heiligen Geistes.

Die im Alten Bund anhebende und sich in Christus vollendende Trinitätsoffenbarung vergleicht Petavius mit der langsam aufgehenden Sonne. Deren erste Strahlen sind ein deutlicher werdender Hinweis auf ihre volle Mittagshöhe. Mit diesem Bild erläuterten die Väter den Fortschritt der Gottesoffenbarung vom Alten zum Neuen Bund. Der Vergleich unterstreiche Gottes Nachsicht gegenüber menschlicher Begrenztheit. Einen Spiegel dieser göttlichen Pädagogik sieht Petavius in der Geschichte der innerkirchlichen Glaubensaneignung. Im erneut verwendeten Bild der aufgehenden Sonne will ihm Nizäa als volles Mittagslicht des Trinitätsglaubens erscheinen. Daß dieser die *wesenhafte* Selbstmitteilung Gottes in seinem ewigen Wort zum Inhalt hat, ist mit diesem Konzil für alle weitere Entwicklung deutlich erkannt[45].

Es geht Petavius um mehr als trinitarischen Erkenntnisfortschritt. Diesem Thema vorgelagert ist die alles tragende Frage nach der göttlichen Heilsökonomie selbst. Sie ist Gottes Friedensbund mit dem Menschen. Christus ist sein gottmenschlicher Mittler[46] und der Heilige Geist die den Menschen unmittelbar ergreifende Hand Gottes. Mehr noch: *er* ist *die* Anwesenheit Gottes im Menschen. Diesen von den Alexandrinern inspirierten Gedanken entfaltet Petau in ihn besonders kennzeichnender Weise.

3. *Pneumatologischer Impuls*

Ähnlich der geschichtstheologischen Perspektive entwickelt Petavius mit seiner Sicht von der spezifischen Einwohnung des Heiligen Geistes eine zweite markante Sonderlehre[47]. Neben diversen Einzelbezügen ist ihr ausdrücklicher Ort: De Trinitate L. VIII, c. IV-VII[48]. Verschiedene Analysen und Darstellungen sind ihr gewidmet[49]. Von der Theologie seiner Zeit sieht Petavius zu wenig berücksichtigt, daß gemäß biblischer (vgl. Röm 5,5) Vorgaben griechische wie lateinische Väter die innere Heiligung des Christen durch ein besonderes Wirken des Heiligen Geistes lehren; dazu sei er als *die* göttliche Gabe gesandt. Des Menschen Rechtfertigung verursache und trage letztlich nicht eine geschaffene heiligmachende Gnade, sondern

---

[43] Trin. III, II 19 (ed. Fournials II 521f.).
[44] Trin. II, VII 2 (ed. Fournials II 431).
[45] De Deo I, XI 10 (ed. Fournials I 155). Vgl. *M. Hofmann*, D. Petavius 175f.
[46] Vgl. *B.A. Willems – R. Weier*, Soteriologie. Von der Reformation bis zur Gegenwart (HDG III/2c) (Fr-Bs-W 1972) 44f.
[47] *P. Galtier*: DThC XII/1 1334, formuliert: „la doctrine la plus personelle de Petau". Vgl. ferner *M. Hofmann*, Theologie 72.
[48] Ed. Fournials III 453–495.
[49] *P. Galtier*: DThC XII/1 1333–1334 (Lit.); *F. Kastner*, Die Gotteskindschaft (Bn 1928) 40–45; *H. Schauf*, Die Einwohnung des Heiligen Geistes (Fr 1941) 54–63 (Lit.); *M. Hofmann*, Theologie 72f. (Lit.).

die formelle Einwohnung des ungeschaffenen Heiligen Geistes. Petau spricht von dessen *substanzhafter* Mitteilung. Er möchte so deutlich die *direkte* Verbundenheit des Gerechten mit dem Heiligen Geist selbst unterstreichen; sie ist mehr als eine nur indirekte, *akzidentelle* Gottesnähe, die in gewährter Gnade besteht. Für die Trinitätslehre Petaus ist die quasiformale Verbindung der Seele mit dem Heiligen Geist die tragende Aussage; weitere Unterscheidungen sind ihr zugeordnet[50]. Weil dem Tröster wesenhaft geeint, wohnen auf diese Weise auch Vater und Sohn dem Gläubigen ein. Deren heiligende Kraft ist der Heilige Geist; sie vollziehen ihre göttliche Wirksamkeit nur in ihm, was dessen personbildendes proprium ausmacht. Kennzeichnet den Vater innertrinitarische Prinzipien- und Ursprunghaftigkeit, den Logos und Sohn, daß er göttliches Urbild von allem ist, so bestimmt den Tröster, Gottes heiligende Kraft zu sein[51]. Gemäß dieser hypostatischen Eigentümlichkeit ist alle Gotteskindschaft dem Heiligen Geist verdankt, und nicht dem einen göttlichen Wesen schlechthin. Petavius modifiziert damit die abendländische Lehre von der operatio communis ad extra und spricht von einer (exklusiv[52]) eigenen, nicht nur appropriierten Sendung und Verbundenheit des Heiligen Geistes mit dem Getauften.

Durch Petavius angeregt und zugleich in einer abgerundeteren Systematik weiterführend, versteht M. J. Scheeben[53] die Mitteilung göttlichen Lebens an die Seele „als eine Nachbildung, Fortsetzung und Ausbreitung derjenigen Lebensoffenbarung und Mitteilung, welche in Gott selbst im Sohne und Heiligen Geiste stattfindet". Wie sich der innertrinitarische Lebensaustausch im Heiligen Geist vollendet, so wird durch ihn auch der Gläubige dem dreifaltigen Gott zugeführt und gnadenhaft-wirklich verbunden. Unter Bezugnahme auf den Alexandriner Cyrill († 444) (De Trin. IV. VII) sieht Scheeben[54] der ausgehenden Bewegung der göttlichen Personen eine rückläufige Linie entsprechen. Danach führt „der Heilige Geist durch seinen Eintritt, sein Bleiben und Wirken in unserer Seele uns zur Vereinigung mit dem Sohne und durch den Sohn zum Vater hinauf ... Durch die Sendung, die Mitteilung des Heiligen Geistes werden wir der göttlichen Natur teilhaft gemacht, gelangen dadurch zur Gemeinschaft des Sohnes Gottes, der in uns wiedergeboren wird, und treten hiermit in Beziehung zu seinem Vater, der dann auch unser Vater wird".

Scheeben ist *ein* Beispiel dafür, wie anregend die Pneumatologie Petaus im 19. Jahrhundert geworden ist. Dabei scheint der Kölner Theologe dessen Gedanken nicht weiter abgeklärt zu haben, wie weit dem Heiligen Geist eine *exklusive* Verbindung mit der geheiligten Seele zukommt. Wohl aber übernimmt er Petaus Grundaussage, daß nicht geschaffene Gnade der Inbegriff menschlichen Heiles ist, sondern die im Heiligen Geist gewährte Gemeinschaft mit dem dreieinen Gott. Bis heute steht die These zur Diskussion, Petavius habe für die Sendung des Geistes keine prinzipielle, sondern nur eine *tatsächliche* Exklusivität gemeint und dessen *konkrete* Stellung bei der Heiligung des Gläubigen betont[55].

Daß ungeachtet offener Fragen die trinitätstheologischen Impulse Petaus (wenn auch erst nach einiger Zeit) weithin aufgegriffen wurden, dazu hat nicht unwesentlich sein Landsmann und Bewunderer L. Thomassin mit beigetragen. Die „großartigen Werke" beider Theologen würdigt Scheeben[56] als wahrhaft epochemachende

[50] Trin. VIII, IV 5 (ed. Fournials III 455 f.); vgl. *P. Galtier*: DThC XII/1 1334.
[51] Trin. VIII, IV 4 (ed. Fournials III 454 f.).
[52] Vgl. *H. Schauf*, Einwohnung 57.
[53] *Scheeben* IV (Hb. der Kath. Dogmatik II) n. 1069 A, S. 450.
[54] *Scheeben* II (Die Mysterien des Christentums § 31, 3) 152.
[55] *H. Schauf*, Einwohnung 57.
[56] *Scheeben* III (Hb. der Kath. Dogmatik I². Theol. Erkenntnislehre) n. 1098, S. 482.

Versuche, in patristisch-historischer Weise die *ganze* Dogmatik zu behandeln, auch wenn sie ihre Aufgabe nicht vollenden konnten. Anders als die zeitgenössische Scholastik hätten sie die Patristik wieder in Fluß gebracht[57]. In der Zuordnung beider wertet Scheeben[58] Petavius „im allgemeinen positiver, nüchterner und korrekter in Gedanken und Darstellung". Thomassin dagegen gilt ihm als „ideenreicher, aber auch etwas schwärmerisch und überschwenglich in Lehre und Stil, daher sie sich beide materiell und formell ergänzen". Kritisch vermerkt Scheeben, daß in Einzelpunkten beide jene Präzision und Klarheit vermissen lassen, wie man sie bei den besseren Scholastikern jener Zeit finde. Wie stellt sich die Trinitätslehre Thomassins im Unterschied zu der seines erklärten Vorbildes[59] Petau dar?

§ 4. Louis de Thomassin

SCHRIFTTUM: *F. Kastner*, Die Gotteskindschaft (Bn 1928) 46–57; *H. Schauf*, Die Einwohnung des Heiligen Geistes (FThSt 59) (Fr 1941); *P. Nordhues*, Der Kirchenbegriff des Louis de Thomassin (EThSt 4) (L 1959); *ders.*, Die dogmatischen Grundlagen und die Grundprinzipien der Pastoraltheologie des Oratorianers Louis de Thomassin: ThGl 49 (1959) 86–106; *ders.*, Der Bischof als Priester und Hirt seines Bistums: ThGl 50 (1960) 23–36; *ders.*, Das wichtigste kontroverstheologische Anliegen des Oratorianers Louis de Thomassin (1619–1695): Cath(M) 14 (1960) 132–152; *R. Lachenschmid*, Louis de Thomassins Inkarnationslehre (TThSt 22) (Trier 1968); *J. Auer*, Gott – der Eine und Dreieine (KKD II) (Rb 1978) 224–228; *B. Chédozeau*, Thomassin (Louis): DSp XV (1991) 892–907.

1. In der Tradition Bérulles

Prägend für die Theologie Louis de Thomassins[1] (1619–1695) generell und seine Trinitätslehre insbesondere ist neben der positiven biblisch-patristischen Methode D. Petaus die Geisteswelt Pierre de Bérulles (1575–1629). Dessen ausgeprägter Spiritualität begegnet Thomassin als Mitglied des Oratoriums (seit 1633). Papst Urban VIII. († 1644) hatte den Begründer des französischen Oratoriums sowie der École Française „Apostolus Verbi incarnati" genannt[2] und damit die deutliche Christozentrik in dessen Wirken und Schrifttum gewürdigt. In Frömmigkeit und Lehre betont Bérulle, daß der Gläubige mit seiner Bindung an Christus und der Einwohnung des Heiligen Geistes seinshaft in den Lebensraum des dreifaltigen Gottes eintritt. Dieser Bund umgreift die ganze Schöpfung; durch die Inkarnation ist sie mit Christus verbunden. Berechtigterweise läßt sich Bérulles Lehre und Geistigkeit als „trinitarisch begründeter Christozentrismus"[3] kennzeichnen. Dem begründenden Impuls des Kardinals entsprechend, sind für die École Française dogmatische Darlegung und mystische Schau der Inkarnation und Erlösung, der Schöpfung sowie der Kirche bestimmender Grundzug. Christus ist übernatürlicher Lebensbrunn der Kirche und der Gläubigen, die mit ihm in personaler Einigung stehen; er ist überdies Lebens-

---

57 *Scheeben* VI/1 (Hb. der Kath. Dogmatik V. Erlösungslehre I²) n. 2, S. 2.
58 *Scheeben* III, n. 1099, S. 482.
59 *L. Thomassin*, Dogmata Theologica. De Incar. Praef. I–III (ed. P.F. Eccale III [P 1866] VII u. VIII).
1 *B. Chédozeau*: DSp XV 892–907.
2 *B. Kiesler* u. *W. Baier*: MarL I 462.
3 Ebd.

grund für die gesamte Schöpfung. Erkenntnismäßige Quelle der Theologie und Mystik sind für Bérulle wie die École Française die Bibel und die Väter. Einer verstärkt rationalen oder psychologisierenden Betrachtungsweise Christi und seines mystischen Leibes, der Kirche, ist damit gewehrt[4].

Dieser geistliche Lebensraum formt Theologie und Gotteslehre Thomassins. Schon hier deutet sich mit der *Christozentrik* ein merklicher Unterschied zur pneumatologischen Perspektive Petaus an. Dieser argumentierte zudem in die Breite der patristischen Tradition; sein Denken war assertiv. Thomassin dagegen blickt konzentriert auf das Geheimnis der Inkarnation; von hierher versucht er, an den verschiedenen theologischen Knotenpunkten Bezüge zum dreifaltigen Gott aufzuzeigen. Sosehr er Petau seinen theologischen Führer nennt und dessen patristischer Ausrichtung folgen möchte[5], geht er in der systematischen Zusammenschau doch einen anderen Weg. Dessen Grundausrichtung haben das Oratorium und die École Française gewiesen. Hier theologisch und spirituell beheimatet, erlangt Thomassin dadurch eigene Kontur, daß seine „ausgeprägte Trinitätslehre" zu einer deutlicheren Geschlossenheit hinfindet als bei Bérulle[6]. Ähnliches gilt für die Verbindung von Gotteskindschaft und Christusgliedschaft. Was Thomassin hierzu sagt, gehört nach F. Kastner (1896–1962)[7] „zum Besten, was überhaupt in der neueren Theologie über unser Gnadentum in Christus geschrieben worden ist".

Zur Christozentrik Thomassins kommt ein bemerkenswert *platonischer Grundzug*, der das besondere Profil seiner Theologie markiert. Auch diesen Akzent verdankt er seiner religiösen Gemeinschaft. Die Lektüre der Werke Platons wird zu jener Zeit im Oratorium mit Vorrang gepflegt. Bérulle selbst hatte zu deren Studium angeregt. So grundsätzlich motiviert, wendet sich Thomassin erst recht dem Platonismus zu, da er die Philosophie als Lehrfach übertragen erhält. Nunmehr doziert er ausdrücklich die Lehre Platons und seiner heidnischen Schüler. Deren Gedankengut gilt ihm als Einführung in die Vätertheologie. Das Studium dieser Philosophie beansprucht ihn derart, daß er es sein Leben lang fortsetzt und es auch seinen Freunden rät. Inhaltlich bestimmt ist Thomassins Platonismus durch ein Bündel von Elementen: die Begegnung mit *verschiedenen* Strömungen platonischen Denkens; die Spiritualität Bérulles; der Einfluß des Humanismus und der Renaissance; die Beschäftigung mit mittelalterlichen Theologen, Vätern und heidnischen Platonikern des Altertums; hinzu kommt schließlich seine deutliche Neigung zur Harmonie[8].

Die Grundidee des heidnischen Platonismus von der Unzugänglichkeit, Unsichtbarkeit und Unbegreifbarkeit Gottes ist für Thomassin mit der Inkarnation überwunden. In der Person Jesu Christi ist Gott ansichtig und wahrnehmbar geworden[9]. Das rechtfertigt, diese Philosophie zur Auslegung des Glaubens, vor allem des Trinitätsdogmas, heranzuziehen. Sosehr Christus eigentlicher Offenbarer des Trinitätsgeheimnisses ist, bieten doch die platonischen Philosophen manche wichtigen Teileinsichten[10]. So ahnten sie die Konsubstantialität und Gleichheit der trinitari-

---

[4] *P. Nordhues*, Der Kirchenbegriff des Louis de Thomassin (L 1959) 9f.
[5] De Incar. Praef. I–II (ed. P. F. Eccale III [P 1866] VII).
[6] *R. Lachenschmid*, Louis de Thomassins Inkarnationslehre (Trier 1968) 100–122.
[7] Marianische Christusgestaltung der Welt (Pb [5]1941) 76 Anm. 1. Vgl. *J. Schierl*, In Christus (Eichstätter Studien NF 35) (Rb 1994) bes. 153 Anm. 5.
[8] *R. Lachenschmid*, Inkarnationslehre 140–142.
[9] Ebd. 160.
[10] De Trin. c. XXXIV–XXXVI, bes. XXXIV, VIII (ed. P. F. Eccale V [P 1868] 527–545, bes. 531f.).

schen Personen[11]. Jedenfalls hätten sie die Gottheit des Sohnes und Wortes besser erkannt als die Arianer[12]. Die Inkarnation selbst blieb ihnen jedoch verborgen. Wohl aber erfaßten sie Wahrheiten, die auf dieses Mysterium hinweisen und es herauslocken. Dies gilt etwa für die Einsicht, daß der Weg zurück zum Ewigen uns nur aus der Weisheit des göttlichen Wortes zukommt[13].

Beide Aspekte, die Christozentrik und der erklärte Platonismus, tragen mit dazu bei, die soteriologische und zugleich dynamische Perspektive des Trinitätsglaubens zu entfalten. Das gilt für die Heilsgeschichte generell wie auch für den Weg, den der einzelne geht. Vom Vater herkommend, findet der Gläubige, von Christus geführt, in der vom Heiligen Geist erfüllten Kirche hin zur vollen Gottesgemeinschaft. Innerhalb dieser Perspektive legt Thomassin das Trinitätsgeheimnis nicht nur lehr- und seinshaft aus; er stellt es als göttlichen Lebensprozeß dar, der wie Quelle und Strom den Menschen einbezieht und vollendet.

2. *Trinität als Grundgeheimnis*

Sosehr die Trinitätslehre Thomassins[14] der lateinischen Tradition mit ihrem Ansatz bei dem einen göttlichen Wesen und dessen dreipersonaler Subsistenz verpflichtet ist, fällt schon bei erster Durchsicht ihre auf die trinitarischen Personen zentrierte Betrachtungsweise auf; angeregt ist sie durch die griechischen Kirchenväter, aber auch durch Augustinus. Thomassin faßt die eine Natur Gottes als alle menschliche Vorstellungskraft und sämtliche kreatürliche Verwirklichungsformen übersteigende Einheit der Liebe und Wahrheit[15]. Entsprechend entfaltet er, deutlicher als gemeinhin im Westen üblich[16], die Lehre von der gegenseitigen Durchdringung der göttlichen Personen und ihrem Ineinandersein (immeatio, inexistentia)[17], im Osten Perichorese genannt. Dies läßt ihn klarer die trinitarischen Personen in ihrem heilsgeschichtlichen Zusammenwirken *und* unvertauschbaren Eigenstand hervorheben, als dies etwa die wesensbezogene scholastische Theologie getan hat.

Beleg für den schärferen heilsökonomischen Blick im Trinitätsverständnis Thomassins ist seine Antwort auf die in der Scholastik häufig gestellte Frage, ob *nur* der Sohn Mensch werden konnte, oder ob dies auch für den Vater und den Heiligen Geist möglich gewesen wäre. Wie zuvor Petrus Lombardus[18] und andere[19] hatte ebenso Thomas von Aquin die Meinung vertreten, auch der Vater und der Heilige Geist hätten Menschennatur annehmen können[20]. Im Spiegel der Heilsgeschichte betrachtet, darf diese Annahme als problematisch und nicht völlig durchdacht

---

[11] De Trin. c. XXXIV, VIII (ed. Eccale V 532).
[12] De Trin. c. XXIV, X (ed. Eccale V 446f.).
[13] *R. Lachenschmid*, Inkarnationslehre 142.
[14] Ed. Eccale V, tract. II, c. I–XLVII.
[15] De Trin. c. XXV, I–X (ed. Eccale V 447–454).
[16] Vgl. *M. Schmaus*, Die Einheit des trinitarischen Wirkens in der Ost- und Westkirche: Renovatio et Reformatio. FS Ludwig Hödl, hg. v. M. Gerwing u. G. Ruppert (Ms 1984) 71–79; nach Schmaus hat die Lehre von der circumincessio bzw. circuminsessio in der lateinischen Theologie „nur die Rolle eines Anhangs" (75).
[17] De Trin. c. XXVIII, I–XVI (ed. Eccale V 470–480).
[18] IV Sent. III dist. I cap. 2 (ed. I. Brady [Spicilegium Bonaventurianum V] 26).
[19] *R. Lachenschmid*, Inkarnationslehre 174–185.
[20] S. th. III q. 3 a. 5.

gelten[21]. Seiner positiven Methode folgend, geht Thomassin auf das Thema nicht dadurch ein, daß er innertrinitarisch *mögliche* Lösungen bedenkt. Vom zeitlichen Abbild her auf den innergöttlichen Lebensaustausch als Urbild schauend, gibt es für ihn nur eine Antwort: Von immanenter Trinität läßt sich nur wissen und reden, sofern man der Heilsökonomie als der geschichtlichen Spur des übergeschichtlichen Gottes nachgeht. Sie läßt alleine den Sohn als Menschgewordenen erkennen. Der in die Zeit Geborene offenbart den ungezeugten Vater als seinen *ewigen* Ursprung und sich als bleibend von ihm herkommendes Wort. Über die Verbundenheit im Ursprung hinaus sind Vater und Sohn durch das Liebesband des Heiligen Geistes geeint. So wie die Offenbarungsgeschichte Vater, Sohn und Heiligen Geist in je spezifischem Eigenstand aufscheinen läßt, dulden sie keinen Rollentausch[22].

Seiner heilsökonomischen Perspektive entsprechend, betrachtet Thomassin die Inkarnation nicht von der göttlichen Natur her. Im Spiegel der Erlösungsgeschichte fällt sein Blick auf die Personen und ihre Sonderheit. In der Menschwerdung nimmt der Sohn die menschliche Natur in seine Personalunion auf und eint sie sich derart, daß Leib und Seele nicht einander gehören und einen eigenen subjekthaften Eigenstand bilden. Sie sind die geschichtliche Gestalt des Logos. Ihm hypostatisch verbunden, ist Christus auch als Mensch *natürlicher* Sohn des Vaters. Anders als Menschen oder Engel, die sich nur vermittelterweise, durch Adoption, der Gottesgemeinschaft erfreuen, ist Jesus von Anfang seiner geschichtlichen Existenz *wesenhafter* Sohn des Vaters; zu ihm hin ist er für alle *der* Mittler und Weg.

Es ist dem Heiligen Geist verdankt, daß die zeitliche Empfängnis des Sohnes als Fortsetzung der innergöttlichen Zeugung erscheinen kann. Er wirkt die geistig-übernatürliche wie die leibliche Fruchtbarkeit der Jungfrau-Mutter Maria, so daß ihr Kind der Sohn des ewigen Vaters ist[23].

Wie Thomassin die Inkarnation als Bild des innergöttlichen Lebensaustauschs versteht, so sieht er auch, in besonderem Maße von Augustinus geleitet, die Schöpfung als Widerschein des dreifaltigen Gottes. Der Sohn als *Abbild* des Vaters ist *Urbild* der auf Gott hin bezogenen Schöpfung. Ausdrücklich unterstreicht dies die Inkarnation. Wie der Heilige Geist in Maria die Schöpfung göttlicherweise fruchtbar gemacht hat, so erfüllt er die Kreatur, dem Tempel gleich, als auf Gott hin geöffneten Raum, wo er als Schöpfer erkannt und sein Lob gesungen werden kann. Hier schenkt der Heilige Geist Einheit, Wahrheit, Liebe und Heiligkeit als die Schöpfung vollendendes Gottesgeschenk[24].

Wie sehr die genannten Gaben dem Heiligen Geist verdankt sind, konkretisiert Thomassin bei der Taufe[25]. Die im Sakrament der Wiedergeburt dem Leib Christi eingegliederten Gläubigen erfüllt der Heilige Geist mit göttlichem Leben, wodurch sie Gotteskinder werden. Thomassin lehrt keine besondere Einwohnung des Heiligen Geistes außer der trinitarischen[26]. Wie er das Einheitsband zwischen Vater und Sohn ist, so sind auch die Jünger Christi im Heiligen Geist geeint. Vom Vater durch den Sohn gesandt, verbindet er die Gläubigen mit dem Sohn und durch ihn dem

---

[21] So *A. Grillmeier*, Christologie: LThK² II 1156–1166, 1160.
[22] *R. Lachenschmid*, Inkarnationslehre 26–31.
[23] Ebd. 31–55.
[24] De Trin. c. XXIV, I–X (ed. Eccale V 440–447).
[25] Vgl. *F. Kastner*, Gotteskindschaft (Bn 1928) 46–57; *P. Nordhues*, Kirchenbegriff 55–58.
[26] Gegen *Diekamp* II (¹¹/¹²1959) 552.

Vater. Ähnlich der Seele, die den Leib durchformt, so ist der Heilige Geist für die Glieder des Christus-Leibes Mittler und Garant trinitarischen Lebens[27].

Die Eucharistie als „perpetuatio incarnationis"[28] vertieft die in der Taufe begründete Einheit des Menschen mit Christus. Auch sie trägt das Siegel des dreifaltigen Gottes. Die sakramentale Gemeinschaft mit Christus bringt den Gläubigen das Leben des Vaters, der dem Sohn sein Leben gab, damit er es selbst in sich habe (vgl. Joh 5,26). So empfängt jeder, der in den heiligen Zeichen Christus aufnimmt, das Leben des Vaters[29]. „Die Eucharistie richtet uns empor und läßt uns zu Gott hin auferstehen; gleichsam getragen vom Leib Christi, gelangen wir zur Einheit mit dem Vater, der seinem Wort innewohnt"[30]. Daß den sakramentalen Gaben diese Kraft zukommt, ist dem Heiligen Geist verdankt. Seine Wirksamkeit bei der Inkarnation ist Urbild eucharistischer Wandlung. Wie die Menschwerdung des ewigen Sohnes und Wortes menschliches Wollen und Können übersteigt (vgl. Joh 1,13), sondern vom Heiligen Geist gewirkt ist, so auch die Konsekration der sakramentalen Gaben; er macht sie lebenspendend.

Durch Cyrill von Jerusalem (ca. 313–387) angeregt, schreibt Thomassin: „Wisse wohl, welcher Urheber und Künstler den Leib und das Blut Christi zu stiften und zu wirken pflegt! In inständigsten Gebeten fleht die Kirche um den Heiligen Geist, wie er einst im unbefleckten und jungfräulichen Schoß den Leib Christi wachsen ließ, so möge er denselben jetzt aus Brot und Wein hervorbringen. Es gibt nicht nur jene ursprüngliche Geburt; da ist auch die tägliche, die in allen Ländern der Erde wiederholt wird und wiederholt werden soll. Kein anderer Urheber als der Heilige Geist führt sie herbei. Das ist auch der Grund dafür, daß dieses Fleisch und Blut geistliche Speise ist, mit Gnaden und Gaben erfüllt und gesegnet"[31].

So birgt und schenkt die sakramentale Feier das vom Vater ausgehende, durch und in Christus konkretisierte und vom Heiligen Geist vermittelte göttliche Leben. Die Sinnrichtung ist aber auch aufsteigend; sie führt die Kommunizierenden kraft des Heiligen Geistes mit Christus zum Vater zurück. Wie in ihrem Vollzug, so erscheint die Eucharistie auch in ihrem latreutischen Ziel trinitarisch bestimmt. Sie ist Anbetung und Lob des dreifaltigen Gottes; seiner Verherrlichung gilt das sakramentale Opfer[32].

3. *Theologiegeschichtliches Profil*

Wie zuvor bei Petavius, zeigt auch bei Thomassin die Trinitätstheologie starke pneumatologische Kontur. Angeregt durch die griechischen Väter, insbesondere Cyrill von Alexandrien, betonen beide die personale Einwohnung des Heiligen Geistes als Grundereignis der Erlösung. Dabei ging der Jesuit von der Lehre der göttlichen Sendung aus. Im Unterschied zu ihm entspricht es der *Christozentrik* Thomassins, wenn dieser den Heiligen Geist durch den Sohn vermittelt sieht, um den Christus-Leib in seinen Gliedern zu beleben. Diese eigentümliche Funktion ist jenes Proprium des Heiligen Geistes, das der Oratorianer über eine gewiß *betonte*, aber nur als Appropriation gemeinte Aussage hinausheben möchte. Das die Gläubigen be-

---

[27] De Incar. l. VI, c. XIX, I–III (ed. Eccale III 799–801).
[28] De Incar. l. X, c. XXII, III (ed. Eccale IV 402).
[29] De Incar. l. X, c. XXVIII, XIII (ed. Eccale IV 447).
[30] De Incar. l. X, c. XXII, I (ed. Eccale IV 401).
[31] De Incar. l. X, c. XXIX, XIII (ed. Eccale IV 456).
[32] De Incar. l. IX, c. XI, IV-VI (ed. Eccale IV 258f.); vgl. *P. Nordhues*, Kirchenbegriff 197–201.

lebende Wirken des göttlichen Geistes rechnet zu dessen personbildender Eigentümlichkeit.

Damit ist das trinitätsgeschichtliche Anliegen des Oratorianers genannt. Er, so heißt es in einer Würdigung, stehe damit „über der Theologie seiner Zeit“[33]. Seit Leonard Lessius (1554–1623) bis hin zu Scheeben habe niemand in der nachtridentinischen Theologie den organischen Zusammenhang zwischen der Eingliederung in Christus, der Belebung durch den Heiligen Geist und der Gotteskindschaft so gesehen wie Thomassin[34]. Die von Petau und ihm angestoßene Thematik hat, aufs Ganze der theologiegeschichtlichen Entwicklung gesehen, Geschichte gemacht[35]. Vor allem ist es der mit dem 18. Jahrhundert verstärkt einsetzenden Aufklärung zuzuschreiben, daß die Rezeption dieser Impulse erst im 19. Jahrhundert erfolgt. Wie Petau regt nicht weniger Thomassin durch reiches patristisches Material dazu an, generell für die Methode der Dogmatik ein stärker geschichtliches Vorgehen zu fordern und insbesondere die Trinitätslehre deutlicher heilsökonomisch zu fassen[36]. Für C. Passaglia und Cl. Schrader werden die beiden Franzosen zu „theologischen Vorbildern“[37]. Nicht zuletzt übernehmen sie Thomassins Gedanken, daß sich durch die personale Einwohnung des Heiligen Geistes die Inkarnation ausweitet und die Kirche Abbild der hypostatischen Union ist. Um diese Zusammenhänge zu umschreiben, bedient sich Passaglia, Thomassin ähnlich, weniger der strengen Definition als vergleichender Bilder, ausführlicher Schrifttexte und Väterstellen[38]. Es sind aber nicht nur die zwei genannten Vertreter der Römischen Schule, die durch Petavius und Thomassin zur Väterlehre und zur Pneumatologie beflügelt werden. Ihnen reiht sich eine Anzahl von Theologen an, die sich zur Korrektur einer allzu spekulativen Glaubensauslegung der positiven Theologie für ihre dogmatische Methode, den Trinitätstraktat wie auch die Geistlehre verpflichtet wissen[39].

Beispielhaft genannt seien aus England der spätere Kardinal Henry Edward Manning (1808–1892), aus Frankreich Henri-Marie-Félix Ramière SJ (1821–1884), aus Italien Enrico Borgianelli SJ (1805–1882) und aus Deutschland Matthias Joseph Scheeben. Der hegt ungeachtet formulierter Vorbehalte wegen mangelnder begrifflicher Präzision[40] große Bewunderung für Thomassin. Dieser habe ihm (zusammen mit Petau) für die *Mysterien des Christentums* „den reichsten Stoff geliefert“[41]. Das gilt auch für seine eigenakzentuierte Lehre von der besonderen Einwohnung des Heiligen Geistes[42]. Anders als der französische Oratorianer mit seinem heilsgeschichtlichen Ansatz vertritt der Kölner Dogmatiker in der Tradition des Aquinaten, daß alle drei göttlichen Personen dieselbe Menschheit hätten annehmen und Mensch werden können, auch wenn für die Inkarnation des Sohnes eine besondere Angemessenheit bestehe[43].

---

[33] *F. Kastner*, Gotteskindschaft 47.
[34] Ebd.
[35] Vgl. *W. Breuning*, Trinitarische Theologie als Quelle einer Erneuerung des Glaubens. Zum Beitrag H. Schaufs für die Lehre von der Einwohnung des Heiligen Geistes: Geist und Kirche. Gedenkschrift für H. Schauf, hg. v. H. Hammans, H.J. Reudenbach, H. Sonnemans (Pb 1990) 167–179, 168; *ders.*, Pneumatologie: BTZJ III 120–126.
[36] *L. Scheffczyk*: MySal II 216. *A.P. Kustermann*, Pseudepigraphie und literarische Anleihen in der Tübinger Theologie des 19. Jahrhunderts: ZKG 101 (1990) 287–300, spricht bei C.J. Hefele von einer „unkritischen Ausschreibung“ der *Vetus et nova ecclesiae disciplina* (1688) des Oratorianers Thomassin (292).
[37] *W. Kasper*, Die Lehre von der Tradition in der Römischen Schule (Fr 1962) 195.
[38] Ebd. 230; vgl. *H. Schauf*, Die Einwohnung des Heiligen Geistes (Fr 1941) 39.
[39] *H. Schauf*, Einwohnung passim.
[40] *Scheeben* III (Hb. der Kath. Dogmatik I^2. Theol. Erkenntnislehre) n. 1099, S. 482.
[41] *Scheeben* II (Mysterien des Christentums) XIIIf.
[42] Ebd. 143 u. 518.
[43] *Scheeben* VI/1 (Hb. der Kath. Dogmatik V. Erlösungslehre I^2) n. 455 458, S. 211f. 213.

Louis de Thomassin gehört zu den bemerkenswerten Gestalten der nachtridentinischen Epoche. Zusammen mit dem von ihm bewunderten D. Petau hat er neben der deutlich wiedererstarkten Scholastik, F. de Suárez (1548–1617), das 17. Jahrhundert maßgeblich mitgeprägt. Für die Geschichte des Trinitätsdogmas und seiner Auslegung ist er aus einem zweifachen Grund von Bedeutung. Sein konzentrierter Blick auf die Väter und die reiche Materialsammlung haben zu einem vertieften Interesse an der Patristik und ihren spezifischen Denkformen angeregt. Die in unserem Jahrhundert neu konzipierte heilsgeschichtliche Trinitätslehre[44] ist eine späte Frucht dieses Impulses. Nicht weniger folgenreich wurde sein Bemühen, das Dreifaltigkeitsmysterium mit seiner ganzen theologischen Strahlkraft aufscheinen zu lassen. Das drängt ihn, den Trinitätstraktat aus seiner schulmäßigen Isolierung zu befreien und mit der Christologie, der Schöpfungs-, Erlösungs- und Gnadenlehre sowie der Ekklesiologie und Eschatologie zu verbinden. Wahrhaft wirkmächtig ist sein Bemühen geworden, gemäß biblischem Erbe den Getauften als Tempel Gottes zu verstehen, in dem der Heilige Geist wohnt (vgl. 1 Kor 3,16; Röm 5,5). Damit wird deutlich, wie eng Gott, Mensch und Welt miteinander verbunden sind. Der Gott suchende Mensch bleibt nicht bei sich; er selbst und sein Daseinsraum sind der Ort, den Gott in sein trinitarisches Leben hinein geöffnet hat. Das gibt dem Trinitätsglauben und der ihn auslegenden Lehre wahrhaft existentielles Gewicht. Wenn die Pneumatologie eine Schicksalsfrage der aktuellen Theologie ist, dann dürfen Petau und Thomassin hierfür als beachtenswerte Anreger gelten. Leider werden sie diesbezüglich zu wenig gewürdigt[45].

---

[44] Vgl. exemplarisch *L. Scheffczyk*, Lehramtliche Formulierungen und Dogmengeschichte der Trinität: MySal II 146–220.

[45] Keine Erwähnung finden sie bei *Y. Congar*, Der Heilige Geist (Fr 1982); *Chr. Schütz*, Einführung in die Pneumatologie (Da 1985).

Drittes Kapitel

GESCHICHTE ALS PROBLEM: AUFKLÄRUNG UND DEUTSCHER IDEALISMUS

§ 5. Friedrich Daniel Ernst Schleiermacher

SCHRIFTTUM: *Barth PrTh* § 11, hier nach der 3. Aufl. als Siebenstern-Taschenbuch 177/78 (HH 1975) 360–400; *Hirsch* (Gt 1949–54) V 281–364; *W. Brandt*, Der Heilige Geist und die Kirche bei Schleiermacher (Z 1968); *Fr. Beisser*, Schleiermachers Lehre von Gott dargestellt an seinen Reden und seiner Glaubenslehre (Gö 1970); *H. Stephan – M. Schmidt*, Geschichte der evangelischen Theologie in Deutschland seit dem Idealismus (B-NY [3]1973) 111–132; *R.F. Streetman*, Friedrich Schleiermacher's Doctrine of the Trinity and its Significance for Theology today (Diss. Drew Univ. 1975); *F. Courth*, Das Wesen des Christentums in der Liberalen Theologie (F 1977) 35–217; *I. García-Tato*, Die Trinitätslehre Karl Barths als dogmatisches Strukturprinzip (Bad Honnef 1983) 75–174; *G. Hornig*: HDThG III (1984) 147–156; *I. Lonning*, Gott VIII: TRE XIII (1984) 684–686; *M. Eckert*, Gott – Glauben und Wissen. Friedrich Schleiermachers Philosophische Theologie (B-NY 1987); *A. Milano*, La Trinità dei teologi e dei filosofi: l'intelligenza della persona in Dio, in: Persona e personalismi, hg. v. A. Pavan – A. Milano (Na 1987) 1–286, hier 83–182; *E. Dirscherl*, Der Heilige Geist und das menschliche Bewußtsein (Bonner dogm. Studien 4) (Wü 1989) 642–678; *M. Junker*, Das Urbild des Gottesbewußtseins (B-NY 1990); *E. Brito*, Schleiermacher et la doctrine de la Trinité: RTL 23 (1992) 145–171 321–342.

1. Geistiges Umfeld

Die biblisch-patristische Orientierung der Trinitätslehre erfährt wie die positive Theologie und offenbarungsbezogene Glaubensauslegung überhaupt in der Aufklärung[1] eine grundsätzliche Herausforderung. Der neu aufbrechenden Geistesbewegung geht es darum, die überlieferte Glaubenslehre von ihrer geschichtlich-dogmatischen Gestalt zu befreien, sie auf die Ebene der begrifflich faßbaren Vernunftreligion zu bringen und ihre ethisch-moralische Relevanz geltend zu machen.

Besonders prägend ist in dieser Richtung *Immanuel Kant* (1724–1804). Nicht nur für die Geschichte der Trinitätstheologie ist seine Unterscheidung zwischen der reinen Vernunftreligion und der positiven geschichtlichen Religion folgenreich. Jene ist die Erkenntnis der menschlichen Pflichten als göttlicher Gebote und die Vollendung alles ethischen Bemühens in der Idee Gottes. Dessen Existenz ergibt sich als notwendiges Postulat aus der sittlichen Weltordnung, die erst in ihm zu einem eigentlichen Abschluß gelangt[2]. Die Vorstufe der reinen Vernunftreligion ist die positive, historische Religion. Diese hat ihre höchste Form im Christentum. Dessen Grundsätze und Prinzipien als geschichtliche Offenbarungswahrheiten anzunehmen heißt nach Kant, einen *gebotenen* Glauben haben[3]. Ihn gar absolut zu setzen und als

---

[1] Vgl. *L. Scheffczyk*, Aufklärung III: LThK[2] I 1063–1066.
[2] *I. Kant*, Kritik der praktischen Vernunft (Phil. Bibliothek 38) (HH [10]1990) 142–151.
[3] *I. Kant*, Die Religion innerhalb der Grenzen der bloßen Vernunft (Phil. Bibliothek 45) (HH [9]1990) 187–196.

wesentlich für wahre Religion anzusehen, nennt Kant „Religionswahn"[4]. Offenbarungsglaube kann nur Hinweis auf die reine Vernunftreligion sein. Erst wenn die Grundaussagen des Christentums aus Einsicht und rationalen Gründen erkannt sind, das heißt: im Vernunftglauben angenommen werden, wird man ihrem eigentlichen Sinn gerecht. Das Christentum ist von seiner Stiftung eine moralische Religion, der Vernunft entsprechend, nicht aber eine statuarische[5]. Es kommt deshalb alles darauf an, die Begründung des Christentums durch Offenbarung und Bibel nur als Hilfestellung für einfache Menschen zu werten, aber nicht das eigentliche Wesen darin zu sehen[6].

Damit ist auch der Rahmen zur Beurteilung des Trinitätsglaubens und seiner theologischen Auslegung gesteckt. Kants Position ist eindeutig: „Aus der Dreieinigkeitslehre, nach den Buchstaben genommen, läßt sich schlechterdings *nichts fürs Praktische machen*, wenn man sie gleich zu verstehen glaubte, noch weniger aber wenn man inne wird, daß sie gar alle unsere Begriffe übersteigt. – Ob wir in der Gottheit drei oder zehn Personen zu verehren haben, wird der Lehrling mit gleicher Leichtigkeit aufs Wort annehmen, weil er von einem Gott in mehreren Personen (Hypostasen) gar keinen Begriff hat, noch mehr aber, weil er aus dieser Verschiedenheit für seinen Lebenswandel gar keine verschiedenen Regeln ziehen kann". Gleiches vermerkt Kant zum Glauben an die Inkarnation; auch aus diesem Geheimnis sei „gar nichts Praktisches für uns zu machen"[7].

Entfernt davon, eine äußerlich aufgedrängte Erkenntnis zu sein, beinhaltet positiv verstandener Glaube die Zustimmung dazu, „was in praktischer (moralischer) Absicht anzunehmen möglich und zweckmäßig ... ist, mithin nur geglaubt werden kann. Nehme ich das Glauben ohne diese moralische Rücksicht bloß in der Bedeutung eines theoretischen Fürwahrhaltens, ... so ist ein solcher Glaube, weil er weder einen besseren Menschen macht noch einen solchen beweiset, gar kein Stück der Religion ..."[8]. Nach Kant ist es allein die praktische Vernunft, man könnte auch sagen, der praktisch-moralische Lebenswert, der das Christentum und sein Bekenntnis als universale, allgemeine Religion verstehen läßt. Sämtliche über das ethische Bemühen hinausgehenden Aussagen sind damit ausgeblendet.

Eine ähnliche Position vertritt *Johann Salomo Semler* (1725–1791)[9]. Auch nach ihm kann das Christentum nicht mit einer der verschiedenen geschichtlichen Ausprägungen im Neuen Testament, in der Geschichte der Kirche oder in den einzelnen Konfessionen gleichgesetzt werden. Der eigentliche Sinn der christlichen Religion ist die moralische Vollkommenheit des Menschen[10]. Dieser inhaltliche Kern ist allgemein und umfassend; er ist offen für jede nur denkbare Konkretion, wie sie von der ganzen Weite individuellen Lebens her möglich ist. Es entscheidet der einzelne nach seinen Fähigkeiten, was er als christlich annehmen und in seinem moralisch-geist-

[4] Ebd. 187.
[5] Ebd. 191–196.
[6] Ebd. 197–209.
[7] *I. Kant*, Der Streit der Fakultäten (Phil. Bibliothek 252) (HH 1959) 34.
[8] Ebd. 37.
[9] Vgl. *H. Wagenhammer*, Das Wesen des Christentums (TTS 2) (Mz 1973) 206–255; *G. Hornig*, Die Anfänge der historisch-kritischen Theologie. J.S. Semlers Schriftverständnis und seine Stellung zu Luther (FSThR 8) (Gö 1961); *W. Schmittner*, Kritik und Apologetik in der Theologie J.S. Semlers (M 1963).
[10] *J.S. Semler*, Versuch einer freien theologischen Lehrart (Hl 1777) 158f.; *ders.*, Beantwortung der Fragmente eines Ungenannten insbesondere vom Zwecke Jesu und seiner Jünger (Hl 1779) 350.

lichen Streben verwirklichen will, sofern er nur Gottes Ehre fördert und sich in moralischem Verhalten bewährt.

Dies „ist der Grundsatz der christlichen Religion, wodurch sie alle Menschen einnimmt und ihnen freie Gelegenheit gibt, nach ihrem Maß Gott zu erkennen und die Lehre Christi aufs allerbeste zu nutzen. Dies wird eine *Einigkeit im Geiste* bei allem Unterschied der innerlichen Fähigkeiten, wie der äußerliche Unterschied aller Menschen in ihrem Stande und Beruf bleibet, und sie doch alle zusammen rechtschaffene Christen sein können und sollen“[11]. Eine über diesen Rahmen hinausgehende definitive Festlegung dessen, was das Wesen des Christentums ausmacht, kann es nach Semler nicht geben. Eine solche Entscheidung würde der Universalität der christlichen Religion widersprechen; sie wäre dann nicht mehr schlechthin allgemein[12].

Entsprechend zurückhaltend fallen auch Semlers Überlegungen zur Trinitätstheologie aus[13]. Deren überlieferte Sprache behält er weitgehend bei. Der Leser bleibt aber tastend, ob die Begriffe proprie oder improprie gebraucht sind[14]. Beispielsweise bezeichnet er die Homoousie des Sohnes als eine christliche Vorstellung, rechnet sie aber für den einzelnen Christen nicht zum Wesen des Glaubens. Es entspricht seinem hermeneutischen Gesamtkonzept, wenn Semler im Vergleich mit den Reformatoren „nur ein sehr geringes Interesse“ an trinitarischen Problemen und Definitionsfragen erkennen läßt[15].

Unter den theologiegeschichtlich prägenden Gestalten der Aufklärung nimmt *Gotthold Ephraim Lessing* (1729–1781) eine zentrale Stellung ein[16]. Zum einen entfaltet er die Idee einer stufenweisen Offenbarung Gottes zur Erziehung des Menschengeschlechtes, was das moralische Verständnis des Christentums weiter bekräftigt[17]. Die überkommene Theologie noch grundsätzlicher herausfordernd ist Lessings Gegenüberstellung der biblischen Ausdrucksgestalt des Christentums und seiner eigentlichen Wahrheit; hier liegt die Unterscheidung von zufälliger Geschichtswahrheit und notwendiger Vernunftwahrheit zugrunde[18]. Die Wahrheit der christlichen Religion gründet nicht in Jesus Christus, darum auch nicht in der Predigt der Apostel, nicht einmal in der Offenbarung Gottes. Das Verhältnis ist umgekehrt: Die Apostel verkündeten das Christentum, weil es wahr ist; auch Gott offenbart es, weil es wahr ist[19]. Deshalb ist auch die Bibel eine zeitbedingte Ausdrucksform des Christentums; sie ist keineswegs dessen unverzichtbare Norm[20]. Weil es um die innere Wahrheit geht und nicht um eine geschichtliche Ausdrucksgestalt, darum ist die Überführung der biblischen Offenbarungswahrheit in die notwendige Vernunftwahrheit das Gebot der Stunde[21].

Lessing (wie auch Semler) ist bemüht, die Universalität und absolute Bedeutung der im Christentum gelebten Wahrheit zu halten. Doch verhindert der tiefe Graben

---

[11] *J. S. Semler*, Abhandlung von freier Untersuchung des Canon, hg. v. H. Scheible (Texte zur Kirchen- u. Theologiegeschichte 5) (Gt ²1980) 90.
[12] *J. S. Semler*, Versuch 158–222.
[13] Vgl. *W. Schmittner*, Kritik 47–50; *H. Wagenhammer*, Wesen 214 u. 219.
[14] *W. Schmittner*, Kritik 49.
[15] *G. Hornig*, Anfänge 155.
[16] *H. Wagenhammer*, Wesen 236–250; *A. Schilson*, Geschichte im Horizont der Vorsehung. G. E. Lessings Beitrag zu einer Theologie der Geschichte (TTS 3) (Mz 1974).
[17] *A. Schilson*, Geschichte 118–121.
[18] Über den Beweis des Geistes und der Kraft (WW VIII, hg. v. P. Rilla) (B 1956) 12.
[19] Axiomata, wenn es deren in dergleichen Dingen gibt (WW VIII) 188.
[20] Ebd. 178–187.
[21] Die Erziehung des Menschengeschlechts (WW VIII) 610; vgl. Axiomata 195.

der Geschichte, sie überhaupt zu erreichen. In unendliche Ferne gerückt, ist sie inhaltsleer und unbestimmt geworden. So läßt ihn sein spekulatives Gottesverständnis eher als theistischen, denn als christlichen, vom Trinitätsglauben geleiteten Denker erkennen. Weil es Lessing um die Reinheit des Gottesbildes geht und er sie frei von aller Verzerrung wiederherstellen möchte, bleibt gerade auch die Gestalt Christi auf die Funktion des eschatologischen Erziehers beschränkt. Ihm als geschichtlicher Stiftergestalt begegnet er mit ausgesprochenem Desinteresse[22]. Und mit der Lehre von der Göttlichkeit Jesu liegt Lessing „zeitlebens in mehr oder weniger offenem Widerstreit"[23]. Damit korrespondiert seine innere Nähe zum Gottesbild des Islam, der er immer wieder Ausdruck verleiht[24].

Lessings kritische Gedanken zur Trinitätstheologie verbunden mit dem Bemühen um ein erneuertes Gottesbild bündeln sich in der Frage nach dem Zusammenhang der Wahrheit der Geschichte zur Wahrheit der Idee. Wieweit läßt sich das Geheimnis des weltüberhobenen Gottes konstitutiv an eine konkrete Gestalt der Geschichte binden? Es ist ein Thema der Inkarnationslehre. Inwiefern leitet sich christliche Gottesrede und entsprechendes religiöses Selbstverständnis von einer einzigen Person, Jesus Christus, her? Trinitätstheologie nach Lessing muß sich ihres Bezuges zu Jesus Christus neu versichern.

2. Leitender Gedanke

Innerhalb dieses gedanklichen Umfeldes bemüht sich *Friedrich Daniel Ernst Schleiermacher* (1768–1834) um eine fundamentale Neuorientierung. Sie ist für die Theologiegeschichte so markant, daß der Berliner Theologe als Repräsentant einer neuen Epoche[25], als „Kirchenvater" des 19. Jahrhunderts und als „der Klassiker" des neuzeitlichen protestantischen Christentums gilt[26]. Karl Barth (1886–1968) nennt ihn einen „Heros", wie sie der Theologie nur selten geschenkt würden[27].

In seiner Frühschrift *Über die Religion. Reden an die Gebildeten unter ihren Verächtern* (Berlin 1799)[28] greift Schleiermacher ein Thema auf, das seit der Aufklärungszeit zu den zentralen theologischen Gesprächsthemen gehört. Wie ihre Theologen fragt auch er nicht nach einer letzten Summe überlieferter Lehrüberzeugungen und Grundsätze, die alle christlichen Gemeinschaften miteinander verbinden. Er versucht, das Christentum *als Religion* auszuweisen, die ihre Identität weder philosophischem Diskurs noch sittlichem Bemühen, sondern der Transzendenzerfahrung verdankt. Das ist gegenüber dem Vorgehen der Aufklärungszeit ein entscheidender Neuanfang. Der Versuch, die Religion von der Philosophie her zu konzipieren oder sie von der Sittlichkeit mit ihrem Lohn- und Vergeltungsdenken her zu begründen, ist nach Schleiermacher für alle Teile ein schlechter Dienst. Dies be-

---

[22] *A. Schilson*, Geschichte 270.

[23] Ebd. 272.

[24] Ebd. 276.

[25] Nach *P. Meinhold*: LThK² IX 413–416, besitzt die *Glaubenslehre* Schleiermachers für die Theologiegeschichte des Protestantismus eine ähnlich bedeutsame Stellung wie die *Loci communes* Ph. Melanchthons, „weil mit ihr eine neue Epoche für die prot. Dogmatik beginnt" (414).

[26] *J. Ringleben*: Theologenlexikon, hg. v. W. Härle u. H. Wagner (M ²1994) 240–242, 241.

[27] *Barth PrTh* (Siebenstern-Taschenbuch Nr. 178) (HH 1975) 361.

[28] 1. Aufl. hg. v. H. J. Rothert (Phil. Bibliothek 255) (HH 1961).

tont er vor allem den Rationalisten und Kant gegenüber. Ein solches Bemühen hieße, die je eigene Kraft aller drei Bereiche zu verkennen. Es wäre eine Mißachtung der Religion, „sie in ein anderes Gebiet verpflanzen zu wollen, daß sie da diene und arbeite“[29]. Ähnliches gilt auch vom Recht und der Sittlichkeit; sie bedürfen zu ihrer Durchsetzung nicht der Hilfestellung der Religion. Denn, „was nur um eines außer ihm liegenden Vorteils willen geliebt und geschätzt wird, das mag wohl not tun, aber es ist nicht in sich notwendig“[30].

Die Eigenart der Religion und zugleich ihre Abgrenzung gegenüber Moral und Philosophie lautet: „Ihr Wesen ist weder Denken noch Handeln, sondern Anschauung und Gefühl“[31]. Religion ist eine völlig eigenartige Erfahrung des Menschen. Ihr »Organ« ist das Gemüt, das vom Unendlichen affiziert wird; gemeint ist die Erfahrung letzter Abhängigkeit. Einer Ellipse gleich, bestimmen zwei Brennpunkte den Religionsbegriff Schleiermachers: das gemüthafte, existentielle Empfinden des Menschen *und* die sich selbst darstellende transzendente Wirklichkeit des Absoluten; oder: die Offenheit des Menschen *und* die alles Endliche durchwaltende Macht des Unendlichen. Religiöser Bezug zum Absoluten erfolgt nicht, um es zu erforschen und zu bestimmen. Vielmehr meint Religion das vorreflexive Angeregtwerden und lebendige Beeindrucktsein von der alles Seiende (Welt, Geschichte und Menschheit) tragenden und umfassenden Wirklichkeit. Markant ist Schleiermachers Unterscheidung: „Praxis ist Kunst, Spekulation ist Wissenschaft, Religion ist Sinn und Geschmack fürs Unendliche“[32].

Die letzte Wirklichkeit mit göttlichen Prädikaten zu belegen geschieht um ihrer Unauslotbarkeit willen. Schleiermacher ist sich bewußt, daß vor dem Unendlichen jede Sprache versagt; sie bleibt stets inadäquat. Das gilt auch für die Rede vom persönlichen Gott. „Gott ist nicht Alles in der Religion, sondern Eins, und das Universum ist mehr“[33]. Die Rede von Gott hängt nach Schleiermacher ab von der Art und Weise, wie die alles umfassende und grundlegende Wirklichkeit betrachtet wird. Hält es jemand für notwendig, jenes Letzte als Gegenüber der menschlichen Freiheit personal denken zu müssen, mag er es personifizieren und so einen Gott haben. Bestimmt ein anderer dagegen die Freiheit nur vom Menschen her, wird er auf einen Gott verzichten können. Das Unendliche selbst wird er damit noch lange nicht zurückweisen[34]. „In der Religion ... steht die Idee von Gott nicht so hoch, als Ihr meint“. Dies bestätige auch ein Blick in die Geschichte: Da gab es „unter wahrhaft religiösen Menschen nie Eiferer, Enthusiasten oder Schwärmer für das Dasein Gottes; mit großer Gelassenheit haben sie das, was man Atheismus nennt, neben sich gesehen, und es hat immer etwas gegeben, was ihnen irreligiöser schien als dieses“[35]. Gott ist für den frühen Schleiermacher *eine* Anschauungsweise des Absoluten. Dieses ist die umfassendere Größe. Deshalb widerspricht er auch der Gleichung: »Kein Gott, keine Religion«[36]. Die Frage nach dem personalen Gott bleibt der Frage nach der alles tragenden Wirklichkeit, Schleiermacher spricht zumeist vom Universum, untergeordnet.

---

29 Reden 19.
30 Ebd. 20.
31 Ebd. 29.
32 Ebd. 30.
33 Ebd. 73f.
34 Ebd. 71f.
35 Ebd. 72.
36 Ebd. 69.

Die Aufklärung möchte von der Vernunft und vom sittlichen Handeln aus zum Absoluten vorstoßen. Anders Schleiermacher; er schlägt die Brücke zum Unendlichen von dessen Erleben, von der ihm gegenüber empfundenen Abhängigkeit her. Dies ist der hermeneutische Schlüssel zum Verständnis der geschichtlichen Religionen generell sowie des Christentums und seines Bekenntnisses insbesondere. Was Schleiermacher in seinen *Reden* Anschauung des Unendlichen nennt, bezeichnet er in der *Glaubenslehre*[37] als religiöses Selbstbewußtsein. Damit ist die Rückbindung jeder christlichen Glaubensaussage an das religiöse Erleben gemeint; dieses ist der Grundakt (auch) des Christentums. Die Trinitätsauffassung Schleiermachers wird das in besonderem Maße berühren.

3. *Marginales Trinitätsverständnis*

a) Jesus als religiöses Urbild

Das religiöse Erleben erhält seine typisch christliche Gestalt durch den prägenden Bezug zu Jesus Christus. Kein Christentum ohne den Glauben an ihn als Erlöser; das ist Schleiermachers Grundthese, die er gegenüber jeder Form von Idealismus und Rationalismus verteidigt. Ihm gilt der historische Jesus von Nazaret als absoluter Orientierungspunkt des Christentums. Jesu einzigartige Stellung verdeutlicht etwa ein vergleichender Blick auf Mose und Mohammed. Nicht wie diese ist der Nazarener nur Lehrer oder Stifter einer frommen Gemeinschaft; er wäre letztlich dann aber doch nur einer von vielen. Im Unterschied dazu Christus: „Als allein und für alle Erlöser, wird (er) allen andern gegenübergestellt, und wird auf keine Weise selbst irgendwann als erlösungsbedürftig gedacht"[38].

Begründet sieht Schleiermacher die Einmaligkeit Jesu in dessen *religiöser Urbildlichkeit*. Gemeint ist damit, daß er ein absolutes Gottesbewußtsein besitzt und so die Menschen zu einem ungebrochenen Gottesbezug produktiv anregen kann. Nicht die Anschaulichkeit wie beim Vorbild, sondern die anregende Kausalität macht das Wesen des Urbildes aus. Es bewirkt, daß das neue Gottesverhältnis nicht des Menschen eigenes Werk ist, sondern dem Erlöser verdankt bleibt. Weil nach Schleiermacher „die Produktivität nur in dem Begriff des Urbildes liegt und nicht in dem des Vorbildes: so ergibt sich wohl, daß nur die Urbildlichkeit der angemessene Ausdruck ist für die ausschließliche persönliche Würde Christi"[39]. Ihn nur als Vorbild zu sehen hieße, den Menschen letztlich doch in seiner Hilflosigkeit zu belassen. Damit unterscheidet sich Schleiermacher deutlich von den rationalistischen Theologen seiner Zeit, denen Jesus vornehmlich als Lehrer und bewundernswertes Beispiel gilt.

Urbildlichkeit des Erlösers fordert, ihn nicht in den Gesetzmäßigkeiten der Geschichte aufgehen zu lassen. Wohl bleibt er ihr zuinnerst verpflichtet und auf sie hingeordnet, ist aber nicht aus ihren Gesetzen erklärbar. Jesu „eigentümlicher geistiger Gehalt nämlich kann nicht aus dem Gehalt des menschlichen Lebenskreises, dem er

[37] Der christliche Glaube nach den Grundsätzen der evangelischen Kirche im Zusammenhang dargestellt, 2 Bde. 1821/22, [2]1830. Zitiert wird nach der von M. Redecker besorgten 7. Aufl. (B 1960). Die 1. Aufl. ist ed. v. H. Peiter in der Kritischen Gesamtausgabe I. Abt. Bd. 7/1.2 (B-NY 1980).
[38] Glaube I 81.
[39] Glaube II 36.

angehörte, erklärt werden, sondern nur aus der allgemeinen Quelle des geistigen Lebens durch einen schöpferischen göttlichen Akt, in welchem sich als einem absolut größten der Begriff des Menschen als Subjekt des Gottesbewußtseins vollendet"[40]. Jesu Leben ist ein von Gott her gesetzter Neuanfang, der an die menschlichen Möglichkeiten anknüpft und sie als Neuschöpfung vollendet. Wer oder was dieser Gott ist, der den Neuanfang schenkt, bleibt ungesagt.

Inhaltlich besteht die Urbildlichkeit des Erlösers in der absoluten Vollkommenheit seines Gottesbewußtseins. Sie macht das Sein Gottes in Christus aus. Für Schleiermacher bedeutet es, Jesus ein schlechthin kräftiges Gottesbewußtsein zuzuschreiben und ihm ein Sein Gottes beizulegen, „ganz eines und dasselbe"[41]. Der Nazarener ist der einzige und ursprüngliche Ort, „in welchem es ein eigentliches Sein Gottes gibt, sofern wir nämlich das Gottesbewußtsein in seinem Selbstbewußtsein als stetig und ausschließlich jeden Moment bestimmend, folglich auch diese vollkommene Einwohnung des höchsten Wesens als sein eigentümliches Wesen und sein innerstes Selbst setzen"[42]. Nur in der Person Jesu ist wahre Gottesoffenbarung gegeben. Freilich zerrinnt dieser Gedanke insofern – und damit die ganze Christologie Schleiermachers –, weil die Gottesfrage offen bleibt.

Das vollkommene Gottesbewußtsein des Erlösers bedingt positive Sündenlosigkeit. Er war nicht nur faktisch ohne Sünde; sondern ihm eignete eine wesentliche Unsündlichkeit, die „eine in ihm selbst begründete war, wenn er doch durch das, was er war, die Sündhaftigkeit des Gesamtlebens aufheben sollte"[43]. Jede Möglichkeit zur Sünde ist nach Schleiermacher für Jesus direkt auszuschließen. Sie wäre ein Widerspruch in sich. Desgleichen spricht er ihm wahre Irrtumslosigkeit zu, die er keineswegs nur auf die Erlöserfunktion beschränkt wissen will[44]. Die so verstandene Urbildlichkeit des Erlösers steht im Einklang mit seiner wahren Menschheit. Ist doch ihre Integrität unabdingbare Voraussetzung des Heilsdienstes Jesu. Sie ist gleichsam das Instrument, durch das sich Gott in der Geschichte darstellt und wirkt[45].

b) Funktionslose Trinitätslehre

Wenn Schleiermacher auch das göttliche Element in der Person Jesu als die alles bestimmende Kraft erklärt, so begegnet er doch der überlieferten Lehre von der Göttlichkeit des Erlösers und der Enhypostasie der menschlichen Natur in der göttlichen Person des Logos mit entschiedener Ablehnung. Dies wegen der, wie er meint, unseligen Verknüpfung von Trinitätslehre und Christologie[46]. Er versucht darum, die Person des Erlösers ohne jeden Rückbezug auf den Trinitätsglauben zu bestimmen. Mehr, als daß in Jesus von Gott her ein neuer Anfang gesetzt ist, daß sein ungetrübtes Gottesbewußtsein die bestimmende Mitte seiner Existenz darstellt, kann und darf über die Person des Erlösers nicht gesagt werden.

Für Schleiermacher sind christliche Glaubenssätze „Auffassungen der christlich frommen Gemütszustände in … Rede dargestellt"[47]; sie geben das religiöse Selbst-

[40] Glaube II 38.
[41] Glaube II 45.
[42] Glaube II 46.
[43] Glaube II 44.
[44] Glaube II 77–79.
[45] Glaube II 49–58.
[46] Glaube II 60.
[47] Glaube I 105.

bewußtsein der Christen wieder. Deshalb trifft die überlieferten christologischen Formeln der altkirchlichen Konzilien Skepsis und Zurückhaltung. Schleiermacher spricht von ihnen als unhaltbaren Ausdrücken[48]. Ähnliches gilt für die trinitarischen Formeln. Sie entstammen einer Zeit, „wo die Christenheit sich noch in Masse aus dem Heidentum erweiterte; wie leicht mithin, wo von einer Mehrheit oder Verschiedenheit in Gott die Rede sein mußte, bewußtlose Anklänge des Heidnischen sich einschleichen konnten"[49]. So belastete Begriffe können unmöglich unser Gottesbewußtsein zum Ausdruck bringen. Schleiermacher wendet gegen sie ein, daß sie „ebensowenig den wirklichen Gehalt des unmittelbaren Eindrucks aussagen und wiedergeben, als sie auch ... eine Erkenntnis Christi unter der Form der Anschauung, also des objektiven Bewußtseins, enthalten können"[50]. *Die* christologische Grundaussage ist das lebendige Bewußtsein Jesu von Gott; ihr ist die Rede vom *Sein* Gottes nach- und unterzuordnen. Von der religiösen Mitte des Erlösers her verläuft die Wirklinie über den Glauben der Jünger zum Gottesbewußtsein der Christen. Für Jesu erste Gefährten hängt „der ursprüngliche, den Glauben konstituierende Eindruck", so wie sie ihn aufnahmen und weitergaben, mit keiner Kenntnis der Trinität zusammen[51]. Es ist vor allem die Verkündigung, durch die das Gottesbewußtsein des Meisters auf andere überging und Glauben stiftend wirkte[52].

Mit dem Verweis auf Jesu ungebrochenes Gottesbewußtsein möchte Schleiermacher das gesamte neutestamentliche Christuszeugnis einfangen. Alles, was bisher zur trinitätstheologischen Begründung der Sendung des Erlösers geglaubt und gelehrt wurde, muß nunmehr von hierher gedeutet werden. Denn die Trinitätslehre in ihrer kirchlichen Fassung ist keine „unmittelbare Aussage über christliches Selbstbewußtsein, sondern nur eine Verknüpfung mehrerer solcher"[53]. Ein dreifaltiges Leben und Wirken Gottes ist von diesem bewußtseinstheologischen Blickwinkel her erkenntnismäßig nicht zu erreichen. Allenfalls will Schleiermacher einer sabellianisch-modalistischen Gottesbetrachtung zustimmen[54]. Nach ihm gilt Vergleichbares wie für die göttlichen Eigenschaften so auch für die trinitarischen Namen; sie „sollen nicht etwas Besonderes in Gott bezeichnen, sondern nur etwas Besonderes in der Art, das schlechthinnige Abhängigkeitsgefühl auf ihn zu beziehen"[55].

Inhaltlich bringt die Trinitätslehre zum Ausdruck, daß durch das Zeugnis Jesu im frommen Bewußtsein des Christen wie auch im „Gemeingeist der Kirche"[56] Gott lebendig ist und wirkt. Weil, so verstanden, dem Traktat keine tragende, sondern allenfalls eine nachgeordnete Funktion zukommt, skizziert ihn Schleiermacher in knappen Strichen auf den Schlußseiten seiner Dogmatik. Auf diese Weise möchte er das Lehrstück von der klassischen Aufgabe entlasten, die *theo*logische Begründung für die Christologie und die Pneumatologie sowie die gesamte Glaubenslehre liefern zu müssen. Auch wenn Schleiermacher das Trinitätskapitel als den „Schlußstein"[57]

[48] Glaube II 55.
[49] Glaube II 469.
[50] Glaube II 56.
[51] Glaube II 60.
[52] Glaube I 106 109.
[53] Glaube II 458.
[54] Glaube II 60.
[55] Glaube I 255.
[56] Glaube II 458f.
[57] Glaube II 459.

seiner Dogmatik bezeichnet, versteht er dies nicht so, als ob diesem letzten Abschnitt eine die Abfolge der gesamten Glaubenslehre beleuchtende und zusammenfassende Aufgabe zukäme. Gemeint ist ein vorläufiger Ausklang, der darauf wartet, nach den Prinzipien der Bewußtseinstheologie neu gestaltet zu werden[58]. Ansatz und bleibend konzentrierter Blick auf das christliche Selbstbewußtsein sind bei Schleiermacher von Anfang an so ausgeprägt, daß die Trinitätslehre marginal und funktionslos bleiben muß.

4. *Verschlossene Geschichte*

Eine zusammenfassende Würdigung muß vermerken, wie sehr Schleiermachers Glaubensauslegung bemüht ist, die religiöse Befindlichkeit in die Reflexion hineinzuheben und sie an der geschichtlichen Gestalt Jesu von Nazaret zu messen. In bewußter Abgrenzung zur Aufklärung geht es ihm um mehr als den Aufweis lebensnaher Moralprinzipien oder vernünftiger religiöser Wahrheiten, für die Jesus als bewundernswerter Lehrer einstünde. Das Christentum ist für Schleiermacher zuerst eine *gelebte* Wirklichkeit. Nach seiner Ausdrucksgestalt in Maximen und Grundsätzen zu fragen bleibt ein unzulänglicher Versuch, falls seine Grundform als Lebensvollzug übersehen wird. Das christliche Wort besitzt erst im Zusammenhang mit dem christlichen Leben Sinn, Wahrhaftigkeit und Berechtigung. Schleiermacher versteht Theologie als Rechenschaft über einen Lebensimpuls, der aus dem Christus- und Gottesbezug hervorgeht. Das bedeutet eine Befreiung der Glaubenslehre sowohl aus der verengten Sicht der Orthodoxie, die sie in die Nähe einer Begriffswissenschaft rückte, als auch des Rationalismus, der sie als Sittenlehre verstand. Der Rückbezug auf den geschichtlichen Jesus von Nazaret ist nach Schleiermacher für das christliche Erlösungsverständnis unabdingbar.

Galt für David Friedrich Strauß (1808–1874)[59] im Anschluß an Hegel (1770–1831) die Idee des geistbegabten genus humanum als die zentrale christliche Aussage, war für G. E. Lessing der Graben der Geschichte derart tief, daß vernunftgemäße religiöse Wahrheiten nicht an zufällige Geschichtswahrheiten geknüpft sein konnten, so steht für Schleiermacher die geschichtliche Person Jesu unverrückbar im Mittelpunkt des christlichen Gottes- und Menschenbildes. Mit der urbildlichen Würde Jesu stehen und fallen Christologie und Soteriologie sowie die gesamte Theologie. Das ungetrübte Gottesbewußtsein des Erlösers ist die entscheidende Ursache für unseren erlösten Gottesbezug; dieser hat durch Jesus neue Kraft erhalten, so daß ein nicht zu trennendes ursächliches Verhältnis zwischen Christusglaube und Gottesglaube besteht. Das theologiegeschichtliche Umfeld Schleiermachers ist bestimmt durch die Auflösung der Geschichte in allgemeine Vernunftwahrheiten einerseits oder in eine Idee der praktischen Vernunft andererseits. Seit Kant und Lessing gehören die Fragen um Geschichte und religiöses Selbstverständnis zu den zentralen Themen der Theologie. Schleiermacher beantwortet sie mit dem Hinweis auf den von Jesus ausgehenden Erfahrungszusammenhang durch die Geschichte; das Band gemeinsamer Gemütszustände eint die Gläubigen durch die Zeiten hindurch.

Mit seinem Ansatz beim religiösen Erleben des Menschen möchte Schleiermacher die Grenzen einer idealistisch konzipierten Theologie überwinden. Die geschichtliche Wirklichkeit des Gottesbewußtseins als tragendes Grundfaktum erscheint aber derart eng gefaßt, daß die Geschichte als auf Gott hin offener Raum mit ihrem Auf

---

[58] Glaube II 469.

[59] Vgl. *F. Courth*, Das Leben Jesu von D. Fr. Strauß in der Kritik Johann Ev. Kuhns (Gö 1975) bes. 129–131.

und Ab nicht sichtbar wird. Was versteht Schleiermacher unter Geschichte? Ist sie für ihn mehr als die Aufeinanderfolge gleicher Existenzweisen, die ihren Sinn in der jeweiligen Gegenwart hat und von ihr her interpretiert wird? Hat sie eine weiterreichende Bedeutung, als im augenblicklichen Erleben aufscheint? Besitzt die Vergangenheit gegenüber der Gegenwart eine eigene Werthaftigkeit, die vergessen oder unterschlagen, die aber auch angeeignet werden kann, und so die persönliche Erfahrung bereichert und belehrt, kritisiert und ausgleicht?

Der Gedanke ist unabwendbar, daß Schleiermacher bei allem Bemühen, die Geschichte zu verstehen, sie in ihrem Eigenwert letztlich doch vereinnahmt[60]. Damit hängt innerlich zusammen, daß er keinen Zugang zur trinitarischen Heilsökonomie findet. So bleiben ihm auch Jesu Leiden und Tod[61] sowie seine Auferstehung[62] in ihrem theologischen Sinn unzugänglich; sie gelten ihm nicht als zentrale christologische Grundaussagen des Glaubens. Schleiermachers Bewußtseinstheologie ist ein Beispiel dafür, daß Trinitätstheologie nur dort spezifischen Inhalt und Kontur erlangt, wo sie die Heilsgeschichte in ihrer Christozentrik sowie in ihrer pneumatologischen Dimension als Selbsterschließung Gottes aufzugreifen vermag.

§ 6. Georg Wilhelm Friedrich Hegel

SCHRIFTTUM: *J. Hessen*, Hegels Trinitätslehre (FThSt 26) (Fr 1922); *J. Möller*, Der Geist und das Absolute (Pb 1951); *J. Splett*, Die Trinitätslehre G.W.F. Hegels (Sym 20) (Fr 1965); *P. Henrici*, Hegel und die Theologie: Gr 48 (1967) 706–746; *L. B. Puntel*, Die Trinitätslehre G.W.F. Hegels: ZKTh 89 (1967) 203–213; *J. Moltmann*, Gedanken zur »trinitarischen Geschichte Gottes«: EvTh 35 (1975) 208–223; *L. Oeing-Hanhoff*, Hegels Trinitätslehre: ThPh 52 (1977) 378–407; *W. Pannenberg*, Die Subjektivität Gottes und die Trinitätslehre: KuD 23 (1977) 25–40; *W. Kern*, Dialektik und Trinität in der Religionsphilosophie Hegels: ZKTh 102 (1980) 129–155; *ders.*, »Schöpfung« bei Hegel: ThQ 162 (1982) 131–146; *ders.*, Fragen an Hegels Religionsphilosophie: ZKTh 107 (1985) 271–286; *P. Koslowski*, Hegel – »der Philosoph der Trinität«?: ThQ 162 (1982) 105–131; *J. Simon*, Hegels Gottesbegriff: ThQ 162 (1982) 82–104; *I. García-Tato*, Die Trinitätslehre Karl Barths als dogmatisches Strukturprinzip (Bad Honnef 1983) 175–213; *A. Milano*, La Trinità dei teologi e dei filosofi: l'intelligenza della persona in Dio, in: Persona e personalismi, hg. v. A. Pavan – A. Milano (Na 1987) 1–286, hier 141–157; *E. Dirscherl*, Der Heilige Geist und das menschliche Bewußtsein (Bonner dogm. Studien 4) (Wü 1989) 587–642.

1. Lebendigere Trinitätslehre?

Sehr viel deutlicher als Schleiermacher hat Georg Wilhelm Friedrich Hegel (1770–1831) die Frage nach der Geschichte als Offenbarung des dreifaltigen Gottes aufgenommen und bedacht. Entsprechend wird er denn auch als Philosoph der Trinität gerühmt[1]; sein Werk stelle „den wohl bedeutendsten Beitrag der Neuzeit zur Trinitätslehre" dar[2]. Hegel habe „die Selbstentäußerung des trinitarischen Gottes als Möglichkeitsbedingung endlicher, wesentlich geschichtlicher Freiheit herausgestellt ..., die deshalb nie nur menschliche, sondern göttlich-menschliche Freiheits-

[60] Vgl. *A. Grillmeier*, Mit ihm und in ihm (Fr 1975) 444f.
[61] Glaube II 97–105.
[62] Glaube II 82–89.
[1] *J. Moltmann*, Gedanken zur „trinitarischen Geschichte Gottes": EvTh 35 (1975) 208–223, 210.
[2] *L. Oeing-Hanhoff*, Hegels Trinitätslehre: ThPh 52 (1977) 378–407, 395.

geschichte ist"[3]. Seitdem liege auf der Trinitätstheologie die Aufgabe, die Geschichte Gottes selber als göttlich-menschliche Freiheitsgeschichte zu denken[4]. Selbst eine Analyse, die dieser Einschätzung kritisch begegnet[5], greift anerkennend ein Wort Jürgen Moltmanns[6] von der trinitarischen Geschichte Gottes auf und spricht diesbezüglich von Hegels „großgeartetem"[7] Entwurf. Dieser sei, statt „überzogener"[8] Würdigung, zutreffender[9] als „Ökonomie ... der göttlichen Entwicklung selbst" zu kennzeichnen, als trinitarischer Panhentheismus oder als trinitarischer Prozeß der Gott-Welt-Ökonomia[10]. Noch zurückhaltender schließlich ist die Meinung, die Hegel'sche Philosophie stelle in Wahrheit gar nicht das eigentliche Geheimnis der Dreifaltigkeit dar; sie deute die Lehre von Gott dem Einen, von der Inkarnation und Geistsendung nur in trinitarischer Perspektive. Die eigentliche Trinitätslehre habe in Hegels Denken keinen Platz; in dessen Sinn bleibe sie „nur eine unvollkommene Vorstellung des Verstandes"[11].

Hegel sieht den christlichen Glauben in zweifacher Weise belastet. Auf der einen Seite geschieht dies durch den Rationalismus im Gefolge Kants, auf der anderen durch den erbaulich-fideistischen Akzent der Erweckungsbewegung; hier gilt ihm Friedrich A. G. Tholuck (1799–1877)[12] als einer der Hauptkontrahenten.

Der *rationalistischen* Theologie hält Hegel vor[13], mit leeren Begriffen zu arbeiten. „Ihr Inhalt ist äußerst dünn geworden, wenngleich viel Gerede, Gelehrsamkeit, Räsonnement vorkommt"[14]. Das berührt insbesondere die Gotteslehre. Hier fasse man einerseits das Unendliche „nach der endlichen Weise des Verstandes als ein abstrakt Unendliches und findet dann andererseits, daß alle besonderen Eigenschaften diesem Unendlichen unangemessen sind". Die Folge ist, „daß man nur im allgemeinen weiß, daß Gott *sei*, nur ein höchstes Wesen als leer und tot in sich, nicht faßbar als konkreter Inhalt, als *Geist*"[15]. Hegel unterscheidet zwischen *leerer* Begrifflichkeit und geschichtlicher Vielrederei sowie *vernünftiger Erkenntnis*, die auf die gemeinte Sache selbst bezogen ist. Für die Religion heißt dies, daß „von ihr selber und nicht von dem Buchstaben angefangen werde ..., daß die Religion treu und offen aus der Vernunft entwickelt und so die Natur Gottes und die Religion betrachtet werde, ohne den Ausgangspunkt vom bestimmten Worte zu nehmen"[16]. Gott seiner Natur nach zu verstehen heißt, ihn als *Geist* zu begreifen. Nur so überwindet man leere Worte und eine oberflächliche Gottes-Bestimmung. Ferner: weil es seine triadische Struktur ist, „wodurch die Natur des Geistes expliziert wird"[17], erweist sich der Begriff von Gott erst dann wirklich gefüllt, wenn er als dreieiner gefaßt ist.

---

[3] Ebd. 402.
[4] Vgl. ebd. 402ff.
[5] *W. Kern*, Dialektik und Trinität in der Religionsphilosophie Hegels: ZKTh 102 (1980) 129–155.
[6] EvTh 35 (1975) 208–223.
[7] *W. Kern*, Dialektik 155.
[8] Ebd.
[9] Mit Bezug auf *J. Splett*, Die Trinitätslehre G. W. F. Hegels (Sym 20) (Fr-M 1965) 139–145, 145.
[10] *W. Kern*, Dialektik 155.
[11] *J. Möller*, Der Geist und das Absolute (Pb 1951) 144 Anm. 60.
[12] Vgl. *M. Schmidt*: RGG³ VI 854f.
[13] Vgl. *W. Kern*, Dialektik 130.
[14] Vorlesungen über die Philosophie der Religion, hg. v. G. Lasson I–II (Philos. Bibliothek 59 u. 60/61 u. 63) (1925/29, Nachdr. HH 1966), hier I/1,36.
[15] Ebd. 41.
[16] Ebd. 39.
[17] Ebd. 41.

Den Einwand, einen leeren Gottesbegriff zu haben, äußert Hegel auch gegenüber der *Gefühlstheologie*[18]. Ihre Grundüberzeugung ist, „daß Gott in dem Bewußtsein des Menschen unmittelbar geoffenbart sei, daß die Religion eben dies sei, daß der Mensch *unmittelbar* von Gott *wisse*“[19]. „Alle Überzeugung, daß und was Gott sei, beruhe, meint man, auf diesem unmittelbaren Geoffenbartsein im Menschen, auf diesem Glauben“[20]. Begrenzt man den frommen Blick allein auf das Bewußtsein, *daß* Gott sei, und nicht darauf, *was* er ist, widerspreche dies verantworteter gläubiger Erkenntnis. Gleiches gelte für die Behauptung, wir könnten nur über *unsere* Beziehung zu Gott sprechen, nicht aber darüber, was Gott selbst ist. Die Gefühlstheologie unterlasse die Frage danach, „was die Natur Gottes, was Gott in ihm selbst sei, wie seine Natur bestimmt werden müsse. Gott als solcher wird nicht selbst zum Gegenstande gemacht; er ist nicht vor uns als ein Gegenstand der Erkenntnis, und das Wissen breitet sich nicht innerhalb dieses Gegenstandes aus“[21]. Auf diese Weise würden die Gefühlstheologen, ähnlich den Rationalisten, zusammen mit zentralen christlichen Dogmen auch den Trinitätsglauben zu Allgemeinaussagen entleeren. Ungeachtet ihrer historischen Untersuchungen über mögliche neuplatonische Einflüsse auf die Trinitätslehre, unterbleibe die Frage, „ob sie an und für sich wahr ist. Aber das wird nicht untersucht, und doch ist jene Lehre die Grundbestimmung der christlichen Religion“[22]. Mit dieser grundsätzlichen Frage kann die Religionsphilosophie nicht durch eine historisierende Theologie ersetzt werden. Hegel weiß sich mit seinem Denken dem ureigenen Sachanliegen der Theologie, dem Gottes-Thema, näher, als diese selbst es ist. Die Zeit sei gekommen, „wo teils unbefangener, teils gedeihlicher und glücklicher die Philosophie sich mit der Religion befassen kann“[23]. Das gilt ausdrücklich auch für die Trinitätslehre; sie hat in der Philosophie ihren eigentlichen Advokaten[24].

Anders als die Rationalisten oder auch die Gefühlstheologen, betrachtet Hegel Gott nicht als allgemeines und deshalb *leeres* höchstes Wesen. Er ist der in der Geschichte Lebendige und sich hier Entfaltende. Die Geschichte gehört zum Wesen Gottes. Die Religionen mit ihrem je eigentümlichen Gottesbild zeigen dies. Das Judentum beispielsweise lehrt Gott als den *in sich zentrierten einen*. Er ist „absolute Macht, Negativität, die in sich reflektiert gesetzt ist, absolut für sich seiend, absolute Subjektivität, so daß hier in diesem Wesen das Sinnliche absolut getilgt ist: es ist Macht, die für sich ist. Sie verträgt nichts Sinnliches, denn dies ist das Endliche, noch nicht aufgenommen, aufgehoben im Unendlichen ...“[25]. Die Erhabenheit und Einheit Gottes wird hier zu Lasten der Welt und des Menschen betont. Ihnen teilt sich der unendliche Gott nicht mit; er bleibt dem Endlichen gegenüber unvermittelt. Das wirkt sich auf das menschliche Selbstverständnis äußerst belastend aus. Statt gesuchter Befreiung zieht das Gefühl der Abhängigkeit, ja der Knechtschaft ein. „In aller Religion, jüdischer und mohammedanischer, wo der Gott nur in der abstrakten Bestimmung des Einen gefaßt wird, ist diese Unfreiheit des Menschen die reale Grundlage, sein Verhältnis zu ihm ein harter Dienst. Im Christentum, [in der] Drei-

---

18 Vgl. *W. Kern*, Dialektik 130f.
19 Philos. der Religion, Lasson I/1,48.
20 Ebd.
21 Ebd. 51.
22 Ebd. 47.
23 Ebd. 29.
24 Ebd. 48f.
25 Philos. der Religion, Lasson II/1,15.

einigkeit liegt die wahrhafte Befreiung"[26]. Nimmt man die griechische Religion der Erscheinung Gottes in Menschengestalt hinzu, dann führt der geschichtliche Weg Gottes hin zum Christentum, der absoluten Religion. Hier sind Begriff und Realität, Objekt und Subjekt, göttlicher und menschlicher Geist eins geworden. Es ist das trinitarische Gottesverständnis, das dieses Einheitsverständnis ermöglicht.

Gott ist erst dann recht erkannt, wenn er als *lebendiger* Geist, als Prozeß, Bewegung, Leben verstanden und trinitarisch gefaßt wird. Ein erster Hinblick nimmt ihn an und für sich, in seiner Ewigkeit, vor der Erschaffung der Welt, außerhalb der Kreatur wahr[27]. Hier wird, dem reinen Denken entsprechend, Gott als bloße, abstrakte Idee betrachtet. Diese erscheint dann in dem Maße verwirklicht, „in ihre Realität gesetzt", als der unendliche Gott auch den Gegensatz seiner selbst umgreift. So gehört zum Sein und Wesen Gottes, über sich hinauszugehen und Schöpfer zu sein. „Insofern er nicht Schöpfer ist, wird er mangelhaft aufgefaßt". *Aufgefaßt* ist hier nicht ein einmaliger Akt, sondern freies, ewiges Bestimmen[28]. Dieses ist in dem Maße wirklich frei, als es „das Andere als ein Freies, Selbständiges entläßt"[29]. Demgemäß findet die Bewegung Gottes in das Andere der materiellen Welt einen ersten Kristallisationspunkt im Leib-Geist-Wesen Mensch. Verweilte dieser als endlicher, natürlicher Geist *nur* bei sich selber, wäre er nicht das, was er sein und bleiben soll: freies Subjekt. Das Für-sich-Sein des Geistes macht ihn böse; solches widerstreitet der universalen Bewegung Gottes[30].

Versöhnte Subjekthaftigkeit ist insofern möglich, als das Individuum in sich geht, die endliche Isolation aufgibt und sich der vom Absoluten ausgehenden Entwicklung einfügt.

Gemeint ist die „Erhebung des Geistes aus seinem natürlichen Willen, aus dem Bösen, aus dem Wollen der Einzelheit, aus jeder Art von Beschränktheit überhaupt, – auch [aus] der der Religion, der endlichen Religion. Diese Erhebung besteht darin überhaupt, daß der Mensch zum Bewußtsein des an und für sich Allgemeinen kommt und zwar als *seines* Wesens, [zum] Bewußtsein *seiner* Unendlichkeit und zwar als substanziell an und für sich seiend. Ein Moment ist so wesentlich als das andere, die absolute Objektivität als die unendliche Subjektivität; Eigenheit ohne Selbstsucht ist die unendliche Form des Bewußtseins, und ohne Selbstsucht [ist sie] eben die Allgemeinheit. Gott als Geist, der die unendliche Subjektivität, unendliche Bestimmtheit in ihm selbst ist: dies ist die absolute Wahrheit ebenso als der absolute Zweck für den Willen, d.i. daß das besondere Subjekt als solches diesen Zweck als den seinigen, allgemeinen selbst erkenne, – unendliche Freiheit – und [ihn] als solchen sich als dieses Subjekt zu eigen mache"[31].

Wenn es der Weg des menschlichen Geistes ist, zum göttlichen Geist zurückzukehren und so seine wahre, versöhnte Subjektivität zu finden, warum bedarf es dazu der Menschwerdung des Sohnes Gottes in Jesus von Nazaret? In dieser Frage darf man das Zentrum der Hegel'schen Philosophie der christlichen Religion sehen[32]. Seine Antwort ist eine zweifache; sie hat einen gnoseologischen und einen ontologischen Aspekt.

---

26 Ebd. 91.
27 Ebd. II/2, 74.
28 Ebd.
29 Ebd. 94.
30 Vgl. *H. Köster*, Urstand, Fall und Erbsünde. Von der Reformation bis zur Gegenwart (HDG II/3c) (Fr-Bs-W 1982) 164–168.
31 Philos. der Religion, Lasson II/2, 130.
32 *W. Kern*, Dialektik 139; *ders.*, Menschwerdung Gottes im Spannungsfeld der Interpretation von Hegel und Kierkegaard: A. Ziegenaus (Hg.), Wegmarken der Christologie (Theologie interdisziplinär 5) (Donauwörth 1980) 81–126.

Aus erkenntnistheoretischer Rücksicht besagt die Inkarnation: Was in jedem Menschen *an sich* geschieht, muß auch *für* das menschliche *Bewußtsein* sichtbar werden[33]. Ihm tritt in der sinnenhaften Gestalt eines Individuums die göttliche universale Berufung des Menschen anschaulich gegenüber. Diese Erkenntnis muß uns derart kommen, „daß sie wirklich, empirisch allgemein, für das unmittelbare Bewußtsein allgemein sei. Für dieses kann sie auf keine andre Weise werden, als daß sich diese Einheit in ganz zeitlicher, vollkommen gemeiner Erscheinung der Weltlichkeit in einem diesen Menschen für dasselbe zeige, – in diesem Menschen, der zugleich gewußt werde als göttliche Idee, nicht als Lehrer, nicht nur als höheres Wesen überhaupt, sondern als die höchste [Idee], als Gottes Sohn"[34]. Wir bedürfen der Offenbarung. Hegel denkt keineswegs daran, die Christusgeschichte in eine allgemein überzeitliche, allzeit gleich gegenwärtige einzuebnen[35]. Um des *natürlichen* Menschen willen fordert er die konkrete Singularität der Inkarnation des Geistes in Christus. Hegel lehrt die individuelle Inkarnation des Gottmenschen, die sich abhebt von dem Immer-schon-Dagewesenen, von der allgemeinen Einheit von Gott und Mensch. Hegel würde sich dagegen wehren, „die christliche Wahrheit nur als symbolische Verflüchtigung der absoluten Philosophie hingestellt zu haben"[36]. So gewiß er einen nur historisch gesehenen Christus ablehnt, so ist doch der Erlöser „alles andere als ein spekulatives Gespenst, sondern diese bestimmte geschichtliche Gestalt des Jesus von Nazareth und nur diese"[37].

Vom geschichtlichen Gottmenschen heißt es: „Dies Individuum ist dies einzige; [es sind] nicht einige [solche]. In einem [sind sie] alle [umfaßt]; an einigen [dagegen] wird die Göttlichkeit zur Abstraktion. [Dies Individuum erscheint] schlechthin ausschließend gegen sie alle, [für die] Andern, daß sie sich rekonstruieren sollen. [Es ist dies die] Vollendung der Realität zur unmittelbaren Einzelheit. Der schönste Punkt der christlichen Religion ist die absolute Verklärung der Endlichkeit, zur Anschauung gebracht, darüber sich [jeder] Rechenschaft geben und ein Bewußtsein [davon] haben [kann]"[38].

Hegel versteht Erkenntnisdialektik als *Seinsdialektik* und umgekehrt. Die Idee muß konkrete, subjektive Gestalt annehmen und darf nicht im Allgemeinen verbleiben. Das Unmittelbare ist erforderliche Durchgangsstation auf dem Weg des objektiven Geistes zu seiner Vollgestalt. Erst die Negation des Unmittelbaren führt dann nach Hegel zur vollen Wahrheit hin. Sowohl die Inkarnation wie auch der Tod des Gottmenschen sowie seine Auferstehung sind darum von wesentlicher Bedeutung für sein gesamtes System. Auf Golgota endet das *endliche* Dasein des Geistes, seine *sinnenhafte* Gestalt. „Der Verlauf bleibt aber nicht hier stehen, sondern es tritt nun die Umkehrung ein; Gott nämlich erhält sich in diesem Prozeß und dieser ist nur der Tod des Todes. Gott steht wieder auf zum Leben: es wendet sich somit zum Gegenteil"[39]. Die biblischen Metaphern Auferstehung und Himmelfahrt des Sohnes zur Rechten des Vaters meinen inhaltlich die Rückkehr des Geistes zu sich selbst; Gott

---

[33] *W. Kern*, Dialektik 139.
[34] Philos. der Religion, Lasson II/2,131.
[35] So interpretiert ihn u.a. David Friedrich Strauß (1808–1874). Vgl. dazu *F. Courth*, Das Leben Jesu von David Friedrich Strauß in der Kritik Joh. Ev. Kuhns (Studien zur Theol. u. Geistesgesch. des 19. Jh.s 13) (Gö 1975) bes. 112–117.
[36] *J. Möller*, Der Geist und das Absolute 89.
[37] *O. Kühler*, Sinn, Bedeutung und Auslegung der Heiligen Schrift in Hegels Philosophie (L 1934) 39; vgl. ebenso *J. Splett*, Trinitätslehre 130–133.
[38] Philos. der Religion, Lasson II/2,134.
[39] Ebd. 167.

ist mehr als eine abstrakte Allgemeinheit, mehr auch als ein irdisches Subjekt; er ist im vollen Sinne wirkender und wirklicher Geist.

„Die Wahrheit, zu der die Menschen vermittelst dieser Geschichte (Jesu) gelangt sind, das, was in dieser ganzen Geschichte ihnen zum Bewußtsein gekommen ist, ist dies, daß die Idee Gottes für sie Gewißheit hat, daß der Mensch die Gewißheit der Einheit mit Gott erlangt hat, daß das Menschliche unmittelbar präsenter Geist ist, und zwar so, daß in dieser Geschichte, wie sie der Geist auffaßt, selbst die Darstellung des Prozesses ist, was der Mensch, der Geist ist: an sich Gott und tot, – diese Vermittlung, wodurch das Menschliche abgestreift wird, anderseits das Ansichseiende zu sich zurückkehrt und so erst Geist ist“[40].

Der dialektische Weg des göttlichen Geistes von der Schöpfung über die Inkarnation und die Selbstentäußerung am Karfreitag führt nicht zu einer neuen Abgeschiedenheit. Im Gegenteil; das Ziel der Selbstwerdung Gottes besteht darin, daß er die Vielen „zur Einheit des Geistes, zur Gemeinde zurückbringt und darin als wirkliches, allgemeines Selbstbewußtsein ist“[41]. Damit beginnt das Reich des Geistes. Es äußert sich als neues Bewußtsein der Versöhntheit des Menschen mit Gott. „So ist die Gemeinde selbst der existierende Gott, der Geist in seiner Existenz, Gott als Gemeinde existierend“[42].

2. *Triadischer Panentheismus*

Wieweit verdient dieser dreigestufte Weg Gottes von seiner allgemeinen, übergeschichtlichen Transzendenz bis hin zur Gemeinschaft des Geistes im christlichen Sinne *trinitarisch* genannt zu werden? Ist es die vom dreipersonalen Gott belebend und heilend durchformte Geschichte? Oder liegt auf ihr ein festes dialektisches System, das sie mit innerer Notwendigkeit ordnet oder gar einebnet?

Für eine Antwort auf diese Frage ist zunächst an Hegels Widerspruch gegen die entleerte Theologie der Rationalisten sowie der pietistischen Erweckungsbewegung zu erinnern. Ihnen gegenüber möchte er die lebendigere *Gottes*lehre vortragen; seine Philosophie soll die authentischere, bessere *Theo*-logie sein. Diesbezüglich ist er bemüht, die Schöpfungs- und Freiheitsgeschichte in die Dreieinheit Gottes zurückzubinden. Lehrt Hegel nicht eine immanente Trinität als ewigen Ursprung der zeitlichen Explikation Gottes[43]? Dem Judentum beispielsweise hält er entgegen, Gott (nur) als unendliche Macht und Subjektivität zu fassen. Die Religion der Erhabenheit Gottes nehme nicht wahr, daß Gott als Geist „Unterschiede in sich“ gesetzt habe[44].

Die immanente Trinität, von der Hegel spricht, gilt nur auf der allgemeinen Ebene des reinen Gedankens[45]. Hier als *abstrakte* Idee ist Gott „ausgesprochen als das, was

[40] Ebd. 172.
[41] Ebd. 164.
[42] Ebd. 198.
[43] Mit differenzierter Zurückhaltung *J. Splett*, Trinitätslehre 143–145; ähnlich *W. Kern*, Dialektik, bes. 140–155, in kritischer Distanz zu *L. Oeing-Hanhoff*, Hegels Trinitätslehre.
[44] Philos. der Religion, Lasson II/1, 77.
[45] Ebd. II/2, 167: „Wenn wir in der ersten Sphäre Gott *im reinen Gedanken* erfaßten, so fängt es in dieser zweiten Sphäre mit der Unmittelbarkeit für die Anschauung und für die sinnliche Vorstellung an. Der Prozeß ist nun dieser, daß die unmittelbare Einzelheit aufgehoben wird: wie in der ersten Sphäre die Verschlossenheit Gottes aufhörte, seine erste Unmittelbarkeit als abstrakte Allgemeinheit, nach der er das Wesen der Wesen ist, aufgehoben wurde, so wird hier nun die Abstraktion der Menschlichkeit, die Unmittelbarkeit der seienden Einzelheit aufgehoben, und dies geschieht durch den Tod; ...“ (Hervorhebung durch den Verf.).

die heilige *Dreieinigkeit* heißt; das ist Gott selbst, ewig dreieinig"[46]. Gemeint ist: Zu Gott als lebendigem Geist gehört, sich zu unterscheiden und zu bestimmen. Diese Dialektik, die auch das Andere, das Besondere, den Unterschied in Gott birgt, gehört zu dessen ewiger Idee. Damit diese als dreipersonal erfaßt werden kann, damit den drei trinitarischen Personen wirkliche Realität zukommt, bedarf es der Welt und Geschichte. Dieser Lebensraum des endlichen Geistes ist für das Selbstwerden des unendlichen Gott-Geistes notwendig. Abgesehen davon, daß die abstrakte Idee der Dreieinigkeit bei Hegel zunächst als Zweieinheit begegnet[47], entbehrt sie als *bloßer* Begriff der erfüllten Wirklichkeit[48]. Immanente Trinität *verwirklicht sich* nur als ökonomische. Einen Unterschied zwischen beiden gibt es nicht. Gottes Offenbarung hat keinen Partner, dem sie gilt. Es beginnt mit der Schöpfung und gipfelt im versöhnenden Tod des Menschgewordenen: das *immanente Drängen* der göttlichen Selbstentfaltung hin zu triadischem Panentheismus[49].

Damit ist ein zentraler Differenzpunkt der Religionsphilosophie Hegels zum christlichen Glaubensverständnis markiert. Diesem gilt, daß die Kreatur dem freien Willen, der Güte und Liebe Gottes entspringt. Er will ohne jede Notwendigkeit, aus freiem Ratschluß die Schöpfung an seinem Sein und Leben teilhaben lassen[50]. Kein Mangel kann Gott innerlich nötigen.

Gott *ist* in Wahrheit und Wirklichkeit, was er in Schöpfung und Geschichte offenbart. Thomas von Aquin[51] hatte diesem Gedanken vertieftes Profil gegeben: Erst vom Trinitätsglauben her lasse sich aufzeigen, daß die Schöpfung nicht aus Notwendigkeit erfolgt, sondern aus Freiheit und Liebe. Gott kann für uns nur dann wirklich der frei liebende Gott sein, wenn er dies auch in sich selbst ist. Tatsächlich ist die Notwendigkeit der Welterschaffung und damit die fehlende schöpferische Freiheit Gottes zentraler[52], theologischer Einwand gegen die philosophische Trinitätslehre Hegels.

Ein weiterer viel diskutierter Differenzpunkt ist die Frage, wieweit die trinitarischen Personen der vorläufigen Anschauungs- und Vorstellungsebene zuzuordnen sind und auf die grundsätzlichere Perspektive der geistigen Dialektik überboten werden müssen. Nicht einmal die Liebe gehört zu Gottes Wesenseigenschaften; sie ist zur geistigen Erkenntnis hin aufzuheben[53]. Deren Dialektik bestimmt das Gottesbild Hegels ebenso wie seine Sicht des Menschen und sein Geschichtsverständnis. *Sein* im strikten Sinn ist für Hegel Erkennen; das gilt für Gott ebenso wie für den Menschen und seine Geschichte. Sosehr Hegels Gedanke, daß es Sinn der Geschichte ist, Gottes Geschichte zu sein, die evangelische[54] wie die katholische[55]

---

[46] Ebd. 74.

[47] Ebd. 94.

[48] *W. Kern*, Dialektik 151. Vgl. Philos. der Religion, Lasson I/1,148: „Gott ist ebenso auch das Endliche, und Ich bin ebenso das Unendliche; Gott kehrt im Ich als in dem sich als Endliches Aufhebenden zu sich zurück und ist Gott nur als diese Rückkehr. *Ohne Welt ist Gott nicht Gott*".

[49] Vgl. *J. Splett*, Trinitätslehre 145.

[50] *1. Vatikan. Konzil*, Dogm. Konst. „Dei Filius" Kap.1 (DH 3002); Can.5 (DH 3025).

[51] S.th. I q.32 a.1 ad 3.

[52] *L. Oeing-Hanhoff*, Hegels Trinitätslehre 386; *J. Splett*, Trinitätslehre 144f.; *W. Kern*, Dialektik 153.

[53] Philos. der Religion, Lasson I/1,186. Vgl. *J. Splett*, Trinitätslehre 149 Anm. 60: „Liebe ist Analogie des Geistes im »Natürlichen«, in der »Empfindung«". Ebd.: „... das höchste Gebot des Christentums ist für Hegel, Gott zu erkennen". *W. Kern*, Dialektik 152f.; *ders.*, Hegel: LThK² V (1960) 56–59.

[54] Auswahlweise: F. Chr. Baur (1792–1860), K. Daub (1765–1836), Ph. K. Marheineke (1780–1846), Chr. H. Weisse (1801–1866).

[55] Exemplarisch: F. A. Staudenmaier (1800–1856), J. Ev. Kuhn (1806–1887).

Trinitätstheologie des 19. Jahrhunderts maßgeblich inspiriert hat, leidet sein Impuls daran, die geschichtliche Stunde in je ihrer Eigenart und Bedeutung dem selbstmächtigen Lebensprozeß des absoluten Geistes untergeordnet zu haben. Das zeigt sich nicht zuletzt angesichts der unumkehrbaren Lebensgeschichte Jesu; sie ist für Hegel äußerstes Moment in der Selbstentfaltung der absoluten Vernunft. Mit dem Hinweis auf die allgemeine Wirklichkeit des absoluten Geistes und seiner inneren Dialektik glaubt Hegel, den christlichen Trinitätsglauben und die Erlösungsbotschaft vermittelt zu haben. Wider seinen Willen ist damit auch ihm, wie den zuvor kritisierten Rationalisten und Gefühlstheologen, das biblische Gottesbekenntnis zu einer gestaltlosen Allgemeinaussage zerflossen. So ist das Urteil nicht unbillig, daß die Hegel'sche Trinitätsvorstellung mit der christlichen nur noch den Namen gemein hat[56].

§ 7. Ferdinand Christian Baur

SCHRIFTTUM: *G. Fraedrich*, Ferdinand Christian Baur der Begründer der Tübinger Schule als Theologe, Schriftsteller und Charakter (Gotha 1909); *W. Dilthey*, Ferdinand Christian Baur, in: Gesammelte Schriften ²IV (L-B 1925) 403–432; *Barth PrTh* § 15, hier nach der 3. Aufl. als Siebenstern-Taschenbuch 177/78 (HH 1975) 424–433; *Hirsch* (Gt 1949–54) V 518–553; *Chr. Senft*, Wahrhaftigkeit und Wahrheit (BHTh 22) (Tü 1956); *K. Scholder*, Ferdinand Christian Baur als Historiker: EvTh 21 (1961) 435–458; *ders.*, Baur, F. Chr.: TRE V (1980) 352–359; *W. Geiger*, Spekulation und Kritik (FGLP 28) (M 1964); *P. C. Hodgson*, The Formation of Historical Theology (NY 1966); *F. Courth*, Das Wesen des Christentums in der Liberalen Theologie (F 1977) 218–333; *G. Hornig*: HDThG III (1984) 162–164; *U. Köpf*, Baur, F. Chr.: LThK³ II (1994) 95–97.

1. *Einheitsband der Geschichte*

Zu jenen evangelischen Theologen, die Hegels triadische Philosophie in ihrer Disziplin zu rezipieren versuchen, zählt Ferdinand Christian Baur (1792–1860), Begründer der jüngeren Tübinger Schule und, so Emanuel Hirsch (1888–1972), eigentümlicher Schöpfer der Dogmengeschichte und ihrer Methode[1]. Sein Wirken steht für eine theologiegeschichtliche Epoche[2]. Als Kirchen- und Dogmengeschichtler habe Baur durch bemerkenswerte Quellenkenntnis sowie „seine geniale Verbindung einer durch Hegel mitbestimmten systematischen Sicht" der prägenden geistigen Triebkräfte und Zusammenhänge eine nur Leopold von Ranke (1795–1886) vergleichbare Größe erreicht.

Entsprechend gelten seine Werke als „unübertroffene, ehrfurchtgebietende Muster oder wenigstens als ungemein lehrreiche Höhepunkte theol.-wissenschaftlicher Geschichtsschreibung"[3]. Andererseits trifft Baurs Verständnis der Dogmengeschichte das Urteil, dialektische Konstruktion zu sein[4]. Zugleich erscheint das leitende Trinitätskonzept als wenig beständiger Versuch[5]. Was ist Baurs trinitarischer Grundgedanke und wie ist er dogmengeschichtlich einzuordnen? Befragt sei die dreibän-

[56] *L. Scheffczyk*, Lehramtliche Formulierungen und Dogmengeschichte der Trinität: MySal II 198.
[1] *Hirsch* V 508–553, 523.
[2] *U. Köpf*: LThK³ II 95–97, 96.
[3] *J. Ringleben*: Theologenlexikon, hg. v. W. Härle u. H. Wagner (M ²1994) 42f.
[4] *G. Hornig*: HDThG III 164.
[5] *L. Scheffczyk*: MySal II 199.

dige Studie *Die christliche Lehre von der Dreieinigkeit und Menschwerdung Gottes in ihrer geschichtlichen Entwicklung*[6].

Theologisches Profil erhält Baur durch seine Kritik an Schleiermacher sowie seine Anlehnung an die Religionsphilosophie Hegels. So erhebt er Widerspruch vor allem gegen Schleiermachers Verzicht auf jegliche religionsphilosophischen Überlegungen zum Aufweis der Glaubenslehre und zugleich dessen Absicht, das *geschichtlich* gegebene Christentum vom *Bewußtsein* her zu vermitteln. Die Betrachtung des Christentums als absoluter Religion ist nach Baur einzig in einer zweifachen Blickrichtung möglich, einer geschichtlichen und einer systematischen. Da historische Forschung immer nur einzelne, kontingente Ereignisse freilegen kann, bedarf sie, um zu absoluten Aussagen zu kommen, der vermittelnden Weiterführung durch die Religionsphilosophie. Entsprechend beschäftigt Baur zeit seines Lebens die Frage nach jenem Band, das die Welt des historisch Tatsächlichen mit der ideellen Wirklichkeit verknüpft. Der Einklang beider Bereiche ist nur im Zusammenspiel von historisch-kritischen und systematischen Überlegungen zu vernehmen. Schon ein bloßes Neben- und Nacheinander beider Denkweisen bleibt zu vermeiden. Geschichtsforschung, und dazu gehört eben auch die Dogmengeschichte, ist für Baur der Versuch, die vielen einzelnen Fakten im Gesamtzusammenhang der geschichtlichen Entwicklung zu begreifen. Sie ist mehr als die Suche nach interessanten Tatsachen und bisher unbekannten Ereignissen. Baur möchte Geschichte aus ihrer Einheit verstehen.

„Das geschichtlich Gegebene soll … nicht bloß äußerlich, nach dieser oder jener zufälligen Beziehung, in welche das Subjekt zu demselben sich setzt, aufgefaßt, sondern nach seinem inneren wesentlichen Zusammenhang begriffen werden … Wo Zusammenhang ist, ist auch Vernunft; und was durch die Vernunft ist, muß auch für die Vernunft sein, für die denkende Betrachtung des Geistes. Ohne Spekulation ist jede historische Forschung, mit welchem Namen sie auch prangen mag, ein bloßes Verweilen auf der Oberfläche und Außenseite der Sache; und je wichtiger und umfassender der Gegenstand ist, mit welchem sie sich beschäftigt, je unmittelbarer er dem Element des Denkens angehört, desto mehr kommt es darauf an, nicht bloß, was der einzelne gedacht und getan, in sich zu reproduzieren, sondern die ewigen Gedanken des ewigen Geistes, dessen Werk die Geschichte ist, in sich nachzudenken"[7].

Hegel ist die Baur'sche Grundthese verdankt, daß die Geschichte als Entfaltungsprozeß des Geistes zu verstehen ist. Für die Methode der Dogmen- wie der Kirchengeschichte kommt es deshalb entscheidend darauf an, diesen objektiven Prozeß aufzugreifen und sich in ihn einzureihen. Weil für Baur das Dogma „nur der sich selbst gegenständlich gewordene Geist ist, welcher in diesem Gegensatz des Objektiven und Subjektiven sich mit sich selbst vermittelt"[8], ist Dogmengeschichte mehr als eine historische Disziplin. Ihre Methode kann allein die der Sache selbst sein[9]. Wenn Geschichte in diesem Sinn verstanden wird, bleibt sie frei von aller Art subjektiver Willkür und persönlicher Anschauung, wie es Baur den Theologen der Aufklärung vorwirft. Allein auf dem Hegel'schen Grundsatz der dynamischen Identität von subjektivem und absolutem Geist ist wahre Wissenschaft möglich.

Wie greifen auf diesem Hintergrund historische Forschung und religionsphilosophische Spekulation ineinander? Dem liegt die Frage voraus, wie sich Idee und Geist

---

[6] Tü 1841–43.

[7] Dreieinigkeit I, S. XIX. Orthographie und Interpunktion sind hier und nachfolgend behutsam adaptiert.

[8] *F. Chr. Baur*, Lehrbuch der christlichen Dogmengeschichte [L ^{3}1867] (Nachdr. Da 1979) 10.

[9] Ebd. 9.

der Geschichte zum historischen Tatsachenmaterial verhalten. Als dessen Ausdrucksgestalt wird »Idee« von Baur oft gleichsinnig mit »Geist« verwendet. Sie ist eine apriorische Größe, allgemein und unbestimmt, aber ebenso wirklich wie wirkmächtig. „... weil das an sich Seiende für das Bewußtsein des Geistes aus seinem Ansichsein erst heraustreten soll, ist der Ausgangspunkt des geschichtlichen Prozesses nur die abstrakte Idee, die zwar als innere substantielle Macht das immanente Prinzip der Bewegung, aber als solches auch noch das bestimmungslose Allgemeine ist, das erst seine bestimmte konkrete Gestalt gewinnen soll"[10]. Die Geschichte dient der Vermittlung und Konkretion dessen, was an sich schon existiert. „Ist die Wirklichkeit die Verwirklichung der Idee, so kann sich in ihr, in der Wirklichkeit der Welt, nichts verwirklichen, was nicht die an sich seiende Idee in ihrem ewigen Ansichsein enthält"[11]. In geschichtlicher Existenz wird die Idee in ihrer ganzen Vielfalt und ihrem inneren Reichtum offenbar.

Somit verhält sich historisch-kritische Forschung zur Spekulation wie der Körper zur Seele, wie die Form zum Inhalt. Ist *jene* die Aussage über die äußere Gestalt, so bietet *diese* die eigentliche Wesensbestimmung. Der vorläufige, nur die äußere Form betreffende Charakter historisch-kritischer Arbeit zeigt sich darin, daß die Verleiblichung der Idee in bestimmten geschichtlichen Formen stets eine relative und begrenzte Darstellungsweise ihrer vollen Wirklichkeit ist. Wird doch die Geschichte erst durch die Gesamtheit der Entwicklung zur adäquaten Ausdrucksgestalt des Geistes.

Aufgrund dieser Differenzierungen glaubt Baur, (nicht nur) die reine Wesensgestalt des trinitarischen Gottesglaubens ohne formbedingte Verzerrungen fassen und darstellen zu können. Ist die begriffliche, ideenhafte Perspektive derart bestimmend, bleibt der Trinitätsgeschichte dann mehr als die Aufgabe, begrenzte Aussageweisen der trinitarischen Grundidee als solche kenntlich zu machen und diese selbst in authentischer Weise zum Ausdruck zu bringen?

2. *Trinitarische Grundidee*

Die Lehre von der Dreieinigkeit Gottes ist für Baur „die wichtigste und inhaltsreichste" der gesamten Theologie. Sie ist zugleich deren Kristallisationspunkt[12]. Von hierher erhalten die übrigen Traktate ihren Inhalt und Stellenwert. Formender Gedanke des Trinitätsglaubens ist, daß der Einheit und versöhnte Vielfalt umfassende Geist Gottes auch der Geist des Menschen ist. Konturen erhält diese allgemeine Aussage beim Blick auf die Schöpfung und den Menschensohn. Stellt die Welt das Andere Gottes dar, so läßt der Menschensohn auf Grund seiner Gleichwesentlichkeit das Andere als mit Gott versöhnt erscheinen.

„Nur wenn, was in der Idee der Dreieinigkeit ideell enthalten ist, der Unterschied und die Einheit, in der Welt und in dem Gottmenschen zu seinem realen Unterschied sowohl als zu seiner realen Einheit gelangt, ist die Lehre von der Dreieinigkeit zu ihrer Wahrheit für die denkende Betrachtung erhoben, ohne diese reale Beziehung aber bleibt das Dogma von der Einheit des Wesens und seiner Dreiheit von Personen, welche Personen sind und nicht sind, ein bloßer Schematismus, ein nichtssagendes Spiel mit leeren Begriffen"[13].

---

[10] Dreieinigkeit I 102.
[11] Dreieinigkeit III 924.
[12] Dreieinigkeit I 1.
[13] Ebd. 3f.

In diesem Zusammenhang verweist Baur ausdrücklich auch auf die Engellehre. Zum einen zeige die frühe Dogmengeschichte, daß Angelologie und Dreieinigkeitslehre einander eng berühren, „sofern die schon mit dem Trinitätsverhältnis gesetzte Mehrheit des göttlichen Wesens in den Engeln sich ins Unendliche zu erweitern scheint"[14]. Was für Gott als Strukturprinzip gilt, Einheit in versöhnter Vielfalt zu sein, trifft auch für die Kreatur zu, nicht zuletzt für die geschaffenen Geistwesen. Angesichts der gefallenen Engel stellt Baur die Frage, „wie sich der auf das Prinzip des Bösen zurückzuführende Abfall von Gott zu dem sowohl in dem Sohn als in der Welt gesetzten Unterschied von Gott verhalte"[15]. Wie es zum Wesen Gottes gehört, sich in das Andere seiner selbst zu vermitteln, ist ähnliches angesichts des prinziphaften Bösen zu sagen. Aber wieweit ist dieser ganze Bereich samt den Konkretisierungen auch als das Andere Gottes zu verstehen und von seiner wesenhaften Einheit umgriffen?

Wie das trinitarische Gottesverständnis die innere Einheit der Theologie bestimmt, so auch den Eigenstand des christlichen Glaubens gegenüber Heiden- und Judentum. Es ist die Idee der dialektischen Einheit Gottes, die beide als untergeordnete Stufen der religiösen Entwicklung qualifizieren läßt. Den maßgeblichen Gegensatz zum antiken Heidentum sieht Baur in der fehlenden Unterscheidung zwischen Gott und der Natur; beide werden undifferenziert als Einheit gesehen.

„Gott als Geist ist noch nicht der freie, selbstständige, selbstbewußte Geist, welcher die Welt als sein Anderes sich selbst gegenüberstellt, um in ihr, als dem Endlichen, das Bild seines eigenen Wesens anzuschauen und zu verwirklichen; sondern Gott ist hier nur der von der Natur noch gebundene und mit ihr noch verschlungene, mit dem Momente der Natürlichkeit behaftete, von dem unwiderstehlichen Zuge zur Materie beherrschte und in ihren Banden festgehaltene Geist"[16].

Die primäre Wirklichkeit ist für das Heidentum die Natur; von ihr aus sucht es durch Abstraktion und Sehnsucht zum Göttlichen aufzusteigen. Dadurch erscheint die Welt des Geistes und der Idee vom Menschen verstellt und verdunkelt; ihr Eigenwert bleibt undeutlich[17]. Mehr und mehr wehrt sich jedoch das erwachende geistige Leben des Menschen dagegen, das Göttliche in den festen Grenzen der überkommenen Religionen gefangen zu sehen. Diese erscheinen entfalteterem Selbstbewußtsein als leere, ihres Inhalts entäußerte Formen, zu eng für lebendigen Geist. Eine Folge der erfahrenen Grenzen ist die verstärkte Ausbildung der griechischen Philosophie, besonders des Platonismus. Ihm mißt Baur für die ausklingende Antike dieselbe Bedeutung zu wie dem Christentum für die mit Jesus von Nazaret beginnende Zeit. Bemerkenswerte Parallelen zwischen beiden Geistesrichtungen können jedoch weiterhin bestehendes Gefälle nicht überdecken. Es ist das nach wie vor unvermittelte Verhältnis des Göttlichen zum Menschlichen. Nach Baur gibt es im Platonismus nur ein Ahnen des Göttlichen, ein Sehnen danach, nicht aber dessen wirkliche Erkenntnis. Zwischen Transzendenz und Immanenz liegt eine unüberbrückbare Kluft. Daß sie ausgeglichen und das Göttliche in seiner Einheit wie in seiner Unterschiedenheit zu Mensch und Welt erkannt worden ist, gilt nach Baur als das Eigentümliche des Christentums gegenüber dem Heidentum und speziell gegenüber der Philosophie Platons. Dessen Idealismus mit seinen spezifischen Einseitigkeiten überwindet die dialektische Einheit des trinitarischen Gottesglaubens; sie gleicht den Graben zwischen Göttlichem und Menschlichem aus, ohne ihn einzuebnen[18].

---

[14] Ebd. 2.
[15] Ebd. 3.
[16] Ebd. 6.
[17] Ebd. 46.
[18] Vgl. *F. Courth*, Das Wesen des Christentums in der Liberalen Theologie (F 1977) 242–249.

Unterscheidend wie beim antiken Heidentum, aber auch konvergierend sind die Linien Israels zum Christentum. Der Grund für eine deutlichere Verbindung ist dessen monotheistisches Gottesverständnis. Gott und Natur sind nicht mehr unmittelbar eins; sie sind bewußt getrennt. Gott vermittelt sich in Israel nicht wie im Heidentum der Welt schlechthin oder der Natur. Sein Beziehungspol ist „der endliche Geist, der Mensch ..., der Mensch mit der partikulären Beschränktheit, die er innerhalb der Sphäre eines bestimmten Volkes hat“[19]. Dieser an sich positive geistige Bezug bedingt zugleich die Grenzen des jüdischen Gottesbildes. Das schroffe Gegenüber erscheint Baur trotz aller Ausrichtung Gottes auf den geistbegabten Menschen unüberwindbar. Es ist kein innerlich vermittelter Gegensatz, sondern ein direkter, nicht ausgleichbarer. Ethisches Bemühen und das Befolgen des Gesetzes sind ein schwacher Versuch Israels, diese Kluft zu überbrücken. Ein wirklicher Bund ist das Verhältnis zwischen Jahwe und seinem Volk in den Augen Baurs kaum[20].

Eine gewisse Wandlung bringt die alexandrinisch-jüdische Religionsphilosophie, die Gott als den aus sich herausgehenden, sich offenbarenden denkt. Dabei drängt sie aber, dem Platonismus ähnlich, die konkrete Wirklichkeit in ein Schattendasein. Dies ist für das Judentum vor allem deswegen verhängnisvoll, weil ihm die Geschichte als Ort der Offenbarung Gottes gilt.

Auf dem skizzierten Hintergrund von Heiden- und Judentum nennt Baur das Christentum die absolute Religion. Können jene „über das Moment des Unterschieds nicht hinwegkommen, so muß nun auf dem höhern Standpunkt des Christentums, neben diesem Moment, das Moment der Einheit in seinem vollen Rechte sich geltend machen“[21]. Dies geschieht im trinitarischen Gottesglauben. Kraft seiner bietet das Christentum jene *dialektische Einheit* von Idee und Wirklichkeit, Geist und Natur, Gott und Welt, die bei Juden und Heiden entweder in einer monistischen Einheit zusammengefaßt sind oder in einen unversöhnlichen Dualismus auseinanderklaffen[22].

Der trinitarische Konzentrationspunkt dieser religionsgeschichtlichen Entwicklung lautet auf den abstrakten Begriff gebracht: „Gott und Mensch sind Eins, im Selbstbewußtsein des Geistes; und Gott ist der sich selbst wissende und in diesem Wissen mit sich selbst identische Geist“[23]. Geschichtlich konkretisiert, sieht Baur diese dialektische Einheit Gottes mit sich selbst und dem Menschen in der Person Jesu. Daß er der Gottmensch ist, Gott in ihm Mensch wurde, gilt dem Tübinger als *die* Unterscheidungslehre des Christentums. Nicht Gott und die Welt, sondern Gott und der konkrete Mensch Jesus stehen hier unterschieden und zugleich eins einander gegenüber. „Das Subjekt ..., mit welchem Gott Eins ist, ist nicht der Mensch überhaupt, sondern das bestimmte einzelne Individuum Jesus“[24].

Um die Anerkennung des historischen Jesus geht es Baur in seiner Auseinandersetzung mit Hegel[25]. Bei allem Respekt, den er dessen Integration des Christusglaubens in die Religionsphilosophie entgegenbringt, glaubt er aber, dem historischen Jesus mehr Wert beimessen zu sol-

---

19 Dreieinigkeit I 47.
20 Ebd. 49.
21 Ebd. 78.
22 Ebd. 79.
23 Ebd. 80.
24 Ebd. 81.
25 Dreieinigkeit III 913–933, 971.

len. Er kritisiert bei Hegel eine zu starke Trennung des Göttlichen und Menschlichen; die Ebene des Menschlich-Geschichtlichen komme nicht genügend zur Geltung. Konkret geht es ihm um den Anknüpfungspunkt am historischen Jesus, wodurch Aussagen über ihn als Gottmenschen überhaupt erst entstehen können. Darin stimmt Baur Hegel zu, daß die Einheit von göttlicher und menschlicher Natur eine in sich stehende Wahrheit ist. Aber Jesus hat sie als erster erkannt und gelehrt; er ist die Nahtstelle für die Erkenntnis dieser Wahrheit. In der Beachtung dieses Zusammenhangs möchte Baur über Hegel hinausgehen. Ist aber seine Position wirklich so von der des Berliner Philosophen verschieden?

Daß Jesus als erster die christliche Wahrheit von der dialektischen Einheit Gottes mit dem Menschen in ihrer vollen Wirklichkeit erkannt und gelehrt hat, bedarf nach Baur der Weiterführung durch den Geist. Der Selbstvermittlungsprozeß, in dem der an sich seiende Gott alles in allem *erst wird*, hat im Sohn seine *objektiv* anschaubare Seite. Ihm entspricht als *subjektiver* Ausdruck dieser Entwicklung der Geist. Was im Sohn als Gegebenes aufscheint, soll durch den Geist vom Bewußtsein aufgenommen werden. So erst kommt es zur gottmenschlichen Einheit.

„Das Selbstbewußtsein des Gläubigen ist ... das Bewußtsein der Einheit des endlichen Geistes mit dem Unendlichen; und der mit dem Geiste Gottes sich Eins wissende und in ihm sein wahres Selbst erkennende subjektive Geist ist der in dem Bewußtsein des Subjekts sich mit sich selbst Eins wissende Geist Gottes selbst ..., und der alles, auch die Tiefen der Gottheit, erforschende Geist Gottes ist mit Gott selbst wesentlich identisch (1 Kor 2, 10.11)“[26].

Der sich im Selbstbewußtsein aussprechende Geist ist mehr als ein von Gott mitgeteilter Geist; er ist der Geist Gottes selbst. Diese Identität bedingt die absolute Freiheit des christlichen Selbstbewußtseins. An nichts Äußeres gebunden, lebt es aus unmittelbarer Einheit mit Gott und damit aus unendlicher Freiheit. Wenn Glaube Gemeinschaft mit Jesus bedeutet, heißt das inhaltlich: wie er die umgreifende Wirklichkeit des Geistes zur prägenden Form des eigenen Selbstbewußtseins zu machen und so alles menschlich Begrenzte zu überwinden. Das gilt auch für die zeitbedingten Dogmen, welche die christliche Grundaussage in den einzelnen geschichtlichen Epochen unterschiedlich artikulieren. Sie sind auf die Anerkenntnis zurückzuführen, daß der menschliche Geist der absolute, universale Geist ist, der Einheit und Vielfalt umfassende Geist Gottes. Dies erweisende Dogmengeschichte ist letztlich Hilfestellung für das spekulative Bemühen, sich des christlichen Glaubens so zu vergewissern, „daß er als der Inhalt der absoluten Idee, als das Resultat des Prozesses, durch welchen sie [die Idee] sich nach ihren verschiedenen Momenten mit sich selbst vermittelt, gedacht werden kann“[27].

3. *Geschichtlicher Glaube?*

Wie Hegel hat auch F. Chr. Baur geschichtliches Denken innerhalb der Theologie in bemerkenswerter Weise gefördert. Zum unbestreitbar bleibenden Erbe beider gehört, der Glaubenswissenschaft generell und der Trinitätslehre insbesondere zielgerichtet verstandene Geschichte als ausdrückliches Thema vorgelegt zu haben[28]. Anders als Kant und Lessing, aber auch anders als Schleiermacher setzt der Histori-

[26] Dreieinigkeit I 87; vgl. ebd. 101.
[27] Ebd. 101f.; vgl. auch Lehrbuch 355.
[28] Vgl. *Barth PrTh* (Siebenstern-Taschenbuch Nr. 178) (HH 1975) 426f.; *Chr. Senft*, Wahrhaftigkeit und Wahrheit (Tü 1956) 47; *W. Geiger*, Spekulation und Kritik (M 1964) 243.

ker Baur geschichtlich an. Ihn leiten historisch-kritische wie philosophisch-spekulative Überlegungen. Beide Aspekte erhalten ihre für den Tübinger Kirchen- und Dogmengeschichtler typische Kontur durch das Geist- und Geschichtsverständnis Hegels.

Baur ordnet die Geschichte dem Geist und der Idee so zu, daß die leere, abstrakte Idee auf dem Weg ihrer geschichtlichen Konkretisierung wirklichkeitsgefüllt wird. Subjekt dieses Prozesses ist der Geist: der Gemeingeist eines Volkes in Baurs Frühschriften[29], der absolute Geist Hegels in seinen dogmengeschichtlichen Hauptwerken[30]. Das Christentum, eingespannt in diesen Prozeß, dient der Selbstentfaltung des subjektiven Geistes und der Befreiung des menschlichen Selbstbewußtseins. Mit dem Auftreten Hegels hat der Glaube seinen Sinn erfüllt. Mit erleichterter Zustimmung markiert Baur den geistesgeschichtlichen Ort seines philosophischen Gewährsmannes:

„Was tiefsinnige Kirchenlehrer der alten und mittleren Zeit schon ahnten, aber nie in seinem letzten Grunde zu begreifen vermochten, wenn sie das tiefste Geheimnis der christlichen Offenbarung zum Gegenstande ihres Nachdenkens machten, und nur in dem Wesen des menschlichen Geistes, sofern er das Bild Gottes ist, eine Analogie dafür finden zu können glaubten, daß das Trinitätsverhältnis wesentlich nichts anders ist als das Verhältnis, in welchem Gott als Geist zu sich selbst ist, hat jetzt die Philosophie durch die Konsequenz des Gedankens als ihre eigenste Wahrheit anerkannt und festgestellt. Die Schranke, die dem menschlichen Geiste immer noch hemmend dazwischen lag, wenn er seiner wesentlichen Identität mit Gott, als dem absoluten Geist, sich bewußt werden wollte, ist durchbrochen, und das undurchdringliche Dunkel verschwunden, in welches das Wesen Gottes sich hüllte, wenn er vor allem als der Dreieinige nur der Unerreichbare, Unbegreifliche, schlechthin Undenkbare zu sein schien. Das an sich seiende Wesen Gottes schließt sich im Denken dem denkenden Geiste auf; Gott ist wesentlich Denken, Selbstbewußtsein, Geist; und alle Bestimmungen, durch welche das Denken wesentlich ist, was es sich ist, sind ebensoviele Momente der Idee des dreieinigen Gottes“[31].

Damit steht Baur vor demselben Dilemma wie zuvor die von ihm kritisierten Theologen der Aufklärung und auch Schleiermacher. Ähnlich wie diesen ist ihm Inhalt und Sinn des Christentums zu einem transzendentalen Prinzip zusammengeschrumpft. Mit dem Hinweis auf die allgemeine Wirklichkeit des Gott und Mensch verbindenden absoluten Geistes, der sich im menschlichen Denken konkretisiert, glaubt er, den christlichen Trinitäts- und Erlösungsglauben vermittelt zu haben.

Kritischer Punkt im System Baurs ist, in der Gefolgschaft Hegels den Geist allzusehr hypostasiert zu haben; er ist die alles tragende Größe, welche *zum einen* die Transzendentalität Gottes verstellt. Wo hat Baur sich Gedanken darüber gemacht, inwieweit nicht die Vorstellung des absoluten Geistes eine extrapolierende Projektion des menschlichen Geistes ist[32]? Weil ihm jener so bestimmend vor Augen steht, kann er ihn nicht mehr von Gott und dessen personaler Wirklichkeit abheben.

Zum anderen erdrückt der absolute Geist alles Geschichtlich-Konkrete. Baurs evolutives Geschichtsbild hat keinen Raum für die eigengeartete Wirklichkeit perso-

---

[29] Vgl. *F. Courth*, Wesen 226–233.

[30] Die christliche Gnosis oder die christliche Religionsphilosophie in ihrer geschichtlichen Entwicklung (Tü 1835); Die christliche Lehre von der Versöhnung in ihrer geschichtlichen Entwicklung von der ältesten Zeit bis auf die neueste (Tü 1838); Dreieinigkeit I–III (Tü 1841–43); Lehrbuch der christlichen Dogmengeschichte (Tü 1847, ²1858); Vorlesungen über die christliche Dogmengeschichte I–III (L 1865–67).

[31] Dreieinigkeit III 890.

[32] Vgl. *W. Geiger*, Spekulation 227.

naler Existenz. Diese wird ihm zur Marionette eines notwendig sich entfaltenden Geschichtsablaufs.

„... wie gleichgültig kann es uns sein, ob das eine Individuum Athanasius, das andere Arius hieß, Nestorius oder Cyrillus; alle geschichtlichen Personen sind für uns bloße Namen, wenn nicht, was jeder gedacht und getan und zur Aufgabe seines Lebens und Strebens gemacht hat, ein im Wesen des Geistes selbst begründeter Gedanke ist, ein Moment des fortgehenden Prozesses, in welchem der Geist mit sich selbst ringt, um alle Gegensätze, die immer wieder eine neue Schranke seines Selbstbewußtseins setzen, zu überwinden". Dem möglichen Einwand, die Gestalten der Geschichte unterzubewerten, entgegnet Baur: „... es bleibt für sie noch ein weites Feld, auf welchem sie mit ihren subjektiven Interessen und Motiven sich herumtreiben können, noch genug des Endlichen und Beschränkten, des Zufälligen und Willkürlichen, das jeder vernünftigen Betrachtung widerstrebt; was wäre aber alles Einzelne und Individuelle ohne das Allgemeine und Absolute, mit welchem es wesentlich zusammengehört ..."[33].

Eine den konkreten Menschen oder die jeweilige geschichtliche Stunde auszeichnende Einmaligkeit gibt es für Baur nicht. Sie kann es für ihn nicht geben, weil der absolute Geist den Lauf der Geschichte prägt. Damit ist ihr die durch personale Entscheidung bedingte Dynamik genommen. Es ist nicht der Mensch, der diesen Prozeß in Freiheit und Verantwortung aufnimmt und ihn, versehen mit Zeichen seines Gelingens und Versagens, an eine andere Generation weiterleitet. Die Geschichte ist im Grunde vorprogrammiert. Die ausgeprägt schematischen[34] Linien im Denken Baurs wecken neu den Sinn für ein Geschichtsverständnis, das offen ist für das Einmalig-Personale und zugleich Mitmenschlich-Konkrete als Transparenz für das unauslotbar Göttliche. Nur in einer solchen Perspektive läßt sich von freier Gottes-Offenbarung bis hin zu seiner trinitarischen Selbstgabe sprechen.

---

[33] Dreieinigkeit I, S. XX.

[34] Vgl. *Barth PrTh* 424f.; *Chr. Senft*, Wahrhaftigkeit 66, spricht in diesem Zusammenhang von „Gewaltsamkeiten" Baurs; *W. Geiger*, Spekulation, nennt es „Konsequenzenmacherei" (27) oder „Konstruktionsleidenschaft" (123); ähnlich *G. Hornig*: HDThG III 164.

Viertes Kapitel

TRINITÄT ALS OFFENBARUNGSMYSTERIUM NACH DER KATHOLISCHEN TÜBINGER SCHULE

§ 8. Franz Anton Staudenmaier

SCHRIFTTUM: *Ph. Weindel*, Das Verhältnis von Glauben und Wissen in der Theologie F. A. Staudenmaiers (Abhandlungen aus Ethik und Moral 14) (D 1940); *J. R. Geiselmann*, Lebendiger Glaube aus geheiligter Überlieferung (Fr-Bs-W 1942, [2]1966); *ders.*, Die theologische Anthropologie A. Möhlers (Fr 1955) 151–161; *ders.*, Die Katholische Tübinger Schule (Fr-Bs-W 1964); *A. Exeler*, Eine Frohbotschaft vom christlichen Leben. Die Eigenart der Moraltheologie J. B. Hirschers (1788–1865) (Bs-Fr-W 1959); *A. Burkhart*, Der Mensch – Gottes Ebenbild und Gleichnis. Ein Beitrag zur dogmatischen Anthropologie F. A. Staudenmaiers (FThSt 79) (Fr-Bs-W 1962); *P. Hünermann*, Trinitarische Anthropologie bei F. A. Staudenmaier (Sym 10) (Fr-M 1962); *ders.*, F. A. Staudenmaier (1800–1856): KThD 2 (M 1975) 99–128; *L. Scheffczyk* (Hg.), Theologie in Aufbruch und Widerstreit. Die deutsche katholische Theologie im 19. Jahrhundert (Bremen 1965); *ders.*, Die theologische Erneuerung im 19. Jahrhundert: H. Waldenfels, Die Offenbarung. Von der Reformation bis zur Gegenwart (HDG I/1b) (Fr-Bs-W 1977) 79–99; *K. Frielingsdorf*, Auf dem Weg zu einem neuen Gottesverständnis. Die Gotteslehre des J. B. Hirscher als Antwort auf das säkularisierte Denken der Aufklärungszeit (FTS 6) (F 1970); *W. Fürst*, Wahrheit im Interesse der Freiheit. Eine Untersuchung zur Theologie J. B. Hirschers (1788–1865) (TTS 15) (Mz 1979); *A. Franz*, Glauben und Denken. F. A. Staudenmaiers Hegelkritik als Anfrage an das Selbstverständnis heutiger Theologie (Eichstätter Studien NF 18) (Rb 1983); *E. Dirscherl*, Der Heilige Geist und das menschliche Bewußtsein (Bonner dogm. Studien 4) (Wü 1989) 395–586.

1. *Tübinger Erbe*

a) Johann Sebastian Drey

Daß die Trinitätstheologie zu Beginn des 19. Jahrhunderts in besonderem Maße herausgefordert war, erkannten insbesondere Vertreter der Katholischen Tübinger Schule[1]. In ihr treffen zwei geistige Anliegen befruchtend aufeinander: Es sind ein von der Romantik neu gewecktes Vorverständnis für die Geschichtlichkeit der biblischen Offenbarung und des Christentums *sowie* die vom Idealismus geförderte Sensibilität für die nach bleibendem Sinn geschichtlicher Tatsachen und Geschehnisse fragende Spekulation. Verbindende Themen der Schule sind schwerpunktmäßig: Gotteserkenntnis, Glaubensgeschichte, Kirche, Verhältnis von Natur und Übernatur. Dieses Themenbündel konkretisiert sich in besonderem Maße in der Ausein-

[1] *J. R. Geiselmann*, Lebendiger Glaube aus geheiligter Überlieferung (Fr-Bs-W 1942, [2]1966); *ders.*, Die Katholische Tübinger Schule (Fr-Bs-W 1964); *L. Scheffczyk*, Schöpfung und Vorsehung (HDG II/2a) (Fr-Bs-W 1963) 143–146; *ders.* (Hg.), Theologie in Aufbruch und Widerstreit. Die deutsche katholische Theologie im 19. Jahrhundert (Bremen 1965) XI–XXVII; *ders.*, Die theologische Erneuerung im 19. Jh.: H. Waldenfels, Die Offenbarung. Von der Reformation bis zur Gegenwart (HDG I/1b) (Fr-Bs-W 1977) 79–99; *H. Fries*: LThK[2] X 390–392; *E. Klinger*: SM IV 1031–1037. – Orthographie und Interpunktion sind nachfolgend behutsam adaptiert.

andersetzung mit dem Idealismus Hegels. Hier zeichnet es die Tübinger aus, das Problem des Geschichtlichen, das mit der biblischen Offenbarung gegeben ist, als drängendes Thema erkannt und aufgenommen zu haben. Das läßt sie Theologie mit geschärftem Blick für den geschichtlichen *Anfang* treiben; damit verbunden ist ein waches Verständnis für die *Überlieferung* als Grundfrage der Glaubensauslegung[2].

Für eine auf der Wort- und Tatoffenbarung des dreieinigen Gottes gründende Theologie ist nach langer Zeit „ein neuer Frühling" angebrochen[3]. Gerade wegen ihrer vertieft bedachten Verstehensprinzipien gehören die Tübinger mit zu jenen Theologen, die in einer der lebendigsten Epochen der katholischen Theologie[4] mit zu einer „inneren Belebung" der Dreifaltigkeitslehre beitragen[5]. Die mit dem Ende der Aufklärung aufbrechende „antideistische Trinitäts-Bewegung"[6] hat in ihnen tragende Repräsentanten.

Behutsame Anfänge einer trinitarischen Konzentration der Theologie zeigen sich bereits bei Johann Sebastian Drey (1777–1853)[7], dem Begründer der Katholischen Tübinger Schule. Seit 1812 lehrt er in Ellwangen und ab 1817 bis 1846 in Tübingen Apologetik, Dogmatik und Dogmengeschichte. Beeinflußt ist er vom Organismusdenken der Romantik, ferner von Friedrich W. J. Schelling (1775–1854) und Schleiermacher. In Auseinandersetzung mit ihnen findet Drey u.a. zu einer dynamischen Sicht der Heilsgeschichte als Handeln Gottes in der Welt. Er hegt einen offenen Sinn für Geschichte und Offenbarung sowie ein organisch-dialektisches Verständnis der Entwicklung des Christentums. Die *Idee vom Reich Gottes* ist für ihn der Grundgedanke, mit dem er den geschichtlichen Prozeß und das Positiv-Objektive der Kirche theologisch zu erfassen sucht. In der Trinitätslehre, welche die Grundlage seiner Reich-Gottes-Idee bedenkt, gibt Drey auf Grund der Aussagen von Schrift und Tradition der ökonomischen Trinitätsbetrachtung den Vorzug vor der metaphysisch-immanenten[8]. In der Anthropologie bemüht er sich um eine theozentrische Begründung. Innerhalb dieser Perspektive gilt ihm letztere als die Möglichkeitsbedingung für eine offenbarungsgeschichtliche Gotteslehre[9].

---

[2] *J. R. Geiselmann*, Glaube 513 u. 543.

[3] *K. Frielingsdorf*, Auf dem Weg zu einem neuen Gottesverständnis (FTS 6) (F 1970) 121.

[4] *L. Scheffczyk*, Theologie IX.

[5] *W. Breuning*, Trinitätslehre: LThK² X 360–362, hier 362.

[6] *K. Frielingsdorf*, Weg 107.

[7] Vgl. *M. Seckler*, J.S. Drey und die Theologie: ThQ 158 (1978) 92–109; *L. Scheffczyk*, Theologie XII–XV 1–29; *A. P. Kustermann* (Hg.), Revision der Theologie – Reform der Theologie (Wü 1994) (Lit.).

[8] *J. S. Drey*, Aus den Tagebüchern über philosophische, theologische und historische Gegenstände: über die Anordnung der Materie in der Dogmatik (ed. v. J. R. Geiselmann, Geist des Christentums und des Katholizismus [Mz 1940] 145–147): „Es muß hier so stark als möglich bemerklich gemacht werden, daß sowohl die Bibel, als die alten Kirchenlehrer die Trinitätslehre weniger auf das Wesen Gottes als auf die Welt und das Reich Gottes beziehen, weniger daraus das Wesen Gottes als den Plan seines Reiches erklären" (146).

[9] Tagebücher: Neue Ansicht der Trinitätslehre (aaO. 138): „Die Trinitätslehre ist die Lehre von der Offenbarung Gottes *vor sich selbst* und *vor dem Universum;* sie hat also innere, absolute – und relative – äußere Notwendigkeit ... Wie aber Gott sich in sich selbst bewegt, so offenbart er sich auch im Universum. Als Vater und Schöpfer kündigt er sich uns an im angeborenen religiösen Instinkt; als Sohn und Musterbild aller Dinge ist er äußerlich geoffenbart in Jesus Christus; als Liebe und Wohlgefallen offenbart er sich innerlich durch den heiligen und heiligenden Geist".

b) Johann Baptist Hirscher

Drey in seiner offenbarungsgeschichtlichen Perspektive vergleichbar ist der von ihm beeinflußte Johann Baptist Hirscher (1788–1865)[10], 1817 Moral- und Pastoraltheologe in Tübingen, seit 1837 in Freiburg i. Br. Wie Drey zentriert er die Theologie um die Reich-Gottes-Idee. Sie ist auch der Rahmen, in den er seine Gotteslehre einordnet und in dem er sie plausibel machen möchte[11]. Entsprechend erscheint es ihm unangemessen, die Trinitätslehre ohne Bezug auf die Heilsgeschichte zu behandeln, „als wäre uns, unabhängig von dieser, das Innere der Gottheit als ein *eigener Artikel* unserer Religion geoffenbart worden"[12]. Es findet Hirschers erklärten Widerspruch, wenn (scholastische) Theologen meinen, die Offenbarung erschließe uns „das *Innere der Gottheit* nicht bloß durch die Beziehungen Gottes zur Welt und zur Heilsordnung; sondern noch außerdem und darüber hinaus: wenn sie uns folglich z. B. in der Trinitätslehre eine solche Theorie geben zu müssen wähnen, die als eine transzendente und *für sich bestehende d. h.* nicht zunächst und *unmittelbar in die christliche Heilsordnung verflochtene* Lehre dastehen soll; so weichen sie gänzlich von dem Evangelium ab, in welchem von einer solchen Theorie durchaus nichts zu finden ist"[13]. Was beispielsweise das Johannes-Evangelium vom ewigen Logos in seinem ursprünglichen Verhältnis zu Gott sage (vgl. Joh 1,1–18), diene nicht einer abstrakten Theorie. Ziel des innertrinitarischen Ansatzes sei es, Christus als den göttlichen Erlöser zu erweisen und den alles tragenden Grund für seine Heilswirksamkeit zu nennen. Der Apostel stelle „die göttliche Abkunft, Würde und uranfängliche Beziehung des Logos zur Welt in seiner Synopsis vom göttlichen Reiche kurz andeutend oben hin, um das, was dieser Logos für die Welt wurde und sei, daran *anknüpfen* und darauf *gründen* zu können"[14]. Der Johannes-Prolog ist für Hirscher maßgebliches Beispiel dafür, wie sehr immanentes Trinitätsverständnis im Dienst *heilsgeschichtlicher* Betrachtung steht. Diese ist die unmittelbare und eigentliche Form christlichen Gottesbekenntnisses. Entsprechendes gilt für Verkündigung, Katechese und nicht zuletzt für die reflektierende Theologie.

Das offenbarungsgeschichtliche Anliegen des Johannes-Prologs findet Hirscher auch im matthäischen Taufbefehl des Auferstandenen (Mt 28,18–20). Hier bezeichne Jesus die drei trinitarischen Namen „als den *kräftigen Inbegriff* des gesamten Christentums und als den *lebendigen Mittelpunkt*, von welchem alles Glauben, Lieben, Hoffen, Leiden und Wirken der Gläubigen für und für aus-, und in den es hinströmen sollte"[15]. Dies in der Katechese darzulegen ist Aufgabe des Religionslehrers. Unter Bezug auf Jesu Auftrag an die Apostel soll er den Glauben an den dreieinigen Gott als Herz des Christentums darstellen. Er hat im Unterricht zu zeigen, „daß sich in den drei Namen alles, was der Christ zu glauben, zu lieben, zu tun, zu meiden und zu hoffen hat, konzentriere; daß man folglich in denselben ein gedrängtes und lebenskräftiges Evangelium, d. i. allen Reichtum von Offenbarungen,

---

10 *K. Frielingsdorf*, Weg 107–112. *W. Fürst*, Wahrheit im Interesse der Freiheit (TTS 15) (Mz 1979) 232–234.

11 Vgl. *W. Fürst*, Wahrheit 234, mit Verweis auf *J. Rief*, Rezension zu K. Frielingsdorf, Weg: ThRv 68 (1972) Nr. 1, 37–39.

12 *J. B. Hirscher*, Über das Verhältnis des Evangeliums zu der theologischen Scholastik der neuesten Zeit im katholischen Deutschland. Zugleich als Beitrag zur Katechetik (Tü 1823) 92 f.

13 Ebd. 96.

14 Ebd. 94 f.

15 *J. B. Hirscher*, Katechetik (Tü ³1834) 205.

Verpflichtungen, Verheißungen und Stärkungen vor Augen habe, den das Christentum in sich schließt"[16]. Weil Konzentrationspunkt des christlichen Glaubens, behandelt Hirscher das Trinitätsbekenntnis auch als Resümee der katechetischen Unterweisung. Hier fließt alles das zusammen, was er zuvor über Gott, den Vater und Schöpfer der Welt und des Menschen, über Jesus Christus, den Erlöser, sowie über den Heiligen Geist und die Kirche entfaltet hat[17].

Vor allem hier kommt die vermittelnde Theo-Anthropozentrik[18] Hirschers zum Ausdruck. Er wendet sich mit der Aufklärung gegen eine absolute, ungerechtfertigte Autonomie eines alleinwirkenden Gottes ebenso wie gegen eine isolierte Sicht des Menschen; dieser kann nur von Gott her und nicht aus sich selbst begriffen werden. Hirscher nennt den dreieinigen Gott „das Höchste all unseres Denkens, das Größte all unserer Bewunderung, das Eine all unserer Anbetung, den Inbegriff all unserer Liebe, den endlichen Gegenstand all unserer Hoffnung, all unseres Ringens und all unseres einstigen Besitzes. Freilich auch den Inbegriff all unserer Verantwortung und den furchtbaren Grund unserer Verwerfung"[19]. Wer im Vater zum Quellgrund Gottes hinfinden will, vermag es nur auf dem Weg, „welchen Er bestimmt, und durch die Anstalten, die Er errichtet hat. Er kann es also nur durch den Sohn und Geist; denn dieses sind die Namen, an die sich die Ordnung unseres Heiles knüpft"[20].

Der in der Aufklärung mit Nachdruck erstrebte Eigenstand des Menschen findet in Hirschers offenbarungsgeschichtlicher Trinitätslehre eine modifizierte Antwort, weil die Heilsgeschichte als persönlicher Dialog zwischen Gott und Mensch begriffen wird. Der ursprunglose Schöpfer und Herr der Welt ist der treue Vater auch dann, wenn die Menschen untreu werden. Zahllose Zeichen dafür bietet die Geschichte Israels; sie wird zum Neuen Bund mit der Sendung Jesu Christi. Als Erlöser vermittelt er wirkliche „*Wiederkehr und Wiedereinsetzung*"[21] des Menschen in die Kindschaft Gottes und die Gemeinschaft seines Reiches. Als „der Wieder-Bindung (religio) oder Wiedereinigung des Menschen mit Gott in Christo"[22] besteht die Sittlichkeit des Gläubigen darin, dem formenden Urbild des Heilandes und dem Wirken des Heiligen Geistes in sich Raum zu geben. Das ethische Bemühen des Christen zielt auf eine möglichst gleichförmige und persönliche Gemeinschaft mit dem dreifaltigen Gott bis hin zur eschatologischen Einheit im ewigen Leben.

Dieser Bestimmung gläubiger Existenz entsprechend, besitzt auch die Moraltheologie trinitarisches Gepräge. Sie handelt von Gott dem Schöpfer, von Jesus Christus und dem Heiligen Geist, dem Entsündiger und Heiligmacher der Welt. Diesen Themenbereich bedenkt theologische Ethik so weit, „als es notwendig ist, wenn das christliche Leben, welches nur aus Christus und seinem Werke begriffen und dargestellt werden kann, begriffen und dargestellt werden soll"[23].

Sieht Hirscher christliches Leben derart im dreifaltigen Gott verankert, ist es nur konsequent, wenn er auch die Kirche samt ihrer sakramentalen Vollzüge in dieser

---

[16] Ebd.
[17] *J. B. Hirscher*, Hauptstücke des christkatholischen Glaubens. Für Schule und Haus (Tü 1857) 434–446.
[18] *K. Frielingsdorf*, Weg 146.
[19] *J. B. Hirscher*, Hauptstücke 443.
[20] Ebd. 444.
[21] *J. B. Hirscher*, Die christliche Moral I (Tü [5]1851) 3.
[22] Ebd. 2.
[23] Ebd. 11.

Weise deutet. Die Gemeinde ist Ort der Gegenwart des dreieinigen Gottes, der sich als Vater, Sohn und Heiliger Geist den Gläubigen mitteilt. Dies arbeitet Hirscher insbesondere bei Taufe, Buße und Eucharistie heraus[24].

Indem Hirscher derart grundsätzlich der Katechese und der Verkündigung wie auch der wissenschaftlichen Theologie ein heilsgeschichtliches Gottesbekenntnis zugrunde legt, unterläßt er es nicht, auch die Frage nach der Wesenstrinität anzugehen. Seine Antwort gibt er gestützt auf 1 Joh 4,8 16b: Gott ist die Liebe. Den wesenhaften Lebensaustausch zwischen dem ursprungslosen Vater, seinem ewigen Sohn und dem von beiden ausgehenden Geist vermag gerade die Lehre von der immanenten Trinität sinnvoll zu vermitteln. *„Dieses volle, freie und ewige Niederlegen aller eigenen Wesenheit und Vollkommenheit in eine zweite Persönlichkeit ist die Liebe"*[25]. Sie ist *das Wesen* des dreipersonalen Gottes, der in ewiger Hingabe existiert und so wesenhaft einer ist. „Die *Ewigkeit* der Genesis des Logos bezeugt, daß die Liebe in Gott nicht ein Akt *der Zeit*, sondern seine *Wesenheit* sei – *ewig*, wie Er selbst"[26]. Kreatürlicher Spiegel dieser innertrinitarischen Liebe ist die Offenbarungsgeschichte von der Schöpfung an bis hin zum Menschen, der nach dem Bild der dreieinigen Liebe geschaffen und dann auch erlöst ist. Zusammen mit der Personalität ist Liebe *die* Schöpfungs- und Erlösungsgabe. „Der Mensch hat *ein Herz*; und wenn er will, wenn er strebt, wenn er sich schaffend bewegt, so will er in Ähnlichkeit mit Gott wie dieser von dem ihm anvertrauten Lebensreichtum geben, und *diesen in Anderen* niederlegen"[27].

In seinem vielschichtigen literarischen Werk ist Hirscher bestrebt, gegenüber dem Gottesbild der Aufklärung die zentrale Bedeutung des Trinitätsglaubens und die ihn aufnehmende Sittenlehre zu entfalten. Dabei übt er Zurückhaltung gegenüber der spekulativen Methode der Scholastik wie auch des zeitgenössischen Idealismus. Statt dessen bietet er eine betont heilsgeschichtliche Glaubensauslegung. Der Katechese und Verkündigung jener Jahre verhilft er so zu einer wirklichen Konzentration auf das christliche Grundmysterium. Damit eine ähnliche Bündelung auch das systematisch-theologische Gespräch bestimmt, bedarf es jedoch einer deutlicheren *Vermittlung* beider Methoden.

Der Neuscholastiker Joseph Kleutgen (1811–1883) beispielsweise sieht in Hirschers ökonomische Trinitätslehre nur unzureichend metaphysische Überlegungen eingebracht. Konkret vermißt er „eine Lehre von *Gott an sich*, die mit der Heilsordnung nicht in unmittelbarer Verbindung steht"[28]. Dies gelte etwa für die Glaubensaussagen von der personalen Verschiedenheit des Vaters, des Sohnes und des Heiligen Geistes und zugleich ihrer göttlichen Wesenseinheit, von der ewigen Zeugung des Sohnes und dem Hervorgang des Heiligen Geistes aus Vater und Sohn[29]. Hier handle es sich um biblisch grundgelegtes Glaubensgut der Kirche. Ist Kleutgens Blickwinkel weit genug, wenn er die angedeuteten Themen nicht in einem *unmittelbaren* Bezug zur Heilsordnung stehen sieht? Auch wenn der angesehene Neuscholastiker die Zuordnung von *Gott an sich* und der *Heilsordnung* zu gegensätzlich faßt, sieht er richtig, daß der Offenbarungsgeschichte nur dann erlösende Bedeutsamkeit

---

[24] *K. Frielingsdorf*, Weg 109.
[25] Moral I 87.
[26] Ebd. Anm. 1.
[27] Ebd. 131.
[28] *J. Kleutgen*, Die Theologie der Vorzeit I (Ms ^{2}1867) 245. Vgl. *L. Scheffczyk*, Theologie 315–345.
[29] *J. Kleutgen*, Theologie I 245.

zukommt, sofern dem dreifaltigen Gott selbst diese auch innewohnt. In dem Maße sich das in der Lehre von der immanenten Trinität erweisen läßt, kann der Gläubige gewiß sein, den kreatürlichen Horizont zu überwinden. Um der Eigenwirklichkeit der an die trinitarischen Namen *Vater, Sohn* und *Geist* gebundenen Geschichte willen ist es notwendig, den sie tragenden göttlichen Grund anzusprechen. Hirscher selbst ist sich dieses Zusammenhangs durchaus bewußt, artikuliert ihn auch im überkommenen Sinn, ohne ihn jedoch näher zu entfalten[30].

c) Johann Adam Möhler

Einen Schritt weiter hin zu der für die Tübinger Schule kennzeichnenden Sicht, geschichtliches und spekulatives Denken zu verbinden, geht Johann Adam Möhler (1796–1838). Nach dem Studium in Ellwangen und Tübingen lehrt er dort seit 1828 in der Hauptsache Kirchengeschichte mit einem deutlich systematisch theologischen Interesse und setzt dies von 1835 bis 1838 in München fort. Gilt Drey als Begründer der Tübinger Schule, so darf Möhler „als ihr geistiger Führer und Vollstrecker" angesehen werden[31].

Im Gegensatz zur Trinitätsspekulation Hegels formuliert er die eigene Position mit einem erklärt *theo*-logischen wie anthropozentrischen Akzent[32]. Im Widerspruch zu seinem Kontrahenten unterscheidet Möhler den relativen Eigenstand des Menschen und der Geschichte vor der Eigenwirklichkeit Gottes. Diese betrachtet er in ihrem An-sich als absolutes und vollendetes Geistesleben, das aller Schöpfung und Zeit begründend vorausgeht. Die Geschichte des Menschen ist nicht die Form, wie sich Gott zu seinem Selbst entwickelt. Der unbedingte und in sich vollendete Gott übersteigt in seiner vollkommenen Wirklichkeit den Menschen und seine Geschichte. Er bedarf ihrer nicht. So vermag er auch gleich am Anfang der Schöpfung den vollkommenen, begnadeten Menschen zu schaffen. Dieser besitzt vor Gott personalen Eigenstand. Entsprechend kann Geschichte nicht darin aufgehen, Entfaltungsprozeß Gottes zu sein. Gott *und* Mensch sind ihre Träger; sie wird von beiden geformt[33]. Darum darf auch die Lehre vom dreifaltigen Gott nicht als „reine Spekulation" entfaltet werden, sondern als „Darstellung des inneren Lebens der Christen"[34]. Der dreifaltige Gott ergreift im Heiligen Geist den Gläubigen, weckt in ihm Glauben und Liebe, schenkt so Einheit den Vielen und begründet derart die Kirche. Trinitätsglaube und ihn entfaltende Lehre haben nach Möhler zwei Seiten: die göttlich-überzeitliche und die menschlich-geschichtliche. Diese unterscheidende Perspektive hat wesentlich mit dazu beigetragen, die für die Tübinger Schule typische Verbindung von empirisch-geschichtlicher und ideenhaft-spekulativer Methode zu profilieren.

---

30 Hauptstücke 434–443.
31 *L. Scheffczyk*, Theologie 30; vgl. ebd. XVII–XIX u. 30–58.
32 *J.R. Geiselmann*, Glaube 413; *ders.*, Die theologische Anthropologie J.A. Möhlers (Fr 1955) 151–161.
33 *J.R. Geiselmann*, Geist des Christentums XXII.
34 *J.A. Möhler*, Die Einheit in der Kirche oder das Prinzip des Katholizismus, hg. v. J.R. Geiselmann (Da 1957) 474.

2. *Theologie unter trinitarischem Leitbild*

Seinen Lehrern Drey, Hirscher und Möhler bleibend verpflichtet ist der nach seiner Ausbildung in Tübingen ab 1830 in Gießen und ab 1837 in Freiburg i. Br. Dogmatik lehrende Franz Anton Staudenmaier (1800–1856). „Lebendiges Leitbild" seiner Theologie, insbesondere seiner Anthropologie und Schöpfungslehre, ist der dreifaltige Gott[35]. Staudenmaier ist der erste, der in der heilsökonomisch-spekulativen Perspektive seiner Lehrer einen trinitätstheologischen Systementwurf entfaltet[36]. Darin verbinden sich „staunenswerte biblisch-patristische Erudition mit spekulativer Durchdringung und selbständiger Gestaltung des Stoffes"[37]. Mehr als andere katholische Theologen jener Zeit widmet er sich dem Studium zeitgenössischer Idealismen (Schelling – Hegel). Sein Hegel-Buch[38] ist damals „die tiefgehendste" Auseinandersetzung der katholischen Theologie mit dem Berliner Philosophen[39]. In der Geschichte der Trinitätstheologie ist Staudenmaiers Platz dadurch markiert, daß er das heilsökonomische Prinzip formell in die Gotteslehre einführt; zunächst behandelt er die Zeugnisse der Offenbarungsgeschichte und der Tradition; dann erst geht er zu der sie tragenden theologischen Voraussetzung über[40].

„Diese innere Ökonomie des göttlichen Lebens erkennen wir aber nur durch die *äußere Ökonomie*, die *Ökonomie der Offenbarung*, welche zugleich die Ökonomie des göttlichen Reiches ist, das in der Menschheit gegründet werden, wachsen und reifen soll. Aber diese Grundlegung sowohl als das Wachsen und Reifen des göttlichen Reiches in der Menschheit ist nach dem Bewußtsein, welches das Christentum gibt, eben das *Werk des dreieinigen Gottes*, somit das Werk der einen Gottheit, die sich uns durch lebendiges und schöpferisches Eingreifen in die Welt und in unser eigenes Leben als Vater, Sohn und Geist geoffenbart hat, und zwar in der Form der Geschichte. Es ist also der *göttlich gestiftete Zusammenhang* selbst, in den wir geschichtlich uns durch die Offenbarung versetzt sehen, der nun, wie er nur selbst das Werk des dreieinigen Gottes ist, so das Bewußtsein und die Erkenntnis von der dreieinigen Gottheit in uns vermittelt, welches Bewußtsein und welche Erkenntnis daher erst aus dem vollkommen geschöpft werden kann, was die Offenbarung über *Weltschöpfung, Welterlösung* und *Weltheiligung* enthält, und was die weitere Dogmatik darstellt in der Lehre von der Kreatur und ihrem Verhältnis zur Gottheit"[41].

Im Unterschied zum idealistischen Konzept Hegels ist das Gottes- und Heilsverständnis Staudenmaiers personal und geschichtlich bestimmt. Die Geschichte ist durch Schöpfung, Erlösung und Heiligung Ort des Handelns und der Selbstoffenbarung Gottes; sie ist Bewährungsraum des Menschen, seiner Personalität und Freiheit, seiner Entscheidung und Tat. Was im Ablauf der Zeit geschieht, ist alles andere als eine spekulativ zu überwindende Spur Gottes. Im Gegenteil, der Dreifaltige ruft in geschichtlichen Ereignissen den Menschen, damit er in seiner personalen Existenz dem Reifen des göttlichen Reiches Gestalt gebe.

---

[35] *P. Hünermann*, Trinitarische Anthropologie bei F. A. Staudenmaier (Sym 10) (Fr-M 1962) 139; *ders.*, F. A. Staudenmaier (1800–1856): KThD 2 (M 1975) 99–128.

[36] Encyklopädie der theologischen Wissenschaften als System der gesamten Theologie, 2 Bde. (Mz-W 1834, ²1834), hier I 445–516; Die christliche Dogmatik, 4 Bde. (Fr 1844–1852), hier II: Die Lehre von Gott.

[37] *Grabmann G* (Da ²1961) 228.

[38] Darstellung und Kritik des Hegelschen Systems (Mz 1844).

[39] *P. Hünermann*, Anthropologie 2; *Werner* (Nachdr. 1966) nennt dieses Buch „eine der geistreichsten Beurteilungen, die über Hegel verlauten, und in ihrer Ausführlichkeit und Vollständigkeit geradezu erschöpfend" sind (489).

[40] *L. Scheffczyk*: MySal II 217.

[41] Encyklopädie I 516.

Sosehr Staudenmaier den Gläubigen im geschichtlich offenbaren Lebenszusammenhang Gottes stehen sieht und dabei die Offenbarungs- der Wesenstrinität annähert, ja beide zur Deckung bringt[42], möchte er die Gottesfrage jedoch nicht auf die biblisch bezeugte Heilsökonomie begrenzen. Gott weist über sein zeitliches Wirken hinaus. Er ist größer als Welt und Geschichte; ihrer bedarf er nicht, wie Staudenmaier Hegel gegenüber festhält. Der Grund dafür, daß außer Gott auch Welt und Geschichte sind, liegt allein im Geheimnis der Trinität. Weil Gott als der Dreieine in und aus sich selbst existiert, „kann er, ohne selbst Welt zu werden, eine Schöpfung außer sich setzen und über dieser Schöpfung hehr und erhaben als ihr Herr, Führer, Lenker und Beseliger stehen"[43]. Der frei und voraussetzungslos Schöpfung stiftende, Geschichte tragende, Erlösung und Heil gewährende Gott ist *in sich selbst* Lebensfülle, Hingabe und Liebe. Unter der Last der Notwendigkeit wäre seine Liebe unwahr und selbstsüchtig; sie verlangte nach Leben und trachtete danach, „diesen Hunger durch ein Leben außer ihr zu stillen"[44]. Staudenmaier findet Hilfestellung bei Thomas von Aquin[45]. Für diesen ist *die* Voraussetzung freier Schöpfung Gottes Dreifaltigkeit. Nur weil er der *in sich* Liebende ist, vermag er auch der sich *uns* Hingebende zu sein[46].

Staudenmaier profiliert seinen um des Eigenstandes der Schöpfung willen getroffenen Blick auf den dreieinen Gott dadurch, daß er dessen trinitarische Liebe bewußt *personal* faßt. Philosophische Anregungen dazu findet er bei Hegel.

Nach dessen Auffassung ist es „der Charakter der Person, des Subjekts, seine Isoliertheit aufzugeben. Sittlichkeit, Liebe ist eben dies, seine Besonderheit, besondere Persönlichkeit aufzugeben, sie zur Allgemeinheit zu erweitern, – ebenso die Freundschaft. Indem ich gegen den andern recht handle, betrachte ich ihn als mit mir identisch. In der Freundschaft, in der Liebe gebe ich meine abstrakte Persönlichkeit auf und gewinne sie dadurch als konkrete. Das Wahre der Persönlichkeit ist eben dies, sie durch das Versenken, Versenktsein in das Andere zu gewinnen"[47].

Die Beschäftigung mit Hegel läßt Staudenmaier das Wesen der Person darin sehen, in Selbsthingabe an eine andere Person ihren Eigenstand zu gewinnen, in der Begegnung mit dem Du zum Ich zu werden. Auf den dreifaltigen Gott übertragen, will die Rede von den trinitarischen Personen zum Ausdruck bringen, daß Liebe sowohl Gottes *Wesen* ist, wie sie ihn auch in der unvertauschbaren *Dreiheit* seiner Namen als Vater, Sohn und Geist bestimmt. Durch die Liebe, so Staudenmaier, „bildet das trinitarische Leben sich als ein Einiges, als ein Leben, in welchem die Einheit alle Kräfte des Erkennens und des Willens durchwaltet und dadurch zu einem Leben macht. Die Liebe ist selbst Einheit, und sie ist zugleich das Gesetz der Einheit, das Gesetz nämlich, nach welchem sich das Leben als Einheit bildet und darstellt"[48]. Dieser innergöttliche Liebesaustausch drängt über einen Zweierbezug hinaus. Er will trinitarisch sein; in der dritten Person bewahrheitet sich die Einheit der ersten

---

[42] Dogmatik II 475 (Überschrift): „*Nichtigkeit des Unterschiedes zwischen Dreieinigkeit des Wesens und Dreieinigkeit der Offenbarung*". These: „*Die göttliche Dreieinigkeit ist ebenso Dreieinigkeit des Wesens als Dreieinigkeit der Offenbarung*".

[43] Dogmatik III 8.

[44] Ebd.

[45] S.th. I q.32 a.1 ad 3; q.19 a.4; vgl. Dogmatik III 8 u. 25.

[46] Vgl. *A. Burkhart*, Der Mensch – Gottes Ebenbild und Gleichnis. Ein Beitrag zur dogmatischen Anthropologie F. A. Staudenmaiers (FThSt 79) (Fr-Bs-W 1962) 314f.

[47] Vorlesungen über die Philosophie der Religion, 3. Teil, hg. v. G. Lasson (Phil. Bibliothek 63) (L 1929, Nachdr. HH 1966) 81.

[48] Dogmatik II 608.

und zweiten. Für Staudenmaier ist der Heilige Geist „die gleichsam *bestätigende*, die *bejahende*, die *vollendende*, den ganzen Lebensorganismus der erhabenen Gottheit *schließende* oder *beschließende* Person. Die Zweiheit ist das noch nicht Vollendete; sie strebt daher nach Übereinstimmung in einem Dritten, in welchem sie *wahr* wird“[49]. Drückt sich das Erbe Hegels im relationalen Personbegriff Staudenmaiers aus, so verweist der Gedanke, daß der Heilige Geist die Vollendung der göttlichen Liebesgemeinschaft ist, auf die Trinitätslehre Richards von St. Victor[50].

Das dreipersönliche In-, Durch- und Füreinander Gottes ist für alles Leben formendes Urbild. Es spiegelt sich in der Kreatur generell wie im Gott-ebenbildlich geschaffenen Menschen. Vor allem der schöpfungstheologische Zusammenhang vermag zu zeigen, daß der dreifaltige Gott die Staudenmaier'sche Theologie zuinnerst prägt.

Wie sehr die Kreatur Abbild des dreifaltigen Gottes ist, erweist sich in ihrem konstitutiven Gottesbezug. Vom *Vater* dem *Logos* nach geschaffen, drängt die Schöpfung zu Gott hin; der *Heilige Geist* führt das vom Vater gestiftete Leben von seinen ersten Anfängen hin zur letzten Fülle in Gott. Dieser Prozeß gilt von der Kreatur insgesamt; insbesondere aber betrifft er (wie den Engel so) den Menschen. Unter den vielen geschöpflichen Abbildern des dreieinigen Gottes ist der geistbegabte Mensch das authentischste. Staudenmaier erinnert an die psychologische Trinitätslehre Augustins[51]. Ihm gilt das menschliche Geistesleben in seinen triadischen Ausformungen wie „memoria – intelligentia – voluntas“ oder „mens – notitia – amor“ als geschöpflicher Hinweis auf den dreifaltigen Gott[52]. Ähnlich sind es für Staudenmaier die intellektuellen und die ethischen Kräfte, „welche als die nachbildlichen ihre Tätigkeiten entfalten und als solche sich erweisen, welche, wie sie aus dem *Prinzip der Persönlichkeit* stammen, ebenso als *personbildende* Funktionen sich vollziehen“[53]. Augustinus geht es mit seinen Analogien darum, Formen von wesenhafter Einheit zu nennen, die durch verschiedene, einander bedingende und so unvertauschbare Aspekte konturiert sind. Im Unterschied dazu hat Staudenmaier die in Gott gründende, auf ihn gerichtete und sich in ihm vollendende Dynamik des personal, Gott-ebenbildlich verstandenen Menschen[54] im Blick.

Die Wirkungsgeschichte der Staudenmaier'schen Theologie generell und der Trinitätstheologie insbesondere läßt nur vereinzelte Linien erkennen. Die stillschweigende Rezeption seiner Hegelkritik durch Joseph Kleutgen[55] hat ihren deutlichen Einfluß auf das Hegelverständnis der neuscholastischen Theologie bewirkt. Unberechtigterweise tritt sein Name hinter dem Kleutgens zurück. Mit der Korrektur dieses Mißverständnisses darf Staudenmaier als *der* katholische Hegelkritiker des 19. Jahrhunderts festgehalten werden[56].

---

[49] Ebd. 605.

[50] Vgl. *F. Courth*, Trinität. In der Scholastik (HDG II/1b) (Fr-Bs-W 1985) 63–68.

[51] Dogmatik III 475–478.

[52] Vgl. *F. Courth*, Trinität. In der Schrift und Patristik (HDG II/1a) (Fr-Bs-W 1988) 201.

[53] Dogmatik III 534f.

[54] Für seine Lehre von der Gott-Ebenbildlichkeit des Menschen ist Staudenmaier in breitem Maße D. Petavius verpflichtet, ohne dies hinreichend zu vermerken. Vgl. *B. Casper*, Zur Arbeitsweise Staudenmaiers: F. A. Staudenmaier, Frühe Aufsätze und Rezensionen 1828–1834, hg. v. B. Casper (Fr-Bs-W 1974) 19–23, 19; *ders.*, Erkenntnisse aus der kritischen Beschäftigung mit den frühen Aufsätzen und Rezensionen F. A. Staudenmaiers (1828–1834): ThQ 150 (1970) 262–268.

[55] Vgl. *B. Casper*, Bemerkungen zu der Hegelinterpretation Joseph Kleutgens: PhJ 80 (1973) 160–166.

[56] Vgl. *A. Franz*, Glauben und Denken. F. A. Staudenmaiers Hegelkritik als Anfrage an das Selbstverständnis heutiger Theologie (Eichstätter Studien NF 18) (Rb 1983) 21.

Ferner behauptet der Freiburger Dogmatiker seinen Platz unter den Kontrahenten Anton Günthers (1783–1863)[57]. Er ist dessen scharfsichtiger und wohlwollender Kritiker. Steht Günthers Theologie generell unter dem Vorbehalt des Semirationalismus[58], so trifft seine Trinitäts-, Schöpfungs- und Erlösungslehre der Einwand, darin ein Moment der Notwendigkeit eingetragen zu haben[59]. In Analogie zum menschlichen Bewußtsein versteht Günther das innertrinitarische Leben: die Selbsterkenntnis des Vaters bedingt den Sohn als Gegensatz; und beide treffen in der Synthese des Heiligen Geistes wieder zusammen. Gegenbild der Trinität ist die Schöpfung in ihrer Dreiteiligkeit: Geist, Natur, Mensch. Schöpfung wie Erlösung folgen notwendig aus dem Liebesdrängen Gottes. Günther denkt hier weniger, wie Hegel, an einen emanierenden Vorgang. Vielmehr ist seine Sicht dualistisch; der Wiener Theologe sieht der absoluten Liebe Gottes als zugeordnetes Prinzip die kreatürliche Liebe gegenüberstehen. Umstritten ist, ob und wieweit Günther überhaupt als Häretiker bezeichnet werden kann. Es gibt die These[60], die Lehrsätze des 1. Vatikanums[61] von der Schöpferfreiheit Gottes und vom Endzweck der Kreatur beträfen den Bonner Georg Hermes (1775–1831) und dessen Schule eher als Günther mit seinen Gefolgsleuten. Staudenmaier hält ihm unter bleibender persönlicher Wertschätzung entgegen, das Selbstbewußtsein sei als trinitarischer Vergleich deswegen unzureichend, weil das mit dem Akt der Ich-Erkenntnis postulierte Gegenbild kein „lebendiges, reelles", sondern ein „abstraktes, leeres" sei. Nach Staudenmaier ist der seinshaft-lebendige Bezug des Vaters zum Sohn nicht eingeholt[62].

Wenn ungeachtet der genannten[63] Linien von einer unmittelbaren Wirkungsgeschichte Staudenmaiers wenig bekannt ist, hängt dies damit zusammen, daß er keine Schule gegründet hat. Ob man aber deshalb seine Theologie als Einzelbeitrag werten muß, „behaftet mit den Einseitigkeiten, die den Werken großer Einzelgänger anzuhaften pflegen"[64]?

Zumindest hat seine Theologie mit dazu beigetragen, das heilsgeschichtlich-systematische Erbe der Katholischen Tübinger Schule zu profilieren und ihm so bleibendes Gewicht zu verleihen. Wie seine Lehrer versteht er Gott als vor aller Schöpfung existierende dreifaltige Liebe. Damit erschließen sich ihm Zeit und Geschichte als ein Weg, den Gott und Mensch miteinander gehen. In diesem geschichtstheologischen Zusammenhang ist Staudenmaier wahrhaft kein Einzelgänger.

---

[57] *F.A. Staudenmaier*, Frühe Aufsätze 408–427; *P. Hünermann*, Franz Anton Staudenmaier (Wegbereiter heutiger Theologie) (Graz-W-K 1975) 156–158 u. 227f.

[58] Vgl. *Y. Congar*: Cath V 430f.; *P. Wenzel*: LThK² IV 1276–1278; *P. Hünermann*, Anthropologie, bes. 35–38.

[59] DH 2828 2829, ferner die Kölner Provinzialsynode von 1860: Acta et Decreta Concilii Provinciae Coloniensis (K 1862) 22: „Et hanc quidem doctrinam errore inficiunt illi, qui processionem personarum e conscientiae processu repetentes dicunt, Deum ceu *esse* absolutum se sibi tanquam objectum opponendo sui sibi fieri conscium, quo dein conscientiae processu constituatur Pater, Filius et Spiritus sanctus".

[60] *J. Pritz*, Anton Günther (1783–1863): KThD 1 (M 1975) 348–375, 362.

[61] DH 3002 3025.

[62] So die Rez. der Günther'schen Trinitätslehre, nachgedruckt bei P. Hünermann, F.A. Staudenmaier 156–158, 157.

[63] Vgl. auch *H. Plock*, Feier der Versöhnung und des göttlichen Lebens. Zur Theologie der Liturgie und ihrer heilsgeschichtlichen Begründung im Systemdenken F.A. Staudenmaiers (LWQF 61) (Ms 1978).

[64] *P. Hünermann*, Anthropologie 162.

§ 9. Johann Evangelist Kuhn

SCHRIFTTUM: *R. Vatter*, Das Verhältnis von Trinität und Vernunft nach Joh. Ev. von Kuhn mit Berücksichtigung der Lehre M.J. Scheebens (Speyer 1940); *J.R. Geiselmann*, Die lebendige Überlieferung als Norm des christlichen Glaubens. Die apostolische Tradition in der Form der kirchlichen Verkündigung – das Formalprinzip des Katholizismus dargestellt im Geiste der Traditionslehre von Joh. Ev. Kuhn (Fr 1959); *ders.*, Die Katholische Tübinger Schule (Fr-Bs-W 1964); *V. Berning*, Das Denken H. Schells (Essen 1964); *L. Scheffczyk* (Hg.), Theologie in Aufbruch und Widerstreit (Bremen 1965) 88–110; *ders.*, Die theologische Erneuerung im 19. Jahrhundert: H. Waldenfels, Die Offenbarung. Von der Reformation bis zur Gegenwart (HDG I/1b) (Fr-Bs-W 1977) 79–99; *F. Wolfinger*, Der Glaube nach Joh. Ev. von Kuhn (Gö 1972); *ders.*, Joh. Ev. von Kuhn (1806–1887): KThD 2 (M 1975) 129–162; *F. Courth*, Das Leben Jesu von D.Fr. Strauß in der Kritik Joh. Ev. Kuhns (Gö 1975); *H. G. Türk*, Der philosophisch-theologische Ansatz bei Joh. Ev. Kuhn (F-Be-Cirencester/U.K. 1979); *H. Petri*, Glaube und Gotteserkenntnis. Von der Reformation bis zur Gegenwart (HDG I/2c) (Fr-Bs-W 1985) 127–136; *Ph. Schäfer*, Der Traditionsbeweis für die Trinität nach Joh. Ev. Kuhn (1806–1887): Geist und Kirche. Gedenkschrift für H. Schauf, hg. v. H. Hammans, H.J. Reudenbach, H. Sonnemans (Pb u.a. 1990) 343–357.

1. Leitende Linien

Deutlichere Beachtung als der Entwurf Staudenmaiers findet die Trinitätslehre von Johann Evangelist Kuhn (1806–1887). Nach dem Studium der Theologie in Tübingen lehrt dieser ab 1832 neutestamentliche Exegese in Gießen und ab 1837 in Tübingen. Von 1839 bis 1882 ist er dort Professor für Dogmatik[1]. Im Rahmen seiner unvollendet gebliebenen *Katholischen Dogmatik*[2] erscheint als Band 2 1837 die Trinitätslehre. Deren Aussagen zur Denkbarkeit der heiligsten Dreifaltigkeit hält M.J. Scheeben[3] für „das Beste und Gründlichste", was in jenen Jahren der Auseinandersetzung mit Anton Günther geschrieben wurde. Ihn hat Kuhn in diesem Zusammenhang konsequent vor Augen[4]. Bis heute sind Impulse des Tübingers in der Gotteslehre präsent; sei es in zustimmender Rezeption[5] oder mit kritischer Zurückweisung[6]. Sie trifft etwa die auch von Staudenmaier vertretene Lehre von der angeborenen Gottesidee.

Kuhns Trinitätslehre steht in einem spezifischen Gesamtkonzept, das seinen theologiegeschichtlichen Ort bestimmt; gemeint ist die *unterscheidend – zuordnende Denkform*[7] des Tübingers. Staudenmaier galt der Einwand, das Verhältnis von

---

[1] Vgl. *L. Scheffczyk* (Hg.), Theologie in Aufbruch und Widerstreit (Bremen 1965) 88–110; *F. Wolfinger*, Johannes Evangelist Kuhn (1806–1887): KThD 2 (M 1975) 129–162.

[2] Katholische Dogmatik. Bd.I, Einleitung in die katholische Dogmatik, erste Abteilung: von dem Dasein, Wesen und den Eigenschaften Gottes (Tü 1846); Bd.II, Die christliche Lehre von der göttlichen Dreieinigkeit (Tü 1857); Bd.I² (1859): Einleitung in die Katholische Dogmatik; Katholische Dogmatik. Eine dogmatische Lehre von der Erkenntnis, den Eigenschaften und der Einheit Gottes (Tü ²1862); Die christliche Lehre von der göttlichen Gnade. Erster und allgemeiner Teil (Tü 1868, Nachdr. F 1968).

[3] *Scheeben* II (Mysterien des Christentums) 103 Anm. 4.

[4] Vgl. *F. Wolfinger*, Der Glaube nach Johann Evangelist von Kuhn (Gö 1972) 217.

[5] So bei *W. Kasper*, Der Gott Jesu Christi (Mz 1982).

[6] *Grabmann G* spricht von Kuhns „nicht haltbare(r) Theorie vom unmittelbaren Gottesbewußtsein als erster und ursprünglicher Quelle der Gotteserkenntnis" (228). Vgl. *L. Ott*, Grundriß der katholischen Dogmatik (Fr-Bs-W ¹⁰1981) 17.

[7] Vgl. *F. Courth*, Das Leben Jesu von D.Fr. Strauß in der Kritik Johann Ev. Kuhns (Gö 1975) 157–191; *F. Wolfinger*, Glaube; *H.G. Türk*, Der philosophisch-theologische Ansatz bei Joh.Ev. Kuhn (F-Be-

Natur und Gnade[8] wie auch die Zuordnung von Glauben und Wissen[9] unzureichend bedacht zu haben. Im Unterschied dazu bemüht sich Kuhn zeit seiner Lehrtätigkeit um ein ausgewogenes Verhältnis von Glauben und Wissen, Theologie und Philosophie. Die Auseinandersetzung mit dem *Leben Jesu* von David Friedrich Strauß veranlaßt ihn zu der Warnung, „die Philosophie von allen Seiten aus in die Theologie einzuführen und sie sodann ohne weiteres für jede Anwendung, welche von ihr in der Theologie versucht wird, verantwortlich zu machen". Denn, so sagt er, „nicht von jedem Punkt aus führt eine feste Brücke von jener zu dieser"[10]. Philosophie und Theologie sind zwei eigenständige Bereiche, die zwar Berührungspunkte aufweisen, aber nicht deckungsgleich sind. Gerade die Philosophie Hegels und seiner Schule habe bewiesen, daß die von ihr vorgetragenen Lehren „keineswegs die dem christlichen Glauben eigentümlichen Ideen sind, sondern ein wesentlich anderer Gedankeninhalt, den man mit dem Namen von jenen unbefugterweise bezeichnet". Kuhn stimmt in den verschiedentlich schon erhobenen Vorwurf gegenüber der Hegel'schen Philosophie ein, „daß sie unter Trinität, Erbsünde, Rechtfertigung, Gottmensch u. s. w. etwas anderes verstehe und sich nur der Terminologie der christlichen Dogmen akkommodiere"[11]. Die Eckpunkte der aktuellen trinitätstheologischen Herausforderung sieht Kuhn mit den Namen Strauß und Schleiermacher bezeichnet[12]. In Abgrenzung zur idealistischen Spekulation ist Kuhn um eine Lösung bemüht, die weder die Theologie noch die Philosophie, weder den Glauben noch das Wissen gegeneinander ausspielt und verabsolutiert. Sein methodischer Grundsatz lautet: „Zwei Interessen ... müssen bewahrt werden, das des Christentums und das der Vernunft"[13]. Auf die Trinitätslehre angewandt, möchte er zeigen, in welcher Weise der *Glaube* an die göttliche Dreieinigkeit Gegenstand des *Wissens* sein und werden kann[14].

Für die unterscheidende Zuordnung von Philosophie und Theologie macht er auf deren *je eigenes Erkenntnisobjekt* aufmerksam. Die Philosophie beschäftigt sich mit der allgemeinen, allen zugänglichen Wahrheit, deren Wahr*nehmung* eine Art Glauben ist; Kuhn spricht von Vernunftglauben. Im Unterschied dazu entfaltet die Theologie den positiven, übernatürlichen Glauben der Kirche[15]. Ihn kennzeichnet gegenüber dem philosophischen Vernunftglauben sein konstitutiver Bezug auf konkrete, geschichtliche Ereignisse in der Zeit der Offenbarung wie auch der sie sich immer neu aneignenden Kirche. Es gibt die Wahrheit des Christentums nicht, es gibt keine christliche Existenz und keine Theologie ohne die grundlegende Bindung an

Cirencester/U. K. 1979); *H. Petri*, Glaube und Gotteserkenntnis. Von der Reformation bis zur Gegenwart (HDG I/2c) (Fr-Bs-W 1985) 127–136.

[8] *A. Burkhart*, Der Mensch – Gottes Ebenbild und Gleichnis (FThSt 79) (Fr-Bs-W 1962) 436.

[9] *P. Hünermann*, Trinitarische Anthropologie bei F. A. Staudenmaier (Sym 10) (Fr-M 1962) 30; vgl. *L. Scheffczyk* (Hg.), Theologie XXIII.

[10] *J. Ev. Kuhn*, Das Leben Jesu, wissenschaftlich bearbeitet, Bd. 1 (Mz 1838) VI. Orthographie und Interpunktion sind nachfolgend behutsam adaptiert.

[11] *J. Ev. Kuhn*, Über Glauben und Wissen, mit Rücksicht auf extreme Ansichten und Richtungen der Gegenwart: ThQ 21 (1839) 382–503, 411.

[12] *J. Ev. Kuhn*, Die moderne Spekulation auf dem Gebiet der christlichen Glaubenslehre: ThQ 24 (1842) 171–225; 25 (1843) 3–75 179–226 405–467.

[13] *J. Ev. Kuhn*, Über den Begriff und das Wesen der spekulativen Theologie und (oder) christlichen Philosophie: ThQ 14 (1832) 253–304 401–444, hier 258.

[14] Dogmatik II 494.

[15] Über Glauben und Wissen 393.

die im Alten und Neuen Testament berichtete Heilsgeschichte und das sie entfaltende Glaubensleben der Kirche.

„Geschichte ist der Grundcharakter und gleichsam das Urelement des Christentums. Aber die Lehre von apriorischen Erkenntnissen und der Idealismus, welche wie Grund und Folge zusammenhangen, indem ein konsequenter Apriorismus notwendig auf Idealismus führt, vernichten die objektive Realität der Geschichte ebenso gut als die der Natur ..., nirgends erscheint der Idealismus armseliger, nackter und überzeugungsunfähiger als gerade da, wo er sich über das Reale in der Geschichte erklären soll“[16].

Zur Begründung für den konstitutiven Geschichtsbezug von Glauben und Theologie verweist Kuhn darauf, daß die Wahrheit des Christentums alles menschliche Erkennen übersteigt.

Es „wird durch das Christentum, als Objekt betrachtet, in religiösen Dingen etwas für den menschlichen Geist gesetzt, was vor jenem nicht in diesem vorhanden war, noch überhaupt das gleiche ist mit dem, was die menschliche Intelligenz aus der Betrachtung der äußeren und inneren Natur an religiöser Erkenntnis gewinnen mag“[17].

Um überhaupt zu dieser, den menschlichen Geist übersteigenden Erkenntnis zu gelangen, muß es geschichtliche Offenbarung geben. Kuhn spricht von „Tathandlungen“, welche über dem religiösen Bewußtsein „und die Kraft, durch die es im Menschen wird (die Intelligenz), hinausliegen“[18]. Wie das Absolute nie ohne die Hilfestellung des Relativen erkannt werden kann, so auch nicht die Wirklichkeit Gottes ohne eine geschichtliche Offenbarung. Sie ist nach Kuhn der einzige Garant dafür, daß man verantwortlich von einem wirklichen, das menschliche Denken übersteigenden Mehr des religiösen Glaubens sprechen kann.

Im Urstand hatte es keiner Offenbarung bedurft. Die unmittelbare Nähe des Menschen zu Gott war durch nichts getrübt. Durch die Ursünde ist die Gotteserkenntnis des Menschen verdunkelt. Dies hatte zur Folge, daß sich sein Gottesbewußtsein mit der Zeit verflüchtigte und bisweilen ganz auflöste. Um dem Menschen in diesem Zersetzungsprozeß zuvorzukommen, offenbarte sich Gott, um das ursprüngliche, vom Menschen gelöste Band wieder anzuknüpfen. So in der Geschichte Israels verankert, erweist sich die Inkarnation des Logos als *das* Grundereignis aller Offenbarung, ihr Höhepunkt und Abschluß zugleich[19]. Das menschgewordene Wort verbürgt uns übernatürliche Gotteserkenntnis. Entsprechend ist für Kuhn die Gottheit Christi „die *entscheidende* Frage der Trinitätslehre“[20]. Der Weg zu einer Antwort führt über die Anerkenntnis der *zeitlichen* Sohnschaft Christi; sie ist „das Korrelat zu der ewigen des präexistierenden Logos“[21]. Das gibt dem geschichtlichen Jesus von Nazaret seine unverrückbare Bedeutung. Die Tatsache seiner Existenz, die Tiefe seines Wortes und die Heilkraft seines Wirkens sind eine Notwendigkeit die sich nicht in rationale Gegebenheit und bloße Vernunftwahrheiten auflösen läßt, wie der Idealismus behauptet, sondern als geschichtliches Ereignis hinzunehmen und zu deuten ist. Glauben heißt in diesem Zusammenhang *zunächst* Anerkennung der Ereignisse um Leben, Tod und Auferstehung Jesu. Kuhn verweist

---

16 Über den Begriff 299.
17 Ebd. 269.
18 Ebd. 424.
19 Ebd. 414 432.
20 Dogmatik II 57.
21 Ebd. 67.

in diesem Zusammenhang auf Paulus; dieser fasse in 1 Kor 15,14 „die Auferstehung Jesu nur als höchsten Ausdruck des Historischen in seinem Leben“[22].

Die im Leben und Werk Jesu gipfelnde Heilsgeschichte ist das Spiegelbild des sich offenbarenden Gottes. Weil dieser als geistige Wirklichkeit stets nur indirekt wahrnehmbar ist, wird der Theologe nie jene zeitlichen Ereignisse beiseite schieben können, in denen sich der dreifaltige Gott abbildhaft ausdrückt. Sie allein gewährleisten, daß sich menschliches Denken über den Dreieinen nicht ein Bild malt, wie es dem Augenblick beliebt. Die so profilierte geschichtliche Dimension des christlichen Glaubens und der Theologie gegenüber der Philosophie wird weitergeführt durch den *übernatürlichen* Charakter, der ebenso konstitutiv ist.

Das Attribut *übernatürlich* trägt der Glaube nach Kuhn zunächst deswegen, weil die in ihm vermittelte Wahrheit über alle Kraft menschlichen Fragens und Denkens hinausreicht. „Dieses Ursprüngliche und Unmittelbare im Christlichen ist eben dasjenige, was so weit von der bloß philosophierenden Vernunft, noch weiter von dem bloßen Verstande abliegt“[23]. Die Grenzziehung meint jedoch mehr, als daß hier menschliches Verstehen überfordert ist. Es gibt ein positives Beziehungsverhältnis zwischen natürlicher und übernatürlicher Gotteserkenntnis. Danach sind die im Menschen vorfindlichen Vernunftideen von Sittlichkeit, Recht und Religion unabdingbare Voraussetzungen für jede Offenbarungserkenntnis. Aber der Glaube führt nach Kuhn weiter als zu tieferer Gottes*erkenntnis*; er vermittelt auch eine engere Gottes*nähe*. Im Glauben wird die in der Ursünde zerbrochene Gnadengemeinschaft mit dem Schöpfer wiederhergestellt und dem Menschen die verlorene „Weisheit, Gerechtigkeit und Heiligkeit“ zurückgegeben[24].

Die so erneuerte Existenz besitzt nach Kuhn trinitarische und ekklesiale Struktur. Weil Christus die gesamte Menschheit „in seine bloße Individualität aufgenommen, diese aber als Person in der Gemeinschaft des Vaters und Geistes vollendet hat, ist jene Einheit selbst höher gehoben und sozusagen wirklicher geworden und eben darum zunächst die Gattung und in ihr zugleich jeder einzelne erlöst“[25]. Dem trinitarischen Urbild gemäß ist der erlöste Mensch als Individuum in die Communio der Kirche einbezogen und wird so erst als Person konstituiert. „Der Erlöste als Individuum wird erlöste Person oder erlöster Geist durch seine Einigung mit der Gattung, d.i. der Kirche Christi“[26]. Dessen Verbundenheit mit dem Vater und dem Heiligen Geist ist Grund und Idealbild für die personale Einheit der Menschen untereinander. Der Zusammenhalt in der Kirche will dies in geschichtlicher Weise artikulieren; zugleich weist er auf die sie tragende übergeschichtliche Einheit in Gott hin.

Diese trinitarische Sicht der Kirche als die dem einzelnen Christen vorgeordnete Größe, die von den vielen Glaubenden nicht ins Dasein gesetzt, sondern nur sichtbar gemacht werden kann, schaut weiter als auf das durch sie vermittelte neue Leben. Sie meint ausdrücklich auch die geschichtliche Kirche als den Garanten des wahren Bekenntnisses. Mit Blick auf die mittels der Hegel'schen Philosophie vollzogene Neuinterpretation grundlegender kirchlicher Dogmen, so auch des der Drei-

[22] Hermeneutik und Kritik in ihrer Anwendung auf die evangelische Geschichte: Jahrbücher für Theologie und christliche Philosophie 7 (1836)1–50, 33.
[23] Über den Begriff 422.
[24] Über Glauben und Wissen 472.
[25] Ebd. 415f.
[26] Ebd. 416.

personalität Gottes, fragt Kuhn, wem in der Vielfalt der Meinungen zu folgen sei. Ist es die Philosophie, der nunmehr der Glaube des Christen gebührt? Ist es dieser oder jener Theologe? Oder ist es die kirchliche Glaubenslehre[27]?

Kuhn antwortet zunächst mit dem Hinweis auf die Universalität der Wahrheit. Es ist eines ihrer wesentlichen Kennzeichen, daß sie Allgemeingültigkeit besitzt und allen Subjektivismus ausschließt. Christlicher Glaube ist nur dann wahr, wenn er der Glaube der Gesamtheit ist, d. h., wenn er kirchlicher Glaube ist. Dieser durch Hegel inspirierte Gedanke wird theologisch vertieft durch den Hinweis auf die Autorität Gottes als Urgrund der durch den Sohn übermittelten Offenbarung und ihren in der Kirche waltenden Bürgen, den Heiligen Geist. Er sichert die Glaubensgeschichte in ihrem Bestand. Dies geschieht durch „das von dem göttlichen Geist gewirkte und getragene *Gattungs*bewußtsein der Wiedergeborenen"[28]. Durch die geschichtliche Kirche ist der christliche Glaube eine dynamische Wirklichkeit und in jeder Zeit als lebendige Größe gegenwärtig. Trotz abgeschlossener Offenbarung gelangt die Christenheit in den verschiedenen Epochen zu jeweils erneuerter Glaubenserkenntnis und trägt so zur Dogmenentwicklung bei. Weil Glaubensentfaltung und Glaubensleben der Kirche letztlich von Gott aufgefangen sind und von seinem Geist durchwaltet werden, ist dieser Prozeß eine legitime Grundlage der Theologie. Mehr noch: *Systematische* Durchdringung des Glaubensgutes hat jenen Weg zu wählen, den die objektiv-immanente Glaubensdialektik der Kirche zuvor genommen hat[29]. Im Einklang von objektiv-geschichtlicher Arbeit und systematisch-spekulativem Bemühen versucht Theologie, die in der Kirche überlieferten Glaubensaussagen zu entfalten, in ihrer Verknüpfung zu erfassen und im Trinitätsbekenntnis jenen letzten Kern zu ermitteln, aus dem sich alle anderen Aussagen herleiten. Ist das erfolgt, dann steht die Wahrheit dieses Grunddogmas nicht mehr auf der Stufe der ersten Unmittelbarkeit „als eine subjektive und empirische Position, sondern [begegnet] als allgemeiner und objektiver spekulativer Begriff". Dies heißt für Kuhn jedoch nicht, daß damit der Trinitätsglaube im Bezug auf seine innere Wahrheit aufgehört hätte, göttliches Geheimnis zu sein[30]; ihm gegenüber gilt es, „die *Begrenztheit*, diese *Qualität* unserer Gotteserkenntnis, überhaupt zu respektieren"[31].

---

[27] Ebd. 431.

[28] Ebd. 410.

[29] Vgl. Prinzip und Methode der spekulativen Theologie: ThQ 23 (1841) 1–80: „... in allen Gebieten des Geistes, wo neben dem subjektiven Denken des einzelnen das zu diesem als ein objektives sich verhaltende Denken der Gesamtheit, hier das kirchliche Bewußtsein, einhergeht, ist das letztere zugleich die Voraussetzung und absolute Wahrheit, das Gesetz und die Methode des ersten, und die Wissenschaft wesentlich diese objektive Dialektik des Geistes *in der Form des Systems*" (13). In welchem Maße Kuhn für die Dogmengeschichte Petavius verpflichtet ist, belegt nicht zuletzt sein Aufsatz: Ehrenrettung des Dionysius Petavius und der katholischen Auffassung der Dogmengeschichte: ThQ 32 (1850) 249–293; *Ph. Schäfer*, Der Traditionsbeweis für die Trinität nach Joh. Ev. Kuhn (1806–1887): Geist und Kirche. Gedenkschrift für H. Schauf, hg. v. H. Hammans, H. J. Reudenbach, H. Sonnemans (Pb u. a. 1990) 343–357.

[30] Über Glauben und Wissen 398.

[31] Dogmatik II 513.

2. Reichweite der Reflexion

Seinem Glaubens- und Theologieverständnis entsprechend, beschreitet Kuhn für seine Trinitätslehre[32] einen anderen Weg als Hegel mit seiner Deduktion vom Begriff des Geistes und A. Günther mit seinem Aufweis vom menschlichen Bewußtsein her. Gleichwohl dem Wiener Theologen ähnlich, setzt auch Kuhn beim Menschen an, näherhin bei seiner angeborenen Gottesidee. Sie ist mit der geistigen Natur des Menschen gegeben, geht allem Denken und Tun voraus und begleitet es. Gemeint ist die mit der menschlichen Existenz gegebene Offenheit für Gott.

„Die dem Geiste eingeborene und, wenn er wirklich und wahrhaft vernünftig ist, auch zum Bewußtsein kommende Gottesidee ist aber für sich allein nur erst der Anfang und das Prinzip der Gotteserkenntnis, nur gleichsam der Selbstlauter des Wortes Gott, zu dem noch die Mitlauter fehlen. Diese kommen ihm aus der Betrachtung der Welt im Lichte der ihm unmittelbar einwohnenden Idee Gottes zu. So erst konstituiert sich die Gotteserkenntnis des Geistes, diesen Verlauf nimmt sie“[33].

Die dem Menschen eignende religiöse Empfänglichkeit verdichtet sich in der Begegnung mit der Kreatur zu der Überzeugung, „daß ein Gott, ein über die Welt erhabenes höchstes Wesen sei, das mit Bewußtsein und Freiheit der unmittelbare Urheber und Herr aller Dinge ist“[34]. Die so erreichte Gotteserkenntnis ist nach Kuhn „eine bloß *relative* und *adjektive*, keine *absolute Wesens*erkenntnis Gottes“[35]. Diese ist erst aufgrund der übernatürlichen Selbstoffenbarung Gottes möglich. Es hieße deren Eigenwert mißverstehen, wollte man sie als eine gesteigerte Form natürlicher Reflexion ausgeben. Das Verhältnis beider Erkenntnisweisen ist als übernatürliche *Bereicherung* kreatürlichen Bemühens zu bestimmen[36]. Dies gilt auch für das Bekenntnis zum dreifaltigen Gott; es *überschreitet* die Offenheit des Menschen für den Schöpfer und *erweitert* vertiefend „die Idee des Einen Gottes zu der des Dreieinigen“[37]. Sosehr das Trinitätsdogma als *übervernünftig* zu gelten hat, darf es doch nicht als undenkbar, denkwidrig oder absurd erscheinen[38]. Nach dem Vorbild der psychologischen Trinitätslehre Augustins versucht Kuhn, die Denkbarkeit dieses Dogmas zu erweisen.

Ein hinführender Schritt ist die Zurückweisung von Pantheismus, Monismus und Dualismus. Kuhns Grundeinwand lautet, hier sind Freiheit und *Personalität* Gottes ausgeklammert; sie aber sind der Gipfel der natürlichen Gotteserkenntnis und die Scheidelinie zu den idealistischen Verstehensweisen.

„Wenn Gott vermöge seiner *Natur* nicht frei ist von dem *Drange*, eine Welt aus sich zu gebären, wenn er die Welt vielmehr aus sich *entläßt*, als sie *schafft*; wenn seine *Natur die Wurzel der Dinge* ist, somit ein Verhältnis der Konsubstantialität zwischen ihm und der Welt stattfindet; so ist er auch nicht frei, und folglich nicht persönlich. Nur der *unabhängig von der Welt in sich selbst vollendete* Gott, welcher *Schöpfer* der Welt durch sein bloßes Wort, durch die absolute (allmächtige) Kraft seines Willens ist: Er allein ist ein persönlicher Gott. Daran hängt alles: daß

---

[32] Vgl. *R. Vatter*, Das Verhältnis von Trinität und Vernunft nach Joh. Ev. von Kuhn mit Berücksichtigung der Lehre M. J. Scheebens (Speyer 1940); *F. Wolfinger*, Glaube 216–220; *H. G. Türk*, Ansatz 328–330.

[33] Dogmatik I²/2, 545.

[34] Ebd. 588.

[35] Ebd. 589.

[36] Dogmatik II 520: Die Offenbarungswahrheit „ist eine Bereicherung der Vernunft, keine Schmälerung oder Beschränkung derselben, daher auch dem Denken zugänglich“.

[37] Ebd. 495.

[38] Ebd. 520.

Gott als das schlechthin Unabhängige, aus und durch und in sich selbst Seiende erkannt, daß deshalb der göttliche Selbstvermittlungsprozeß rein innerhalb des göttlichen Wesens selbst gehalten, und kein *anderes* Sein, auch nicht der *Gedanke*, eines solchen, als Bedingung oder Element desselben statuiert werde. Nur in dieser Weise kann der Begriff *der* Persönlichkeit Gottes, *die uns allein interessiert* und darum allein auch wissenswürdig ist, festgehalten werden, ein Begriff, der, wie niemand leugnen kann, auf das Prinzip der *reinen* – wohl zu unterscheiden von der abstrakten – Transzendenz Gottes, d.h. seiner schlechthinnigen Bedingungslosigkeit und Unabhängigkeit von der Welt basiert ist. Wollte man nur diesen Kardinalpunkt fest ins Auge fassen: wie viel wäre damit gewonnen, wie viele unnütze Reden erspart! Man würde dann erkennen, daß es kein Mittleres gibt zwischen dem Pantheismus und dem Theismus (ohne Beisatz), und das Bemühen, zwischen der religiösen Idee und dem pantheistischen Gedanken zu vermitteln, daher notwendig erfolglos bleiben müsse"[39].

Auch der *strikte* Theismus ist nach Kuhn keine angemessene Lösung, das Verhältnis Gottes zur Welt zu denken: „Gott schaut sich in seinem Denken und erkennt darin sich selber: Ich bin Ich"[40]. Ein nicht-trinitarischer Theismus entbehre inneren Lebens und freien Schöpferwillens. Für Kuhn ist *die* zum Trinitätsbekenntnis überleitende Nahtstelle der Gotteslehre die Personalität Gottes; sie „ist die höchste, daher am sorgfältigsten zu hütende und in ihrer völligen Reinheit unantastbar zu erhaltende Wahrheit"[41].

Um diese Wahrheit zu erschließen, verweist Kuhn als hinführendes Analogon auf die Personalität des Menschen. Er definiert sie als Eigenstand in Selbstbewußtsein und Selbstbestimmung, die sich in Denken und Wollen vollziehen[42], ohne sich dabei gegen das Nicht-Ich zu verschließen. Vielmehr gehört zum Ich das Du. Personales Menschenbild drängt zur Gemeinschaft, zu *moralischer* Einheit, „weil die Macht des Egoismus durch die der sittlichen Selbstbestimmung gebrochen werden kann"[43]. Philosophisch ist dieser Gedanke nicht mehr weiterzuführen; dies gelingt aber unter Vorgabe des Glaubens. Er erkennt Gottes absolute Personalität als *personbildend* und in unbedingter *Wesenseinheit* sich vollziehend. Der Vater als selbstbewußter Geist weiß im Sohn um sich selbst; wie sehr beide in gemeinsamer Liebe einander wollen, zeigt der Heilige Geist. In theologisch vertiefter Analogie zur menschlichen Personalität ist für Kuhn der dreieinige Gott „als objektiv selbstbewußter Geist und objektiv sich selbst besitzende Liebe der absolut persönliche, aus, durch und in sich selbst seiende und vollendete (absolut selige)"[44]. Das Trinitätsdogma artikuliert die *absolute* Personalität Gottes. Entsprechend ist für Kuhn das christliche Dreifaltigkeitsbekenntnis „nichts anderes als konkreter Monotheismus"[45].

Diesen Grundgedanken entwickelt Kuhn gegenüber dem Hegel'schen Panentheismus und den diesen rezipierenden Theologen Baur und Strauß. Deren Position mit ihrem unpersönlichen Gottes- und Menschenbild fordert Kuhn dazu heraus, Personalität philosophisch wie theologisch als höchste Aussage von Mensch und Gott festzuhalten. Günther gegenüber besteht er darauf, daß dieser Zusammenhang nur gestützt auf die biblische Offenbarung zu erkennen ist.

Rechtfertigen Kuhns Überlegungen zur Denkbarkeit des Dreieinigkeitsdogmas die These, die heilsökonomische Trinität spiele bei ihm keine Rolle, zumal eine

---

39 Ebd. 573f.
40 Ebd. 576.
41 Ebd. 577f.
42 Ebd. 499f.
43 Ebd. 552.
44 Ebd. 588.
45 Ebd. 498.

explizite Christologie fehle[46]? Damit wäre ein Grundanliegen der Tübinger Theologie vernachlässigt. Für eine differenzierende Antwort ist nicht nur an das geschichtliche Glaubens- und Theologieverständnis zu erinnern; sondern auch den Aufbau seines Trinitätsbuches gilt es zu beachten. Am Anfang steht die Lehre der Heiligen Schrift des Alten wie des Neuen Bundes. Dann folgt als zweiter Abschnitt der Glaube und die Lehre der Kirche; hier ist die dogmengeschichtliche Perspektive leitend. Ein kurzer dritter (und letzter) Teil beschäftigt sich mit der wissenschaftlichen Vermittlung des Dogmas. Der Traktat insgesamt ist insofern heilsökonomisch konzipiert, als die positive Darstellung des geschichtlich verstandenen biblischen und kirchlichen Glaubens den Hauptteil bildet; die spekulative Erörterung der immanenten Trinität versteht Kuhn als *nachgehende* denkerische Erschließung des Dogmas. Gleichwohl bleibt ein Desiderat; einen eigenen Teil, der den christlichen Gottesglauben, wie von ihm grundsätzlich gesehen[47], als Kristallisationspunkt seiner Theologie entfaltet, bietet Kuhn nicht. Hier klafft eine Lücke. Dennoch belegt der Aufbau seiner Gotteslehre in bemerkenswerter Weise den in der Tübinger Schule lebendigen Sinn für die Geschichtlichkeit der biblischen Offenbarung und des Christentums sowie ihre wachsende Sensibilität für die Spekulation, die nach dem inneren Sinn des Glaubens fragt. Gewiß hätte dieses zweifache Anliegen bei kompletter Vorlage der Kuhn'schen Dogmatik weitere Konturen erhalten. Angedeutet ist es, daß der Trinitätsglaube den *Kern* seiner Theologie bildet.

3. *Anregender Impuls*

Wie Staudenmaier hat auch Kuhn keine Schule gebildet. Sein Nachfolger auf dem Dogmatik-Lehrstuhl in Tübingen, Paul Schanz (1841–1905)[48], schweigt literarisch zur Trinitätstheologie. Gleichwohl gerät das Erbe Kuhns nicht in Vergessenheit. Es findet Aufnahme und wirkt anregend bei Herman Schell[49]. Er war in Würzburg Schüler von Joseph Denzinger (1819–1897), Joseph Hergenröther (1824–1890) und Franz S. Hettinger (1819–1890). Diese waren in Rom Hörer von Carlo Passaglia. Der hatte unter Vermittlung der Tübinger mit deutlichem Bezug auf D. Petavius seine Theologie generell wie seine Trinitätslehre insbesondere an den Kirchenvätern orientiert. Bemerkenswerterweise nennt Schell aber nicht diese ehemaligen Lehrer als Gewährsleute für den patristischen Teil seines trinitätstheologischen Erstlingswerkes. Vielmehr weiß er sich dafür dem Tübinger Kuhn verpflichtet[50]. Das gilt vor allem für die Beurteilung der griechischen Kirchenväter, wozu er von Kuhn „große Anregungen" erhalten habe[51]. In seiner *Dogmatik*[52] äußert sich Schell verschiedentlich zustimmend, aber auch kritisch zu Kuhns Gotteslehre.

---

[46] So *H. G. Türk*, Ansatz 432 Anm. 416.
[47] Über Glauben und Wissen 398.
[48] Vgl. *H. Fries*, Paul Schanz (1841–1905): ThQ 150 (1970) 75–77; *ders.*, Paul von Schanz (1841–1905): KThD 3 (M 1975) 190–213.
[49] Vgl. *G. Bleickert*, Herman Schell (1850–1906): KThD 3 (M 1975) 300–327.
[50] *H. Schell*, Das Wirken des dreieinigen Gottes (Mz 1885) 85ff.; *V. Berning*, Das Denken H. Schells (Essen 1964) 55, mit Verweis auf einen handschriftl. Brief Schells.
[51] *V. Berning*, Denken 57.
[52] Katholische Dogmatik. Kritische Ausgabe, hg. v. J. Hasenfuß u. P.-W. Scheele, Bd. 1 (M-Pb-W 1968) 225ff.

Ein äußeres Siegel für die Tübinger Prägung des ab 1884 in Würzburg lehrenden Schell ist die bereits erwähnte, 1883 bei Kuhn abgeschlossene Dissertation mit dem Thema *Das Wirken des dreieinigen Gottes*[53]. Vorausgehende Versuche an den Fakultäten in Freiburg und Würzburg waren erfolglos geblieben. Bis heute vernimmt man das Urteil, seine theologische Doktorarbeit sei das beste Werk Schells[54].

Diese äußeren Daten verhindern nicht, daß Kuhns Einfluß auf die Gotteslehre Schells unterschiedlich bewertet wird. Bereits zeitgenössische Kritiker erkennen ein Abhängigkeits- oder wenigstens ein Verwandtschaftsverhältnis zu den Spekulationen Kuhns. Schell sei als sein genialster Schüler in die Fußstapfen des Tübingers getreten[55]. Ähnliche Urteile finden sich in der aktuellen Diskussion. Ein verbindender Grundzug beider sei der stark ausgebaute Anteil der positiven, biblisch-patristischen Theologie[56]. Außerdem sei Schell, der Tradition der Tübinger Schule verpflichtet[57], in der Konzeption seines Gottesbegriffs als causa sui von Kuhn beeinflußt[58]. Schließlich versuche der Würzburger Theologe zwischen der Gnadenauffassung seines Lehrers und der des Neuscholastikers Constantin von Schäzler (1827–1880) zu vermitteln[59]. Zusammenfassend: *„Der Einfluß Kuhns auf Herman Schell ist grundlegend.* In seiner Auffassung Gottes als Selbstursache (causa sui) und hinsichtlich der theologischen Entfaltung der göttlichen Trinitätslehre empfing er wesentliche Anregungen durch Kuhn“[60].

Zu dieser Einordnung fehlt es nicht an Widerspruch. Er verweist auf die spezifische Kontur der Gottes- und Trinitätslehre Schells und möchte den Tübinger Einfluß zurückdrängen. Formale Ähnlichkeiten zugestanden, seien für das Dreifaltigkeitsverständnis des Würzburger Apologeten weder innere Abhängigkeit von Kuhn noch gedankliche Verwandtschaft zu erweisen[61]. Wer in diesem Disput für ein Urteil weitere Detailstudien fordert, muß bis dahin zumindest Kuhns Gottes- und Trinitätslehre für Schell in besonderem Maße *anregend* werten, was eine Aussage über dessen eigenes Profil nicht präjudiziert.

§ 10. Herman Schell

SCHRIFTTUM: *P.-W. Scheele* (Hg.), H. Schell, Verherrlichung und Gemeinschaft. Eine Auswahl aus dem Gesamtwerk (Pb 1957); *J. Hasenfuß*, H. Schells Religionspsychologie und sein Trinitätsverständnis in psychologischer Sicht: ARPS 7 (1962) 238–259; *V. Berning*, Das Denken H. Schells (Essen 1964); *ders.*, Gott, Geist und Welt. H. Schell als Philosoph und Theologe (M-Pb-W 1978); *ders.*, Systematisches Philosophieren zwischen Idealismus und Neuscholastik. Studien zur christlichen Philosophie H. Schells (Pb-M-W-Z 1984); *H. Rezac*, Die Theologie der trinitarischen Heilsökonomie bei H. Schell (Diss. masch. I 1971); *P. H. Schenk*, Die Interpreta-

53 Mz 1885.
54 *K. Mühlek*, Dynamische Gemeinschaft (M-Pb-W 1973) 6–9.
55 Vgl. die Zeugnisse bei *P.-H. Schenk*, Die Interpretation des Trinitätsmysteriums bei H. Schell (Diss. masch. Wü 1973) 12.
56 *V. Berning*, Denken 70.
57 Ebd. 6.
58 *L. Scheffczyk*, Theologie XLV; dort Verweis auf *V. Berning*, Denken 55ff., bes. 78. Vgl. ferner *V. Berning*, Gott, Geist und Welt. H. Schell als Philosoph und Theologe (Pb 1978) 36–42.
59 *V. Berning*, Denken 7 Anm. 43.
60 *V. Berning*, Systematisches Philosophieren zwischen Idealismus und Neuscholastik um die Jahrhundertwende. Studien zur christlichen Philosophie H. Schells (Pb 1984) 293 Anm. 104.
61 *P.-H. Schenk*, Interpretation 15–20, 15.

tion des Trinitätsmysteriums bei H. Schell (Diss. masch. Wü 1973); *K. Mühlek*, Dynamische Gemeinschaft. Zur Lehre H. Schells von der Kirche (M-Pb-W 1973); *B. Janssens*, Metaphysisches Denken und heilsgeschichtliche Offenbarung. Ihre Korrespondenz im Systemversuch H. Schells (Europ. Hochschulschriften Ser. XXIII, Bd. 125) (F-Be-Cirencester/U.K. 1980); *E. Fastenrath*, In Vitam aeternam. Grundzüge christlicher Eschatologie in der ersten Hälfte des 20. Jahrhunderts (MThS.S 43) (St. Ottilien 1982) 126–275; *Th. Franke*, Leben aus Gottes Fülle. Zur trinitarischen Reich-Gottes-Theologie H. Schells (Wü 1990).

1. *Dynamischer Gottesbegriff*

Unter den trinitätstheologischen Entwürfen des 19. Jahrhunderts verdient das Werk von Herman Schell (1850–1906) besondere Beachtung[1]. Von Anfang an markiert das Bekenntnis zum dreifaltigen Gott den Kernpunkt seines Systems. Bereits die Tübinger Dissertation verfolgt das Ziel, „die zentrale Bedeutung des Trinitätsgeheimnisses für das gesamte Lehr- und Heilssystem der übernatürlichen Ordnung nachzuweisen und zur Geltung zu bringen“[2]. Der Doktorand ist bestrebt, „die hohe und eigentümliche Bedeutung der christlichen Trinitätslehre für alle Mysterien der Offenbarung, für alle Lebensäußerungen der göttlichen Religion darzutun“[3]. Dieses Anliegen in seiner *Dogmatik* (1889–1893)[4] weiterführend, bleibt Schell sich bewußt, daß „das Geheimnis des dreieinigen Gottes im Mittelpunkt aller Lehren und Aufgaben [steht], welche die Offenbarung vorstellt“. Daß die Gottes- und Trinitätslehre das Zentrum der Schell'schen Theologie ist, haben zeitgenössische Kritiker bald empfunden und wegen ungewohnter Akzente die Indizierung (1898) erwirkt[5]. Der die Gotteslehre treffende Einwand lautet: idealistischer Rationalismus. Der Autor leite das Dreifaltigkeitsmysterium nahezu aus dem natürlich erkennbaren Begriff der *causa sui* ab; die beiden innertrinitarischen Beziehungen seien nur unzureichend unterschieden. Ferner wird ihm zu kühne Denk- und Redeweise vorgehalten[6].

Auch heute ist es die Gottes- und Trinitätslehre, die Schell zum *aktuellen* Gesprächspartner macht. Beachtenswert erscheinen sein dynamisches Gottesverständnis, die Zuordnung von immanenter und ökonomischer Trinität sowie sein *theo*-logischer wie anthropologischer Personalismus[7].

Entgegen dem Idealismusvorwurf versteht Schell seine Dissertation als positiv-systematische Arbeit; aus der Heiligen Schrift und den Vätern möchte er das göttliche Wirken in den Geheimnissen unseres Heils als Tat des Dreifaltigen erweisen.

---

1 Vgl. *J. Hasenfuß*, H. Schells Religionspsychologie und sein Trinitätsverständnis in psychologischer Sicht: ARPS 7 (1962) 238–259; *V. Berning*, Das Denken H. Schells (Essen 1964); *ders.*, Gott, Geist und Welt. H. Schell als Philosoph und Theologe (M-Pb-W 1978); *P.-H. Schenk*, Die Interpretation des Trinitätsmysteriums bei H. Schell (Diss. masch. Wü 1973); *B. Janssens*, Metaphysisches Denken und heilsgeschichtliche Offenbarung. Ihre Korrespondenz im Systemversuch H. Schells (Europ. Hochschulschriften Ser. XXIII, Bd. 125) (F-Be-Cirencester/U.K. 1980); *Th. Franke*, Leben aus Gottes Fülle. Zur trinitarischen Reich-Gottes-Theologie H. Schells (Wü 1990).

2 Das Wirken des Dreieinigen Gottes (Mz 1885) V.

3 Ebd. VI.

4 Katholische Dogmatik. Kritische Ausgabe. Hg. v. J. Hasenfuß – P.-W. Scheele – H. Petri, 3 Bde. (M-Pb-W 1968–1994), hier Bd. II 5.

5 *V. Berning*, Denken 221; *L. Scheffczyk* (Hg.), Theologie in Aufbruch und Widerstreit. Die deutsche katholische Theologie im 19. Jh. (Bremen 1965) 435–438.

6 *P.-W. Scheele* (Hg.), H. Schell, Verherrlichung und Gemeinschaft. Eine Auswahl aus dem Gesamtwerk (Pb 1957) 25.

7 Vgl. *V. Berning*, Gott 96–99; *P.-H. Schenk*, Interpretation 212–226.

Bei allem Offenbarungsbezug ist es Schell aber zu wenig, die biblischen Texte nur aufzuzählen und zu erläutern. Er möchte ermitteln, „ob innere Einheit und strenge Konsequenz die zeitlich und zwecklich so weit auseinanderliegenden, oft zufällig scheinenden Kundgebungen und Ausdrucksformen der Offenbarungsorgane durchdringe und beherrsche“[8]. Deshalb schickt er dem heilsökonomischen Teil Untersuchungen zur immanenten Trinität voraus. Hier ist Schell bemüht, Einheit und Einfachheit Gottes mit seiner Dreipersonalität zu vermitteln. Ermöglicht wird dies durch den deutlichen Hinweis auf die *Lebendigkeit Gottes*; sie ist für Schell „nichts anderes als seine ewige Dreifaltigkeit“[9]. In Abgrenzung zum statischen, allzu *seinshaft* gefaßten Gottesbegriff der Scholastik gilt ihm als *theologischer* Ansatz: Gott ist geistiges Leben, das erkennend und liebend in sich selbst eines und einig ist und sich zugleich von sich selbst unterscheidet[10].

Indem er Gott vor allem als den *lebendigen* auffaßt, vermag Schell gerade auch das Alte Testament trinitarisch zu deuten. Es entspricht seinem Einstieg, „daß die vollkommene Offenbarung der heiligen Trinität durch die starke und fortschreitende Betonung der göttlichen Lebendigkeit im Alten Testamente vorbereitet und näher geführt wurde“[11].

Schells trinitätstheologischer Grundgedanke, daß die *Lebendigkeit* Gottes seine ewige Dreifaltigkeit ist[12], prägt von der Dissertation an das Gesamtwerk. Dieser spezifische Akzent ist *theologisch* motiviert und alles andere als nachträgliche Rechtfertigung eines gedanklich konstruierten Gottesbegriffs[13]. Von diesem vitalen Ansatz her versucht Schell, das Dreifaltigkeitsdogma in das Gesamtverständnis Gottes einzubeziehen und es so für das moderne Denken fruchtbar zu machen. Zugleich möchte er den Nachweis liefern, „wie wenig der rationalistische Einwand gegen die Trinitätslehre berechtigt sei, dieselbe sei eine sittlich unfruchtbare, praktisch wertlose, also Gottes unwürdige Offenbarung“[14]. Mit diesem apologetischen Bemühen ist schließlich ein existentielles Ziel verbunden. Schell geht es stets um mehr als theoretische Theologie, welche die Widerspruchsfreiheit des Trinitätsbekenntnisses zu erweisen bestrebt ist. Er verfolgt wesentlich auch ein anthropologisch-religiöses Anliegen: „Wenn Gott ein lebendiger Gott ist, muß auch die Erkenntnis seiner notwendigen Dreipersönlichkeit eine Wahrheit von lebendigster Kraft und heilsamstem Einfluß auf das sittlich-religiöse Leben sein“[15]. Trinitätslehre, wie Schell sie von seinem Erstlingswerk an sieht, versucht den in der Offenbarung des Alten und Neuen Bundes bezeugten Gott gedanklich verantwortet zur Sprache zu bringen *und* menschlicher Erfahrung anzunähern.

Den von der Dissertation an konzentrierten Blick auf den *lebendigen* Gott verbindet Schell in seiner *Dogmatik* mit dem philosophischen Terminus *causa sui*. In dem dann folgenden Buch *Gott und Geist*[16] verwendet er die deutschen Begriffe *Selbstverständlichkeit, Selbstverwirklichung, Selbstsetzung, Selbstbegründung*. Nach

---

[8] Wirken V.
[9] Ebd. 3.
[10] Ebd.
[11] Ebd.
[12] Ebd.
[13] Vgl. *V. Berning*, Denken 64.
[14] Wirken VI.
[15] Ebd.
[16] Pb 1895/96.

der Indizierung (15. Dez. 1898) gebraucht er, kirchlicherseits unbeanstandet, den Ausdruck *Selbstwirklichkeit*[17]. Der lateinische Terminus *causa sui* ist Schells ursprüngliche Formel, die sich aber auch bei Joh. Ev. Kuhn findet[18]. Bewußt stellt er sich mit diesem Begriff den scholastischen Definitionen *ens a se* und *esse subsistens* entgegen; sie artikulieren die lebendige Existenzmacht Gottes nicht deutlich genug. „... durch die Vorstellung eines in sich müßigen substantiellen Seins, an oder aus welchem erst die weitere akzidentelle Bestimmtheit entsteht, wird die Idee der Tatkraft und Machtleistung, welche die Seele der Realität ist, keineswegs klarer, eher verdunkelt“[19]. Positiv formuliert Schell: Gott „ist nicht erst Tatsache oder Wesen und dann Tat, sondern Urtat und darum Urtatsache“[20].

Mittels seines Gottesbegriffs »causa sui« versucht Schell auch, die immanente Trinität zu erfassen. Dabei ist er sich als Theologe klar darüber, daß die Analogien aus dem geistigen Leben des Menschen nur behutsam und im Bewußtsein der Grenzen unserer Erkenntnis gelten können. Sein an Kuhn erinnerndes Prinzip lautet: „Trinität und Aseität sind in eins zu setzen; die *Dreieinigkeit* ist die Form des absoluten *Aus- und Durch-sich-selber-Seins*; die *Trinität* ist die von der Offenbarung erklärte *Aseität* des lebendigen Gottes“[21]. Schell will die lebendige Wesenseinheit Gottes und ihre Dreipersonalität in einer bewußt integrierenden Perspektive beleuchten; zu deutlich unterscheidende Kategorien weist er zurück.

„Es darf in Gott keine Grenze gezogen werden, diesseits deren die Wesenseinheit mit ihren Eigenschaften und jenseits deren die Dreipersönlichkeit mit ihren Eigentümlichkeiten läge; denn der dreieinige Gott besteht weder unter, noch über, noch neben, noch in dem einen Gott, sondern ist im eigentlichsten Sinne selbst durch seine Dreifaltigkeit der eine Gott. Alles in Gott ist einfach und dreifaltig; die Dreifaltigkeit durchdringt und trägt die ganze Gottheit; sie ist Grund und Krone der Einheit, wie diese die innere Kraft und Schönheit, die unentbehrliche Forderung der Dreifaltigkeit ist. Gott ist nicht teils einig, teils dreifaltig, sondern in unendlicher Ganzheit einig und dreifaltig zumal“[22].

Diese Sicht des einen und dreifaltigen Gottes bezeugt die gesamte Heilige Schrift. Ex 3,14 beispielsweise ist für Schell Offenbarung der immanenten Trinität. Bekundet wird: „Gott ist, der er ist, Jahwe, weil er durch die Weisheit seines eigenen Denkens in unendlicher Wesensfülle und durch die heilige Tatkraft seines eigenen sittlichen Willens besteht; sein Dasein und Wesen ist seine eigene Tat“[23]. Das in Ex 3,14 aufscheinende *dynamische Gottesbild* ist biblisches Erbe von Anfang an. Gewiß fehlen für das Alte wie das Neue Testament die trinitarischen Formeln des 4. Jahrhunderts, doch steht vom ersten Buch der Bibel an der Dreifaltigkeitsglaube *der Sache nach* fest.

„Niemals fällt in der Hl. Schrift ein Schatten auf die Einheit des göttlichen Fürsichseins; aber gleichwohl steht die Lebendigkeit des dreieinigen Füreinanderseins von Vater, Wort und Geist in *einem* Wesen, Denken und Wollen in hellem Licht“[24].

Zur nachgehenden Reflexion verweist Schell auf die Äußerungsweisen des menschlichen Geistes. Dieser Vergleich ist für ihn *theologisch* begründet; nennt doch

---

17 Vgl. *J. Hasenfuß*: LThK^2 IX 384f.
18 *V. Berning*, Denken 141ff.
19 Dogmatik I 267.
20 Ebd. 265.
21 Dogmatik II 36.
22 Ebd. 36f.
23 Ebd. 121f.
24 Ebd. 64.

die Heilige Schrift den Menschen Ebenbild des Schöpfers (vgl. Gen 1,26) und schreibt diesem die Fähigkeit des Erkennens und Wollens zu. Das erlaubt, eine begrenzte Entsprechung von göttlichem und menschlichem Geistesleben anzunehmen. Innerhalb dieses Rahmens nennt Schell den *Vater* das *begründende* Denken in der göttlichen Selbstbegründung; ihm steht im Sohn die *begründete* Wahrheit gegenüber; sofern die göttliche Selbstbegründung notwendig *Willensmacht* und *Willenstat* einschließt, ist von Gott als Heiligem Geist zu sprechen[25].

Schells Bestimmung Gottes als *causa sui* bestimmt schließlich seinen trinitarischen Personbegriff. Als absolute geistige Selbstverwirklichung kommt Gott Personalität im absoluten Sinne zu. Damit ist jener Eigenstand gemeint, kraft dessen Gott Grund und Zweck seines Daseins ganz und gar in sich selber hat. Er ist Selbstmacht und Selbstbestimmung. Weil Gott durch eigene Geistestat, auf Grund eigenen Denkens und Wollens, ganz aus sich heraus sein Wesen und Dasein vollzieht, ist er *absolute Person*[26]. Im Unterschied dazu sind die drei innergöttlichen Hypostasen *relative* Personen. Schell möchte mit dieser Unterscheidung sagen, daß Vater, Sohn und Geist *nur* in dem Maße personales Ich sind, als sie in Beziehung zueinander und füreinander stehen. Dagegen sind sie für uns und alles, was nicht ihr persönlicher Gegensatz ist, „nur *ein* ungeteiltes Ich, das in sich den Gegensatz von zwei substantiellen Wechselbeziehungen birgt"[27]. Die drei innertrinitarischen Personen sind so sehr aufeinander bezogen, daß sie in ihrer Relationalität die Einheit Gottes gewährleisten. Das unbedingte Fürsichsein und Aussichsein Gottes, seine absolute Personalität, gibt es nur „als relatives Füreinander- und Auseinandersein, d.i. als Freiheit relativer Personen"[28]. Der Begriff der relativen Person hilft Schell, die innertrinitarische Perichorese besonders hervorzuheben. Die göttliche Wesenseinheit und die Relationalität der Personen sind der Grund, daß keine von diesen ohne die andere ist und sie sich wechselseitig durchdringen.

„Jede Person ist in der anderen nicht bloß wegen der Einheit des Wesens, sondern wegen ihrer persönlichen Eigentümlichkeit oder ihres Ursprungs enthalten und enthält hinwiederum jene in sich. Jede Person ist ein Moment im persönlichen Charakter und Leben der beiden anderen, und zwar nicht teilweise oder nebenbei, sondern sie ganz und gar bestimmend und erfüllend, wie ihrerseits ganz von ihr bestimmt und erfüllt. Ego in Patre et Pater in me est. Jo 14 (,10f.). Jede Person ist in den beiden anderen als ihr Lebensgrund oder als ihr Lebenszweck oder als beides zumal für je eine Person"[29].

Schell ist bemüht, zwei aus der Tradition überlieferte Person-Begriffe zu verbinden. Es ist zum einen das Verständnis der Person als Einheitsprinzip, als individueller Selbstand. Diese besonders durch Boethius (ca. 475 – ca. 525) profilierte Sehweise kommt prägend in der klassischen Christologie zur Geltung. Es ist zum anderen das mit Richard von St. Victor verbundene Person-Verständnis. Dieses sieht Eigenstand und Bezogenheit zusammen. So akzentuiert, ermöglicht der Begriff die Trinität als interpersonale Einheit auszusagen. Die Verknüpfung beider Sehweisen läßt erkennen, daß Schell fest in der westlichen Trinitätslehre steht, deren Leitgedanke die Wesenseinheit Gottes ist. Die Betonung seiner Einpersonalität erklärt sich auf diesem Hintergrund. Das lateinische Erbe erhält aber spezifische Kontur durch das

[25] Ebd. 46f.
[26] Ebd. 76.
[27] Ebd.
[28] Ebd. 77.
[29] Ebd. 82.

dynamische Gottesverständnis Schells. Hierfür ist er nicht nur von Joh. Ev. Kuhn sowie dem Philosophen Franz Brentano (1838–1917)[30] beeinflußt[31]. Neben der Heiligen Schrift und der kirchlichen Tradition, vor allem der Synode von Toledo (675)[32], weiß sich Schell den griechischen Kirchenvätern verpflichtet, allen voran den Kappadoziern, insbesondere Gregor von Nyssa (um 335–394)[33]. Dieser geschichtliche Rahmen verhindert, daß Schell die relativen trinitarischen Personen gegenüber der absoluten Einpersonalität einebnet. Wie sehr die innergöttlichen Ursprungsbeziehungen das Gottesbild Schells bestimmen, zeigt die Schöpfungs- und Erlösungsgeschichte. Sie spiegelt in kreatürlicher Weise Gottes innertrinitarischen Lebensaustausch. Dieser prägt den Ursprung der Kreatur und deutlicher noch ihr Sein und ihre Vollendung.

2. *Trinitarisches Heilshandeln Gottes*

a) Der Schöpfung verbunden

Die lateinische Tradition bestimmt nicht nur Schells immanente Trinitätsbetrachtung. Sie formt auch sein Verständnis der Schöpfung, was wiederum eigene Akzente nicht ausschließt[34]. So vertritt er den Grundsatz der abendländischen Trinitätslehre[35], daß die *göttliche Natur* das principium quo der göttlichen Wirksamkeit nach innen und außen ist[36]. Dem widerspricht seiner Auffassung nach nicht, daß die trinitarischen Personen gemäß ihrer Ursprungsbeziehungen in den Schöpfungsakt einbezogen sind[37]. Im Gegensatz hierzu sieht er Duns Scotus (ca. 1265–1308), Franz Suárez und Johannes Baptist Franzelin (1816–1876) die These vertreten, „daß in den göttlichen Personen als solchen nur eine entfernte Beziehung (respectus radicalis et quasi in actu primo ad creaturam) zur Schöpfung verborgen sei, so daß die Ausdrucksweise, der Vater erzeuge das Wort seiner Weisheit auch aus der die Schöpfung betreffenden Erkenntnis, oder der Sohn gehe auch als das Wort der erschaffenden Weisheit aus dem Vater hervor, zu weit gehe“[38]. Von den angeführten Autoren gilt ihm Suárez als markantester Repräsentant für die Meinung, daß der Schöpfungsakt der einen göttlichen Natur zuzuschreiben sei[39].

Dem hält Schell entgegen: Die Einheit Gottes ist seiner Dreifaltigkeit nicht vorgeordnet; Selbstvollzug und trinitarisches Leben sind gleichursprünglich. Für den Schöpfungsakt bedeutet dies: Er muß den trinitarischen Personen wegen ihrer Identität mit dem Wesen und Sein Gottes *nach der Ordnung ihres Ursprungs* zugeeignet werden. Sosehr der Schöpfungsakt im Verhältnis zu allem Nichtgöttlichen als einzig und ungeteilt zu gelten hat, trägt er *der Innenseite nach* wesentlich dreipersonale Züge; er ist *freie* Tat Gottes, weil trinitarisch vermittelt[40].

---

[30] Vgl. *E. Tiefensee*: LThK³ II 674f.
[31] Vgl. *V. Berning*, Denken 21–51.
[32] DH 525–532.
[33] Wirken 84–141. Dort verschiedentlicher Bezug auf Joh. Ev. Kuhn.
[34] *B. Janssens*, Metaphysisches Denken 212–229; *Th. Franke*, Leben 116–129.
[35] Vgl. *Diekamp* I¹²/¹³ 314–318; *L. Ott*, Grundriß der katholischen Dogmatik (Fr-Bs-W ¹⁰1981) 88f.
[36] Wirken 141–148.
[37] Ebd. 149ff.
[38] Ebd. 28.
[39] Ebd. 29ff.
[40] Dogmatik II 95f.

Diesen Verweis auf die trinitarisch begründete Freiheit Gottes vertieft Schell in seiner Lehre von den göttlichen *Sendungen*. Sie sind „die freie und zeitliche Fortsetzung der göttlichen Ausgänge in den geschöpflichen Geist hinein“[41]. Die beiden göttlichen Personen des Wortes und des Geistes werden in die Schöpfung gesandt, um diese in jenen Bezug zu Gott zu bringen, welchen sie selber innertrinitarisch ausdrücken und darstellen. So bietet *das Wort* „den idealen Inhalt des höchsten Gutes, seine Schönheit und unendliche Wahrheitsfülle zur Aneignung und zum Genusse dar“[42]. Die gläubige Hinnahme des göttlichen Wortes ermöglicht der Heilige Geist. Er ist jene Kraft, „mit welcher die unendliche Fülle der im Wort dargebotenen Wahrheit ewig angeeignet, festgehalten und umfangen wird“[43]. Menschliche Gotteserkenntnis und -liebe werden durch ihn trinitarisch vollendet.

Unter Bezug auf Petavius bestimmt Schell die spezielle Einwohnung des Heiligen Geistes als dessen trinitarisches Proprium; er spricht von *relativer Eigentümlichkeit*[44]. Es ist „eine Proprietät des Hl. Geistes, vom Vater und Sohne in die Kreatur gesandt zu werden; folglich ist die formale Wirkung seiner Sendung, die Inhabitation, dem Hl. Geist *im relativen Gegensatz zu seinem Sender* eigentümlich“[45]. Vater und Sohn kommt es dagegen zu, als *Sender* des Geistes im Begnadeten zu wohnen; sie „koinhabitieren“ kraft des von ihnen ausgehenden Geistes im Gläubigen[46]. Weil jede göttliche Person die Beziehung zu den anderen Personen einschließt, kann die Sendung keine ausschließliche Einwohnung zur Folge haben. „Vielmehr bringt die Besonderheit der Beziehung, in welche die gesandten Personen zum begnadigten Geschöpf treten, die korrelative Eigentümlichkeit derselben Beziehung seitens der sendenden Personen mit sich“[47]. Schells relativer Personbegriff ermöglicht ihm, diesen Gedanken in bisher kaum erreichter Klarheit auszusagen[48].

Es geht dem Würzburger Theologen bei der Lehre von der besonderen Einwohnung des Heiligen Geistes darum, die scholastische Sehweise von der gnadenhaften Verbundenheit des Gläubigen mit dem dreifaltigen Gott zu differenzieren. Er spricht sich wie Petavius und gestützt auf die Väter, insbesondere Cyrill von Alexandrien, für einen direkten, unmittelbaren trinitarischen Bezug zu den Gläubigen aus, der zwar die heiligmachende Gnade voraussetzt, über sie aber hinausgeht[49]. Schells Gedanken zur besonderen Einwohnung des Heiligen Geistes zeigen die innere Verbundenheit von Gotteslehre und Anthropologie. Hier scheint der weite Spannungsbogen von der immanenten Trinitätsbetrachtung hin zu deren existentieller Reichweite auf. Der Heilige Geist ist Gott, der den Menschen zuinnerst ergreift, damit er ihn in ungebrochener Weise finde.

„*»Gott in uns«!* ist der Gottesbegriff des *heil.* Geistes, insofern er als Schöpfer in der Schöpfung deren lebendigmachender Kraftquell ist, insofern er als Licht der Überzeugung und als Macht der Verpflichtung den Geist zum Wahren und Guten in Liebe und Freiheit hinaufruft, insofern er endlich der Gott allen Trostes ist, der mit seiner Hilfe auf des Herzens bittflehenden Ruf: Veni Creator Spiritus! in Gnaden herabkommt (Jes. 57,15 sq., Sap. I, 7–9). *Gott* ist es, der

---

41 Ebd. 97.
42 Ebd. 102.
43 Ebd.
44 Ebd. 98.
45 Ebd. 97; Wirken 472.
46 Ebd. 99 Anm. 13; Wirken 437.
47 Wirken 180.
48 Vgl. *H. Schauf*, Die Einwohnung des Heiligen Geistes (FThSt 59) (Fr 1941) 209.
49 Dogmatik II 8.

die Vernunft dem Lichte und das Herz dem Guten öffnet; *Gott* ist es, der als Wahrheitsdrang in der Vernunft und als Liebesgeist im Willen wirksam ist, damit die Seele mit höchster Freiheit und Begeisterung die schwierigsten Aufgaben der geistigen Forschung wie des sittlichen Lebens siegreich und verdienstvoll löse“[50].

Mit diesem engagierten Text zeigt Schell, wie sehr die Einwohnung des Heiligen Geistes menschliches Sinnen und Trachten berührt; sie erscheint dem gläubigen Menschen nicht aufgesetzt. Der gesandte Geist formt den Gläubigen nach dem Bild Christi; Willen und Herz sollen für Gott und den Nächsten jene Liebe empfinden, wie sie das menschgewordene Wort erfüllte. Der Geist führt unsere Geisteskraft weiter und hebt sie über ihre natürliche Schwerkraft hinaus. Schell darf als ein Theologe gelten, der den Glauben an den dreipersonalen Gott über die rationale Auslegung hinaus ausdrücklich für ein personales Menschenbild fruchtbar macht. Dies zeigt sich nicht zuletzt bei seiner trinitarischen Ekklesiologie.

b) Kirche als Tempel des Heiligen Geistes

Wie die Anthropologie Schells, so trägt auch seine Ekklesiologie trinitarische Züge[51]. Der dreieine Gott gilt ihm als Urbild der Kirche in ihrer Einheit wie auch in ihrer Verschiedenheit. Von diesem Leitgedanken her versucht Schell, für sein Kirchenverständnis organische Einheit und personale Vielfalt zu verbinden. Desgleichen weiß er von hierher die lehrende und die hörende Kirche aufeinander bezogen. Es gibt die hierarchische Kirche nicht ohne die lebendige Verbindung der einzelnen Gläubigen; und diese hinwiederum bedürfen der gefügten Kirche.

Bei näherer Zuordnung von Individuum und Institution gibt Schell gemäß seinem personalen Anliegen dem Individuum den ersten Akzent. In drei Facetten stellt sich ihm das Wirken des Heiligen Geistes dar; er erfüllt und führt zu unmittelbarem Gottesbezug: „a) die *Seele* als das wahre Bundeszelt, in dem Gott ruhen wollte; b) die *Kirche* als die Organisation der Wahrheit und Gnade für die gesamte Menschheit; c) die *Sakramente* als die Werkzeuge des hl. Opfers Christi und der Angliederung aller Geheiligten in seinen Opferleib“[52].

Diese Zuordnung gilt jedoch nicht in jeder Hinsicht. Bei der genannten Auffächerung hat Schell das *begnadende* Wirken des Heiligen Geistes im Auge. Wo er ihn als den Garanten der Gottesbotschaft wirken sieht, ordnet er den Parakleten der *Kirche* zu und läßt ihr gegenüber den einzelnen Gläubigen zurücktreten. „Der unverfälschte Glaube, die lautere Offenbarungswahrheit, dieses Morgenrot des einstigen Aufgangs der Wahrheitssonne, die Gabe der Unfehlbarkeit ist der Kirche als solcher mitgeteilt und wird den einzelnen nur durch den Anschluß an ihr Lehramt verbürgt. Die Sendung des Hl. Geistes als des Geistes der Wahrheit erfolgte an die Kirche als solche, nicht an die einzelnen Seelen“[53]. Weil vom Heiligen Geist gegründet und auf der Lehre der Apostel auferbaut, durch hierarchische Verfassung zusammengehalten, darf die Kirche als Hort der Glaubenswahrheit gelten[54].

Sosehr Schell die geordnete Kirche als Geschöpf des Heiligen Geistes und damit als Burgen der Offenbarung versteht, will er dies nicht einlinig verstanden wissen.

---

[50] Gott und Geist I (Pb 1895) 353.
[51] Vgl. *Th. Franke*, Leben 96–129; *K. Mühlek*, Dynamische Gemeinschaft (M-Pb-W 1973) 28–41.
[52] Dogmatik III 251.
[53] Ebd. 253.
[54] Ebd. 261.

Ihm erscheinen wie für die Gotteslehre so auch für die Ekklesiologie statische Kategorien öffnungsbedürftig. Geht es ihm beim dreifaltigen Gott um eine *lebendige* Einheit, so abbildlich auch bei der Kirche; sie ist ein dynamischer Organismus.

Nach der Apostelgeschichte „erschöpft sich der kirchliche Geist nicht in Petrus, nicht in Paulus, nicht in einzelnen Richtungen innerhalb des Apostelkollegiums oder innerhalb der Kirche, sondern waltet als Herr mit umfassender Weisheit über allen hierarchischen Organen und Geistesrichtungen, alle durch alle verbessernd, ergänzend, anregend. Der Hl. Geist nötigt durch die Fügungen seiner Vorsehung auch den Apostelfürsten, aus den engeren Geleisen seiner kirchlichen Auffassung herauszutreten und mit Grundsätzen, deren Anerkennung nie verweigert wurde, Ernst zu machen. Wenn der kirchliche Geist in der apostolischen Zeit nicht in dem Primat, nicht einmal in dem Apostelkollegium der Zwölf aufging, obgleich die einzelnen Apostel, Propheten und Evangelisten sich der Inspiration, nicht bloß der Unfehlbarkeit erfreuten, so ist um so weniger für die folgenden Zeiten der eigentlichen Kirchengeschichte die kirchliche Korrektheit und der kirchliche Geist im Alleinbesitz eines *Systems*, *einer* Schule oder *einer* Ordensgesellschaft ... Der katholische Geist ist vielmehr gerade durch die wechselseitige Spannung und Ergänzung der verschiedenen Geistesrichtungen des gläubigen Denkens und Strebens wirksam, fruchtbar und unüberwindlich“[55].

Daß die Kirche Abbild des dreieinigen Gottes ist, zeigt in besonderem Maße die Eucharistie (vgl. Apg 2,41 42). Sie ist Werk des dreifaltigen Gottes. Er ist die Wirkursache der Konsekration; so bringt es die Epiklese zum Ausdruck. In ihr scheint nach Schell folgender Zusammenhang auf: Bewirkender Grund ist „der Vater durch den Sohn im Hl. Geist“[56]. In ähnlicher Weise stellt sich der zweifache trinitarische Sinn der hl. Feier dar. Das eucharistische *Opfer* gilt der Verherrlichung des dreieinigen Gottes; die hl. *Kommunion* stiftet Gemeinschaft mit dem Vater, dem Sohn und dem Heiligen Geist. Beide Aspekte verhalten sich zueinander wie Weg und Ziel. Um wirklich Gott-förmig zu werden, müssen die Gläubigen „mit dem Brote zum Opferleib Christi konsekriert werden; dies geschieht durch den hl. Geist, welcher ihnen die Gesinnung Christi einflößt und damit ihr Opfer Gott wohlgefällig macht“[57]. Der einzelne Gläubige wie die Kirche insgesamt leben davon, daß sie Abbild des dreifaltigen Gottes sind. Entsprechend hat christliche Praxis vor allem in Taufe und Eucharistie zum Inhalt, diesen Lebenszusammenhang zu begründen und zu vertiefen.

3. *Vorläufer und Wegbereiter*

Das zunehmende Bemühen der Katholischen Tübinger Schule, die Trinitätstheologie wieder in das Zentrum der Glaubensreflexion zu rücken, zeitigt bei ihrem Nachfahren H. Schell besonderen Erfolg. Nicht zuletzt wegen seines umfangreicheren literarischen Werkes gelingt es ihm nachdrücklicher als seinem Lehrer Joh. Ev. Kuhn, die Lebensgemeinschaft mit dem dreifaltigen Gott als *die* Wesensaussage des Christentums zu entfalten. Gottes- und Menschenbild, Erlösungsverständnis und Kirchenlehre sind von hierher bestimmt. In seiner *Dogmatik* verfolgt Schell das Ziel, „in *jedem Dogma* den *dreieinigen Gott* ... nachzuweisen. Jedes Dogma soll als eine folgerichtige Offenbarung des geoffenbarten Gottesbegriffs erkannt“ werden[58]. Dieses erklärte Anliegen bestimmt aber nicht nur die *Dogmatik*; es durchzieht das

---

[55] Ebd. 263.
[56] Ebd. 463.
[57] Wirken 598; vgl. ebd. 588.
[58] Dogmatik III 12.

gesamte Schrifttum. Folgerichtig erfährt das dogmatische Werk Schells in unseren Tagen die Würdigung, „eine Frohbotschaft vom dreieinigen Gott" zu sein. Mehr noch: sein geistiges *theologisches* Bemühen insgesamt sei trinitätstheologisch bestimmt. „Apologetik und Dogmatik, Moral und Philosophie, Geistesgeschichte und Frömmigkeit, alle Einzelversuche des Menschen, die Wahrheit zu fassen, will Schell eingeordnet wissen in einer einzigen großen theologia Trinitatis, theologia missionis"[59]. Dieses Bemühen erhält aktuelles Profil, wenn Karl Rahner (1904–1984) für unsere Zeit den Ausfall des Trinitarischen in Glaubenshaltung und Theologie beklagt und eine Erneuerung der Trinitätslehre sowie des trinitarischen Denkens fordert[60]. Diesen Impuls aufgreifend, formuliert W. Breuning das Desiderat, „eine Trinitarisierung der gesamten Theologie" sei gegenwärtig vonnöten[61]. Angesichts solcher Anregungen darf H. Schell mit gutem Recht als *Vorläufer* und *Wegbereiter* heutiger Trinitätstheologie gelten. Bereits als junger Doktorand hat er die von Rahner beklagte Isolation dieses Lehrstücks erkannt und zu überwinden gesucht.

Mit seiner lehrmäßigen Einheitssicht ist das Anliegen verbunden, den christlichen Daseinsvollzug trinitarisch zu bestimmen. Schell ist bestrebt, Theologie und Spiritualität, Lehre und Leben vom Gottesbekenntnis her zu erschließen. Christsein bedeutet für ihn Lebensgemeinschaft mit dem dreieinigen Gott. Dieses Selbstverständnis sieht Schell vom *Deismus* ebensoweit entfernt wie von *Pantheismus* und *Monismus*. Der deistische Gott bleibt dem Menschen fern. Im Pantheismus ist Gott zwar in den Erfahrungsraum des Menschen eingetaucht, vermag diesem aber nicht aufzuhelfen, weil er selbst mit allen Unvollkommenheiten der Geschichte belastet ist. Für den Monisten schließlich gibt es keinen personalen Gottesbezug; Gott als das Seinsganze wird apersonal verstanden. Anders das christliche Bekenntnis: Der in ewiger Selbstwirklichkeit lebende *dreipersonale* Gott ist kraft des in die Zeit gesandten Sohnes und des den Gläubigen gewährten Heiligen Geistes den einzelnen zuinnerst gegenwärtig; sie schließt der Dreieine durch das Liebesband seiner Gemeinschaft zusammen. Immanente und ökonomische Trinität greifen wie Grund und Folge ineinander.

Mit der lehrmäßigen wie spirituellen Einheitssicht Schells ist ein weiterer Grund verbunden, ihn einen Vorläufer und Wegbereiter heutiger Trinitätstheologie zu nennen. Es ist die deutliche Einordnung des Glaubensbekenntnisses in den geistigen *Erfahrungshorizont* der Gläubigen. Trinitätstheologie sprengt nach Schells Verständnis bloße Begriffsdialektik, die sich nur einzelnen Kundigen erschließt. Sie muß *lebensbezogene* Darstellung sein. Ihr soll es darum gehen, die biblisch-kirchliche Tradition dem Gläubigen *spirituell* zu erschließen. Wenn Schell etwa das Wirken des Heiligen Geistes mit dem Wahrheitsdrang des Menschen, seiner Sehnsucht nach Freiheit und dem Bemühen um Liebe verbindet, dann erscheint der Trinitätsglaube in menschliches Geistesleben vollendend einbezogen. So ist eine Brücke vom übernatürlichen Gottesglauben zum Alltagsleben geschlagen; beide Existentialien sind einander behutsam angenähert. Hier greift Schell dem Denkweg K. Rahners vor, der von den Grenzerfahrungen des Menschen auf ein umfassendes, heilstiftendes Ganzes verweist[62].

---

[59] *P.-W. Scheele* (Hg.), Herman Schell, Verherrlichung und Gemeinschaft 50; *ders.*, Impulse H. Schells für die Dogmatik der Gegenwart: ThGl 61 (1971) 99–105.

[60] Bemerkungen zum dogmatischen Traktat „De Trinitate": *Rahner S* IV ([3]1967) 103–133, 105.

[61] *W. Breuning*: BTZJ III 27.

[62] *Rahner G* 42f.

Es brauchte einige Zeit, bis Schells Gottes- und Trinitätslehre Beachtung fand und rezipiert wurde. Die Indizierung (1898) verschiedener Werke, vor allem der *Dogmatik* und *Apologetik*[63], erwies sich wie eine Blockade. Schells Bemühungen, ein dinglich-substantielles Seinsverständnis zu überwinden und Gott als Sein im Vollzug, als Freiheit und Leben zu denken, blieben so zunächst unbeachtet. Erst als die neuscholastische Denk- und Lehrform mehr und mehr zurücktrat, fand auch sein dynamisches Gottesverständnis zunehmend Anerkennung[64]. Die gelegentlich geäußerte Bemerkung ist nicht unbillig, H. Schell habe fünfzig Jahre zu früh gelebt[65].

Hohe Anerkennung findet Schells Dissertation bei M. J. Scheeben. Es ist das „ehrenvollste und bedeutendste Urteil" über die Frühschrift des Würzburger Theologen[66]. Scheeben nennt sie ein Werk „von ganz hervorragender Bedeutung"; es stelle „nicht bloß das innere, sondern auch das äußere Wirken der Trinität auf allen seinen Gebieten dar ..., überall die speziellen Beziehungen der einzelnen göttlichen Personen nach ihrem Unterschied und Wechselverhältnis verfolgend". Sein Resümee: „Feinsinnige Spekulation in Verbindung mit reicher Kenntnis von Patristik und Scholastik gibt dem Buch einen seltenen wissenschaftlichen Wert, und der warme Hauch gläubigen Sinnes, getragen von edler, plastischer Sprache, macht seine Lektüre erquickend und herzerhebend"[67]. Dieses positive Urteil spiegelt eine Geistesverwandtschaft zwischen beiden Theologen wider: Wertschätzung der Glaubens- und Theologiegeschichte, Sinn für Systematik und Spekulation, gläubige Haltung und pastorale Verantwortung. Und doch gibt es einen Unterschied zwischen beiden Denkern. Liegt er darin, daß das Werk Schells neuzeitlichem Denken näher und auch *schöpferischer* ist als das Scheebens? Hängt diese Überlegenheit gar mit einer ursprünglicheren Fragehaltung und einer stärkeren philosophischen Potenz zusammen? Ist schließlich sein Ansatz zukunftsweisender als der des Kölner Dogmatikers[68]?

---

[63] Apologie des Christentums, 2 Bde. (Pb 1901/05).
[64] *W. Kasper*, Der Gott Jesu Christi (Mz 1982) 192 f.
[65] *L. Scheffczyk*, Theologie 437.
[66] *V. Berning*, Denken 79.
[67] Pastoralblatt (Köln) 19 (1885) 118; *H. Schauf*: Scheeben VII (Hb. der Kath. Dogmatik. Gnadenlehre) S. XX.
[68] So *V. Berning*, Gott 119 Anm. 28.

Fünftes Kapitel

IMPULSE DER VÄTER

§ 11. Matthias Joseph Scheeben

SCHRIFTTUM: *K. Eschweiler*, Die zwei Wege der neueren Theologie (Au 1926); *F. Kastner*, Die Gotteskindschaft. Mit besonderer Berücksichtigung der Lehre von M. J. Scheeben (Bn 1928), überarbeitet in: ders., Marianische Christusgestaltung der Welt (Pb 1936, [2]1937); *A. Eröß*, Die persönliche Verbindung mit der Dreifaltigkeit. Die Lehre über die Einwohnung des Heiligen Geistes bei M. J. Scheeben: Schol 11 (1936) 370–395; *R. Vatter*, Das Verhältnis von Trinität und Vernunft nach Joh. Ev. Kuhn mit Berücksichtigung der Lehre M. J. Scheebens (Speyer 1940); *H. Schauf*, Die Einwohnung des Heiligen Geistes (FThSt 59) (Fr 1941) 152–184; *N. Hoffmann*, Natur und Gnade. Die Theologie der Gottesschau als vollendeter Vergöttlichung des Geistgeschöpfes bei M. J. Scheeben (AnGr 160) (Ro 1967); *E. Paul*, Denkweg und Denkform der Theologie von M. J. Scheeben (MThS. S 40) (M 1970); *ders.*, M. J. Scheeben (1835–1888): KThD 2 (M 1975) 386–408; *K. L. Klein*, Kreatürlichkeit als Gottebenbildlichkeit. Die Lehre von der Gottebenbildlichkeit des Menschen bei M. J. Scheeben (Europäische Hochschulschriften. Theologie 52) (Be-F 1975); *K.-H. Minz*, Pleroma Trinitatis. Die Trinitätstheologie bei M. J. Scheeben (Disputationes Theologicae 10) (F-Be 1982); *ders.*, Der dreifaltige Gott: Urgrund unseres Heils, in: N. Trippen (Hg.), Das Kölner Priesterseminar im 19. u. 20. Jahrhundert (Studien zur Kölner Kirchengeschichte 23) (Siegburg 1988) 244–263; *ders.*, M. J. Scheeben: DSp XIV (1990) 404–408; *ders.*, Communio Spiritus Sancti. Zur Theologie der »inhabitatio propria« bei M. J. Scheeben: Geist und Kirche. Gedenkschrift für H. Schauf, hg. v. H. Hammans, H. J. Reudenbach, H. Sonnemans (Pb u. a. 1991) 181–200; *F.-J. Bode*, Gemeinschaft mit dem lebendigen Gott. Die Lehre von der Eucharistie bei M. J. Scheeben (PaThSt 16) (Pb u. a. 1986); M. J. Scheeben teologo cattolico d'ispirazione tomista (Studi tomistici 33) (Ro 1988); *W. W. Müller*, Die Gnade Christi. Eine geschichtlich-systematische Darstellung der Gnadentheorie M. J. Scheebens und ihrer Wirkungsgeschichte (MThS. S 48) (St. Ottilien 1994).

1. Erfragter Eigenstand

Mit seiner zentralen Sicht der Trinitätstheologie[1] liegt Matthias Joseph Scheeben (1835–1888) auf der bisher skizzierten Linie. Wie es generell die genannten Neuentwürfe des 19. Jahrhunderts kennzeichnet, im Glauben an den dreifaltigen Gott den Kern aller biblischen Offenbarung und damit des christlichen Bekenntnisses sowie

[1] Vgl. *E. Paul*, Denkweg und Denkform der Theologie von M. J. Scheeben (MThS. S 40) (M 1970); *ders.*, M. J. Scheeben (1835–1888): KThD 2 (M 1975) 386–408; *K.-H. Minz*, Pleroma Trinitatis. Die Trinitätstheologie bei M. J. Scheeben (Disputationes Theologicae 10) (F-Be 1982); *ders.*, Der dreifaltige Gott: Urgrund unseres Heils, in: N. Trippen (Hg.), Das Kölner Priesterseminar im 19. u. 20. Jh. (Studien zur Kölner Kirchengeschichte 23) (Siegburg 1988) 244–263; *F.-J. Bode*, Gemeinschaft mit dem lebendigen Gott. Die Lehre von der Eucharistie bei M. J. Scheeben (PaThSt 16) (Pb 1986) 115–140 276–291; *L. Jammarrone*, Il mistero della SS. Trinità nell'opera di M. J. Scheeben »I misteri del Cristianesimo«: M. J. Scheeben teologo cattolico d'ispirazione tomista (Studi tomistici 33) (Ro 1988) 123–146; *W. W. Müller*, Die Gnade Christi. Eine geschichtlich-systematische Darstellung der Gnadentheorie M. J. Scheebens und ihrer Wirkungsgeschichte (MThS. S 48) (St. Ottilien 1994).

den Kristallisationspunkt der Theologie zu sehen, so trifft dies nicht minder für den Kölner Dogmatiker zu. „Die heilige Dreifaltigkeit ist das Geheimnis der Geheimnisse“[2], allein im Glauben anzunehmen. Der Position H. Schells vergleichbar, ist die Trinität auch im Theologieverständnis Scheebens „der Ausgangs- und Zielpunkt einer ganzen Ordnung von Wahrheiten, die nur in bezug auf sie verstanden und dargestellt werden können, der Quellpunkt eines ganzen *wissenschaftlichen* Systems, das sich aus ihrem innern System herausbildet und fortbildet, in dem sie sich selber als in ihrem realen Spiegelbild offenbart“[3]. Entsprechend fehlt es nicht an Stimmen, die in der Trinitätslehre die *Mitte* aller theologischen Bemühungen Scheebens sehen[4].

Der Kölner Dogmatiker ist ferner dort den tragenden Initiativen seiner Zeit verbunden, wo er seine wahrscheinlich durch Johann Baptist Franzelin und J. Kleutgen bedingte Zurückhaltung gegenüber Petavius[5] aufgibt und die spezielle Einwohnung des Heiligen Geistes als dessen trinitarisches Proprium vertritt[6]. Hier zählt er zu jenen Theologen, die sich am tiefsten diesem Thema genähert haben[7]. In seiner Position scheinen sich die vorausgehend dazu geäußerten Gedanken zu bündeln. Er habe versucht, scholastische Gnadenspekulation und die griechische Lehre von der Vergöttlichung des Menschen *harmonisch* miteinander und mit den übrigen Geheimnissen des Christentums zu verbinden[8]. So stelle die Einwohnungslehre den *neuralgischen Punkt* der Theologie Scheebens dar; an ihr können sowohl die Entwicklung seiner Denkform wie auch die inhaltliche Entfaltung seiner Glaubensauslegung erkannt werden[9].

Was aber ist der spezifische Beitrag des Kölner Theologen zur Trinitätsgeschichte des 19. Jahrhunderts? Besitzt er auch hier jene herausragende Stellung, die ihm für sein Gesamtwerk zugesprochen wird? Martin Grabmann (1875–1949) beispielsweise nennt Scheeben den „größten Dogmatiker des 19. Jahrhunderts“[10]. Ähnlich würdigt ihn Leo Scheffczyk[11]: sein theologisches Werk mache ihn „bis weit in das 20. Jahrhundert hinein zu dem am meisten geschätzten deutschen Theologen“. Darf das auch für sein Trinitätsverständnis gelten?

Scheeben generalisierend einen der bemerkenswertesten Trinitätstheologen der Neuscholastik zu nennen[12] findet den Widerspruch jener, die ihn gerade in diesem

---

2 *Scheeben* II (Mysterien des Christentums) 21.

3 Ebd. 111.

4 *J. Höfer*, Die Theologie M. J. Scheebens in neuer Ausgabe: Scheeben I, V-XX, hier XII: „Das Haupt*problem* seiner Theologie ist nicht mehr in der Lehre von der Einwohnung des Heiligen Geistes in der Seele der Christen zu suchen. Es mehren sich heute die Stimmen, die wie die Väter, so auch Scheeben aus dem *Ganzen* der Trinitätslehre verstehen ...“. Vgl. ferner *K.-H. Minz*, Pleroma 261.

5 *Scheeben* I (Natur und Gnade) 119–121.

6 Vgl. *H. Schauf*, Die Einwohnung des Heiligen Geistes (FThSt 59) (Fr 1941) 152–184; zu Franzelin ebd. 153. Ferner *L. Scheffczyk*, Joh. Bapt. Franzelin (1816–1886): KThD 2 (M 1975) 345–367. J. Kleutgen äußert sich Scheeben gegenüber kritisch zur Einwohnungslehre Petaus; vgl. dazu *W. W. Müller*, Gnade Christi 137 Anm. 45. Zur Einwohnungslehre vgl. des weiteren *K.-H. Minz*, Communio Spiritus Sancti. Zur Lehre der „inhabitatio propria“ bei M. J. Scheeben: Geist und Kirche. Gedenkschrift für H. Schauf, hg. v. H. Hammans, H. J. Reudenbach, H. Sonnemans (Pb u. a. 1990) 181–200; *E. Paul*, Theologie und Verkündigung am Beispiel der inhabitatio-Lehre: ebd. 201–211; *W. W. Müller*, Gnade Christi, passim.

7 *H. Schauf*, Einwohnung 152.

8 Ebd. 184.

9 *W. W. Müller*, Gnade Christi 135.

10 *Grabmann* G 231.

11 Theologie in Aufbruch und Widerstreit (Bremen 1965) 371.

12 Vgl. *R. Reinhardt*, Teologia romana nella Germania del XIX seculo: CrStor 12 (1991) 553–567, 557.

Zusammenhang einen „Selbstdenker" nennen[13]. Tatsächlich ist er mehr als ein Sammler und Redaktor überlieferter Thesen zur Gottesfrage. Denkerischer *Eigenstand* ist nicht zu übersehen. Ihn treibt „ein ursprüngliches Verlangen an, eine ursprüngliche Kraft des Denkens und, nicht zuletzt, ein waches Bewußtsein, für den Geist der Zeit mit verantwortlich zu sein, das Erbgut des Glaubens und der christlichen Theologie erneut zu durchdenken und es in neuer Form darzubieten"[14]. Dieser Eigenstand bedingt ein *offenes* Verständnis der neuscholastischen Begrifflichkeit und Denkform; beide bilden aber den Rahmen der Theologie Scheebens.

Erstaunlich ist die Vielfalt der von Scheeben aus der Geschichte wie aus der aktuellen philosophisch-theologischen Diskussion aufgegriffenen und integrierten Impulse[15]: das grundlegende und alle menschliche Erläuterung übersteigende Zeugnis der Bibel, die Trinitätslehre der griechischen Väter und des lateinischen Mittelalters, die Neuscholastik und der spezifische Einfluß der Römischen Schule[16], das dort erschlossene Erbe der positiven Theologie Petaus und Thomassins, wie auch die spirituellen Impulse der École Française mit ihrem tiefen Verständnis der Mystik. An zeitgenössischen Strömungen prägen ihn der abklingende Idealismus sowie die vergehende Romantik[17] mit ihrem organologischen Denken und ihrer Vorliebe für Bilder. Schließlich dürfen Bezüge zur Tübinger Schule nicht unerwähnt bleiben; dort ist insbesondere Joh. Ev. Kuhn für den Rheinländer ein geschätzter Gesprächspartner[18]. Wie jener empfindet auch Scheeben den Rationalismus als *die* Herausforderung aktueller Theologie generell wie der Gotteslehre insbesondere. Die Fülle der genannten Anregungen hält Scheebens Denken lebendig und bewahrt ihn vor begrifflicher Enge und der Herrschaft von Denkformeln, wie er sie seinem Kontrahenten Theodor Granderath (1839–1902) vorhält[19]. Dank all der unterschiedlichen Richtungsweisungen und Zugänge vermag er das christliche Glaubenserbe aus einer „nur ihm in solcher Stärke eigenen Unmittelbarkeit" gegenüber dem Mysterium zu vermitteln[20].

Scheeben ist sich bewußt, dabei *neue Wege* zu gehen. So erwartet er für sein Buch *Die Mysterien des Christentums* (1865) nicht den Einwand zu starker Traditionsgebundenheit an die alte Scholastik. Wohl aber fürchtet er, „hie und da allzu kühn neue Wege betreten zu haben". Zugleich bekundet er die Absicht, sich selbst wie den Leser „über das Verhältnis des neuen Weges zu den alten genau zu orientieren"[21]. Es ist diese Spannung von Traditionsbezug und Neuaufbruch, die Scheebens Gotteslehre einem Teil seiner Zeitgenossen zu scholastisch erscheinen läßt, während sie einige Neuscholastiker als nicht authentisch genug empfinden[22]. Die Kontroverse

---

[13] *A. Erőß*, Die persönliche Verbindung mit der Dreifaltigkeit: Schol 11 (1936) 370–395. Mit Bezug auf ihn *K.-H. Minz*, Der dreifaltige Gott 258, und *W. W. Müller*, Gnade Christi 99.

[14] *J. Höfer*: Scheeben I, X.

[15] Vgl. *W. W. Müller*, Gnade Christi 75–100.

[16] Vgl. *K.H. Neufeld*, Zur „Römischen Schule" im Deutschen Sprachraum: Geist und Kirche. Gedenkschrift für H. Schauf, hg. v. H. Hammans, H.J. Reudenbach, H. Sonnemans (Pb u. a. 1990) 323–340.

[17] *J. Höfer*: Scheeben I, X.

[18] *W. W. Müller*, Gnade Christi 75.

[19] *Scheeben* VIII (Aufsätze) 273.

[20] *J. Höfer*: Scheeben I, XI.

[21] *Scheeben* II, XIII.

[22] *W. W. Müller*, Gnade Christi 100.

mit Theodor Granderath[23] über die inhabitatio propria des Heiligen Geistes sowie die Debatte mit J. Kleutgen um den Glaubensbegriff[24] zeigen tiefgreifende Vorbehalte von Neuscholastikern gegenüber trinitätstheologisch relevanten Positionen des eigenständigen Kölner Dogmatikers.

2. *Theologe der Übernatur*

a) Natur und Gnade

Darf Scheeben generell als Lehrer der *göttlichen* Berufung des Menschen gelten, so sei als *erstes* Kennzeichen seiner Trinitätstheologie deren innere Verknüpfung mit der *Lehre von Natur und Gnade* genannt. Seit Thomas[25] bewegt dieses Thema als zentrale Frage die Gotteslehre. Die harmonische Zuordnung beider Größen beim Aquinaten erscheint in der Reformation und im Jansenisten-Streit auseinandergebrochen[26]. Sie ist auch noch nicht wiedergefunden, als die im 19. Jahrhundert aufbrechende Neuscholastik die Verhältnisbestimmung von Natur und Gnade als *die* Bewährungsprobe für den Eigenstand des Christentums ansieht.

Der Tübinger Joh. Ev. Kuhn hatte zu Beginn des Jahrhunderts versucht, wie das Verhältnis von Glauben und Wissen, so auch das von Natur und Gnade mit seiner unterscheidend-zuordnenden Denkform zu bestimmen; dabei hatte er eine aktive Potenz der Natur gegenüber der Gnade angenommen. Hiermit war er auf heftigen Widerspruch bei Constantin von Schäzler gestoßen[27]. Die in ihm repräsentierte Neuscholastik glaubte, um der Identität des christlichen Glaubens willen nuanciert dessen Übernatürlichkeit und Offenbarungscharakter betonen und klar dem natürlichen Verlangen des Menschen gegenüberstellen zu müssen. Von ihm her eine Brücke zu Gott finden zu wollen wird als Semirationalismus zurückgewiesen. Für diese Position, die Natur und Gnade derart *trennt*, findet sich in der Theologiegeschichte die treffende Kennzeichnung „Zwei-Stockwerke-Theorie"[28]. Erst in der dramatischen Auseinandersetzung mit der Nouvelle Théologie in der Mitte unseres Jahrhunderts reift das Verständnis dafür, daß eine begriffliche wie inhaltliche Abgrenzung von Natur und Gnade als Complementum der positiven inneren Zuordnung bedarf, um den Menschen in seinem schöpfungsgemäßen Gottesbezug zu erfassen.

Scheeben vertritt in diesem Diskussionsfeld eine relativ vermittelnde Position. Er ist sich des Spannungsverhältnisses von Natur und Gnade vollauf bewußt, verweist aber zugleich auf ihren inneren Zusammenhang. Bereits in seiner Frühschrift *Natur und Gnade* (1861) spricht er von „natürlicher Empfänglichkeit (potentia obedientialis)" des geschöpflichen Geistes, kraft derer er in seiner absolut höchsten Vollendung „ein vollständig ausgeprägtes Bild der Trinität" werden kann. Gegenüber diesem „Kristallspiegel" der heiligen Dreifaltigkeit ist der geschaffene Geist als solcher „nur eine bewußtlose, unvollkommene und entfernte Analogie"[29]. Auch in den *Mysterien des Christentums* findet sich diese Unterscheidung: Als (bloßes) Geschöpf betrach-

---

[23] Ebd. 172–174.

[24] Ebd. 86–89.

[25] Vgl. *F. Courth*, Trinität. In der Scholastik (HDG II/1b) (Fr-Bs-W 1985) 102f.

[26] Vgl. u.a. *M. Seybold*, Zur theologischen Anthropologie bei M. Baius (1513–1589) und Thomas Stapleton (1535–1598): L. Scheffczyk – W. Dettloff – R. Heinzmann (Hg.), Wahrheit und Verkündigung, FS M. Schmaus, Bd. 1 (M-Pb 1967) 799–818.

[27] Vgl. u.a. *F. Wolfinger*, Der Glaube nach Joh. Ev. von Kuhn (Gö 1972).

[28] Vgl. u.a. *H. Mühlen*, Gnadenlehre: BTZJ III 148–192, 163ff.

[29] *Scheeben* I 108.

tet, ist der Mensch nur in eingeschränktem Sinn Gottes Abbild; er läßt dessen dreipersonales Leben höchst uneigentlich erkennen[30]:

Es sei eine irrige Annahme, „das Verhältnis, in welchem die Kreatur, die vernünftige namentlich, von Haus aus zu Gott stehe, sei schon ein Bild desjenigen, in welchem die göttlichen Personen zueinander sich befinden, oder auch die natürlichen Vorgänge in dem Selbstbewußtsein und der Gotteserkenntnis der vernünftigen Kreatur entsprächen als Abbild den trinitarischen Vorgängen in Gott". Würde man bereits im kreatürlichen Menschen Spuren des dreifaltigen Gottes erkennen, „wäre die reale Offenbarung der Trinität keine geheimnisvolle und übernatürliche mehr, und die Trinität selbst würde von dieser Seite wenigstens ihren übernatürlichen Charakter und ihre übernatürliche Bedeutung verlieren".

Gewiß sind die Menschen wegen ihrer geschöpflichen Herkunft aus Gott dessen Ebenbilder, was sie von der unvernünftigen Kreatur unterscheidet. Aber ihre Natur ist „noch immer wesentlich ungleichartig mit der göttlichen, und nur in einem sehr metaphorischen Sinne kann man ihren Ursprung aus Gott mit der Zeugung des Sohnes aus dem Vater vergleichen und ihn Zeugung aus Gott nennen. Im eigentlichen Sinne wird an der Kreatur nur dann die ewige Zeugung aus Gott nachgebildet, wenn Gott dieselbe über ihre eigene Natur hinaus zur Teilnahme seiner eigenen Natur erhebt, aus dem Schoße der Gottheit die derselben eigentümliche Heiligkeit und Herrlichkeit über sie ausbreitet und sein eigenes Leben in sie ausgießt. Aber diese Zeugung und das darauf beruhende Verhältnis zu Gott ist offenbar höchst übernatürlich und geheimnisvoll; es entsteht nur dadurch, daß die Kreatur durch eine wundervolle gnadenreiche Adoption in den Schoß Gottes an die Seite des eingeborenen Sohnes hineingezogen wird.

Wenn sich in einer solchen Nachbildung das Verhältnis des Sohnes Gottes zum Vater wirklich in seinem eigentümlichen Charakter offenbart, so ist doch diese Offenbarung selbst für die Vernunft nicht nur nicht wahrnehmbar, sondern auch unbegreiflich. Es ist also eine Offenbarung, die selbst an dem geheimnisvollen Charakter ihres Urbildes teilnimmt, eine Offenbarung nicht für die Vernunft, sondern für den übernatürlichen Glauben, den der Geist Gottes in die Tiefen der Gottheit einführt".

Scheeben sieht das Trinitätsbekenntnis und seine lehrhafte Auslegung *wesentlich* durch Übernatürlichkeit und Offenbarungsbezug bestimmt; es gehört bei aller Offenheit des kreatürlichen Geistes zur Ebene des Glaubens und der Gnade. Entsprechend dazu weist Scheeben bis hin zu seiner *Dogmatik* den Traktat „De Deo uno" dem Bereich der Natur zu[31]. Sosehr Scheebens Verhältnisbestimmung von Natur und Gnade eine *relativ* vermittelnde Position genannt wurde, zeigt sie sich doch als ergänzungsbedürftig. Das wird nicht zuletzt dort deutlich, wo die Frage nach Geschichtlichkeit und Entwicklung ansteht. Weil Natur und Gnade zwar aufeinander bezogen, nicht aber zuinnerst verbunden sind, besitzt (nicht nur) die Gotteslehre Scheebens eine ausgeprägt *idealistische* Struktur. Mit der Gottes- und Christusgeschichte verbundene dramatische Züge sind ihr fremd.

Angesichts seines Ordnungsrahmens *Natur und Gnade* muß man Scheeben einen neuscholastischen Trinitätstheologen nennen, ohne damit die Frage nach weiteren spezifischen Konturen zu präjudizieren. Wenn man ihn gar als *Theologen der Über-*

---

[30] *Scheeben* II 116f. Differenzierter sind die Ausführungen der *Schöpfungslehre*, dazu *Scheeben* V n. 368–376. Vgl. *L. Scheffczyk*, Schöpfung als Vor-Ordnung der Gnade. Zur Schöpfungslehre M.J. Scheebens: M.J. Scheeben teologo cattolico d'ispirazione tomista (Studi tomistici 33) (Ro 1988) 205–225.

[31] Vgl. *Scheeben* IV (Gotteslehre) n. 66, S.28: „Ebenso entschieden, wie die Eigentümlichkeiten der göttlichen Wesenheit und Natur in den Bereich der natürlichen Erkenntnis fallen, liegt die *Dreifaltigkeit der göttlichen Personen*, oder die bestimmte Art und Weise, wie die göttliche Natur in sich selbst subsistiert und durch Mitteilung ihrer selbst mehreren Personen zu eigen wird, über den Bereich der natürlichen Erkenntnis nicht bloß *relativ* (d.h. bezüglich einer bestimmten historischen Entwicklung derselben), sondern *absolut* (d.h. bezüglich ihrer äußersten Tragweite) hinaus". Vgl. *K.-H. Minz*, Der dreifaltige Gott 245.

natur kennzeichnet, sei damit hervorgehoben, daß er in der Diskussion des zu Ende gehenden 19. Jahrhunderts als ein Autor erscheint, der seit seinen Frühschriften die Begrenzung des kreatürlichen Menschen vor Gott wahrnimmt, sie aber in die unausschöpfbare Weite des Dreifaltigen hinein öffnet. Scheeben ist jener Theologe, der im 19. Jahrhundert am deutlichsten die Tiefe des dem Christen gnadenhaft gewährten Gottesbezuges bedenkt. Von hierher ist sein trinitätstheologischer Beitrag zu bestimmen. Er sieht den Gläubigen dem Dreifaltigen nachgebildet, von ihm zuinnerst geformt und in ihm vollendet. Die beiden der Neuscholastik wichtigen Spannungspole *Natur und Gnade* sind für Scheebens Gottes- und Menschenbild *unverzichtbare Richtpunkte.* Es ist der dreifaltige Gott, der Sein und Sinn des seiner Natur nach begrenzten Menschen erhebt.

Anders dagegen der Rationalismus, der menschliches Denken in sich verschließt. In dessen Extremform, dem Pantheismus, wolle die Vernunft gerade darum nichts anderes als sich selbst anerkennen, „weil sie eben durch ihre Natur *alles* ist, alles erkennt, alles besitzt". Ein solches Denksystem ist nach Scheeben allein schon deswegen unzureichend, weil „es die Natur und Vernunft des Menschen nicht als das anerkennt, was sie wirklich ist"[32]. Ihrer bewußt, möchte der Kölner Dogmatiker die wahre Größe des vom dreifaltigen Gott erfüllten Menschen aufzeigen. Damit dürfte er ein zentrales Anliegen der verstärkt anthropologisch gewendeten Theologie des 20. Jahrhunderts vorwegnehmen[33].

b) Gottes eigene Lebensfülle

Es entspricht dem bisher angedeuteten Ordnungsrahmen von Natur und Gnade, ein dem zuinnerst zugeordnetes Merkmal Scheeben'scher Trinitätslehre zu skizzieren. Gemeint ist ihr *ausgeprägter Blick auf das innergöttliche Leben.* Unter den wirkmächtigen Theologen des 19. Jahrhunderts gibt es kaum jemanden, der hier so klar gewichtet wie er.

Im Vergleich etwa mit H. Schell erweist sich für den Kölner Dogmatiker die immanente Trinitätslehre in noch eindeutigerem Maße kennzeichnend. Der Würzburger Apologet will die lebendige Wesenseinheit Gottes und ihre Dreipersonalität in einer bewußt integrierenden Perspektive beleuchten; deshalb weist er zu deutlich unterscheidende Kategorien zurück. Anders Scheeben, der gemäß scholastischer Tradition in ausgeprägter Weise begrifflich differenzierend vorgeht. Dabei beachtet er gleichwohl, überliefertes Vokabular nicht vorschnell zu verabsolutieren. Solches widerspräche seiner abwägenden Methode. Sie ist bestrebt, „die Bildersprache der Schrift und der Väter aufzunehmen und zu durchleuchten, die dem klaren Begriff stets zustrebt, aber sich hütet, mit einem Begriffswort zufrieden zu sein, wo der Begriff selbst noch nicht klar geworden ist"[34].

Der Kerngedanke, der nach Scheeben den Trinitätsglauben genetisch wie inhaltlich erschließt, ist die Lehre von den innergöttlichen Hervorgängen. Hier ist auch der Punkt, wo der Übergang von der natürlichen zur übernatürlichen Gotteserkenntnis am günstigsten erfolgt.

---

[32] *Scheeben* VIII (Aufsätze) 19.
[33] Vgl. *W. W. Müller*, Gnade Christi 255–329.
[34] *J. Höfer*: Scheeben I, XI.

Scheeben nennt die innertrinitarischen Ausgänge den *„Lichtpunkt, in dem sich die Einheit des göttlichen Wesens zur Dreifaltigkeit der Personen entfaltet*, wo wir diese mit jener in Verbindung treten oder vielmehr aus ihr hervorbrechen sehen. Die Vernunft zeigt uns Gott in der Einheit der Natur, nicht die Fruchtbarkeit Gottes in realer Produktion nach innen in seinem eigenen Schoße. Da tritt nun der Glaube hinzu und belehrt uns, daß Gott nicht bloß nach außen, sondern auch nach innen produktiv und fruchtbar sein kann und ist, und damit bringt er uns auf den Weg, die Dreifaltigkeit der Personen aus ihrer Wurzel zu entwickeln"[35].

Zur weiteren Erläuterung dieses Gedankens greift Scheeben in den *Mysterien des Christentums* zu den in der abendländischen Trinitätslehre immer wieder entfalteten Analogien des menschlichen Geisteslebens und verbindet sie mit der aristotelischen Akt- und Potenzlehre. Wie dem Aquinaten weiß er sich Augustinus, aber auch Anselm von Canterbury (1033/34–1109) und Richard von St. Victor verpflichtet[36]. Dieser klassischen Tradition fügt er, H. Schell ähnlich, das besonders seit der Romantik beliebte Motiv der *Lebensfülle* hinzu[37]. So gelten ihm die trinitarischen Hervorgänge als Ausdruck für den *„übergroßen, überschwenglichen Reichtum Gottes"*[38], der sich als geistige Wirklichkeit in Erkennen und Lieben vollzieht. Weil es in Gott keinen Übergang von der Potenz zum Akt gibt, gehört zum göttlichen Erkennen wesenhaft das erkannte *Wort und Bild* seiner selbst.

Den metaphysischen Gedanken des *actus purus* mit dem der göttlichen *Lebensfülle* verbindend, schreibt Scheeben: „Gott kann nicht sein Wort und Bild produzieren, *um* sich erst zu erkennen; er produziert es, *weil* er sich erkennt, aus der *überströmenden Fülle und Aktualität* seiner Erkenntnis, die eben keine bloße Erkenntnis, sondern *eine unendlich fruchtbare* Erkenntnis ist und wegen ihrer unendlichen Fruchtbarkeit danach strebt, sich einen adäquaten Ausdruck zu geben in einem Worte und Bilde, das im Schoße Gottes verbleibt"[39]. Oder, im Überstieg der scholastischen Begrifflichkeit und sich alexandrinischer Sehweise annähernd: „Das Licht der Erkenntnis strahlt sich aus in dem Abglanz eines unendlichen Ebenbildes"[40].

Entsprechend benennt Scheeben den ersten innergöttlichen Hervorgang: *Abglanz, Wort, Ausdruck, Zeugnis, Bild*. Parallel zur göttlichen Erkenntnis bezeichnen *Flamme, Aspiration, Hingabe, Pfand, Blüte* die Frucht der innergöttlichen Liebe.

Dem Gedankengang zum göttlichen Erkennen ähnlich, heißt es zur Liebe, dem zweiten innertrinitarischen Hervorgang: „Gott *ist* seine Liebe in der reinsten und vollsten Aktualität; aber eben deshalb, lehrt uns der Glaube, weil die Liebe in Gott kein erst hervorgerufener Akt, weil sie ein ewiger Urakt und eben dadurch zugleich *ein überreicher Akt* ist, ist sie nicht minder fruchtbar als die göttliche Erkenntnis; deshalb bringt Gott durch sie einen unermeßlichen Hauch, eine Aspiration der Liebe hervor und ein unendliches Liebespfand ...; in diesem Pfande legt Gott seine Liebe nieder, aber nicht die Liebe, sondern das Pfand derselben tritt aus dem Liebenden heraus, als etwas von ihm Verschiedenes, ihm Gegenüberstehendes"[41].

Bei beiden Analogien geht es Scheeben darum, die innere, wesenhafte Lebendigkeit Gottes zu artikulieren. Biblisches Zeugnis, das diese Überlegungen inspiriert, ist Joh 1,1: „Im Anfang war das *Wort* und das Wort war *bei Gott* und *Gott* war das Wort"[42]. Ferner verweist er auf Hebr 1,3; danach ist der Sohn „Abglanz" (character)

---

[35] *Scheeben* II (Mysterien) 45f.
[36] Ebd. 47.
[37] *W. W. Müller*, Gnade Christi 18–24.
[38] *Scheeben* II (Mysterien) 51.
[39] Ebd.
[40] Ebd. 52.
[41] Ebd.
[42] Ebd. S. XV u. 53.

der Herrlichkeit Gottes und „Abbild“ (figura) seines Wesens[43]. Das Gottesbild der Bibel, auch das des Alten Bundes, übersteigt nach Scheeben die Kategorien eines allzu linear gefaßten Transzendenzverständnisses. Zum weltüberhobenen Gott, wie ihn die Schrift bezeugt, gehören seit Ewigkeit Erkenntnis seiner selbst, Teilgabe des Lebens, Bande der Liebe. Hiervon ist der biblische Gott zuinnerst bestimmt, noch ehe er sich als solcher dem Menschen erschließt.

Wie für H. Schell ist auch für Scheeben die *Lebendigkeit* tragende Grundkategorie seines Gottes- und Trinitätsverständnisses. Der Kölner Dogmatiker geht jedoch noch einen Schritt weiter; ausdrücklich bedenkt und entfaltet er auch die *Fruchtbarkeit* des göttlichen Lebens. Dieses ist mehr als absolutes Sein im Sinne des actus purus, mehr auch als nie endender Überfluß nach Art einer immer sprudelnden Quelle. Gottes Leben ist *fruchtbringend*; es entbirgt etwas gegenüber dem Ursprung *Verschiedenes;* und doch stehen beide in wesenhafter Einheit einander gegenüber, so wie die Wurzel zur Frucht, der Gedanke zum Wort, die Liebe zum gewährten Geschenk.

Diese Analogien ebnen Scheeben den Weg zur Lehre von den drei trinitarischen Personen. Der *Vater* ist der *Urquell* göttlichen Lebens: *„durch* die Erkenntnis und Liebe der ersten Person in der Gottheit, des ursprünglichen Inhabers der göttlichen Natur und ihrer Lebenstätigkeit, wird *der Ausdruck* oder *Äußerung* und *Bekundung*, die *Offenbarung dieser Erkenntnis und dieser Liebe reell hervorgebracht*, als etwas von der produzierenden Person Verschiedenes, ihr reell Gegenübertretendes, in realer Beziehung zu ihr Stehendes“[44].

Um die Frucht der vom Vater ausgehenden Erkenntnis *personal* zu fassen, ergänzt Scheeben das Analogiefeld *Wort* durch den Begriff der *Repräsentanz*. Damit kann er dem *Wort* eine Bedeutung geben, die über symbolhafter Personifikation liegt. Es ist *„der persönliche Repräsentant der Weisheit der ersten Person“*; es stellt die Weisheit Gottes nicht nur dar, sondern besitzt sie vollständig und wahrhaft. Wie der Vater ist das Wort ihr *„wirklicher Träger und Inhaber“*[45], womit ihm konsequenterweise Personalität zukommt.

Daß schließlich auch das *Pfand* und *Siegel* der göttlichen Liebe personal zu verstehen ist, erschließt sich für Scheeben dadurch, daß Vater und Sohn ihre Liebe nicht zur eigenen Vervollkommnung weitergeben. Die sie verbindende Liebe strebt vielmehr danach „dieselbe Natur und Wesenheit noch in ein drittes Subjekt, eine dritte Hypostase überzuleiten, und die Wonne, welche diese beiden in dem Besitze derselben Natur genießen, kann auf keine andere Weise zu einem realen Ausdruck gelangen als dadurch, *daß sie noch eine dritte Person in diese Gemeinschaft aufnehmen*, daß sie das, was sie besitzen, ohne es zu verlieren, noch mit einer dritten ganz und untrennbar teilen“[46].

Somit erscheint die unendliche Lebensfülle des wesenseinen Gottes als dreipersonale Gemeinschaft der Weisheit und der Liebe. Ihr innerer Reichtum ist für alles natürliche wie übernatürliche Leben währender Quellgrund. Dieser öffnet sich zur Kreatur in den Sendungen des Wortes und des Heiligen Geistes. In ihm kommt das belebende Wirken des dreifaltigen Gottes nach außen zu seinem eigentlichen Ziel; er

[43] Ebd. 53. Dort auch Bezug auf Weish 7,25 f.
[44] Ebd. 49.
[45] Ebd. 65.
[46] Ebd.

verbindet Vater und Sohn mit dem erlösungsbedürftigen Menschen. Dieser wird durch ihn des göttlichen Lebens teilhaftig und zum gültigen Abbild des Dreifaltigen erhoben.

Zeit seines Lebens schenkt Scheeben der trinitarischen Pneumatologie und der entsprechenden Anthropologie gesteigerte Aufmerksamkeit. Dabei gibt er von seinen frühen Schriften[47] an über *Die Mysterien des Christentums* (1865)[48] bis hin zur Gotteslehre seiner *Dogmatik* (1875)[49] eine jeweils differenziertere Antwort. Diese Entwicklung konturiert das spezifische Profil seines Beitrages zur Trinitätslehre seiner Zeit. Scheebens Impuls betrifft die in der Person des Heiligen Geistes geeinte Dynamik von immanenter und ökonomischer Trinität. Mit Recht darf hier von einem „Konstruktionsprinzip" seiner Theologie gesprochen werden[50].

3. *Trinitarische Pneumatologie*

a) Scholastische Tradition

In seiner Frühschrift *Natur und Gnade* bestimmt Scheeben die Verbindung des dreifaltigen Gottes mit dem auf ihn hin offenen Menschen noch ohne besondere pneumatologische Perspektive. „Die Natur unseres übernatürlichen Lebens" ist prägender Gedanke. Entsprechend äußert Scheeben Widerspruch zur Einwohnungslehre des Petavius; dieser sei „nicht tief genug auf den Begriff des Übernatürlichen" eingegangen[51]. Noch bewegt sich der junge Theologe in den Bahnen des lateinischen Mittelalters und läßt sich von dessen konzentriertem Blick auf Natur und Wesen Gottes leiten. Im trinitarischen Prozeß ist für Scheeben „die göttliche Wesenheit unmittelbar das Zentrum, um das sich derselbe bewegt; sie ist unmittelbar der Gegenstand der in demselben sich offenbarenden Tätigkeiten der Erkenntnis und der Liebe, und diese sind nur insofern Momente in dem Prozesse, als sie spezifisch göttlich sind und aus spezifisch göttlicher Kraft hervorgehen". Der geschöpfliche Mensch wird in dem Maße zum Spiegel des dreifaltigen Gottes, als dieser selbst „*unmittelbar* in seiner Wesenheit" Gegenstand der Erkenntnis und Liebe wird[52]. Auch wenn Scheeben diese beiden Lebensvollzüge im Glaubensakt bündelt und als vollkommene Bilder des dreifaltigen Gottes deutet, steht doch der Blick auf dessen *Sein und Wesen* leitend im Vordergrund. Die göttliche Wesenheit ist wie beim innergöttlichen Vollzug Gegenstand der trinitarischen Gotteserkenntnis. Personale Aspekte bleiben diesem Anliegen eingeordnet.

Wenn der kreatürliche Geist, „zu göttlicher Geistigkeit erhoben, an der Geistigkeit Gottes partizipiert, leuchtet *Gott der Vater* mit dem ihm eigenen göttlichen Lichte in ihn hinein, und so kann er die Wesenheit des Vaters unmittelbar in ihr selbst erkennen. Hierdurch erzeugt er dann in sich *ein Wort*, das die göttliche Wesenheit ausspricht, ein Wort, das dem substantiellen Worte in der Trinität vollkommen nach seiner eigenen Art ähnlich ist, sich aufs innigste an dasselbe anschließt und es in sich nachspricht und abspiegelt; weshalb denn auch in der Sprache der Väter

[47] *Scheeben* I (Natur und Gnade u. Die Herrlichkeiten der göttlichen Gnade) sowie *Scheeben* VIII (Aufsätze).
[48] *Scheeben* II.
[49] *Scheeben* IV.
[50] *K.-H. Minz*, Der dreifaltige Gott 251.
[51] *Scheeben* I 121.
[52] Ebd. 107.

und Theologen gesagt wird, daß die Seligen »in Verbo«, im göttlichen Worte, die Gottheit sehen. Wie nun aus dem ewigen, unendlichen Worte die göttlich-kindliche Liebe zum Vater und wiederum, als süße Frucht dieser Liebe, der Geist der Liebe, der Heilige Geist, hervorgeht, um den Sohn mit dem Vater in untrennbarer Einheit zu verbinden: so geht auch aus dem Worte, das der geschaffene Geist jenem nachstammelt, eine kindliche Liebe hervor, als das getreue Bild und der Abdruck von jener Liebe, welche zwischen Sohn und Vater besteht, deren Terminus der Heilige Geist ist; eine Liebe, die unmittelbar sich in die Wesenheit des Vaters versenkt, die unmittelbar seine Schönheit und Süßigkeit verkostet, mit ihren kühnen Schwingen sich bis in den Schoß des Vaters an die Seite des Eingeborenen erhebt und so gewissermaßen *ein* Feuer ist mit jenem Feuer göttlicher Liebe, dessen Flamme der Heilige Geist ist“[53].

Das der scholastischen Tradition verpflichtete Wesensdenken des jungen Scheeben führt diesen gleichwohl nicht zu einem seinshaft statischen noch zu einem begrifflich eingeengten Gottesverständnis. Ihm erscheint der überlieferte Rahmen weit genug, eine durch und durch lebendige Sicht Gottes zu vermitteln. Sie bleibt religiösem Leben gegenüber nicht äußerlich. Es ist dem Dreifaltigen nachgebildet, von ihm zutiefst geprägt und vermag ihm so geschichtliche Gestalt zu geben. Diese durchaus klassische, bei Augustinus vorgebildete Perspektive ist bei Scheeben von Anfang an mit einer bemerkenswerten Lebendigkeit verbunden. Weitere Vitalität fließt dann in dem Maße ein, als die Pneumatologie des Kölner Dogmatikers Konturen gewinnt. In den *Mysterien des Christentums* findet sie ihren ersten Ausdruck.

Äußeres Zeichen für die theologische Entwicklung Scheebens ist sein inzwischen geändertes Urteil zu Petavius; ihm gegenüber weiß er sich durch „ein tieferes Studium der Väter und Theologen ... eines Besseren belehrt“[54]. Inhaltlich ist die modifizierte Position dadurch bestimmt, daß Scheeben deutlicher auf die trinitarischen Personen und ihre Proprietäten schaut. Ist der Heilige Geist innertrinitarisch die Liebesgabe zwischen Vater und Sohn, dann gilt er auch dem begnadeten, der göttlichen Natur teilhaftigen Menschen als höchste Gabe. Der von Gott her und zu ihm hin erhobene Gläubige darf sich zur *geschaffenen* heiligmachenden Gnade des Heiligen Geistes als *ungeschaffener Gnade* erfreuen. Für Scheeben besitzt der erlösende Gottesbezug zwei Aspekte. Der erste ist als *geschaffene Gnade* die übernatürliche Reinheit und Güte der Seele, wodurch diese die Heiligkeit der göttlichen Natur widerspiegelt; zugleich disponiert sie zur Aufnahme des Heiligen Geistes[55]. Dieser zweite, pneumatologische Aspekt bezeichnet mit dem Heiligen Geist das eigentliche Ausmaß der gewährten Gottesgemeinschaft. Denn er ist „in seiner Person die göttliche Gnade, »gratia« im erhabensten und vollsten Sinne des Wortes und heißt als solche die »gratia increata«“[56]. So wird uns durch ihn die Fülle des trinitarischen Lebens vermittelt. „In ihm und durch ihn“ empfangen wir den Sohn und den Vater, die ihn uns als das Pfand ihrer Liebe und Seligkeit senden; „an ihm und durch ihn erhebt sich unser Gedanke und unsere Liebe zum Genusse derjenigen Personen, von denen er ausgegangen“[57].

Diesen Gedanken verdeutlicht Scheeben dadurch, daß er den Heiligen Geist nicht nur donum increatum nennt, sondern auch „donum hypostaticum“[58]. Damit möchte er ausdrücklich die *personale* Anwesenheit der innertrinitarischen Liebe im

---

[53] Ebd. 107f.
[54] *Scheeben* II 134 Anm. 1.
[55] Ebd. 143.
[56] Ebd. 93.
[57] Ebd. 137.
[58] Ebd. 138.

Menschen betonen. Gerade deren personales Verständnis läßt ihn einer zu weit und unbestimmt gefaßten Sicht der dem Menschen geltenden Gottesliebe widersprechen. Unzureichend erscheint ihm der Vergleich, daß uns Gottes Liebe derart erfülle, wie der Geliebte sich der Nähe des Liebenden gewiß sein darf. Scheeben sieht das Band Gottes zum Menschen enger geknüpft. Nach ihm *besitzen* wir die trinitarische Liebe „in ihrem substantiellen Wesen und in ihrem hypostatischen Ausfluß substantiell in uns. Wir besitzen sie als solche, die nicht bloß andere Gaben, sondern sich selbst als eine besondere Gabe uns zuwendet und in uns hineinlegt. Diese Liebe, womit der ewige Vater seinen Sohn liebt, ist in ihrem innern Wesen und mit ihrem innern Ergusse wie im Sohne selbst so auch in uns als unser Eigentum ..."[59].

Scheeben macht sich für seine erneuerte Position die klassische Unterscheidung der Scholastik von *geschaffener* und *ungeschaffener* Gnade zunutze und wendet sie auf das biblische Zeugnis (bes. Röm 8,14–16; 8,26; Gal 4,4; Eph 1,13f.; 2,14; 2 Kor 13,13; Phil 2,1) von der Einwohnung des Heiligen Geistes an. Erst dessen Anwesenheit als „donum increatum et hypostaticum"[60] begründet die eigentliche Würde der Gotteskindschaft des einzelnen Gläubigen wie auch ihrer Gemeinschaft, der Kirche. Er ist deren Siegel und Band; es verbindet „wie den Vater mit dem Sohne, in seinem Ausgang von beiden, so Vater und Sohn mit der Kreatur durch seine Einkehr in dieselbe"[61]. Mit dieser Person- wie Kirchen-bezogenen Auslegung glaubt Scheeben, das Schriftwort von der Gemeinschaft des Heiligen Geistes (2 Kor 13,13; Phil 2,1) in seinem „höchsten Sinne" erfaßt zu haben.

Der Apostel Paulus meine „eine Gemeinschaft nicht bloß mit dem Heiligen Geiste selbst, sondern eine durch ihn selbst, in seinem Ausgang und Eingang begründete Gemeinschaft der Kreatur mit den göttlichen Personen, eine Gemeinschaft, in welcher der Heilige Geist nicht nur jede einzelne, sondern alle geheiligten Kreaturen zusammen mit den göttlichen Personen und darum auch untereinander vereinigt, wie ein goldenes Band alle miteinander durchdringend und umschlingend"[62].

b) Einfluß griechischer Väter

Scheebens weitere Entwicklung ist in der Gotteslehre seiner *Dogmatik*[63] dokumentiert, wo er zu einem reflektierten Ausgleich von lateinischem und griechischem Trinitätsverständnis hinfindet[64]. Erneut macht er ein vertieftes Studium der griechischen Väter geltend. Was sie zur Gotteslehre beisteuern, bereichert die Sehweise der Scholastik[65]. Er attestiert der östlichen Formel zum Hervorgang des Heiligen Geistes *ex Patre per Filium* gegenüber der der Lateiner *ex Patre Filioque* biblischen Ursprung, einen guten Sinn „und sogar einen relativen Vorteil"[66]. Positiv wertet er, daß die griechische Formel verdeutlichend das Zeugnis der Heiligen Schrift artikuliere, wonach der Vater ursprungloser Ursprung und der Sohn vermittelnder Weg allen göttlichen Wirkens sei; beide bildeten im Grunde nur *ein* integriertes Prinzip.

---

[59] Ebd.
[60] Ebd. 139.
[61] Ebd. 147.
[62] Ebd.
[63] *Scheeben* IV, hg. v. M. Schmaus.
[64] Vgl. *K.-H. Minz*, Pleroma 62; dort auch den Hinweis auf die 2. Aufl. der *Mysterien des Christentums*. Vgl. ferner *W. W. Müller*, Gnade Christi 159 Anm. 100.
[65] *K.-H. Minz*, Pleroma 62, mit Bezug auf einen Brief Scheebens an J. Kleutgen.
[66] *Scheeben* IV n. 876, S. 372.

Das gelte auch für den Hervorgang des Heiligen Geistes. Dabei betone die griechische Formel die vermittelnde Zuordnung des Sohnes zum Vater klarer als die parallelisierende Sicht des Westens. Ihr gegenüber artikuliere der Osten deutlicher die *organische Kontinuität* der innergöttlichen Wesensvermittlung. Dieser Vorzug ist wohl mit dem Nachteil verbunden, „daß die Gleichheit der Beteiligung des Sohnes mit der des Vaters nicht so klar darin ausgesprochen ist wie in der lateinischen“[67].

Scheeben dringt aber noch tiefer in die Eigenart des griechischen Trinitätsverständnisses ein. Danach erscheinen ihm die beiden innergöttlichen Hervorgänge „als eine in gerader Linie *fortlaufende Bewegung* ..., indem *die zweite eben aus der ersten hervorgeht* und *mit ihr in innerem, wesentlichem und lebendigem Zusammenhange steht*, so daß nicht nur die zweite die erste *wesentlich voraussetzt*, sondern auch die erste die zweite *virtuell in sich enthält, nach derselben strebt und in derselben abschließt*“. Diesen *linearen* Zusammenhang zeigen auch die naturhaften Trinitätsanalogien des Ostens: Wurzel-Stamm-Blüte, Quelle-Strom-See, Licht-Glanz-Strahl[68]. Die in diesen Bildern aufscheinende Sehweise der Griechen macht es nach Scheeben einsichtig, daß „eine *Nebeneinanderstellung*“ des Vaters und des Sohnes beim Ausgang des Heiligen Geistes „hart und gezwungen lauten könnte“. Gleiches gelte für die Rede, „die Blume entspringe aus der Wurzel *und* dem Stengel, oder der Duft aus der Pflanze *und* der Blume, oder der Atem aus dem Herzen *und* dem Munde“[69].

Scheeben geht es bei seinem würdigenden Blick auf die Trinitätslehre der griechischen Väter des 4. Jahrhunderts um mehr als Analyse und verstehendes Zugehen. Er weiß den eigenen Denkstil wie auch seine scholastische Begrifflichkeit durch deren Perspektive bereichert[70]. Der Westen bedarf der komplementären Sehweise des Ostens. Beide Traditionen ergänzen sich harmonisch; sie sind nicht gegensätzlich aufzufassen. Das wäre Häresie. Die *organische* Sicht der Griechen und die, wie er meint, *personale* der Lateiner sieht Scheeben sich einander wechselseitig einschließen[71]. In welchem Maße der Osten für sein eigenes Trinitätsverständnis prägend geworden ist, vermag die Lehre von der Einwohnung des Heiligen Geistes zu zeigen. Ihr versucht er, in seiner *Dogmatik* weiteres Relief zu geben.

Scheeben vertieft seinen bisherigen Standpunkt dadurch, daß er die verwandelnde Auswirkung auf den Gläubigen noch deutlicher hervorhebt. Zwischen dem sich selbst schenkenden Gott und dem von ihm erfüllten Menschen besteht ein Verhältnis innigster und wechselseitiger Angehörigkeit[72]. Die begnadete Seele wird durch die personale Sendung des Heiligen Geistes dessen Tempel, aber auch Adoptivtochter des Vaters und Braut des Sohnes[73]. Der gnadentheologische Teil seiner Schöpfungslehre[74] ist für Scheeben ein angemessener Ort, diesen Gedanken im Vergleich von westlicher und östlicher Tradition zu bewähren; dabei stellt er seine fortschreitende Annäherung an die Griechen erneut unter Beweis.

Das abendländische, speziell scholastische Verständnis der Gotteskindschaft sieht der Kölner Theologe nicht konstitutiv an die Einwohnung des Heiligen Geistes

---

[67] Ebd. 373.
[68] Ebd. n. 877, S. 373.
[69] Ebd. n. 878, S. 374.
[70] Vgl. *W. W. Müller*, Gnade Christi 161f.
[71] *Scheeben* IV n. 884, S. 376; n. 939, S. 398.
[72] Ebd. n. 939, S. 398.
[73] Ebd. n. 1072, S. 452; n. 1071, S. 451f.
[74] *Scheeben* V § 169.

gebunden, sondern nur an die geschaffene Gnade. „Als causa formalis oder als dasjenige, wor*in* die Kreatur die Würde der Kinder Gottes, die ihr entsprechende Gottwohlgefälligkeit usw. besitzt und wo*von* sie Kind Gottes, gottwohlgefällig usw. benannt wird, sah man ausschließlich die gratia *creata* animae *inhaerens* an“[75]. Scheeben sieht diese Position aus dem Widerspruch zu Petrus Lombardus[76] erwachsen; nach ihm wirkt der Heilige Geist *unmittelbar* in den Gläubigen als das Prinzip der theologischen Liebe. Ferner habe die Reformation den westlichen Standpunkt herausgefordert; ging es ihr gegenüber doch darum, die gerechte Beschaffenheit des Getauften zu betonen. Einen theologiegeschichtlichen Wendepunkt sieht Scheeben in Theologen wie Leonhard Lessius, Petavius und Thomassin; sie hätten gelehrt, daß in der Einwohnung des Heiligen Geistes außer der qualitativen Heiligung bei den Begnadigten auch eine *substantielle* Gottesbegegnung stattfinde. Wenn leider Petaus und Thomassins Gedankengut nur unzureichend aufgenommen wurde, hat dies nach Scheeben seinen Grund in deren zu geringer systematischer Konzentration; des weiteren seien ihre patristische Perspektive zu sehr in sich geschlossen und die Verbindungslinien zur scholastischen Gottes- und Trinitätslehre nicht deutlich genug aufgewiesen.

Konkret bemängelt Scheeben bei Petavius und Thomassin, „daß sie einerseits die Stellung der inhabitatio im Organismus der übernatürlichen Ordnung nicht genug ins Auge faßten und andererseits nicht beachteten, wie die Lehre der griechischen Väter, worauf sie sich stützen, zum großen Teil nach Inhalt und Ausdruck einer in sich geschlossenen, den Lateinern fremden Anschauungsweise bezüglich der Gotteslehre und Trinitätslehre angehört, worauf notwendig aufmerksam gemacht werden muß, sowohl um den Inhalt der betreffenden Beweisstellen zu verstehen wie auch um diese Auffassung mit der lateinischen in Einklang zu bringen“[77].

Anders als der lateinischen Scholastik ist nach Scheeben der griechischen Tradition die personhafte Einwohnung des Heiligen Geistes für das Verständnis des von Gott her und auf ihn hin erneuerten Menschen wesentlich. Mehr noch, der Osten betrachtet diese Lehre „als das wichtigste *konstitutive Moment der Kindschaft Gottes*“[78]. Die innere Begründung für diese Position sieht Scheeben darin, daß der Gläubige in dem Maße Kind Gottes ist, als ihn der Heilige Geist nach dem Urbild des ewigen Sohnes formt. Die Christwerdung darf als eine Art geistgewirkte Zeugung verstanden werden. Der Gläubige ist mehr als ein erwählter *Freund* Gottes. Die gewährte Verbindung ist enger. Scheeben nennt sie *Zeugung aus Gott* und *Vermählung mit dem Sohne Gottes*[79]. War den Lateinern der Heilige Geist „bloß Mittler innigster Freundschaft resp. der freundschaftlichen Seite der mystischen Ehe mit dem Sohne Gottes ..., erscheint er bei den Griechen als Mittler einer substanziellen Einheit resp. der realen Seite dieser mystischen Ehe“[80]. Scheeben, der hierfür auf Cyrill von Alexandrien verweist, möchte mit seiner vergleichenden Gegenüberstellung von West und Ost nicht polarisieren. Wie beim vorausgehenden Blick auf die unterschiedlichen trinitätstheologischen Denkstile, so sucht er auch hier den Ausgleich zwischen beiden Traditionsräumen. Er sieht das gnadentheologische Erbe beider sich einander ergänzen[81].

---

[75] Ebd. n. 837, S. 396.
[76] Vgl. *F. Courth*, Trinität 84.
[77] *Scheeben* V n. 840, S. 397.
[78] Ebd. n. 841, S. 398.
[79] Ebd. n. 852, S. 404.
[80] Ebd. n. 858, S. 408.
[81] Ebd. n. 872–883, S. 415–420.

Die Folge dieser integrierenden Sicht, die lateinische und griechische Gnadenlehre wie Kelch- und Blütenblätter einer Blume einander zuordnet, ist eine trinitarisch vertiefte Anthropologie. Der durch die personale Einwohnung des Heiligen Geistes als Kind Gottes erneuerte Mensch darf sich der „*realen Würdigkeit*" erfreuen, „von Gott *väterlich geliebt* und *mit seiner Erbschaft bedacht zu werden*". Ihm wird der volle Genuß Gottes zuteil. Vermöge der mit der personhaften Gegenwart des Heiligen Geistes vermittelten Teilhabe am trinitarischen Leben muß der Vater „die Kreatur in diejenige Liebe einschließen, die er zu seinem Sohne trägt, und ihr wie diesem ein Recht auf Mitgenuß seiner Herrlichkeit und Seligkeit zuerkennen, weil dadurch die Kreatur als zu ihm gehörig besiegelt und er so an sie gebunden erscheint, daß seine väterliche Liebe und der Mitgenuß seiner Herrlichkeit und Seligkeit ihr in vollkommenster Weise verpfändet ist und daher ihr nicht vorbehalten werden kann"[82].

In der Auseinandersetzung mit Th. Granderath[83] hat Scheeben seine trinitarische Sicht des Gläubigen zu bewähren. Besteht jener auf der *gratia creata* als einzig leitender Idee zum Verständnis des erneuerten Menschen, so antwortet der Herausgeforderte[84] sowohl mit einer begrifflichen Unterscheidung wie mit einem verdeutlichenden Hinweis auf die Sache selbst. Zu seiner Verteidigung führt Scheeben an, daß die geschaffene Gnade keineswegs den Begriff der Gotteskindschaft abdeckt. Er ist nach seiner Ansicht fähig „einer *inneren Füllung und Steigerung innerhalb des Umfanges seiner Grundform oder seines Wesens*, nämlich in Hinsicht *auf den Grad seiner Annäherung an das Ideal der natürlichen Sohnschaft*" Christi[85]. So unterscheidet er für die Gotteskindschaft einen „*elementaren*" und einen „*idealvollen*" Begriff; beide schließen sich nicht aus, sondern ergänzen einander[86]. Im Bezug auf letzteren fordert Scheeben seinen Kontrahenten auf, dessen *inhaltliche* Berechtigung zu prüfen. Kompromißhaft formuliert, sieht er sie in der Lehre der griechischen Väter, daß die Einwohnung des Heiligen Geistes die mittels der geschaffenen Gnade bereits begründete Adoptivkindschaft *vollendet*[87]. Dies kann nach Scheeben nur eine *seinshaft* verstandene Christusförmigkeit und Sohnschaft sein, für die der Heilige Geist Formalprinzip ist. Kraft seiner erhält die Seele „ein *höheres Standessein*, d.h. einen höheren *Seinsstand* und *Seinsbestand*"[88]. Die Hypostatische Union dient als erläuterndes Beispiel. Danach erhält die menschliche Natur Christi durch die Verbindung mit der Person des ewigen Logos ihren göttlichen Seinsstand. Vergleichbar „kann und muß auch in der Gnadenunion der Heilige Geist oder überhaupt das göttliche Wesen, *gerade als in sich subsistierende Form, durch eine jener eminenten Information analoge und derselben proportional äquivalente Inhabitation Formalursache des göttlichen Seins der begnadigten Menschen sein*, indem er nach Art einer forma insubsistens deren Substanz an sich zieht und trägt und zugleich dieselbe durch Mitteilung seiner selbst durchdringt und erfüllt"[89].

Dieser Vergleich, den er noch weiter *begrifflich* gegenüber der Hypostatischen Union abgrenzt, zeigt Scheebens theologisches Grundanliegen: Er ist mit allen denkerischen und terminologischen Mitteln bemüht, das Wesen des Christseins nicht nur in der als Akzidenz verstandenen Begnadung zu sehen, als *moralische* und *relative* Verbindung mit dem dreifaltigen Gott; steigernd wertet und verteidigt er dieses Band als „*eine reale und substantielle Einheit*"[90].

---

[82] Ebd. n. 866, S. 411f.

[83] Die Controverse über die Formalursache der Gotteskindschaft und das Tridentinum: ZKTh 5 (1881) 283–319; Zur Controverse über den Formalgrund der Gotteskindschaft: ZKTh 7 (1883) 491–540; Philosophisch-theologische Erwägungen über den Formalgrund der Gotteskindschaft: ZKTh 7 (1883) 593–638; Die Controverse über den Formalgrund der Gotteskindschaft zum letzten Male: ZKTh 8 (1884) 445–579. – Vgl. *K.-H. Minz*, Der dreifaltige Gott 257–259; *ders.*, Communio, bes. 193ff.; *W. W. Müller*, Gnade Christi 172–174.

[84] *Scheeben* VIII (Aufsätze) 169–302.

[85] Ebd. 210.

[86] Ebd. 273.

[87] Ebd. 274.

[88] Ebd. 277.

[89] Ebd. 278.

[90] Ebd. 277.

4. Lebendiges Erbe

a) Kernaussage

Scheebens Dreifaltigkeitslehre, bei den innergöttlichen Hervorgängen ansetzend, gipfelt im Blick auf die trinitarische Berufung des Menschen. Kraft des Heiligen Geistes ist dieser so sehr der innergöttlichen Liebe eingebunden, daß ihn nichts mehr davon trennen kann. Gerade in dieser aufs äußerste zugespitzten Sicht des erneuerten Gottesbezuges erweist sich Scheeben als tiefschauender Interpret des Paulus-Wortes: „Weder Tod noch Leben, weder Engel noch Mächte, weder Gegenwärtiges noch Zukünftiges, weder Gewalten der Höhe oder Tiefe noch irgendeine andere Kreatur können uns scheiden von der Liebe Gottes, die in Christus Jesus ist, unserem Herrn" (Röm 8,38f.). Gleiches gilt für die Bezeichnung des Heiligen Geistes als *Angeld* (1 Kor 1,22; 5,5; Eph 1,13f.). In ihm hat sich der Dreifaltige dem Gläubigen gleichsam *verpfändet* und diesen damit zum göttlichen Erben gemacht[91]. Was für den einzelnen gesagt ist, gilt nicht weniger für deren Gesamtheit. Scheeben hat keine formelle Ekklesiologie verfaßt, wohl aber in den *Mysterien* Grundlinien eines trinitarischen Verständnisses der Kirche skizziert. Sie ist *Leib Christi* und *Tempel des Heiligen Geistes*. Er wirkt in ihr auf ähnliche Weise „wie im wahren Leibe Christi, um sie mit der Fülle der Gottheit zu erfüllen". Der Empfängnis Marias vergleichbar, belebt er die Kirche, damit „in ihr der Sohn Gottes in seiner göttlichen Heiligkeit und Herrlichkeit wiedergeboren werde"[92].

Scheeben spannt den Bogen seiner Trinitätslehre von der unendlichen Lebensfülle Gottes hin zur gläubigen Existenz des und der Christen. Für ihn ist Christsein der *seins*- und lebensmäßige Bund der Jünger Christi mit dem dreipersonalen Gott. In ihm hat dieser Bund seine bleibende *Form*, seinen tragenden und belebenden Grund. Ihn spiegelt der Christ, mit ergangener Begnadung und Empfang des Heiligen Geistes zum Sohn Gottes gezeugt, *ontisch*, in gelebter Gottes- und Nächstenliebe auch *existentiell* wider. Schließlich ist dieser Bund „die Bürgschaft für den Vollbesitz und Vollgenuß des Heiligen Geistes mit dem Sohne und dem Vater, den die in ihm verpfändete göttliche Liebe uns in der Ewigkeit schenken will"[93].

Fragt man zusammenfassend nach Scheebens Beitrag zur Trinitätstheologie des 19. Jahrhunderts, ist dieser Spannungsbogen zu nennen. Es gibt niemanden, der die trinitarische Berufung des Gläubigen so tief in Gott verankert und zugleich so grundsätzlich auf den Menschen hin entworfen hat wie Scheeben. In kaum noch steigerungsfähiger Weise hat er die trinitarische Abbildhaftigkeit des begnadeten Menschen vertieft und in offener Neuscholastik zum Ausdruck gebracht: Der Christ ist Kind des Vaters, weil vom Heiligen Geist dem ewigen Sohn nachgestaltet, und wie dieser mit wesenhaft göttlicher Liebe geliebt.

Diese Grundaussage zum trinitarischen Gottes- und Menschenbild formuliert Scheeben weniger im unmittelbaren Disput mit anderen zeitgenössischen Entwürfen aus Philosophie und Theologie. Er ist in der fakultätsübergreifenden Diskussion zurückhaltender als Herman Schell und zuvor auch die Tübinger. Ob dies damit zusammenhängt, daß diese ihren Entwurf auf dem Katheder weltanschaulich viel-

[91] Vgl. *Scheeben* V (Schöpfungslehre) n. 866, S. 411f.; ferner *Scheeben* II (Mysterien) 140.
[92] *Scheeben* II 447.
[93] Ebd. 140.

stimmiger Universitäten vortragen mußten, Scheeben aber nach seiner Ausbildung in Rom an einem Priesterseminar im weithin katholischen Rheinland lehrte? Globalisierend bündelt sich für ihn die aktuelle Auseinandersetzung im Einspruch gegen den Rationalismus und seine Ableger, wie etwa Anton Günther[94]. Ansonsten ist seine Trinitätslehre weitgehend theologisch immanent, offenbarungsbezogen, traditionsgeleitet und in einer Gesamtschau des Mysteriums spekulativ bedacht. Die im Übergang von Schell zu Scheeben gestellte Frage nach dem Unterschied beider Denker darf nun dahingehend beantwortet werden, daß jener tatsächlich neuzeitlichem Denken näher war und insofern auch zukunftsweisender. Dieses Urteil gewinnt damit weitere Kontur, daß Scheebens Wirklinien im 20. Jahrhundert in den Blick kommen.

b) Wirklinien

Scheeben hat keine Schule gebildet, die sein theologisches Erbe weitergetragen hätte. Diesen Umstand teilt er mit den anderen zuvor skizzierten Autoren. Was ihn jedoch aus deren Schar heraushebt, ist, daß er eigentlich nie in Vergessenheit geriet. Er blieb lange Zeit für die Theologie unseres Jahrhunderts in hohem Maße anregend. Äußerer Beleg dafür sind verschiedene Neuauflagen, bald einsetzende Teileditionen, Übersetzungen seiner Werke[95] oder gar der umstrittene Versuch Leonhard Atzbergers (1854–1918)[96], die unvollendete Dogmatik Scheebens fortzuschreiben. Akzeptiert dagegen ist M. Grabmanns theologiegeschichtlicher Überblick, der ausdrücklich an Scheeben anknüpft: *Die Geschichte der katholischen Theologie seit dem Ausgang der Väterzeit. Mit Benützung von M.J. Scheebens Grundriß dargestellt* (1933)[97]. Unermüdlich weist Grabmann in Vorlesungen und Aufsätzen auf Scheeben hin[98]. Trotz angesprochener Unebenheiten in Anwendung der geschichtlichen Methode würdigt er insbesondere seine patristischen Bezüge als geradezu grundlegend für das Gesamtwerk. Dessen „kühne metaphysische Spekulation" erhalte dadurch „ihre Festigkeit und ihre sichere positive Unterlage, daß sie auf der eindringendsten Kenntnis der früheren Theologen beruht"[99]. Das zusammenfassende Urteil Grabmanns zur theologiehistorischen Bedeutung Scheebens fällt außerordentlich positiv aus; er weist ihm einen geradezu übergeschichtlichen Ehrenplatz zu. Ungeachtet ihrer zeitgebundenen Aspekte, werde seine Theologie „in der lebendigen Geschichte der katholischen Glaubenswissenschaft nicht veralten und gerade

[94] Vgl. *K.-H. Minz*, Pleroma 220.
[95] Vgl. *J. Höfer*: Scheeben I, V-VII; *M. Grabmann*: ebd. XXVII ff.
[96] Vgl. *G. Greshake*: LThK³ I 1170.
[97] Nachdr. Da 1961. Grabmann steht in der Tradition des Eichstätter Theologen Joseph Ernst (1804–1869). Dieser hatte wie Scheeben in Rom studiert und eine vom trinitarischen Geist bestimmte Ekklesiologie vorgetragen, die in der von ihm begründeten Schule fortlebt. Vgl. dazu *E. Naab*, Das eine große Sakrament des Lebens. Studie zum Kirchentraktat des J. Ernst (1804–69) mit Berücksichtigung der Lehrentwicklung in der von ihm begründeten Schule (Rb 1985); *ders.*, Die Kirche als Bild des dreifaltigen Gottes. Eine Überlegung zum Kirchentraktat des Joseph Ernst: Geist und Kirche. Gedenkschrift für H. Schauf, hg. v. H. Hammans, H.J. Reudenbach, H. Sonnemans (Pb u.a. 1991) 277–297.
[98] *J. Höfer*: Scheeben I, VIII. Vgl. *M. Grabmann*, Scheebens theologisches Lebenswerk: Scheeben I, XXI–XLI; *ders.*, Matthias Joseph Scheebens Auffassung vom Wesen und Wert der theologischen Wissenschaft: Matthias Joseph Scheeben. Der Erneuerer katholischer Glaubenswissenschaft, hg. vom katholischen Akademikerverband (Mz 1935) 57–108.
[99] Lebenswerk, aaO. XXXIII.

deshalb, weil sie ganz auf das Übernatürliche konzentriert ist, einen immerdauernden Wert besitzen geradeso wie die Theologie der Kirchenväter und der großen Scholastiker des Mittelalters, besonders des heiligen Thomas von Aquin und des heiligen Bonaventura, aus deren Werken der ihnen kongeniale Kölner Theologe mit vollen Händen geschöpft hat"[100]. Ähnlich wertschätzend äußert sich Grabmanns Schüler, Michael Schmaus (1897–1993)[101], generell zur Theologie Scheebens und insbesondere zu dessen Gottes- und Gnadenlehre. Entsprechend unterzieht er sich der selbstlosen Mühe, dessen Gotteslehre neu zu edieren[102]. Scheebens offene Begrifflichkeit ist ihm Anregung und Hilfe bei der erstrebten Erneuerung theologischer Sprache. Darüber wird eigens zu berichten sein. Nicht unerwähnt bleibe schließlich der Paderborner Dogmatiker Bernhard Bartmann (1860–1938). Dessen Werk[103] sei am ehesten als die Arbeit eines Scheeben-Schülers zu würdigen[104]. Schon diese äußeren Zeugnisse belegen, wie sehr der Kölner Dogmatiker für die Jahre nach dem ersten Weltkrieg „zum wirklichen Zeitgenossen lebendiger theologischer Arbeit" geworden ist[105]. So reift in jenen Jahren auch der Plan zu einer neuen Gesamtausgabe[106].

Zur Wirkungsgeschichte der Trinitätstheologie Scheebens ist bemerkenswert, daß vom Beginn unseres Jahrhunderts an bis heute seine Einwohnungslehre engagierte Bearbeiter gefunden hat und immer noch findet[107]. Die Frage hat, aufs Ganze gesehen, Geschichte gemacht[108]. Danach rezipiert aktuelle Trinitäts- und Gnadenlehre weithin ein zentrales Grundanliegen Scheebens, daß das Heil des Menschen mehr ist als eine *geschaffene* Gnade, sondern der dreifaltige Gott *selbst*[109]; er schenkt den Gläubigen, personal und kommunitär zugleich, seine wesenhafte Nähe. Dabei ist Christus geschichtlicher Konzentrationspunkt und der Heilige Geist die alles belebende Seele der neuen Gottesgemeinschaft.

Der durch Scheeben geschärfte Sinn für die Pneumatologie ist verbunden mit einer erkennbaren Wertschätzung des linearen Trinitätsverständnisses der griechischen Väter, besonders der Alexandriner. Auch diesbezüglich haben Scheebens Impulse beachtliche Rezeption erfahren[110]. In diesem Zusammenhang darf er tatsächlich als ein Wegbereiter gelten.

---

[100] Ebd. XLI.
[101] Die Stellung Matthias Joseph Scheebens in der Theologie des 19. Jahrhunderts: Matthias Joseph Scheeben. Der Erneuerer katholischer Glaubenswissenschaft, hg. vom katholischen Akademikerverband (Mz 1935) 31–54.
[102] Scheeben IV.
[103] Lehrbuch der Dogmatik, 2 Bde. (Fr ^{3}1917-18); Grundriß der Dogmatik (Fr ^{2}1931).
[104] *W. W. Müller*, Gnade Christi 273.
[105] *J. Höfer*: Scheeben I, VIII.
[106] Hg. v. J. Höfer u. a., 8 Bde. (Fr 1941–67).
[107] Auswahlweise seien genannt: *F. Kastner*, Die Gotteskindschaft. Mit besonderer Berücksichtigung der Lehre von M. J. Scheeben (Bn 1928); *H. Schauf*, Einwohnung; *K.-H. Minz*, Communio. *W. W. Müller*, Gnade Christi 255–329.
[108] Vgl. *W. Breuning*, Trinitarische Theologie als Quelle einer Erneuerung des Glaubens: Geist und Kirche. Gedenkschrift für H. Schauf, hg. v. H. Hammans, H. J. Reudenbach, H. Sonnemans (Pb u. a. 1990) 167–179, 168.
[109] Vgl. *K. Rahner*, Zur scholastischen Begrifflichkeit der ungeschaffenen Gnade: Rahner S I 347–375; *ders.*, Grundzüge der kirchenamtlichen Trinitätslehre: MySal II 348–368, bes. 352; *W. Breuning*: BTZJ III 120–126; *Chr. Schütz*, Einführung in die Pneumatologie (Da 1985).
[110] Vgl. *W. Kasper*, Der Gott Jesu Christi (Mz 1982) 264–273; *L. Scheffczyk*, Der Sinn des Filioque: ders., Glaube in der Bewährung (St. Ottilien 1991) 128–141.

Schließlich ist das Bemühen zu nennen, den Trinitätsglauben für das geistliche Leben, nicht zuletzt in seiner mystischen Form, fruchtbar zu machen[111]. Scheeben, der selber mit Nachdruck für eine theologisch verantwortete Spiritualität eintrat[112], gilt hier als „sicherer Führer"[113], der ein weiter in die Tiefe der trinitarischen Berufung des Christen drängendes Sinnen zuverlässig zu leiten vermag[114].

Diese Hilfestellung ist gleichwohl begrenzt. Denn Scheeben hat weniger den konkreten Menschen mit den Höhen und Tiefen seiner Lebensgeschichte im Blick als dessen *Seele*. Überhaupt tritt sein Einfluß dort zurück, wo Trinitätstheologie deutlicher ihre *geschichtliche* Dimension bedenkt. Hier erscheint Scheeben allenfalls indirekt als Mahner, die immanente Trinität nicht außer acht zu lassen. Eine Ausnahme scheint Leonardo Boff[115] zu bilden, der Scheeben als einen Gewährsmann seiner sozialen Trinitätslehre nennt. Ansonsten findet eine ausgeprägt heilsgeschichtlich orientierte Gotteslehre bei ihm wenig Anregung. Das hängt sowohl mit seiner Verhältnisbestimmung von Natur und Gnade zusammen wie auch mit der eingeschränkt geschichtlichen Perspektive[116] seiner schauhaft deduktiven Trinitätslehre. Es ist richtig beobachtet, daß Scheebens Geschichtsvorstellung dem *Typischen* mehr zugewandt ist als dem konkreten Einzelnen[117]. Ungeachtet seines großen historischen Wissens fehlt ihm etwa im Vergleich zu John Henry Newman „eine deutliche Einsicht in die Eigenart der geschichtlichen Welt"[118]. Das darf auch im Hinblick auf die vorausgehend hier referierten Tübinger Kuhn und Staudenmaier gesagt werden; sie mußten sich in der Auseinandersetzung mit Hegel einen Sinn für Heilsgeschichte erobern. Das hat zur Folge, daß in den letzten Jahren das theologiegeschichtliche Interesse an ihnen im Vergleich zu Scheeben erkennbarer geworden ist. Dagegen ist es um den Kölner Dogmatiker bei währendem Grundinteresse[119] doch ruhiger geworden.

Parallelen zur Trinitätslehre Scheebens begegnen in unserem Jahrhundert bei Henri de Lubac. Auch er hat inhaltlich seine Gottes- und Trinitätslehre ganz wesentlich vom Verhältnis *Natur und Gnade* bestimmt. Er weiß sich zudem für deren Zuordnung der Vätertradition verpflichtet. Näherhin ist Augustinus sein großer Anreger. Inhaltliche Annäherungen beider Theologen im Verständnis von Natur und Gnade[120] lassen sich in dem Maße bewähren, als verbindende Züge im Gottesverständnis nachzuweisen sind.

---

[111] *K.-H. Minz*: DSp XIV 404–408; *L. Scheffczyk*, Dreifaltigkeit im inwendigen Leben: ders., Glaube als Lebensinspiration (Ei 1980) 137–152.
[112] *Scheeben* VI/1 (Erlösungslehre) XI.
[113] *J. Höfer*: Scheeben I, XVI.
[114] Vgl. *L. Scheffczyk*, Der trinitarische Bezug des Mariengeheimnisses: Cath(M) 29 (1975) 120–131; *F.-J. Bode*, Gemeinschaft, bes. 328–358.
[115] Der dreieinige Gott (D 1987) 140.
[116] Eine positive Interpretation versucht *W. W. Müller*, Gnade Christi 108–110.
[117] *J. Höfer*: Scheeben I, XIII.
[118] Ebd. S. XIV. Vgl. auch *L. Scheffczyk*, Theologie XLII: „... das Geschichtliche im Sinne der Einheitserfassung von Christentum und Geschichte ist für ihn von keiner entscheidenden Bedeutung mehr. Deshalb ist auch der Organismusgedanke bei ihm nicht mehr wie bei den Tübingern der ersten Generation mit dem Entwicklungsgedanken wesentlich verbunden".
[119] Vgl. M. J. Scheeben teologo cattolico d'ispirazione tomista (Studi tomistici 33) (Ro 1988).
[120] So *W. W. Müller*, Gnade Christi 186–192, 283: H. de Lubac befinde sich „in einer sachlich begründeten Nähe und Übereinstimmung zu M. J. Scheeben, dessen Werk er aber in seine Arbeit nicht einbezog". Das trifft so nicht zu. Vgl. *H. de Lubac*, Die Freiheit der Gnade I–II (Ei 1971), wo er sich mit Scheebens Begriff der Übernatürlichkeit auseinandersetzt.

§ 12. Henri de Lubac

SCHRIFTTUM: *H. Vorgrimler*, H. de Lubac: Tendenzen der Theologie im 20. Jahrhundert. Eine Geschichte in Porträts, hg. v. H.J. Schultz (St u.a. 1966) 416–421; *ders.*, H. de Lubac: BTZJ Erg.Bd. (1970) 199–214; *J. Sudbrack*, Je vornehmer ein Geschöpf, um so Gott-bedürftiger. Über das Verhältnis des Menschen zu Gott nach H. de Lubac: GuL 45 (1972) 223–230; *H. U.v. Balthasar*, H. de Lubac. Sein organisches Lebenswerk (Ei 1976); *ders./G. Chantraine*, Le cardinal H. de Lubac, l'homme et son œuvre (P-Namur 1983); *K.H. Neufeld*, Herausgeforderter Katholizismus. Ansatz und Strukturen im Denken von H. de Lubac: ThQ 125 (1977) 262–271; *M. Sales*, Der Mensch und die Gottesidee bei H. de Lubac (Kriterien 46) (Ei 1978); *M. Figura*, Der Anruf der Gnade. Über die Beziehung des Menschen zu Gott nach H. de Lubac (Ei 1979); *H. Schnackers*, Kirche als Sakrament und Mutter. Zur Ekklesiologie von H. de Lubac (Regensburger Studien zur Theologie 22) (F 1979); *E. Maier*, Einigung der Welt in Gott. Das Katholische bei H. de Lubac (Ei 1983); *A. Russo*, H. de Lubac: Teologia e dogma nella storia (Ro 1990); *G. Chantraine*, H. de Lubac: TRE 21 (1991) 471–473; *B. Sesboüé*, Le Surnaturel chez H. de Lubac: RSR 80/3 (1992) 373–408; *F. Courth*, Der Gott der dreifaltigen Liebe (Pb 1993); *M. Lenk*, Von der Gotteserkenntnis. Natürliche Theologie im Werk H. de Lubacs (FTS 45) (F 1993); *R. Gibellini*, Handbuch der Theologie im 20. Jahrhundert (Rb 1995) 174–183.

1. *Erbe Augustins*

Henri de Lubac (1896–1991) gehört mit zu jenen Theologen des 20. Jahrhunderts, die zur Neuvermittlung des Trinitätsglaubens maßgebliche Impulse gegeben haben. Dies gilt ungeachtet dessen, daß seine Gottes- und Trinitätslehre[1] nicht in einem eigenen Traktat niedergelegt ist. Fragt man nach einem formellen Beitrag, nennt die Bibliographie[2] nur einen Aufsatz zur ökonomischen und funktionalen Trinitätslehre[3]. Und doch ist das vielschichtige Werk des französischen Jesuiten und Kardinals durch und durch trinitarisch geformt. Das gilt für die Geschichtstheologie ebenso wie für Ekklesiologie und Soteriologie. Seinem Buch *Catholicisme*[4] (1938) beispielsweise ist ein eindeutig trinitarisches Anliegen zu entnehmen. Es stellt dar, „wie der Geist Gottes die Gesellschaft und Geschichte durchwaltet, um aus der Menschheit den Leib Christi zu formen gemäß dem Plan Gottes, des Vaters“[5]. Ähnliches gilt für sein Buch über das Apostolische Glaubensbekenntnis *La foi chrétienne. Essai sur la structure du Symbole des Apôtres* (1969, ²1970)[6]. Darin zeigt er die trinitarische Gestalt des christlichen Glaubens auf. Nach Art der von den Vätern formulierten regula fidei nennt Lubac den Trinitätsglauben Herz des Evangeliums[7], Grundwahrheit des Christentums und Summe des christlichen Glaubens[8]. Die The-

---

[1] *H. Vorgrimler*, H. de Lubac: BTZJ Erg.Bd. 199–214; *H.U.v. Balthasar*, H. de Lubac (Ei 1976); *M. Figura*, Der Anruf der Gnade. Über die Beziehung des Menschen zu Gott nach H. de Lubac (Ei 1979); *E. Maier*, Einigung der Welt in Gott. Das Katholische bei H. de Lubac (Ei 1983); *M. Lenk*, Von der Gotteserkenntnis. Natürliche Theologie im Werk H. de Lubacs (FTS 45) (F 1993).

[2] *K.H. Neufeld – M. Sales*, Bibliographie H. de Lubac 1925–1970, Anhang zu: H. de Lubac, Die Freiheit der Gnade II (Ei 1971) 317–382, Nr. 266, S. 390.

[3] Trinidad »económica« o Trinidad »funcional«?: Estudios trinitarios 3 (1969) 311–323.

[4] Glauben aus der Liebe (Catholicisme 1938), übertragen und eingeleitet von H.U.v. Balthasar (Ei 1970).

[5] *G. Chantraine*: TRE 21, 471–473, 472.

[6] Credo. Gestalt und Lebendigkeit unseres Glaubensbekenntnisses (Ei 1975).

[7] Ebd. 52.

[8] Ebd. 45.

menbereiche, innerhalb deren er diesen Glauben zu bewähren versucht, sind die Anthropologie[9], damit zuinnerst verbunden der westliche[10] und östliche[11] Atheismus[12] sowie die Geschichtstheologie Joachims von Fiore (1130/35–1202)[13].

Dieses weite Gesprächsfeld läßt de Lubac das geschichtstheologische Erbe Augustins aktualisieren, wie es im Mittelalter Rupert von Deutz (1075/80–1129), Gerhoh von Reichersberg (1093/94–1169) und insbesondere Joachim darzustellen versuchten. Letzterer drängt den Jesuiten, bewußter die Christozentrik[14] sowie die immanente Trinität zu betonen, damit die Heilsgeschichte wirklich dreifach gestufte Einheit und zielgerichtete Gottesgeschichte ist.

Der spezifische anthropologische Akzent de Lubacs ist folgenreich. Die ihm überkommene Verhältnisbestimmung von Natur und Gnade sucht er dadurch zu überwinden, daß er statt dessen von der Beziehung *Mensch – Gott* spricht. So erreicht er eine sehr viel engere Zuordnung, als sie die Neuscholastik zu geben vermochte. Als vornehmste Kreatur ist der Mensch mit seiner ganzen Existenz auf Gott hin bezogen. Leitend ist für Lubac der augustinische Gedanke: „Fecisti nos ad Te, Deus"[15]. Dieser Bezug macht die Größe des Menschen aus und unterscheidet ihn vom Tier.

Entsprechend ruft der französische Jesuit seinem Zeitgenossen zu: „... Mensch, begreife deine Größe, indem du deine Abhängigkeit eingestehst. Bedenke die Herrlichkeit, die du in dir trägst. Verkenne das Licht nicht, das dir geschenkt ist, doch schreibe seinen Ursprung nicht dir selber zu. Lerne deine Wirklichkeit als Spiegel und Bild entdecken. Lerne dich erkennen, indem du deinen Gott erkennst. Beginne, soweit es einem Sterblichen möglich ist, sein Antlitz zu betrachten, indem du in dich selber einkehrst"[16].

Diese schöpfungsgemäße Einheitsschau hält Lubac den Theologen der Neuscholastik wie auch seinen atheistischen Gesprächspartnern entgegen. Das dualistische oder gar separatistische Gnadenverständnis jener führe letztlich zu einer unchristlichen Säkularisierung, „die Gott nicht nur aus dem öffentlichen Leben, sondern aus aller Kultur und sogar aus jedem Privatleben verstößt"[17]. Und umgekehrt gibt er seinen atheistischen Freunden zu bedenken, daß ihr Konzept die Welt „letzten Endes nur *gegen* den Menschen organisieren kann. Der selbstherrliche Humanismus ist ein unmenschlicher Humanismus ... Die Erde, die ohne Gott aus einem Chaos höchstens ein Kerker werden könnte, ist in Wirklichkeit das Feld der Bewährung für das Ewige in uns. So ist der Glaube an Gott, den nichts aus dem menschlichen Herzen reißen wird, die einzige Flamme, die unsere Hoffnung nährt, menschlich und göttlich"[18]. Beiden Gesprächspartnern begegnet Lubac mit einem

---

[9] Surnaturel 1946; dt. Die Freiheit der Gnade, 2 Bde. (Ei 1971).

[10] Le Drame de l'Humanisme athée (^{7}1983); dt. Über Gott hinaus (Ei 1984). Sur les chemins de Dieu (1956); dt. Auf den Wegen Gottes (Ei 1992).

[11] Aspects du bouddhisme I (P 1951); La Rencontre du bouddhisme et de l'occident (P 1952); Amida – Aspects du bouddhisme II (P 1955).

[12] Einen Überblick zu beiden Atheismen bietet *H. U. v. Balthasar*, Henri de Lubac 38–49.

[13] La postérité spirituelle de Joachim de Flore I–II (P 1978/81).

[14] Vgl. La postérité I 58: „Le Christ, dont la personne a relativement peu de relief dans l'œuvre de Joachim, est la figure (»typum gerit«) de l'Esprit, comme Jean Baptiste était la figure du Christ". Vgl. ebd. 43–67. Lubac verweist auf *J. Ratzinger*, Der Gott Jesu Christi (M 1976) 85–93, als gute Zusammenfassung der Lehre Joachims. Vgl. ferner *G. Chantraine*: TRE 21, 272f.

[15] Freiheit II 13.

[16] Auf den Wegen 13.

[17] Freiheit II 11.

[18] Über Gott hinaus 12. Vgl. *M. Lenk*, Gotteserkenntnis 124–192.

Verständnis des Menschen, wonach dieser von Gott als sein Bild geschaffen und bleibend auf ihn bezogen ist.

Von diesem Ansatz her erhält für Lubac der aus der Väterzeit vertraute[19], von der Scholastik aber wenig akzeptierte Gedanke[20] der *angeborenen Gottesidee* neue Gewißheit. Erste Auskunft darüber, daß der Mensch von seinem geschichtlichen Anfang an offen ist für das Heilige, liefert ihm die Religionsgeschichte, insbesondere Mircea Eliade (1907–1986)[21]. Dieser zeige, wie der entwicklungsgeschichtlich frühe Mensch das Heilige oder Göttliche „in einem einzigen und selben, zunächst unteilbaren Akt erfaßt und nicht als Folge einer falschen Induktion, und dies durch das sinnenfällige Objekt hindurch, das ihm als spontanes Symbol dient"[22]. Dieser ursprüngliche Aufblick zum Göttlichen ist nicht das Produkt einer Entwicklung. Es entspringt dem Innersten des Bewußtseins. Den äußeren Anstoß dazu gibt „eine Berührung, eine Begegnung; ... eine gewisse Wahrnehmung"; man mag auch Begriffe verwenden wie „Geistesblitz, Schau, Hören oder Glaube"[23]. Mit diesen Begriffen will Lubac zum Ausdruck bringen, daß sich Religion, in welcher Form sie auch auftritt, vor aller prozeßhaften Ausformung einer urtümlichen Intuition verdankt. Sie „entzündet sich unmittelbar am göttlichen Feuer"[24]. Es ist ähnlich wie beim Denken. Dieses besteht nicht in sich selbst vor der Idee der Wahrheit. Es ist das Aufbrechen des Bedürfnisses nach Wahrheit im Bewußtsein[25]. Gottesidee heißt hier: Es gibt im Menschen eine Empfänglichkeit, die dem Heiligen gegenüber als Reflex antwortet. Der von seinem Ursprung und Wesen her auf Gott hin ausgerichtete Mensch bedarf, um nicht zu verkümmern, dieses eingelösten Bezuges. „Das Ziel der geistigen Kreatur übersteigt die Fähigkeit ihrer Natur und der ganzen Weltnatur aufgrund ihrer »angeborenen« Wesensart; und dies kraft ihrer Unmittelbarkeit zu Gott, wie sie ihr von ihrem Ursprung her mitgegeben ist"[26].

Den Gottesbeweis will Lubac deshalb nicht als Rückschluß auf bisher Unbekanntes verstehen, sondern als Hinweis auf den vorbegrifflich bereits erkannten und erfahrenen Gott. Beweisen meint in diesem Zusammenhang *sich bewußt werden, entdecken* dessen, was war und ist[27]. Die erschließende Rede von Gott ist etwas anderes, als wenn jemand zu einem Blinden über Farben spricht[28]. Gott erkennen heißt, ihn *wiedererkennen*. Es handelt sich dabei um einen ursprünglichen und einfachen Akt; er stiftet „eine vernunftgerechte Überzeugung" und bleibt „für jeden gelehrten Beweis stets intakter Anstoß"[29].

Wer einen solchen Weg leugnet, verstümmelt den menschlichen Geist. Die Gottesfrage des Menschen ist nach de Lubac ein Reflex auf die Erfahrung des Unbedingten: Die Religionsgeschichte spricht von der Ehrfurcht des Gläubigen vor dem Heiligen, der Philosoph von der Ausrichtung des Geistes auf das Absolute. Beide

---

19 Vgl. *W. Kasper*, Der Gott Jesu Christi (Mz 1982) 136f. 144–148.

20 Vgl. *Lercher* II (^{4}1945) 11f.; *Diekamp* I ($^{12/13}$1958) 123f.; *L. Ott*, Grundriß der katholischen Dogmatik (Fr-Bs-W ^{10}1981) 17.

21 Die Religionen und das Heilige (St 1954, ^{2}1986).

22 Auf den Wegen 195 Anm. 1.

23 Ebd. 29.

24 Ebd. 31.

25 Ebd. 48.

26 Freiheit II 157.

27 Auf den Wegen 52.

28 Ebd. 67, unter Bezug auf Jules Lebreton (1873–1956).

29 Ebd. 74f.

Aspekte sieht der französische Jesuit in ihrem inneren Zusammenhang: die transzendentalphilosophische Einsicht, wonach menschlicher Geist in seiner Dynamik das Unendliche berührt, und die religionsgeschichtliche Beobachtung, wonach sich der Mensch in allen Kulturen von Anfang an im Licht der von ihm wahrgenommenen göttlichen Wirklichkeit versteht. Der in beiden Perspektiven sichtbar werdende Aufschwung des Menschen zu Gott ist jene Schwelle, von der aus der Sprung des Glaubens erfolgen kann[30].

Dessen eigentümliche Gestalt erhält im Vergleich mit anderen Religionen erste Konturen. In der Frömmigkeit des griechischen Weisen, dann auch in den Systemen Indiens sieht de Lubac eine unter sehr verschiedenen Erscheinungsformen sich eigentlich doch immer gleich bleibende „individualistische Anweisung zur Weltflucht"[31]. Ähnliches gilt für den Buddhismus; ihm fehlt wegen seines idealistischen Monismus jedes Verständnis für Geschichtlichkeit. Für den *lebendigen* Gott ist keinerlei Raum frei, entsprechend auch nicht für eine Inkarnation. Liebe als religiöser Akt bleibt eine Vorstufe, weil es zuletzt keine Gegenseitigkeit gibt[32]. „Alles Ungenügen, ja die ganze Verkehrtheit der buddhistischen Religion stammt daher"[33]. Gegenüber diesem „radikalen Zug zur Entwirklichung"[34] unterstreicht de Lubac die Geschichte als Ort der Gotteserkenntnis und insbesondere als Lebensraum des christlichen Glaubens; wer aus ihr aussteigen und sie fromm hinter sich lassen möchte, macht den religiösen Akt zum Wunschtraum oder zum anthropozentrischen Selbstbezug. Hier wäre der Gläubige nur bei sich. „... die Herde der Menschheit bleibt doch immer vergeblich in der gleichen Knechtschaft gefangen"[35].

2. *Siegel der Heilsgeschichte*

Im Unterschied zu den ungeschichtlichen Religionen des alten Griechenland oder des Ostens sieht Lubac das christliche Gottes- und Heilsverständnis *wesentlich geschichtlich* bestimmt. Die Geschichte ist Stätte des Handelns und der Selbstoffenbarung Gottes. Was im unumkehrbaren Ablauf der Zeit geschieht, ist nicht bloßer Schein und dunkler Schatten des Göttlichen, die es geistig zu überwinden gilt. Vielmehr sucht und ruft Gott in geschichtlichen Ereignissen den Menschen, damit dieser ihm in ebenso konkreten Zeichen der Gottes- und Nächstenliebe antwortet.

„Dieser Gott, an den der Christ ... zu glauben bekennt, dieser Gott, der sein ganzer Glaube ist, und in dessen Namen er von der Kirche die Taufe begehrt, ist nicht einfach die ferne, unzugängliche Divinität, deren Existenz sich seiner Vernunft aufdrängt, nicht einfach jene Gottheit, die der Mensch, so gut er's vermag, durch das Weltall hindurch erspürt – die er so oft, in den höchsten Aufschwüngen seines Denkens wie in den groben Chiffren seiner Mythologien mit dem All verwechselt – und über die er in seiner tastenden Sprache etwas auszusagen versucht; jene schweigende Gottheit, von der wir bestenfalls feststellen müssen, daß der Mensch sie nur

[30] Ebd. 138; dort Verweis auf R. Guardini (1885–1968).
[31] Glauben aus der Liebe 121; ebd. 123: „... die Welt, der es zu entfliehen gilt, hat kein letztes Ziel, die Menschheit, über die man sich erheben soll, ist ohne Geschichte".
[32] *H. U. v. Balthasar*, H. de Lubac 47.
[33] Aspects du bouddhisme I 53: „... c'est qu'il y manque l'unique Fondement: Dieu, Amour créateur. Toute l'insuffisance – toute la fausseté – de la religion bouddhique vient d'abord de là".
[34] *H. U. v. Balthasar*, aaO. 47 Anm. 42: Für Lubac ist im Christlichen „alles vorwiegend realistisch (bis zur Auferstehung des Fleisches), im Buddhistischen bleibt jede Differenzierung rein phänomenal".
[35] Glauben aus der Liebe 124.

von außen erfaßt, ohne jede Möglichkeit, mit ihr in lebendige Verbindung zu treten. Gott hat uns vielmehr sein innerstes Wesen erschlossen, indem er uns seinen Ratschluß enthüllte ... Er selber hat gesprochen, und er hat von sich selber gesprochen. Er hat sich den Menschen geoffenbart, Vater, Sohn, Geist; der eine Gott, der lebendige Gott"[36]. „Gott ist der Schöpfer der Welt, und er wollte in unsere Geschichte eingreifen. Indem er für uns handelte, uns zu sich rief und unser Heil wirkte, gab er sich uns zu erkennen"[37].

Das gilt für die mit der Schöpfung anhebende Geschichte, besonders für die Israels und die in ihr erfahrenen Zeichen des Heiles und der Fürsorge Gottes. Dies alles gipfelt in der Erlösung Jesu Christi und der Sendung des Heiligen Geistes. Was immer die Geschichte von Gott erkennen läßt, was in ihr als göttliches Heilshandeln aufscheint, ist Ruf des Menschen in die innerste Gemeinschaft Gottes. Er hat den Menschen auf sich hin geschaffen. Der aber sucht in sich selbst das ihn (vermeintlicherweise) erfüllende Endziel. Aus dieser Selbstverhaftung führt Christus den Menschen zu Gott zurück. In der Menschwerdung ergreift er ihn mit dessen ganzer Natur und so in universaler Verbundenheit, um ihn in seinem Kreuzestod vom Grund her auf Gott hin zu wandeln.

Dieser zusammenfassende Blick auf Gottes Heilshandeln will zeigen: Das im Menschen zu erneuernde und zu vollendende Bild „ist nicht Ähnlichkeit mit einer Gott-Natur, sondern die Ähnlichkeit mit dem Gott der Liebe, dem Gott, dessen Natur selbst Liebe ist"[38]. In ihm, dem einzigen, „ist keine Einsamkeit, sondern die Fruchtbarkeit des Lebens und die Glut der Gegenwart. *Nunquam est sola Trinitas, nunquam egens divinitas.* Im göttlichen Sein, das sich selbst genügt, ist kein Egoismus, sondern der Austausch einer vollkommenen Gabe"[39].

Sosehr Lubac über eine ontische Betrachtung des dreifaltigen Gottes hinausgeht und diesen als Gemeinschaft der Liebe, als lebendige Gabe, als Heil des Menschen sehen lehrt, will er alles andere als bei einer funktionalen Sehweise verbleiben. Die Lehre von Gott darf nach ihm nicht auf die Lehre vom Heil reduziert werden. Denn Gott ist mehr als sein heilsgeschichtliches Wirken. Was darin an ökonomischer Trinität, an „Heilstrinität" sichtbar wird, weist über alle Zeit hinaus; sie entzieht sich ins unzugängliche Licht der „Seinstrinität", des Ausgangs von Ewigkeit des Sohnes vom Vater und des Heiligen Geistes aus Vater und Sohn. Ihre Namen, der ökonomischen Trinität entnommen, leiten hinein in das unerforschliche Geheimnis des überheilsgeschichtlichen innergöttlichen Lebens[40]. Gegen den tiefer werdenden Graben zwischen immer abstrakterer ontologischer Spekulation und rein historisierender Theologie betont de Lubac den inneren Zusammenhang zwischen heilsgeschichtlicher Schau und trinitarischer Betrachtung[41]. Dafür kann er sich auf die Geschichte des christlichen Denkens und vor allem der altkirchlichen Tauftheologie berufen.

Der angesprochene Wechselbezug zwischen beiden Sehweisen zeigt sich vor allem beim Christusereignis. Ist in der Person Jesu, besonders in seinem Kreuz und seiner Auferstehung, Gottes Selbstmitteilung zusammengefaßt, erweist sich gerade hier der übergeschichtlich verankerte Trinitätsglaube unmittelbar einbezogen. Er ist nicht

[36] Credo 57f.
[37] Ebd. 59.
[38] Glauben aus der Liebe 104.
[39] Ebd. 294f.
[40] Credo 76, mit Verweis auf *E. Przywara*, Religionsphilosophische Schriften (Schriften II) (Ei 1962) 458–459.
[41] Credo 74, mit Bezug auf *Ratzinger* 276.

nur unerläßlicher Hintergrund der Inkarnationslehre, sondern des vielschichtigen Christusbildes der Bibel insgesamt sowie des kirchlichen Glaubens[42]. Die hier aufscheinende Verbundenheit Jesu mit dem Vater, der Quelle des Lebens, und dem Heiligen Geist als der belebenden Gottesgabe ist so eng, daß keine Kreatur in direkten Bezug zum Vater zu treten vermag. „Immer werden wir durch den Sohn und durch den Geist mit ihm verbunden". Der Gedanke irgendeiner Verbindung mit dem Vater, die – wenn auch nur logisch – früher wäre als unser Bezug durch den Sohn und den Geist, ist für de Lubac nicht nachvollziehbar[43]. Mit der engen Verzahnung beider Betrachtungsweisen, der aufsteigend heilsgeschichtlichen wie der absteigend seinshaft-logischen, unterstreicht de Lubac, daß die Erkenntnis der Trinität stets an die ihres Werkes gebunden bleibt; zum anderen leitet ihn die Einsicht, daß alles Gotteswerk über sich hinausweist und jede erläuternde Formel sprengt[44].

Der als Siegel die Heilsgeschichte und das Christusdogma prägende Trinitätsglaube ist auch zuinnerst mit dem Kirchenverständnis de Lubacs verwoben. Er nennt die Kirchenkonstitution „Lumen Gentium" des 2. Vatikanums „die Deuterin der ältesten und innerlichsten Überlieferung"[45], wenn sie die Kirche als das vom dreifaltigen Gott her und im trinitarischen Bekenntnis zu ihm geeinte Volk definiert[46]. Gleiches gilt für das Ökumenismusdekret, das im dreifaltigen Gott das Mysterium von Einheit und Vielfalt in der Kirche grundgelegt sieht[47]. Der diesen Gott bekennende Glaube und die so gefeierten Sakramente, insbesondere die Taufe, sind das Einheitsband der Kirche. Mit ihrem trinitarischen Credo ist sie für den einzelnen Gläubigen „das Urbild des vollkommenen Jaworts"[48]. Mehr noch: „Einzig durch seine Einkörperung in die Kirche glaubt er an die Trinität"[49].

3. *Erfüllung des Menschen*

Den so skizzierten Trinitätsglauben verbindet Lubac mit einem augustinischen Menschenbild. Er ist sensibilisiert durch das Studium der Väter wie der großen Zeugen des lateinischen Mittelalters, aber auch der Religionsgeschichte und der neuzeitlichen Anthropologie. Dies läßt ihn den Menschen als auf Gott hin geschaffen und bleibend nach ihm ausschauend verstehen. Mag er sich bei seinem Suchen noch so oft verirren, der Mensch hört mit seinem Fragen nicht auf, bis er in Gott seine Ruhe findet. So begegnet ihm die Offenbarung in Christus nicht erst, um ihn auf Gott hin in Bewegung zu setzen; sondern sie lenkt den Menschen in seinem Suchen auf den rechten Weg und leitet ihn, derart zu lieben, wie Gott liebt. Seine Antwort auf diesen Ruf ist die Erfüllung des Menschen. Denn, so Lubac, „im Innersten der menschlichen Natur, verborgen unter den Irrungen des Geistes und des freien Willens, bleibt ein geheimes Sehnen sowohl nach dem Guten wie nach der Glückseligkeit,

[42] Ebd. 73, mit Bezug auf *H. U. v. Balthasar*, Glaubhaft ist nur Liebe (Ei 1963) 58.
[43] Quellen kirchlicher Einheit (Les églises particulières dans l'Eglise universelle, 1971) (Ei 1974) 174f.
[44] Credo 77.
[45] Quellen 172.
[46] LG 4.
[47] UR 2.
[48] Credo 146.
[49] Ebd. 148.

immer bereit, das Endziel in der Selbstlosigkeit der göttlichen Liebe zu erkennen"[50].

Ein um der Freiheit des Menschen willen geforderter Atheismus kann die Würde der menschlichen Person nicht wahren. Allein der auf Christus gestützte Glaube vermag die Sinnrichtung individueller wie gemeinschaftlicher Existenz anzugeben. Die in Christus sich an den Menschen wendende Gottesoffenbarung wirkt personalisierend und gemeinschaftsstiftend; sie läßt Gott als den Personal-Absoluten sehen und ruft auf seiten des Angesprochenen eine personale Antwort hervor. Hier entsteht eine Beziehung, die man gegenseitig nennen muß und mit Recht als interpersonal bezeichnet[51]. Christlich gesehen ist Person mehr als Individualität und Selbstbesitz. Sie ist göttlicher Ruf an den einzelnen, in der und für die im unumkehrbaren Fluß der Zeit lebende Menschheitsfamilie je seine Rolle zu spielen[52]. Das ist aus trinitarischer Gottesgemeinschaft heraus möglich; in ihr trägt voller Lebensaustausch wesenhafte Einheit und unvertauschbaren Eigenstand.

Wörtlich versucht de Lubac, vom Trinitätsglauben her das christliche Personverständnis so zu beleuchten: „Nur der Glaube erlaubt uns durch das geheimste seiner Geheimnisse an die Wahrheit zu rühren – ohne sie aber sehen zu dürfen. Er stellt uns in jenen für uns unaufhellbar dunklen Brennpunkt, von dem aber auch das endgültige Licht ausströmt. Wir glauben ja an die drei Personen in Gott. Lassen sich größere Gegensätze denken als die dieser drei reinen Beziehungen, deren Wesen ja gerade durch den Gegensatz gebildet wird? Und doch sind sie nur möglich auf Grund der Einheit, und zwar der Einheit einer gleichen Natur. Die höchste Entfaltung der Person erscheint uns also in dem Wesen, von dem jedes andere nur Spiegelung – Bild, Schatten oder Spur – ist, als Frucht und gleichzeitig als Besiegelung der höchsten Einheit"[53].

Im Spiegel des Trinitätsmysteriums erscheint Personalität als Berufung, das eigene Selbst-Sein im Mit-Sein zu sehen und das Ich mit seiner Unbedingtheit im liebenden Wir zur Entfaltung zu bringen. Daß dieses Selbstverständnis im Gläubigen aufkeimt und wächst, ist dem Heiligen Geist verdankt. Er, den Christus den Seinen als letztes Vermächtnis verhieß, ist derselbe, „mag er nun das Evangelium im tiefsten Grund einer Seele einpflanzen oder es über alle Welt hin verbreiten. Er gräbt im Menschen neue Tiefen aus, die ihn den »Tiefen Gottes« anpassen und wirft ihn zugleich aus sich selbst hinaus bis hin an die Grenzen der Erde. Er macht zugleich allgemein und innerlich. Er bildet in einem die Person und die Gemeinschaft"[54]. Ein von der Gottesoffenbarung in Christus her gelebtes Person- und Existenzverständnis vertieft die Aufmerksamkeit des Menschen auf sich selbst und erweitert sie ebenso auf seine Mitwelt. Person als Ebenbild des dreifaltigen Gottes, das von Christus in seinem ursprünglichen Glanz wiederhergestellt wurde und im Heiligen Geist lebendig bleibt, das bin *ich* mit anderen; das sind die *anderen* mit mir. Person, so verstanden, verbindet mich mit jedem Menschen; sie bezeichnet meinen wie seinen Ursprung und ruft zu gemeinsamem Weg und Ziel, zu unverfügbarer Einmaligkeit und zugleich tiefstem Einssein im dreieinigen Gott[55].

[50] Ebd. 243; Freiheit II 13.
[51] Credo 228f.
[52] Glauben aus der Liebe 294.
[53] Ebd. 292.
[54] Ebd. 300f.
[55] Ebd. 302.

4. Spezifische Akzente

Worin bestehen die spezifischen Akzente der trinitätstheologischen Gedanken von H. de Lubac? Generell wird man sagen dürfen: Ähnlich seinem Ordensbruder Hugo Rahner (1900–1968)[56] hat er die in der Alten Kirche lebendige und auch von herausragenden Vertretern der Früh- und Hochscholastik empfundene trinitarische Dynamik der Heilsgeschichte aufgegriffen und seiner zunächst noch der Neuscholastik verhafteten Generation nahegebracht. De Lubacs staunenswerte Kenntnis dieser klassischen Epochen der Theologiegeschichte geben seinem Schrifttum eine lebendige Unmittelbarkeit in der Vermittlung ihrer trinitarischen Gotteslehre und Spiritualität. So muß der französische Jesuit mit zu jenen großen Anregern gerechnet werden, die aus patristisch-scholastischem Geist die Erneuerung heutiger Trinitätstheologie mit initiiert haben. Ein wechselseitig befruchtendes Verhältnis besteht zu H.U.v. Balthasar (1905–1988)[57] und J. Ratzinger, so in Fragen der theologischen Hermeneutik, des Gesamtentwurfs wie dann auch der Trinitätslehre[58].

Lubacs theologiegeschichtliche Kompetenz macht ihn sensibel für die unterschiedliche Weise der sprachlichen Aneignung des Trinitätsmysteriums und ihrer mehr oder weniger gültigen Vermittlungsversuche. Die großen Theologen der Tradition sind nach ihm voller Zurückhaltung in ihrer Sprache. Von ihnen lernt er, daß alle theologischen Worte anfechtbar bleiben. Dies heißt jedoch nicht, daß sie nebensächlich wären oder gar auszumerzen sind, vor allem die nicht, die eine lange Tradition haben wie etwa der trinitarische Personbegriff[59]. Sie im vollen Sinne des Wortes *relativ* zu verstehen, dazu leiten nicht zuletzt die Väter an. Vor aller begrifflichen Aneignung des Mysteriums steht für sie dessen vorbegriffliche lebendige Aufnahme. Angesichts seiner spontanen Bejahung muß ihnen der sprachliche Ausdruck oft ungeschickt und ungenügend für eine Wahrheit erscheinen, die ihnen von Anfang an „unbegrifflich, aber begriffen" lebendig vor Augen stand[60]. Darum kann weder irdisches noch überirdisches Bescheidwissen, noch rationale Befriedigung angesichts vollkommener Erkenntnis eines beherrschten Objekts Ziel der Gotteslehre sein; vielmehr ist es „der Übergang vom mühsamen, vielfältigen Wort zur Sammlung des Schweigens"[61]. Gotteslehre im ursprünglichen und höchsten Sinn ist für de Lubac „Aufschwung des Glaubens, Anbetung, Ekstase, die sich in Gott verliert. Diese Theologie wird kein Ende haben, weil Gott unerschöpflich ist"[62].

Damit hat der Kardinal jene Gedanken für unsere Zeit bekräftigt, die nicht nur die alexandrinische Trinitätslehre kennzeichnen, sondern auch die von Augustinus her inspirierte religiös-spirituelle Traditionslinie der Scholastik. Erinnert sei an den Viktoriner Richard, an Bernhard von Clairvaux (1090/91–1153) und Bonaventura (ca. 1217–1274). De Lubac sieht auch den Aquinaten hier ausdrücklich einbezogen[63].

---

[56] Vgl. *W. Breuning*, Trinitätslehre: BTZJ III 21–36, 28.
[57] Vgl. *P. Henrici*: LThK³ I 1375–1378; *R. Gibellini*, Handbuch der Theologie im 20. Jahrhundert (Rb 1995) 229–244.
[58] Vgl. *E. Maier*, Einigung 28ff.
[59] Credo 55 77 127.
[60] Glauben aus der Liebe 300.
[61] Credo 205.
[62] Ebd. 255.
[63] Ebd. 254f.

Diesen und anderen Zeugen nachempfunden, ist Trinitätstheologie für den Jesuiten gläubig wie intellektuell zurückzulegender Weg zur gemeinsamen Gottesschau.

Zu diesem in der augustinischen Tradition besonders ausgeprägten Gedanken kommt ein weiterer Gesichtspunkt, der ebenfalls an den Bischof von Hippo erinnert. Es ist der konzentrierte Blick auf den gekreuzigten Jesus. Von wo immer der Christ seinen Gottesglauben betrachtet, stets kommt er zum Kreuz zurück. Das in Christus aufscheinende Gottesgeheimnis ist ein Mysterium der Auferstehung und zugleich das Mysterium des Todes[64]. Dies gilt in einem doppelten einander ergänzenden Sinn. Zum einen ist das Kreuz Zeichen der unauslotbaren Liebe Gottes zum Menschen[65]. Dieser klassische Hinweis ist (zum anderen) verbunden mit dem für de Lubac kennzeichnenden Gedanken, daß im Gekreuzigten, der die gesamte Menschheit in sich zusammenfaßt, diese ihrer Eigenliebe entsagt. Im Kreuzestod Jesu stirbt die gesamte Menschheit mit ihm, um in erneuerter Weise Gott zu lieben. Die ersehnte Hinwendung des Menschen zu Gott verläuft nämlich bei aller schöpfungsmäßigen Anlage nicht gradlinig; es muß eine totale Veränderung und Wandlung stattfinden. Lubac sieht diesen verwandelnden Übergang in dem Kreuz und Auferstehung Jesu zusammenfassenden Wort *Pascha* angedeutet. Ohne Trennung von sich selber, ohne das Gesetz des *exodus* und der *ekstasis* gibt es den neuen Weg des Menschen nicht. Es ist der biblische Gedanke, daß der Jünger Jesu sein Leben nur rettet, wenn er es in Selbstverleugnung um des Herrn willen verliert (vgl. Mk 8,34f. par.). Anthropologisch gewendet, stellt sich dies so dar: „Der Humanismus ist nicht von Natur aus christlich. Der christliche Humanismus muß ein bekehrter Humanismus sein. Von keiner natürlichen Liebe kommt man ohne Bruch zur übernatürlichen"[66]. Die Menschheit muß in jedem ihrer Glieder ersterben, um verwandelt in Gott zu leben. Das ist ereignishaft und urbildlich im Mysterium Crucis auf Golgota geschehen. Urbildlich, das heißt auch: Zum Trinitätsglauben der Kirche und des Christen gehört, daß die erneuerte Gemeinschaft und der erneuerte Mensch im Zeichen des Gekreuzigten ihren Weg zu Gott gehen.

Zusammenfassend ist Trinitätstheologie für H. de Lubac Geschichtstheologie. Das heißt, sie betrachtet Gott in seiner Zuwendung zum Menschen, ohne ihn dabei in seinem erlösenden Wirken aufgehen zu lassen. Gott ist mehr als die innergeschichtlichen Heilszeichen; ein Gott, der in seiner Heilsökonomie aufginge, so daß immanente und heilsgeschichtliche Trinität deckungsgleich wären, ist nicht der christliche Gott, den als ewige göttliche Liebe anzubeten das Ziel aller Geschichte ist. Geschichtstheologie besagt ferner: sie blickt auf Christus als *den* Brennpunkt der Zeit. Im Mysterium Crucis, dem tödlichen und zugleich Leben stiftenden Übergang vom Karfreitag hin zu Ostern, erneuert Christus die Menschen auf den Vater hin und macht sie zur allumfassenden, personalen Gemeinschaft der Liebe Gottes. Daß sie darin verharren, dazu sendet er ihnen den Heiligen Geist; mit ihm begabt, sind sie hineingenommen in die ewige Gemeinschaft des Sohnes mit dem Vater. Trinitätstheologie ist für de Lubac immer auch Kreuzestheologie; ein Gedanke, den er mit seinem Schüler und lebenslangen Gesprächspartner H.U.v. Balthasar teilt und dem dieser noch dramatischeres Profil zu geben bemüht ist. Bemerkenswert sind ferner Linien zu K. Rahner, der mit seiner Gottes- und Trinitätslehre in Verbindung zu

---

[64] Glauben aus der Liebe 328.
[65] Vgl. Credo 81.
[66] Glauben aus der Liebe 328f.

Lubac steht, wie auch dieser sich auf seinen deutschen Confrater bezieht. Verbindende Gesprächspunkte sind das Verhältnis von Natur und Gnade sowie das von immanenter und ökonomischer Trinität.

§ 13. Hans Urs von Balthasar

SCHRIFTTUM: *H. Vorgrimler*, H.U.v. Balthasar: BTZJ Erg.Bd. (1970) 122–142; *H. Heinz*, Der Gott des Je-mehr. Der christologische Ansatz H.U.v. Balthasars (Disputationes Theologicae 3) (F 1975); *W. Löser*, Im Geiste des Origenes. H.U.v. Balthasar als Interpret der Theologie der Kirchenväter (FTS 23) (F 1976); *ders.*, Trinitätstheologie heute – offene Fragen: K. Rahner (Hg.), Der eine Gott und der dreieine Gott (M-Z 1983) 9–27; *ders.*, Trinitätstheologie heute. Ansätze und Entwürfe: W. Breuning (Hg.), Trinität. Aktuelle Perspektiven der Theologie (QD 101) (Fr-Bs-W 1984) 19–45; *M. Sales*, Der Mensch und die Gottesidee bei H.de Lubac (Kriterien 46) (Ei 1978); *M. Figura*, Der Anruf der Gnade. Über die Beziehung des Menschen zu Gott nach H. de Lubac (Ei 1979); *M. Lochbrunner*, Analogia Caritatis. Darstellung und Deutung der Theologie H.U.v. Balthasars (FThSt 120) (Fr 1981); *N. Hoffmann*, Kreuz und Trinität (Kriterien 61) (Ei 1982); *E. Maier*, Einigung der Welt in Gott. Das Katholische bei H. de Lubac (Ei 1983); *B. Forte*, Trinität als Geschichte (Mz 1989); *J. O'Donnell*, Alles Sein ist Liebe. Eine Skizze der Theologie H.U.v. Balthasars: K. Lehmann u. W. Kasper (Hg.), H.U.v. Balthasar – Gestalt und Werk (K 1989) 260–276; *Th.R. Krenski*, Passio Caritatis. Trinitarische Passiologie im Werk H.U.v. Balthasars (Ei 1990); *H. O. Meuffels*, Einbergung des Menschen in das Mysterium der dreieinigen Liebe. Eine trinitarische Anthropologie nach H.U.v. Balthasar (Bonner dogm. Studien 11) (Wü 1991); *M. González*, Balthasar, H.U.v.: Diccionario teológico El Dios Cristiano, hg. v. X. Pikaza u. N. Silanes (Sa 1992) 131–138; *K.J. Wallner*, Gott als Eschaton. Trinitarische Dramatik als Voraussetzung göttlicher Universalität bei H.U.v. Balthasar (Heiligenkreuzer Studienreihe 7) (Heiligenkreuz 1992); *M. Lenk*, Von der Gotteserkenntnis. Natürliche Theologie im Werk H. de Lubacs (FTS 45) (F 1993).

1. Gedanklicher Hintergrund

Deutlicher noch als H. de Lubac hat der weltweit beachtete Schweizer Gelehrte Hans Urs von Balthasar (1905–1988) sein Werk vom Dreifaltigkeitsglauben her geformt, so daß es generell als „Trinitarische Theologie" bestimmt werden kann[1]. Sein Trinitätsverständnis findet sich sowohl in einzelnen Abhandlungen[2] wie auch als beseelender Grundgedanke in seinem Gesamtwerk. Gerade unter trinitätstheologischem Aspekt findet Balthasar gegenwärtig lebhaftes Interesse[3].

Wie für Lubac eröffnet auch für Balthasar ein Blick auf die Religionen, und damit auf den Menschen, einen ersten Zugang zum Trinitätsdogma. Genauerhin sind es

1 *R. Gibellini*, Handbuch der Theologie im 20. Jahrhundert (Rb 1995) 229–244.

2 Der Zugang zur Wirklichkeit Gottes: MySal II 15–45; Mysterium Pascale: MySal III/2, 133–326; Das unterscheidend Christliche der Gotteserfahrung: *Balthasar S* IV 26–37; Deus Trinitas: *Balthasar TD* II/2, 461–489; Dramatische Soteriologie: *Balthasar TD* III 295–395; Das Endspiel: *Balthasar TD* IV.

3 *H. Heinz*, Der Gott des Je-mehr. Der christologische Ansatz H.U.v. Balthasars (Disputationes Theologicae 3) (F 1975); *N. Hoffmann*, Kreuz und Trinität (Ei 1982); *J. O'Donnell*, Alles Sein ist Liebe: K. Lehmann u. W. Kasper (Hg.), H.U.v. Balthasar – Gestalt und Werk (K 1989) 260–276; *Th.R. Krenski*, Passio Caritatis. Trinitarische Passiologie im Werk H.U.v. Balthasars (Ei 1990); *H. O. Meuffels*, Einbergung des Menschen in das Mysterium der dreieinigen Liebe. Eine trinitarische Anthropologie nach H.U.v. Balthasar (Bonner dogm. Studien 11) (Wü 1991); *K.J. Wallner*, Gott als Eschaton. Trinitarische Dramatik als Voraussetzung göttlicher Universalität bei H.U.v. Balthasar (Heiligenkreuzer Studienreihe 7) (Heiligenkreuz 1992).

zwei Wege, auf die er verweist. Zum einen ist es die Mythologie und zum anderen die Philosophie. In den polytheistischen Religionen ist das Gottesbild mythologisch gefaßt. Darin eingeflossen sind verschiedenste menschliche Grunderfahrungen, die der Angst und der Geborgenheit, die Sehnsucht nach Liebe und Leben, die Geheimnishaftigkeit von Geburt und Tod. Nimmt man dem Gottesbild des Mythos dessen ausgesprochen naturhafte Züge, tritt im Kern „ein geheimnisvolles, undefinierbares »Für-mich« hervor, hinter dem ein Du stehen muß, das mir Gunst, Bergung, Hilfe gewähren kann ... Dieses »für mich« oder, wo es sich um eine Sippe, ein Land, ein Königreich handelt, dieses »für uns« des Gottes ist seine unbedingt wichtigste Eigenschaft: er ist Person, mit der Macht und Freiheit einer Person begabt, er kehrt sich zu, er wird durch die Zuwendung des ihn benötigenden Menschen zu neuen Kundgebungen der Liebe, des Schutzes, der Erhörung bewogen“[4]. Sind es viele Götter, die der Mensch derart um Schutz angeht, sind dann auch ihre Zuständigkeiten viele und diese zudem untereinander gespalten, tritt über sie hinaus ein Ordnender, das Gesamtgeschick Planender, ein Allmächtiger hervor; er heißt in Ägypten Re, in Griechenland Zeus. Auch für diese einende Obergottheit ist das »für sein Volk« konstitutiv[5].

Das Gottesbild des Mythos mit seinen Anthropomorphismen erfährt in dem der Philosophie eine beachtliche Modifikation. Die mythische Göttervielfalt wird hier zu dem gegensatzlosen *Einen*, zum letztlich Namenlosen, Unsagbaren, Du-losen, Absoluten. Dieser ins Unendliche hinein entzogene Gott wird nur von jenem Frommen erreicht, „der sein Personsein als Schranke hinter sich läßt und zum Gegensatzlosen vordringt“[6]. Diesen apersonalen Gott zu lieben und ihn als Liebenden zu denken fällt schwer. Er ist allenfalls der, in dem alle Liebe und Güte geborgen ist, ohne daß diese mit personalen Kategorien verbunden sind.

Die in beiden Formen vollzogene Religiosität vermag die dem Menschen von seinem ersten Bewußtwerden an ursprüngliche Erfahrung der Liebe nicht einzuholen. Erscheint auf der einen Seite Gott als der Inbegriff aller Kräfte der Welt und des Lebens, dem aber wirkliche Transzendenz fehlt, so ist er auf der anderen Seite das Produkt einer ins Intellektuelle aufgipfelnden Weltschau. Dabei wäre es wichtig, beide Ansätze zu integrieren für einen Weg verantworteter Liebe zu Gott. Von der menschlichen Grunderfahrung personaler Liebe läßt sich nach Balthasar eine Art „apriorisches Postulat für die Gestalt von Religion formulieren, das aber diese Gestalt von sich her nicht konkret zu umreißen vermag, weil eine Dialektik (zwischen »Herz« und »Vernunft«) immerfort jede gesetzte Form wieder aufheben zu müssen scheint: das Herz (Pascal) fordert einen Gott als Du und eine absolute Liebe zwischen beiden; die Vernunft aber verbietet, Gott als ein solches Du zu erfassen, weil er absolut (und damit unbedürftig) sein muß, jede Gegensatzspannung von vornherein übersteigt und deshalb bestenfalls als anonyme, sich neidlos verströmende Allgüte, aber nicht als das personal Ansprechende und Personerweckende zu verstehen ist“[7]. Die offenbleibende Sehnsucht des Menschen nach einem letzten liebenden Du ist für Balthasar anthropologischer Anknüpfungspunkt für seine Gottes- und Trinitätslehre. Die Metaphysik der Liebe ist ihr denkerischer Hintergrund.

---

4 Zugang: MySal II 21.
5 Ebd. 21f.
6 Ebd. 23.
7 Ebd. 24.

2. *Christologische Vermittlung*

Die Grundaussage des christlichen Glaubens über Gott faßt Balthasar so zusammen: „Das Tiefste am Christentum ist die Liebe Gottes zur Erde. Daß Gott in seinem Himmel reich ist, wissen andere Religionen auch. Daß er mit seinem Geschöpf zusammen arm sein wollte, daß er in seinem Himmel an seiner Welt leiden wollte, ja gelitten hat, und durch seine Menschwerdung sich instandsetzte, dies sein Leiden der Liebe seinen Geschöpfen zu beweisen: das ist das Unerhörte bisher“[8].

Den Blick auf Gottes leidende Liebe ebnet Christus; er ist *das* Bild, *die* Gegenwart des unsichtbaren Gottes. Als der gesandte und gehorsame Sohn des Vaters läßt er uns von Gottes liebender Dreifaltigkeit sprechen. Dieser unter ausdrücklichem Bezug auf Johannes entwickelte Gedanke erhält sein für Balthasar unverkennbares Profil durch den Verweis auf das Todesleiden Jesu am Karfreitag und steigernd dazu auf die Todesleere am Karsamstag. Dort endet jedes aktive Verständnis des Todes; dieser kann hier nur noch als völlige Macht- und Hilflosigkeit des Menschen gesehen werden. Eintritt in das Reich des Todes, in die Hölle, heißt für den Sohn Gottes: Mit-Einsamsein mit den Einsamen[9], Erfahrung der „absoluten Lebensentleerung“ der Toten[10] oder „Durchmessung der ganzen Dimension des Rein-Gegengöttlichen, des gesamten Gegenstandes des göttlichen eschatologischen Gerichts“[11]. Im Auftrag des Vaters geht der Sohn den Weg in das Chaos des Widergöttlichen. Vom Vater gesandt, um die Welt zu retten, *muß* der Weg des menschgewordenen Sohnes auch in die Hölle führen als letzte Folge geschöpflicher Freiheit. „Wirklich in die Hölle eingeführt werden aber kann der Sohn nur als Toter, am Karsamstag“[12]. Das Erlösende von Jesu Todesabstieg besteht darin, daß selbst in der Hölle Gottes Liebe gegenwärtig ist. Indem Jesus aus ihr aufersteht, vermag er uns über das Ausmaß der Liebe Gottes ins Licht zu setzen[13].

3. *Innergöttliches Leben*

Die unbeschreibliche Dramatik des Karsamstages besteht darin, daß Jesu Weg in die Nacht des Todes die ewige immanente Dynamik Gottes auslegt. Sein zeitlicher Gehorsam, seine Erniedrigung in den Sklaventod am Kreuz und schließlich die Todesleere der Hölle veranschaulichen den innergöttlichen Austausch. Impulse hierzu erfährt Balthasar durch den russischen Religionsphilosophen und Theologen Sergej Nikolajewitsch Bulgakow (1871–1944)[14], der von einer innertrinitarischen Ur-Kenose spricht, die der heilsgeschichtlichen Kenose zugrunde liegt[15].

Unter ausdrücklichem Verweis auf Bulgakow schreibt Balthasar: „Man kann ... die Selbstaussprache des Vaters in der Zeugung des Sohnes als eine erste, alles unterfassende innergöttliche

[8] *H. U. v. Balthasar*, Gelebte Kirche: Bernanos (Trier ^{3}1988) 172.
[9] Mysterium Pascale: MySal III/2, 241.
[10] Ebd. 247.
[11] Ebd. 248.
[12] Ebd.
[13] Ebd. 249.
[14] *B. Hallensleben*: LThK^{3} II 774.
[15] *Th. R. Krenski*, Passio Caritatis 120.

»Kenose« bezeichnen, da der Vater sich darin restlos seiner Gottheit enteignet und sie dem Sohn übereignet: Er »teilt« sie nicht »mit« dem Sohn, sondern teilt dem Sohn alles Seine »mit«: »Alles Deinige ist mein« (Joh 17,10). Der Vater, der ja nicht (arianisch) als »vor« dieser Selbsthingabe existierend gedacht werden darf, ist diese Hingabebewegung, ohne etwas berechnend zurückzuhalten. Dieser göttliche Akt, der den Sohn hervorbringt, als die zweite Möglichkeit, an der identischen Gottheit teilzuhaben und sie zu sein, ist die Setzung eines absoluten, unendlichen Abstands, innerhalb dessen alle möglichen andern Abstände, wie sie innerhalb der endlichen Welt bis einschließlich zur Sünde hin auftreten können, eingeschlossen und umfangen sind. In der Liebe des Vaters liegt ein absoluter Verzicht, für sich allein Gott zu sein, ein Loslassen des Gottseins und in diesem Sinn eine (göttliche) Gott-losigkeit (der Liebe natürlich), die man keineswegs mit der innerweltlichen Gottlosigkeit vermengen darf, die aber doch deren Möglichkeit (überholend) grundlegt. Die Antwort des Sohnes auf den geschenkten gleichwesentlichen Besitz der Gottheit kann nur ewige Danksagung *(eucharistia)* an den väterlichen Ursprung sein, so selbstlos und berechnungslos, wie es die erste Hingabe des Vaters war. Aus beiden hervorgehend, als ihr subsistierendes »Wir« atmet der gemeinsame »Geist«, der die unendliche Differenz zugleich offenhaltend (als Wesen der Liebe) besiegelt und, als der eine Geist beider, sie überbrückt“[16].

Auf dem Hintergrund der innertrinitarischen Kenose ist der dreifaltige Gott der unendliche Raum freier Liebe; der Vater ist ihr ewiger Ursprung, die im Sohn ihre äußerste Antwort findet; der Heilige Geist steht als das lebendige Wir beider für die unendliche Offenheit der göttlichen Liebe; sie reicht vom Vater als Quellgrund bis hin zum Chaos der Hölle.

„Die Gebärde, mit der der Vater die ganze Gottheit ausspricht und dahingibt (eine Gebärde, die er nicht nur »tut«, sondern »ist«), kann, sofern sie den Sohn als das unendlich Andere seiner selbst zeugt, nur gleichzeitig die ewige Voraussetzung und Überholung all dessen sein, was Trennung, Schmerz, Entfremdung in der Welt, und was Liebeshingabe, Ermöglichung von Begegnung, Seligkeit in ihr sein wird. Nicht unmittelbare Identität von beidem, sondern überlegene und überholende Voraussetzung für beides. Deshalb auch nicht bloße Grundlage einer potentiellen »Geschichte Gottes«, der durch den Schmerz der Gezweiung hindurch (in sich und/oder in der Welt) zur Einigung findet, sondern reale einheitliche Voraus-Setzung solcher Gezweiung. Daß Gott (als Vater) seine Gottheit so weggeben kann, daß Gott (als Sohn) sie nicht bloß geliehen erhält, sondern »gleichwesentlich« besitzt, besagt eine so unfaßbare und unüberbietbare »Trennung« Gottes von sich selbst, daß jede (durch sie!) ermöglichte Trennung, und wäre es die dunkelste und bitterste, nur *innerhalb* ihrer sich ereignen kann. Und dies, obschon die gleiche Mitteilung ein Geschehen absoluter Liebe ist, deren Seligkeit im Verschenken nicht nur von etwas, sondern seiner selbst besteht“[17].

In Gott ist Raum für Begegnung und Seligkeit und vor allem auch für das Kreuz und den Tod; alles ist umspannt von jener unendlichen Hingabe, die Gott ist. Indem Balthasar derart die theologische Innenseite der Christus- und Erlösungsgeschichte ins Wort hebt, tritt er einigen Positionen entgegen.

Wie zuvor H. de Lubac wendet er sich gegen das Axiom K. Rahners: Die ökonomische Trinität sei die immanente Trinität und umgekehrt[18]. Das erste Anliegen dieses Grundsatzes teilt Balthasar; auch für ihn erschließt sich Gottes Dreifaltigkeit nur von Christus her. So kann er Rahner insofern zustimmen, „daß wir von der immanenten Trinität nur durch die ökonomische Kenntnis haben und Aussagen wagen können“[19]. Modifizierend weist er dann aber auf den Unterschied beider Aspekte hin. Dieser besteht darin, daß die immanente Trinität den tragenden göttlichen Grund, den Seins- und Sinngehalt der trinitarisch geformten Heilsgeschichte bildet.

---

16 *Balthasar TD* III 300f.
17 Ebd. 302.
18 MySal II 327–329.
19 *Balthasar TD* II/2, 466.

Ohne diese Unterscheidung sieht Balthasar die Gefahr des Modalismus oder auch der bloßen Addition kosmologischer Prinzipien gegeben.

Entsprechend lautet Balthasars Folgerung, „daß christlich die ökonomische Trinität gewiß als die Auslegung der immanenten erscheint, die aber als der tragende Grund der ersten mit ihr gerade nicht einfach identifiziert werden darf. Denn andernfalls droht die immanente und ewige Trinität Gottes in der ökonomischen aufzugehen, klarer gesagt, Gott in den Weltprozeß hinein verschlungen zu werden und nur durch diesen hindurch zu sich selbst zu kommen. In der durch Christus eröffneten Trinität wird beides zugleich kund: daß sich Gott als Vater, Sohn und Geist mit der Welt befaßt, und dies zu ihrem Heil – das Trinitätsdogma ist zutiefst soteriologisch bedeutsam –, aber daß er als *Gott* damit befaßt ist, der nicht erst dadurch »die Liebe« wird, daß er die Welt als sein »Du« und »Gegenüber« hat, sondern in sich selber und erhaben über alle Welt schon »die Liebe ist«. Nur so kann er sich in Freiheit offenbaren und zu lieben geben, kann also das Theodrama im letzten ein personales und nicht ein naturales Geschehnis sein, ein solches, das zwischenmenschliche dramatische Begegnungen nicht unterbietet, sondern übergreift und sie allererst personal wahrhaft bedeutsam macht“[20].

Balthasar geht es bei dem Verhältnis von immanenter und ökonomischer Trinität darum, die Göttlichkeit der Erlösung zu betonen. Diese ist die Geschichte des Menschen mit Gott, mehr noch: die *Gottes* mit uns Menschen. Er ist der Liebende in sich selbst und als er selbst; und darum ist seine Erlösung auch mehr als menschliche Projektion.

Balthasar korrigiert aber nicht nur aktuelle theologische Positionen. Auch gegenüber der augustinisch-thomistischen Tradition erhebt er Bedenken. Sie erscheint ihm zu wenig relational und personal gefaßt zu sein. Die göttlichen Personen müßten deutlicher und konsequenter als Liebende verstanden werden; dies gelinge nicht mit der klassischen Geistmetaphysik, auch nicht mit den psychologischen Ternaren Augustins. Nach Balthasar krankt das ganze augustinisch-thomistische System mit seinem psychologischen Ansatz an der Schwierigkeit, „Relationen im Innern der göttlichen Substanz nicht als Beziehungen zwischen Personen einsichtig machen zu können. Ferner muß es die Übernahme des platonischen »bonum diffusivum sui«, der göttlichen Selbsthingabe, auf die opera Trinitatis ad extra einschränken, da der Sohn zunächst »nach der Weise der Erkenntnis« hervorgeht, und erst der Geist »nach der Weise der Liebe«“[21]. Nach Balthasar vermag es eine solche Sicht kaum, jenen Vers der Abschiedsreden als Ausdruck eines immanent trinitarischen Verhältnisses zu interpretieren, wo Jesus sagt: „Alles, was mein ist, ist dein, und was dein ist, ist mein“ (Joh 17,10). Ein relationaleres Verständnis der trinitarischen Personen als in der augustinischen Tradition bahnt dem Schweizer Theologen nach Richard von St. Victor gerade das moderne personalistische Denken Martin Bubers (1878–1965) und Franz Rosenzweigs (1886–1920). Es sieht die Beziehung des Ich zum Du als der Person wesentlich zugehörig an. Den Menschen als Person bestimmt nicht ein Ich, zu dem ein Du noch hinzukommt; sondern zum Ich gehört zuinnerst das Du; es ist Frucht des liebenden Anrufs und der Hingabe des Du. In dieser Perspektive rückt für Balthasar die Beziehung zwischen den Personen „in den ersten Rang der Bilder und Gleichnisse für das Wesen Gottes – ist sie doch das Werthöchste innerhalb der Schöpfung – und darf als Verstehenshilfe ebenso verwendet werden wie das psychologische Schema, falls es [das Verhältnis Ich-Du] nur bereit ist, sich (wie das letztere!) in seiner Tragweite kritisieren zu lassen“[22].

---

20 Ebd.

21 *Balthasar S* IV 202f. Anm. 1.

22 Ebd. 204 Anm. 1.

In der Trinitätstheologie Balthasars ist der Blick auf die Metaphysik personaler Liebe der gedankliche Zusammenhang, in dem er den christlichen Gottesglauben interpretiert. Hier erscheint der Schöpfer des Himmels und der Erde, der Gott Abrahams, Isaaks und Jakobs, der Vater Jesu Christi, der alles vollendende Gott als die um des Menschen willen mitleidende Liebe. Er ist dies nicht, weil vom Menschen dazu herbeigerufen, sondern weil er immer schon in ewiger Lebendigkeit existiert. Da seinem Wesen nach äußerste Hingabe, wofür das Triduum mortis Jesu der konkretisierende heilsgeschichtliche Ausdruck ist, bleibt kein Mensch, mag er sich auch noch so weit in die Einsamkeit der Gottesferne verirrt haben, von Gottes mitleidender Liebe unberührt. Sie reicht bis in die Tiefen der Hölle. „Nur in der absoluten Schwäche will Gott der von ihm geschaffenen Freiheit das Geschenk der jeden Kerker aufbrechenden und jede Verkrampfung lösenden Liebe vermitteln: in der Solidarisierung von innen mit denen, die alle Solidarität verweigern“[23].

4. Logik der Liebe

Es geht Balthasar darum, die Botschaft von der Liebe Gottes zum alles bestimmenden Grundgedanken seiner Glaubensauslegung, auch der Hölle, zu machen. Viele seiner trinitätstheologischen Impulse finden in der Fachdiskussion Anerkennung und werden rezipiert[24]. So die Unterscheidung zwischen ökonomischer und immanenter Trinität. Gerade eine heilsgeschichtlich konzipierte Trinitätslehre ist sich bewußt, daß die Ökonomie allein die Tiefen Gottes nicht ausschöpfen kann und Geschichte nur die Spur seiner Herrlichkeit ist. Balthasars Entwurf wird man nicht dahingehend mißverstehen dürfen, als ob er die Heilsgeschichte letztlich nur beiläufig und sekundär betrachtete. Es geht ihm um sie, um ihre Innenseite, um das in ihr aufscheinende trinitarische Antlitz Gottes. Sie ist der einzige Zugang, um von Gottes mitleidender Liebe zu sprechen. Positive Aufnahme finden auch Balthasars Anregungen, von den trinitarischen Personen stärker in der Perspektive einer Ontologie der Liebe statt der klassischen Geistmetaphysik zu reden[25].

Wichtiger Diskussionspunkt im Gespräch mit Balthasar ist der Einbezug des Kreuzes in die immanente Trinität. Damit ist eine zentrale, wenn nicht gar *die* Herausforderung heutiger Gotteslehre aufgenommen. Sie erreicht nur in dem Maße ihr Ziel, als Golgota und damit die unzähligen großen und kleinen Kreuze der Menschen in die Gottesbotschaft zuinnerst integriert werden können. Balthasar zeichnet Gott als den unendlich Liebenden, der sich in dem Maße hinschenkt, daß es wirklich niemanden gibt, der nicht von ihm erreicht würde. Der von seinem Wesen her sich frei entäußernde, liebende Gott ist der Gekreuzigte, der das Kreuz des einzelnen wie auch die aller zu umschließen vermag.

Dieser Gedanke weckt die Frage, ob hiermit nicht das Kreuz Christi in seiner herausfordernden Konkretheit und ähnlich auch die gesamte Geschichte zu notwen-

---

[23] Ebd. 409.

[24] Vgl. *W. Löser*, Trinitätstheologie heute – offene Fragen: K. Rahner (Hg.), Der eine Gott und der dreieine Gott (M-Z 1983) 9–27; *ders.*, Trinitätstheologie heute. Ansätze und Entwürfe: W. Breuning (Hg.), Trinität. Aktuelle Perspektiven der Theologie (QD 101) (Fr-Bs-W 1984) 19–45, hier 39–44; *W. Kasper*, Der Gott Jesu Christi (Mz 1982) 333–337.

[25] Vgl. *B. J. Hilberath*, Der Personbegriff der Trinitätstheologie in Rückfrage von K. Rahner zu Tertullians »Adversus Praxean« (Innsbrucker theol. Studien 17) (I-W 1986) 116–121 322–325.

digen Momenten im göttlichen Selbstvollzug werden. Erscheinen sie nicht auf diese Weise in Gott aufgehoben und ihrer Einmaligkeit beraubt? Welch eigene Bedeutung kommt ihnen überhaupt noch zu[26]? Haben die Menschwerdung und das Kreuz des Gottessohnes nur darin ihren Sinn, den Geschöpfen das Unerhörte der immer schon mitleidenden Liebe Gottes zu eröffnen? Die Rede von der seit aller Ewigkeit her mitleidenden Liebe Gottes drängt dazu, sich der Analogizität solcher Sprache bewußt zu bleiben.

Damit ist ein letzter, ja sogar *der* Gesprächspunkt mit Balthasar angeschnitten. Es ist die Frage nach der Hermeneutik. Die Kriterien seiner bildreichen Reden über die immanente Trinität sind zu klären. Auch ist die Berechtigung zu prüfen, wieweit Motivzusammenhänge, wie der des Gehorsams und des Liebesgesprächs, eingebracht und entfaltet werden können. In welchem Maße darf der Theologe mit seinen Bildern und Begriffen das biblische Zeugnis mit Gedanken füllen, die dort nicht unmittelbar ausgesagt sind und sich Assoziationen verdanken? Es ist dies die aktuelle Frage nach dem Sinnüberhang des biblischen Wortes und neuer von ihm initiierter Einsichten.

5. Rezeption durch B. Forte

Dem geschichtstheologischen Anliegen Balthasars ist neben anderen[27] insbesondere der Neapolitaner Bruno Forte[28] verbunden. Auch er sieht die Heilsgeschichte trinitarisch geformt. Als Einstieg zu deren Verständnis wählt er, unter ausdrücklichem Bezug auf H.U.v. Balthasar (und J. Moltmann), Tod und Vollendung Jesu. Dessen Auferweckung ist eine Machthandlung des Vaters; sie ist „das große Ja des Gottes des Lebens zu seinem Sohn und in ihm zu uns, den Gefangenen des Todes“[29]. Als Geschichte des Vaters ist das Osterereignis aber auch Geschichte des Sohnes, seine Tat. Dieser läßt sich vom Vater auferwecken und widerspricht dessen Initiative nicht. Damit ergreift der Sohn „aktiv Stellung zu seiner Geschichte und der der Menschen, für die er sich dem Tod hingegeben hat“[30]. Schließlich ist auch der Heilige Geist in dieses Geheimnis einbezogen. Er ist „Jener, der dem Sohn vom Vater gegeben ist, damit der Erniedrigte erhoben werde und der Gekreuzigte das Leben des Auferstandenen lebe ... Er verbindet den Vater mit dem Sohn, indem er Jesus von den Toten auferweckt, und die Menschen mit dem Auferstandenen, indem er sie mit neuem Leben erfüllt“[31].

Geleitet vom trinitarischen Ostermysterium sieht die urchristliche Gemeinde auch die vorösterliche Geschichte Jesu in diesem dreifachen Licht. Es ist der Schlüssel zur Lektüre der Heilsgeschichte[32]. So sieht Forte Schöpfung, Mensch, Gemeinschaft, Kirche, Apostolat, Eschatologie in dieser trinitarischen Perspektive. Es geht ihm darum, „die Geschichte der Menschen in der Geschichte der Drei zu denken,

---

[26] Vgl. *B.J. Hilberath*, Der dreieinige Gott und die Gemeinschaft der Menschen (Mz 1990) 83.
[27] Vgl. *J.J. O'Donnell*, Il Mistero della Trinità (Ro-Casale Monferrato 1989).
[28] La chiesa icona della Trinità (Brescia 1984); *ders.*, Jesus von Nazaret: Geschichte Gottes – Gott der Geschichte (TTS 22) (Mz 1984); *ders.*, Trinität als Geschichte. Der lebendige Gott – Gott der Lebenden (M 1989).
[29] Trinität 29.
[30] Ebd.
[31] Ebd. 30.
[32] Ebd. 41.

frei und mitreißend, wie sie zu Ostern erzählt wird ...". So werde sich, wie Forte hofft, die Trennung zwischen der abstrakten Rede von der einen Gottheit und der konkreten Rede von den drei göttlichen Personen als unhaltbar erweisen[33].

Das deutliche Augenmerk Fortes auf die trinitarisch geformte Heilsgeschichte verstellt ihm nicht den Blick auf die Trinität jenseits der Geschichte. Balthasar nachempfunden schreibt er: „Die Ökonomie allein kann die Tiefen Gottes nicht ausschöpfen; die Geschichte darf und kann die Herrlichkeit nicht einfangen wollen ... Ein Gott, der sich in der Geschichte auflösen würde, eine immanente göttliche Trinität, die ganz und gar in ihrer ökonomischen Offenbarung aufginge, wäre nicht mehr der christliche Gott, sondern eine der Mächte dieser Welt, sei's die höchste und notwendigste"[34]!

Unter Berufung auf Augustinus wie auch auf Thomas hält Forte dem weltüberhobenen Gott gegenüber die *Doxologie* für die angemessenste Aussageform. Ihr zugeordnet und wegen ihrer soteriologischen Bedeutung unverzichtbar sind die patristischen *Seinsaussagen* über die Gottheit Jesu Christi und die des Heiligen Geistes. Es war deren geschichtslose Betrachtung, welche „die Verbannung der Trinität aus Theorie und Praxis der Christen" mitverursacht hat[35]. Der rechte Ansatz, um den Trinitätsglauben wieder ins christliche Leben zurückzuholen, ist für Forte weder die „Seinsobjektivität" noch die „Geistessubjektivität", sondern die Geschichte[36]. In ihr ist *der* wahrzunehmen, der uns zuerst geliebt hat; zugleich gilt es, uns „in Ihm und Seiner Liebe kennenzulernen, den Sinn von Leben und Geschichte"[37]. Sosehr der Mensch von sich aus der Liebe entbehrt, kann er aber doch, wenn er glaubt, „*in* der Liebe sein und so ... immer tiefer menschliche Person in der vollen Würde seiner Berufung werden"[38].

Forte ist darum bemüht, „die trinitarische Heimat" von Theologie und christlichem Leben wiederzufinden[39]. Daß dies gelingt, wird nicht zuletzt davon abhängen, ob und wie man die dunkle Nacht des Kreuzes Jesu als trinitarische Spur Gottes zu erkennen vermag. Die Frage, ob Forte diese Spur geschichtlich genug angeht, verdichtet sich etwa dort, wo er im Anschluß an Balthasar von der aktiven Rolle des Sohnes im Ostergeschehen spricht. Wie mit jenem, so ist auch mit dem Neapolitaner Klarheit darüber zu suchen, ob die geschichtlich gewordenen Ausdrucksformen des nachösterlichen Auferstehungs-, Christus- und Gottesglaubens hinreichend bedacht und die differenzierte Problematik ihrer Auslegung entsprechend veranschlagt ist. Auf die von Forte gewählte Sprachebene hin gefragt: Welcher Art ist sie, wenn es da heißt, in der Auferstehung aus dem Tode widerspreche der (tote) Sohn der Initiative des Vaters nicht; oder dieser nehme aktiv zu seiner Geschichte Stellung[40]? Der Realgehalt solcher doch gewiß bildhafter Aussagen bliebe zu klären.

---

[33] Ebd. 15.
[34] Ebd. 20f.
[35] Ebd. 75.
[36] Ebd. 80.
[37] Ebd. 92.
[38] Ebd. 160.
[39] Ebd. 12.
[40] Ebd. 29.

Sechstes Kapitel

IM ANSPRUCH DER GEGENWART

§ 14. Karl Rahner

SCHRIFTTUM: *B. van der Heijden*, K. Rahner, Darstellung und Kritik seiner Grundpositionen (Ei 1973); *K. Fischer*, Der Mensch als Geheimnis. Die Anthropologie K. Rahners (Ökumenische Forschungen II 5) (Fr-Bs-W 1974, ²1975); *ders.*, Gotteserfahrung. Mystagogie in der Theologie K. Rahners und in der Theologie der Befreiung (Mz 1986); *E. Jüngel*, Das Verhältnis von »ökonomischer« und »immanenter« Trinität: ZThK 72 (1975) 353–364; *F. Greiner*, Die Menschlichkeit der Offenbarung. Die transzendentale Grundlegung der Theologie bei K. Rahner (Münchener Monographien zur historischen und systematischen Theologie 2) (M 1978); *F. X. Bantle*, Person und Personbegriff in der Trinitätslehre K. Rahners: MThZ 30 (1979) 11–24; *W. Hoye*, Verfinsterung des absoluten Geheimnisses. Eine Kritik der Gotteslehre K. Rahners (D 1979); *W. Schachten*, Das Verhältnis von »immanenter« und »ökonomischer« Trinität in der neueren Theologie: FS 61 (1979) 8–27; *P. Schoonenberg*, Zur Trinitätslehre K. Rahners: E. Klinger, K. Wittstadt (Hg.), Glaube im Prozeß (FS K. Rahner) (Fr-Bs-W 1984) 471–491; *H. Vorgrimler*, K. Rahner verstehen (Fr-Bs-W 1985, ²1988); *B. J. Hilberath*, Der Personbegriff der Trinitätstheologie in Rückfrage von K. Rahner zu Tertullians »Adversus Praxean« (Innsbrucker theol. Studien 17) (I-W 1986); *ders.*, K. Rahner. Gottgeheimnis Mensch (Mz 1995); *J. Wohlmuth*, Zum Verhältnis von ökonomischer und immanenter Trinität – eine These: ZKTh 110 (1988) 139–162; *R. Miggelbrink*, Ekstatische Gottesliebe im tätigen Weltbezug. Eine systematisch-theologische Untersuchung über den Beitrag K. Rahners zur zeitgenössischen Gotteslehre (Münsteraner Theologische Abhandlungen 5) (Altenberge 1989); *R. Gibellini*, Handbuch der Theologie im 20. Jahrhundert (Rb 1995) 215–229.

1. Herausforderung und Ansatz

Im Zusammenhang der aktuellen Bemühungen, aus den Impulsen der Tradition wie auch in Verantwortung vor den Fragen der Gegenwart die Trinitätslehre zu erneuern, muß Karl Rahner (1904–1984) zur Sprache kommen[1]. Wie die zuvor genannten Autoren leitet auch ihn biblisches und patristisches Erbe. In auffallendem Maße aber läßt ihn die Auseinandersetzung mit den geistigen Strömungen der Gegenwart die Grenzen neuscholastischer Schultheologie aufbrechen und neue Perspektiven eröffnen[2]. Tatsächlich hat besonders er „entscheidende"[3], ja „außer-

---

[1] Vgl. *K. Lehmann*, K. Rahner: BTZJ Erg. Bd. 143–181; *K.-H. Weger*, K. Rahner. Eine Einführung in sein Denken (Fr-Bs-W 1978); *H. Vorgrimler*, K. Rahner verstehen (Fr-Bs-W ²1988); *B. J. Hilberath*, K. Rahner. Gottgeheimnis Mensch (Mz 1995).

[2] *B. J. Hilberath*, Der Personbegriff der Trinitätstheologie in Rückfrage von K. Rahner zu Tertullians »Adversus Praxean« (Innsbrucker theol. Studien 17) (I-W 1986) 12. Nach *K. Lehmann*: BTZJ Erg. Bd. 143–181, hat dieser (mit anderen Theologen) das Hauptverdienst, „daß eine in ihrer eigenen Tradition verfangene Dogmatik langsam wieder ursprünglich zu ihren Quellen zurückfindet" (150). Vgl. auch *B. van der Heijden*, K. Rahner, Darstellung und Kritik seiner Grundpositionen (Ei 1973) 424–442; *R. Miggelbrink*, Ekstatische Gottesliebe im tätigen Weltbezug (Altenberge 1989).

[3] *B. J. Hilberath*, Personbegriff 11.

ordentliche"[4] Anstöße zur Erneuerung der Trinitätstheologie gegeben. Mit dem programmatischen Satz *„Die »ökonomische« Trinität ist die »immanente« Trinität und umgekehrt"*[5] tue er „einen großen Schritt über die bisherige Trinitätstheologie hinaus"[6]. Entsprechend gilt er im weiten Raum christlicher Glaubensauslegung als einer der „hervorragenden Exponenten trinitätstheologischen Denkens"[7].

K. Rahner weiß sich herausgefordert durch den Ausfall des Trinitarischen in Glaubenshaltung und Theologie. Er sieht sich zu der Klage berechtigt, „daß die Christen bei all ihrem orthodoxen Bekenntnis zur Dreifaltigkeit in ihrem religiösen Daseinsvollzug beinahe fast nur »Monotheisten« sind". Zugleich meint er, den *Irrealis* äußern zu dürfen, „wenn man die Trinitätslehre als falsch ausmerzen müßte, bei dieser Prozedur der Großteil der religiösen Literatur fast unverändert erhalten bleiben könnte". Dem lasse sich auch nicht entgegenhalten, *mit* dem Inkarnationsglauben sei die Trinität im religiösen Leben der Christen immer und überall unausscheidbar anwesend. Denn, so Rahner, ist von der Menschwerdung Gottes die Rede, falle heutzutage theologisch und religiös der Blick nur auf die Tatsache, „daß »Gott« Mensch geworden ist, daß »eine« Person (der Trinität) Fleisch angenommen hat, nicht aber darauf, daß diese Person eben gerade die des Logos ist". Der Verdacht sei berechtigt, „daß für den Katechismus des Kopfes und des Herzens (im Unterschied zum gedruckten Katechismus) die Vorstellung des Christen von der Inkarnation sich gar nicht ändern müßte, wenn es keine Dreifaltigkeit gäbe"[8]. Der so skizzierten Glaubenssituation entsprechend fällt auch Rahners Urteil über die Schultheologie aus. Ist der Trinitätstraktat einmal behandelt, komme er in den weiteren Lehrstücken nicht mehr vor. „Man sieht seine Funktion im Ganzen der Dogmatik nur undeutlich"[9].

Ungeachtet aller Mißverständnisse ist die Trinitätslehre für Rahner jedoch kein subtiles theologisches Gedankenspiel, „sondern eine Aussage, die gar nicht vermieden werden kann"[10]. Ihre Bedeutung reicht über die innertheologische Reflexion hinaus. Auch beim Gespräch mit den Religionen steht die Trinitätstheologie zusehends mehr im Zentrum. Das gilt vor allem für den Austausch des Christentums mit Judentum und Islam[11]. Gibt es Verbindendes im Gottesverständnis der drei großen Weltreligionen, „so daß das Bekenntnis zum einen und selben Gott in diesen drei Religionen nicht nur verbal gleichlautet, sondern wirklich die eine und selbe Wahrheit meint und findet"[12]? Lassen sich für diesen Zusammenhang Perspektiven

---

[4] *J. M. García Murga*, Rahner, K.: Diccionario teológico El Dios Cristiano, hg. v. X. Pikaza u. N. Silanes (Sa 1992) 1196–1199, 1196.

[5] Der dreifaltige Gott als transzendenter Urgrund der Heilsgeschichte: MySal II 317–401, 328; Bemerkungen zum dogmatischen Traktat »De trinitate«: *Rahner S* IV 103–133, 115. *Rahner G* 139–142, 141f.; Einzigkeit und Dreifaltigkeit Gottes: *Rahner S* XIII 129–147, 139; dort heißt es zu Herkunft und Geltung dieses Prinzips: „Ich weiß nicht genau, seit wann und von wem dieses theologische Axiom erstmals formuliert worden ist. Aber es scheint sich doch heute in der Theologie durchzusetzen oder ist mindestens ein Theologoumenon, das nicht von vornherein als heterodox verworfen werden kann, sondern getrost in theologischen Überlegungen eingesetzt werden darf" (ebd.). – Eine Vorform des Rahner'schen Axioms findet sich bei *F. A. Staudenmaier*, s. o. § 8, Anm. 42.

[6] *W. Löser*, Trinitätstheologie heute. Ansätze und Entwürfe: W. Breuning (Hg.), Trinität. Aktuelle Perspektiven der Theologie (QD 101) (Fr-Bs-W 1984) 19–45, 24.

[7] *H. Ott*, Wirklichkeit und Glaube II (Gö-Z 1969) 331.

[8] *Rahner S* IV 105.

[9] Ebd. 108.

[10] *Rahner G* 142.

[11] Einzigkeit: *Rahner S* XIII 129–147.

[12] Vorwort zu *K. Rahner* (Hg.), Der eine und der dreieine Gott (M-Z 1983) 7.

aufzeigen, die den christlichen Monotheismus und den Trinitätsglauben gedanklich nachvollziehbar verbinden?

Den ersten Teil einer Antwort bietet nach Rahner die *Anthropologie*. Wie sehr der Mensch auf Gott hin geöffnet ist, ja nach ihm dürstet[13], zeigt die unabwendbare Last erlebter Endlichkeit. Eine solche Erfahrung ist für den Jesuiten (im Gefolge seines Ordensbruders Joseph Maréchal, 1878–1944) nur dann möglich, wenn die wahrgenommene Beschränkung auf irgendeine Weise bereits überschritten ist. Eine Erkenntnis, die um ihre Grenze weiß, hat diese bereits überwunden. „Indem er [der Mensch] seine Endlichkeit radikal erfährt, greift er über diese Endlichkeit hinaus, erfährt er sich als Wesen der Transzendenz, als Geist“[14]. Dessen Ausgriff auf das Unendliche macht *endliche* Erkenntnis als solche erst möglich. Dem religionskritischen Einwand, das hier genannte Unendliche sei Wunschvorstellung, nicht aber eine unabhängig vom Menschen existente Wirklichkeit, steht nach Rahner entgegen: Kein Endliches, auch dessen Totalität nicht, ist hinreichender Erklärungsgrund dafür, daß den Menschen alles Geschöpfliche unerfüllt läßt. Könnte er *unter dem Anspruch absoluter Geltung* für sich oder andere etwa Menschenwürde und Menschenrechte einklagen, wenn diese nicht an einem absoluten Wert partizipierten? Das in jedwedem geistigen Erkenntnisakt, im Willens- und Freiheitsentscheid aufscheinende Unendliche geht über den bloßen Gedanken hinaus. Es existiert wirklich, unabhängig vom Menschen; denn die Realität transzendentaler Erfahrungen verlangt eine ebenso objektiv existente Bedingung ihrer Möglichkeit. Sind transzendentale Erfahrungen real, dann ist es auch die Bedingung der Möglichkeit; ohne letzteres kann ersteres nicht sein[15].

Rahner greift die für die Neuzeit kennzeichnende »Wende zum Subjekt« für sein Gottes- und Trinitätsverständnis auf, nicht ohne sie erheblich zu modifizieren. Der denkende und seiner selbst bewußte Mensch bildet keineswegs die Grenze der Gottesrede; er ist vielmehr deren positiver Anknüpfungspunkt. In der transzendentalen Erfahrung schimmert jener unendliche Horizont durch, der den Menschen mehr sein läßt als in sich gründendes Ich. Er ist transzendenzbezogenes Wesen, offene Frage, vor dem Unendlichen ausgespannt und von ihm her lebend[16].

Diese aus philosophischer Sicht skizzierte Grundausrichtung des Menschen auf die unbegrenzte Weite aller möglichen Wirklichkeiten erhält dadurch *theologisches* Profil, daß Rahner sie als *schöpfungsgemäße Hinordnung* auf Gott erweist. Dieser ist die bleibende Bestimmung des Menschen, die innerste Mitte seiner Existenz. So gesehen, ist die Anthropologie konstitutiver Teil der Gottes- und Trinitätslehre. Das Heil des Menschen kommt nach ihm nur in dem Maße zur Sprache, wie die biblische Botschaft vom heilig fernen und zugleich geschichtlich nahen Gott ernst genommen wird. Beide Geheimnisse, „das unserer Gnade und das Gottes in sich selbst“, sind „ein und dasselbe abgründige Mysterium“. Dies muß der Traktat De Trinitate im Auge behalten. „Von hier her, von diesem existentiellsten Interesse des Heils her, lebt er, empfängt er seinen Antrieb und hierin findet er den wirklichen Verständigungszugang“[17].

---

[13] Einzigkeit 142. Vgl. *K.-H. Weger*, K. Rahner, bes. 55–67; *K. Fischer*, Der Mensch als Geheimnis. Die Anthropologie K. Rahners (Ökumenische Forschungen II 5) (Fr-Bs-W 1974).

[14] *Rahner G* 42f.

[15] *K.-H. Weger*, K. Rahner 64.

[16] *Rahner G* 42–50.

[17] Der dreifaltige Gott: MySal II 340.

Der theologische Grundgedanke von Rahners ausdrücklichem Gottes- und Trinitätsverständnis klang einschlußweise bereits an: die *Selbst*mitteilung Gottes. Heil und Erlösung des Menschen bestehen darin, daß ihm der Allheilige im Raum der Geschichte *als er selbst* begegnet. Für das christliche Gottesverständnis ist unabdingbar, daß es „als konkreter Monotheismus heilsgeschichtlicher Erfahrung wirklich ernst genommen wird, der Gott in seiner Einzigkeit nicht aus der heilsgeschichtlichen Erfahrung des Christentums hinaus und in eine metaphysisch abstrakte Einsamkeit verbannt"[18]. Diesen inneren Zusammenhang von Gottesglaube und dessen heilsgeschichtlicher Kontur möchte Rahner für die Trinitätstheologie erweisen.

„In der Heilsgeschichte kollektiver und individueller Art erscheinen in Unmittelbarkeit zu uns nicht irgendwelche gottvertretenden numinosen Mächte, sondern es erscheint und ist in Wahrheit der eine Gott *selbst* gegeben, der in seiner absoluten Einmaligkeit, Unverwechselbarkeit und in einer letzten Unvertretbarkeit da ankommt, wo wir *selber* sind und wo wir ihn, eben diesen Gott *selber*, streng als ihn *selbst* empfangen"[19].

Von diesem *theo*-logischen und zugleich *heilsgeschichtlichen* Ansatz aus wendet sich Rahner gegen solche Sehweisen, welche die Selbstmitteilung Gottes nach Art des Arius seinshaft entleeren oder wie Sabellius (3. Jh.) als bloß in unserer gedanklichen Wahrnehmung aufscheinend denken. Solches hebe Gottes *Selbst*mitteilung auf und ließe ihn *als ihn selbst* nicht beim geschichtlichen Menschen ankommen; dieser bliebe in seiner Geschöpflichkeit allein[20]. In ähnlicher Weise äußert er sich wie zuvor de Lubac kritisch zum überlieferten Verständnis der *geschaffenen Gnade*; sie stehe für eine (nur) geschöpflich vermittelte Nähe Gottes zum Menschen[21]. „Bei der radikal verstandenen *Selbst*mitteilung Gottes an die Kreatur muß die Vermittlung selbst Gott sein und kann keine kreatürliche Vermittlung bedeuten"[22].

2. *Immanente und ökonomische Trinität*

Damit ist der Zugang zum Verständnis von Rahners Verhältnisbestimmung von immanenter und ökonomischer Trinität gebahnt. Die Brisanz der von ihm getroffenen Zuordnung beider Aspekte wird schon daraus ersichtlich, daß er deswegen als Modalist bezeichnet wurde[23]. Dieser Einwand trifft das Grundanliegen der Rahner'schen Trinitätstheologie. Daß er den Sabellianismus als falsch einordnet, kam bereits zur Sprache. Nach dem Zeugnis des Glaubens *ist* für Rahner die ökonomische Selbstmitteilung Gottes „wirklich real dreifaltig"[24]. Wenn er von der Identität von immanenter und ökonomischer Trinität spricht, möchte er zwei Aspekte des einen Mysteriums zum Ausdruck bringen: Die Heilsgeschichte offenbart nicht *etwas* von Gott, sondern *ihn selbst*; im Alten wie Neuen Bund erschließt sich Gott, wie er *in*

---

[18] Einzigkeit 134.
[19] *Rahner* G 141. Hervorhebung durch den Verfasser.
[20] Der dreifaltige Gott 352.
[21] Ebd.
[22] Einzigkeit 141; so wird verständlich, daß Rahner mit zu jenen Theologen gehört, die die seit Petau überlieferte Lehre von der unmittelbaren Einwohnung des Heiligen Geistes vertreten. Vgl. hierzu *W. W. Müller*, Die Gnade Christi (MThS. S 48) (St. Ottilien 1994) 286–291.
[23] *J. Moltmann*, Trinität und Reich Gottes (M 1980) 165 f.; vgl. *B. J. Hilberath*, Personbegriff 55 f.
[24] Der dreifaltige Gott 339.

sich ist. Und umgekehrt: Gott *ist in sich* so, daß er dem Menschen in dessen Geschichte *als er selber* begegnen kann. Keineswegs aber meint Rahners These, daß Gott in der Heilsgeschichte aufginge und mit der ökonomischen Trinität der unendliche Reichtum des göttlichen Lebens benannt sei[25].

Deutlicher wird Rahners Anliegen, wenn er die drei trinitarischen Namen näher in den Blick faßt. Heiliges Pneuma ist Gott, als dieser „in der innersten Mitte des Daseins eines einzelnen Menschen angekommen ist". Logos und Sohn wird er genannt, „insofern eben dieser eine und selbe Gott in der konkreten Geschichtlichkeit unseres Daseins streng als er selber für uns in Jesus Christus da ist – er selber und nicht eine Vertretung". Vater heißt er deshalb, weil dieser Gott „immer der Unsagbare, das heilige Geheimnis, der unumfaßbare Grund und Ursprung seines Ankommens in Sohn und Geist ist und sich als solcher behält". Als transzendentaltheologischer Denker geht Rahner über die nominelle Beschreibung der trinitarischen Namen hinaus und verweist auf deren Seinsgrund. Danach sind die drei Gegebenheitsweisen Gottes nicht zu verwischen, sondern „streng zu hören und zu sagen als Aussagen über Gott so, wie er *an sich selber* ist. Denn sonst wären sie eben im Grunde keine Aussagen über die Selbstmitteilung Gottes". Dessen letzte Identität mit sich selbst ist „keine tote und leere Einerleiheit"; sie birgt das als göttliche Lebendigkeit, „was uns in der Dreifaltigkeit seiner Zuwendung zu uns begegnet"[26].

Es ist kein abstrakter und deduktiv entfalteter Gottesbegriff, der diesen transzendentaltheologischen Aufweis trägt. Ein philosophischer Zugang vermag Rahners leitenden Gedanken der unbedingten Selbstmitteilung Gottes nicht zu stützen. Die Berechtigung zu einem solchen Verständnis eröffnet allein die Offenbarungsgeschichte des Alten und Neuen Testamentes. Einheitsband beider Epochen ist der Glaube Israels, „daß Gott das absolute Geheimnis ist, das keiner sehen kann, ohne zu sterben, und daß dennoch eben dieser Gott *selbst* mit den Vätern geschichtlich handelnd verkehrt hat"[27]. Weisen seiner Gegenwart sind sein »Wort« und sein »Geist«. Diese hier aufscheinenden Vermittlungen sind in dem Maße Jahwe innerst zu eigen, seiner Natur zugehörig und sie profilierend, wie es „zur *absoluten* Nähe des »kommenden« Gottes, zum Bund, in dem sich Gott seinem Partner wirklich radikal und endgültig mitteilt", kommt[28]. Mit Blick auf den Immanenzwillen Jahwes kann Rahner das Alte Testament als „eine echte geheime Vorgeschichte der Trinitätsoffenbarung" verstehen[29].

Wie das Bekenntnis Israels zum fernen und nahen Gott ein geschichtlich bestimmter Glaube ist, so auch dessen Vollendung in der Person Jesu Christi. Auch das Bekenntnis zu ihm will Rahner letztlich nicht transzendentaltheologisch erweisen; dies ist ihm nur gestützt auf die „unableitbare Erfahrung der Geschichte" möglich[30]. Allein ein *offenbarungsgeschichtlicher* Ansatz läßt den Nazarener als das eschatologische Wort des Vaters und dessen wesenseigenen Sohn erkennen. Konkret weiß

[25] Vgl. *H. Vorgrimler*, Theologische Gotteslehre (D 1985) 161–164; *B. J. Hilberath*, Personbegriff 45–54; *J. Werbick*, Trinitätslehre: Handbuch der Dogmatik, hg. v. Th. Schneider, Bd. 2 (D 1992) 530–536.

[26] *Rahner G* 141 u. 142.

[27] Der dreifaltige Gott 341.

[28] Ebd. 342.

[29] Ebd.

[30] *K. Rahner*, Grundlinien einer systematischen Christologie: K. Rahner – W. Thüsing, Christologie – systematisch und exegetisch (QD 55) (Fr-Bs-W 1972) 17–78, 24, 14. Lehrsatz.

sich Jesus, so Rahner, „in einer eigentümlichen Weise als der »Sohn« *sowohl* dem Vater *als auch* den Menschen gegenüber. Das aber wäre unmöglich, wäre er einfach der Vater, der sich in einer menschlichen Wirklichkeit präsent gibt und mitteilt“[31]. Die Sohneserfahrung Jesu deutet auf eine innere »Differenzierung« in Gott. Ähnliches gilt vom Heiligen Geist. Er ist als Gabe des Vaters und des Sohnes von beiden verschieden und als ihr Vermittler zugleich eines Wesens mit ihnen. Indem die Heilige Schrift derart unterscheidet und integriert, lehrt sie nach Rahner mit der ökonomischen als deren Tiefendimension immer auch eine immanente Trinität[32].

Rahners Hinweise auf die immanente Trinität sind grundsätzlich und zugleich bemerkenswert zurückhaltend. Er begnügt sich damit, den *theo*-logischen Grund der heilsgeschichtlichen Gottesoffenbarung anzudeuten; es soll deren innere Einheit und Unterschiedenheit aufscheinen. Ihm ist bewußt, dies nur mit „knappen und unbeholfenen Worten“ zu tun[33]. Weil vom dreifaltigen Gott nur ein „gewisses ahnendes Verständnis“[34] zu erlangen ist, sind auch nur asymptotische Aussagen möglich[35].

Dem entspricht auch Rahners Zurückhaltung gegenüber dem trinitarischen Personbegriff. Er möchte lieber von drei »distinkten Subsistenzweisen« reden[36]. Damit will er der Gefahr eines „vulgären Tritheismus“ entgegenwirken; in ihm sieht er „die viel größere Gefahr“ als im sabellianischen Modalismus[37]. Rahners Argument ist der neuzeitliche Personbegriff als geistige Subjektivität; er hält diesen zur lehrhaften Aussage des Trinitätsglaubens für ungeeignet.

Aber ist die Verwendung des abstrakten Seinsbegriffs »distinkte Subsistenzweise« ohne Probleme? Die Frage verdichtet sich, wenn man die drei trinitarischen Namen der Heiligen Schrift ins Spiel bringt: Vater, Sohn, Heiliger Geist. Sind zur Bezeichnung des göttlichen Grundes nicht gerade personale Kategorien angemessener als ontische? J. Moltmann[38] hält Rahner wie auch dem ähnlich argumentierenden K. Barth[39] kritisch entgegen, einen extremen Individualismus im Personverständnis zu vertreten. „Das Ich ist nur vom Du her und also relational zu verstehen. Ohne Sozialität keine Personalität“! Yves Congar (1904–1995)[40] geht noch einen Schritt weiter. Ihn läßt Rahners verhaltenes Wort zur immanenten Trinität die Frage nach der Schöpferfreiheit Gottes stellen: „Kann man das freie Mysterium der Ökonomie und das innerlich notwendige Mysterium der Drei-Einheit Gottes miteinander identifizieren? Wie die gegen den Arianismus auftretenden Väter gesagt haben, könnten die Geschöpfe auch nicht dasein, und doch wäre Gott trotzdem Trinität – Vater, Sohn und Geist –, denn die Schöpfung ist ein freier Willensakt, während der Hervorgang der Personen kraft der Natur, *kata physin*, erfolgt. Engagiert und offenbart Gott in seiner Selbstmitteilung sein *ganzes* Mysterium“? Die letzte Frage, ihm ver-

[31] Der dreifaltige Gott 359.
[32] Ebd. 360f.
[33] Ebd. 359.
[34] *Rahner G* 140.
[35] Ebd.
[36] Der dreifaltige Gott 364–368 385–393.
[37] Ebd. 342f.
[38] Trinität 161–166, 163.
[39] *Barth KD* I/1, 373ff.
[40] Der Heilige Geist (Fr-Bs-W 1982) 334; ähnlich auch *L. Scheffczyk*, Trinität. Das Specificum Christianum: ders., Schwerpunkte des Glaubens (Ei 1977) 156–173, 165f.; ferner *W. Löser*, Trinitätstheologie 30f.

schiedentlich gestellt[41], so nicht zuletzt von H. de Lubac und H. U. v. Balthasar, kann Rahner ohne Vorbehalt mit Nein beantworten. Der sich selbst mitteilende Gott ist der Souveräne, der „in seiner unverfügbaren, unumgreifbaren Ursprungslosigkeit verbleibt"[42]. Anders die erste Frage, wie angesichts der vertretenen Identität von ökonomischer und immanenter Trinität Gottes Schöpferfreiheit zu fassen ist. Weil Rahner mit weitergehenden Aussagen zum innergöttlichen Leben zurückhaltend ist, bleibt diesesThema offen.

Ungeachtet seines betonten Hinweises auf die ökonomische Trinität steht Rahners Gotteslehre deutlich in der Tradition der negativen Theologie. Über den Kreis der Fachkollegen hinaus, will er unserer Zeit bewußtmachen, daß christliche Gottes-Rede nur dann legitim ist, „wenn wir sie gleichzeitig auch immer wieder zurücknehmen, die unheimliche Schwebe zwischen Ja und Nein als den wahren und einzigen festen Punkt unseres Erkennens aushalten und so unsere Aussagen immer auch hineinfallen lassen in die schweigende Unbegreiflichkeit Gottes selber ..."[43]. Die bewußt akzeptierte Grenze (nicht nur) der trinitätstheologischen Begrifflichkeit weiß Rahner im Gebet geöffnet; nur innerhalb eines doxologischen Rahmens bleibt Rede von Gott authentisch. Deshalb ist das Gebet *der* Schlüssel zur Theologie Rahners[44].

„Eine Theologie, die bei ihren einzelnen Aussagen vergißt, daß alle ihre Sätze aufgebrochen sein müssen und als so offen verstanden werden müssen, um wahr zu sein im Hinblick auf das Geheimnis des unbegreiflichen unsagbaren Gottes, wäre keine wahre christliche Theologie. Das Geheimnis, vor dem der Mensch nach seinem letzten, wirklich zu sagenden Wort anbetend verstummt, ist in der Theologie nicht ein peinlicher Rest und eine Randerscheinung, dort wo das Klare und Eindeutige aufhört, sondern gerade die eigentlichste Wirklichkeit, mit der sich die Theologie beschäftigt ... Gott und was damit gemeint wird, ist nur begriffen, wenn man in einem Ergriffensein sein Begreifen losläßt in das unsagbare heilige Geheimnis als das Nahe und uns liebend Umfangende"[45].

3. Vertiefendes Gespräch

Gehört K. Rahner zu den herausragenden katholischen Theologen unseres Jahrhunderts, darf er gar als „der bedeutendste und einflußreichste"[46] gelten, dann liegt auf der Hand, warum seine theologischen Impulse generell und seine Gottes- und Trinitätslehre insbesondere weithin diskutiert werden. Die mit seinem Namen zuinnerst verbundene »anthropozentrische Wende« ist zu einem Kennzeichen der aktuellen Theologie geworden[47]. Diese folgt ihm in dem Bemühen, die „Abstraktheit und Lebensferne"[48] des neuscholastischen Trinitätstraktates auf das religiöse Selbstverständnis der Gläubigen hin zu überwinden. Hier darf K. Rahner als maß-

---

[41] Vgl. *J. Werbick*, Trinitätslehre 481–576, 532–536.

[42] Der dreifaltige Gott 338.

[43] Erfahrungen eines katholischen Theologen: K. Lehmann (Hg.), Vor dem Geheimnis Gottes den Menschen verstehen (M 1984) 105–119, 106f.

[44] Vgl. sein wohl wichtigstes Buch: Von der Not und dem Segen des Gebetes (Fr [7]1965). Den Stellenwert des Gebetes für das Verständnis der Theologie Rahners erläutert einführend *H. Vorgrimler*, K. Rahner verstehen. Vgl. auch *K.-H. Neufeld*, Rahner (K.): DSp XIII 45–48.

[45] Eine Theologie, mit der wir leben können: *Rahner S* XV 115f.

[46] *H. Fries*, Rahner, K.: Theologenlexikon, hg. v. W. Härle u. H. Wagner (M [2]1994) 225–227, 226. Vgl. *R. Gibellini*, Handbuch der Theologie im 20. Jahrhundert (Rb 1995) 215, der Rahners *Grundkurs* (1976) zu den wohl „bedeutendsten Texten der katholischen Theologie unseres Jahrhunderts" zählt.

[47] Vgl. *G. Langemeyer*, Anthropozentrik I: LThK[3] I 741–743.

[48] Der dreifaltige Gott 340.

gebliche Führergestalt gelten[49]. Ferner wird die durch ihn profilierte transzendentaltheologische Methode vielfach aufgegriffen; sie hat gegenwärtig in der Gottes- und Trinitätslehre einen diskutierten[50], aber letztlich doch eingeordneten Platz[51]. Die Erörterung dieses Denkweges hat dazu geführt, die personalen Kategorien wieder deutlicher in die Trinitätslehre einzubeziehen[52].

Verdeutlicht und abgewandelt wurde vor allem Rahners Grundsatz zur Einheit von ökonomischer und immanenter Trinität[53]. Walter Kasper[54] beispielsweise modifiziert Rahners Axiom in folgender Weise: In der heilsgeschichtlichen Selbstmitteilung ist der innertrinitarische Lebensaustausch in irdischer Form in der Welt präsent, unter geschichtlichen Worten, Zeichen und Taten, letztlich in Jesus von Nazaret. Kasper kommt es wie zuvor Y. Congar[55] und H. U. v. Balthasar[56] darauf an, „den gegenüber der immanenten Trinität gnädig-freien wie den kenotischen Charakter der ökonomischen Trinität zu wahren und damit dem immanenten Geheimnis Gottes in (nicht: hinter!) seiner Selbstoffenbarung gerecht zu werden“[57]. Gerade der Glaube an die Inkarnation drängt nach Kasper dahin, die zweite göttliche Person *in einer neuen Weise* in der Geschichte anwesend zu sehen. Dies aber fordert, die ewige Zeugung des Sohnes aus dem Vater von seiner zeitlichen Sendung in die Welt abzuheben[58]. Mit dieser Unterscheidung vermag Kasper zu verhindern, daß die ökonomische Trinität ihrer geschichtlichen Eigenwirklichkeit beraubt und nur als *zeitliche Erscheinung* der immanenten Trinität verstanden wird[59].

Anders dagegen K. Rahner mit seinem ausgeprägten Verständnis der Selbstmitteilung Gottes. Seine Sicht der Inkarnation läßt ihn ausdrücklich von einem formellen *Werden* Gottes sprechen; es erscheint ihm unzureichend, Veränderung nur von der geschöpflichen Seite auszusagen. Würde so die Menschwerdung des ewigen Wortes verstanden, hätte man „haargenau daran vorbeigesehen und das verschwiegen, worauf es bei der ganzen Aussage doch letztlich ankommt: daß eben dieses ausgesagte Ereignis, dieses Werden, diese Zeit, dieses Anfangen und sich Vollenden das Ereignis, die Geschichte Gottes selber ist“[60]. Wieweit vermag dieses Inkarnationsverständnis den Kreuzestod Jesu zu integrieren, ohne dabei in bedenkliche Konsequenzen zu geraten[61]? Rahner weiß sich vor ihnen durch sein Axiom geschützt, daß Gott sich *am anderen seiner selbst* verändert[62].

---

49 Nach *K.-H. Neufeld*, aaO. 48, hat K. Rahner wie kein anderer Theologe unseres Jh.s mitgeholfen, Spiritualität und Theologie zu verbinden. Vgl. auch *K. Lehmann*: BTZJ Erg. Bd. 156f.

50 *F. Greiner*, Die Menschlichkeit der Offenbarung. Die transzendentale Grundlegung der Theologie bei K. Rahner (Münchener Monographien zur historischen und systematischen Theologie 2) (M 1978); *W. J. Hill*, The Three-Personed God (Wa D. C. 1982) 130–145; *B. J. Hilberath*, Personbegriff 298–300.

51 Vgl. *W. Kasper*, Der Gott Jesu Christi (Mz 1982); *H. Vorgrimler*, Gotteslehre; *F. Courth*, Der Gott der dreifaltigen Liebe (Pb 1993).

52 *B. J. Hilberath*, Personbegriff 300.

53 *W. Kasper*, Der Gott Jesu Christi 333–337; *W. Löser*, Trinitätstheologie 24–31; *H. Vorgrimler*, Gotteslehre 161–164; *B. J. Hilberath*, Personbegriff 45–66; *J. J. O'Donnell*, Il Mistero della Trinità (Ro - Casale Monferrato 1989, engl. 1988) 40f.; *J. Werbick*, Trinitätslehre 530–536.

54 Der Gott Jesu Christi 336.

55 Der Heilige Geist 334.

56 *Balthasar TD* III 297ff.

57 Der Gott Jesu Christi 336.

58 Ebd. 335.

59 Ebd.

60 *Rahner G* 219.

61 Vgl. *W. Löser*, Trinitätstheologie 26–29.

62 *Rahner G* 219.

Weil ihnen diese Antwort nicht deutlich genug ist, plädieren wie W. Kasper so auch andere maßgebliche Gesprächspartner[63] Rahners dafür, Gottes schöpferische Hingabe und Heil schenkende Liebe unabhängig von seinem Weltbezug und in sich selbst als relationale Wirklichkeit zu verstehen. Gott vermag für uns nur dann der Liebende zu sein, insofern er dies in sich selbst ist und er sich *frei* mitteilt. So führt auch Gottes geschichtliche Offenbarung weder zum Entzug seiner Transzendenz noch zu einer Divinisierung der Geschichte[64]. Mit diesen Modifikationen ist Rahners Grundsatz zur Einheit von immanenter und ökonomischer Trinität in der aktuellen Gotteslehre weithin präsent. Die genannten Gesprächspunkte zeigen, in welch grundsätzlicher Weise K. Rahner die Trinitätstheologie unserer Tage angeregt und bereichert hat.

§ 15. Michael Schmaus

SCHRIFTTUM: *A. Heuser*, Die Erlösungslehre in der katholischen deutschen Dogmatik von B.P. Zimmer bis M. Schmaus (Beiträge zur neueren Geschichte der Katholischen Theologie 4) (Essen 1963) 201–213; *A. Kolping*, Katholische Theologie gestern und heute (Bremen 1964); *K. Forster*, M. Schmaus: Tendenzen der Theologie im 20. Jahrhundert, hg. v. H. J. Schultz (St u. a. 1966) 422–427; *L. Scheffczyk*, Dogmatik in christologischer Zentrierung: MThZ 20 (1969) 330–334; *ders.*, Die Kirche auf dem Weg in die Vollendung: MThZ 21 (1970) 356–359; *ders.*, »Der Glaube der Kirche«: MThZ 31 (1980) 62–70, *ders.*, M. Schmaus: Jahrbuch der Bayerischen Akademie der Wissenschaften 1993, Sonderdruck; *R. Aubert*, Die Theologie während der ersten Hälfte des 20. Jahrhunderts: BTZJ II (1970) 7–70; *W. Breuning*, Trinitätslehre: BTZJ III (1970) 21–36; *J. Auer*, Gott – der Eine und Dreieine (KKD II) (Rb 1978); *R. Heinzmann*, Die Identität des Christentums im Umbruch des 20. Jahrhunderts: MThZ 38 (1987) 115–133; *ders.*, M. Schmaus in memoriam: MThZ 45 (1994) 123–127; *A. Milano*, La Trinità dei teologi e dei filosofi: l'intelligenza della persona in Dio, in: Persona e personalismi, hg. v. A. Pavan u. A. Milano (Na 1987) 1–286, 241–248; *M. Seybold*, „Klassiker der Theologie des 20. Jahrhunderts“: KlBl 67 (1987) 191–192; *W. W. Müller*, Die Gnade Christi (MThS.S 48) (St. Ottilien 1994) 274–280.

1. Geistiger Standort

Trinitätsgeschichtliche Überblicke des 20. Jahrhunderts erwähnen schließlich gerne den Münchener Dogmatiker Michael Schmaus (1897–1993)[1]. Auch für ihn sind Traditionsbezug und Verpflichtung vor der Gegenwart in besonderem Maße kennzeichnend. Generell würdigt Roger Aubert[2] dessen Bemühen, „die religiöse Sinntiefe der christlichen Wahrheiten und auch ihren Lebenswert hervortreten zu lassen, damit der Mensch von heute darin eine zureichende Antwort auf seine Probleme zu

---

[63] Neben Balthasar u. Congar vgl. auch *L. Scheffczyk*, Trinität 165 f.; *J. J. O'Donnell*, Il Mistero 41. Einen breiten Überblick über die Kritik der Rahner'schen Trinitätstheologie bietet *R. Miggelbrink*, Ekstatische Gottesliebe 318–405.

[64] Vgl. in diesem Zusammenhang *P. Schoonenberg*, Trinität – der vollendete Bund: Orien 37 (1973) 115–117, mit seiner These von der *werdenden* Trinität. Mit welcher Begründung läßt sich sagen, daß dieses Werden Gottes mit der Sendung des Heiligen Geistes aufgehört hat?

[1] *K. Forster*, M. Schmaus: Tendenzen der Theologie im 20. Jahrhundert, hg. v. H. J. Schultz (St u. a. 1966) 422–427; *R. Heinzmann*, Die Identität des Christentums im Umbruch des 20. Jahrhunderts: MThZ 38 (1987) 115–133; *ders.*, M. Schmaus in memoriam: MThZ 45 (1994) 123–127; *M. Seybold*, „Klassiker der Theologie des 20. Jahrhunderts“: KlBl 67 (1987) 191–192; *L. Scheffczyk*, M. Schmaus: Jahrbuch der Bayerischen Akademie der Wissenschaften 1993, Sonderdruck.

[2] Die Theologie während der ersten Hälfte des 20. Jahrhunderts: BTZJ II 55.

finden vermöge“. Anerkennend nennt Aubert Schmaus einen der entschiedensten Kritiker der sog. Verkündigungstheologie, die sich neben der wissenschaftlichen Theologie etablieren wollte. Wahre Glaubensauslegung habe nach Schmaus in sich selbst religiös zu sein. Nicht eine *neue* Theologie solle das Verbindungsglied zwischen ihr und der Verkündigung bilden, sondern die Kunst des Predigers[3]. Was Aubert allgemein zum existentiellen Akzent der Schmaus'schen Theologie vermerkt, hebt Karl Rahner bei dessen Trinitätslehre hervor. Diese sei so konzipiert, „daß sie im konkreten religiösen Lebensvollzug des Christen eine Wirklichkeit wird“[4]. Ferner weist er anerkennend auf die für scholastische Traktate nicht selbstverständliche Integration von Gottes- und Trinitätslehre hin[5]. Schließlich spricht Rahner von den „erlauchten Namen“, die von Petavius über de Régnon bis zu Lebreton und Schmaus den Weg der neueren Trinitätsgeschichte markieren[6].

Versuche, den theologiegeschichtlichen Standort von M. Schmaus zu umschreiben, sprechen von einer „Theologie des Zentrums“. Sie suche „die Wahrheit zwischen den gültigen Normen und Spielregeln des dogmatisch-theologischen Tuns und der weitestmöglichen Anpassung an die Sprache, Thematik und Wertskala des geschichtlichen Momentes“[7]. Als 1938 der erste Band der *Katholischen Dogmatik* des damals in Münster lehrenden M. Schmaus erschien, hatte sich der Nationalsozialismus zur alles bestimmenden Weltanschauung vorgedrängt. Im Raum der Kirche jedoch blieben die Liturgische Erneuerung, die Bibel- und Jugendbewegung weiterhin prägende Impulse. Hinzu kamen Personalismus, Existenzphilosophie und Phänomenologie mit Namen wie Max Scheler (1874–1928), Romano Guardini (1885–1968) und Peter Wust (1884–1940). In diesem geistigen Horizont steht die Schmaus'sche Dogmatik. Sie erwies sich als eine „epochale Leistung, welche die bis dahin führende Lehrbuch-Literatur auf ein neues Niveau hob und ein neues Genus der theologischen Lehrvermittlung kreierte“[8]. Das Werk hat „nahezu zwei Drittel der Theologiegeschichte des 20. Jahrhunderts begleitet und diese nachhaltig beeinflußt“[9]. Dessen Besonderheit bestand im offenen Zugehen auf das Denken der Gegenwart, wie es sich in Philosophie und Literatur wie auch in anderen Wissenschaften zu Wort meldete[10]. Es ist nicht überinterpretiert, daß die neue Dogmatik für die damalige jüngere Theologengeneration „ein Zeichen der Hoffnung“ war[11]. Über den deutschsprachigen Raum hinaus zählt die Gotteslehre des Handbuches zu den „vie cattoliche ad una moderna dogmatica trinitaria“[12].

Entsprechend fallen auch zusammenfassende Würdigungen aus. Sie nennen M. Schmaus einen „Klassiker“ der Theologie des 20. Jahrhunderts[13]; er zähle zu den „wesentlichen Bahnbrechern des Aufbruches innerhalb der katholischen Theo-

---

[3] Ebd. 27.
[4] MySal II 318.
[5] *Rahner S* IV 110.
[6] MySal II 318.
[7] *J. Martin-Palma*, Gnadenlehre. Von der Reformation bis zur Gegenwart (HDG III/5b) (Fr-Bs-W 1980) 181.
[8] *L. Scheffczyk*, M. Schmaus 2.
[9] Ebd. 3.
[10] Ebd. 2.
[11] *K. Forster*, M. Schmaus 422.
[12] *A. Milano*, La Trinità dei teologi e dei filsosofi: l'intelligenza della persona in Dio, in: Persona e personalismi, hg. v. A. Pavan u. A. Milano (Na 1987) 233.
[13] *M. Seybold*, aaO.

logie“[14]; er dürfe als „ein geistiger Wegbereiter“ des Zweiten Vatikanischen Konzils gelten[15].

Eine nach Thesen-Art vorangestellte Skizze jener Akzente, welche die Trinitätstheologie von M. Schmaus prägen, muß zwei Aussagenbündel festhalten:

1. Sein Beitrag ist überdurchschnittlich *dogmengeschichtlich* bestimmt. Kontrapunktiert ist diese Blickrichtung durch eine deutlich *soteriologische* Perspektive. In beider Hinsicht zeigt Schmaus ein bemerkenswertes Verständnis für die Geschichtlichkeit, das heißt stets auch für den Gegenwartsbezug theologischer Sprache. Für ihn ist dogmen-, vor allem trinitätsgeschichtliche Forschung alles andere als bloßes Tradieren von Texten und Meinungen. Sie sucht vielmehr jene oft verzweigten Wege zu erhellen, welche die Glaubensentwicklung und deren gedankliche Rechenschaft bisher genommen haben und die sie forthin gehen sollten. Wie in der Schmaus'schen Dogmatik überhaupt, so vollzieht sich besonders in seiner Trinitätslehre „eine seltene Synthese“ von historischer Forschung und zeitnaher Anwendung[16].

2. Zu den systematischen Impulsen von M. Schmaus gehört das Ringen um die authentische Einordnung des Trinitätstraktates in den dogmatischen Gesamtentwurf. Ferner steht er für die zunehmende Annäherung der westlichen Theologie an die griechische Trinitätskonzeption mit ihrem Blick auf den Vater als Urquell allen göttlichen Lebens. Dieser Aspekt ist für M. Schmaus schon sehr früh kennzeichnend. Seine Frage, ob das Meßopfer allen drei göttlichen Personen in gleicher Weise dargebracht werde, wurde seiner Zeit vom jungen K. Rahner kritisiert, was dieser zwanzig Jahre später (1960) „zerknirscht“ zurücknahm[17].

2. *Von der Vergangenheit zur Gegenwart*

a) Trinitätsgeschichtliche Beiträge

M. Schmaus entstammt der Schule Martin Grabmanns[18], als deren maßgeblicher Repräsentant er gilt[19]. Dieses Ansehen gründet nicht zuletzt in seiner Dissertation *Die psychologische Trinitätslehre des Hl. Augustinus*[20]. Seit dieser frühen Beschäftigung hat sich Schmaus immer wieder der Gotteslehre des Bischofs von Hippo zugewendet und diese als einen herausragenden Markstein der gesamten Trinitätsgeschichte erschlossen[21]. Er nennt Augustins Schrift *De Trinitate* „das gewaltigste

---

[14] *K. Forster*, M. Schmaus 426.

[15] *L. Scheffczyk*, M. Schmaus 3.

[16] Ebd.; *K. Forster*, aaO. 423. *M. Seybold*, „Klassiker“ 191, macht darauf aufmerksam, daß die beiden FS für Schmaus mit ihren Titeln gut die „Stoßrichtung“ seiner Gedanken zum Ausdruck bringen: Theologie in Geschichte und Gegenwart, hg. v. J. Auer u. H. Volk (M 1957); Wahrheit und Verkündigung, 2 Bde., hg. v. L. Scheffczyk, W. Dettloff u. R. Heinzmann (M-Pb-W 1967). Hier auch die Bibliographie von M. Schmaus: ebd. Bd. 1, XXI–XXXIII; Fortsetzung MThZ 38 (1987) 131–133.

[17] Bemerkungen zum dogmatischen Traktat »De Trinitate«: *Rahner S* IV 103–133, 107 Anm. 7; Bezug auf die Rez.: ZKTh 63 (1939) 226–229, 227.

[18] *M. Schmaus*, Grabmann, M.: TRE XIV 110–112.

[19] *L. Scheffczyk*, M. Schmaus 1.

[20] MBTh 11 (Ms 1927, Nachdr. 1967) mit einem Nachtrag u. Lit. ergänzungen des Verf.s. Nicht unerwähnt bleiben darf die mit einer Einleitung versehene Übersetzung von Augustins *De Trinitate*: BKV² II/13 14 (1935/36, ²1950). Eine Textauswahl erschien unter dem Titel: Aurelius Augustinus, Über den Dreieinigen Gott. Ausgewählt und übertragen von M. Schmaus (L 1936, M ²1951).

[21] Auswahlweise seien genannt: Die Spoannung von Metaphysik und Heilsgeschichte in der Trinitätslehre Augustins: StPatr 6 (TU 81) (B 1962) 503–518; Die Denkform Augustins in seinem Werk »De

literarische Monument, das sich die theologische Trinitätsspekulation setzte"[22]. Die lebenslange Beschäftigung mit Augustinus und dessen Trinitätsverständnis läßt Schmaus schließlich die übernommene de Régnon'sche These differenzieren, daß der Doctor gratiae von der Einheit des göttlichen Wesens ausgehend versuche, die Dreiheit der göttlichen Personen zu vermitteln. Hierzu vermerkt der späte Schmaus, daß die griechische Sehweise bei Augustinus bisweilen durchbreche, obwohl sie nicht zu dessen eigener Konzeption passe[23]. Beobachtungen solcher Art veranlassen ihn zunehmend, die klassischen Linien in der Unterscheidung von östlicher und westlicher Trinitätsauffassung bis zu Andeutungen zurückzunehmen. Er will nur noch zwischen der „sog. griechischen und der alexandrinisch-lateinischen" Sicht unterscheiden. Letztere sieht er vor allem von Athanasius, Augustinus und deren Nachfolgern vertreten. Bis zu einem gewissen Grade könne man die beiden Konzeptionen „auch die heilsökonomisch-metaphysische und die metaphysisch-heilsökonomische nennen"[24]. Mit dem Hinweis auf die ineinanderfließenden Konturen versucht Schmaus[25], zwischen Ost und West eine, wie er meint, „wichtige Brücke des theologischen Geistes zu schlagen".

Die Trinitätstheologie bleibt das Hauptarbeitsgebiet des jungen Wissenschaftlers. 1930 wird er habilitiert mit der Arbeit *Der Liber Propugnatorius des Thomas Anglicus und die Lehrunterschiede zwischen Thomas von Aquin und Duns Scotus*[26]. Das nur in seinem trinitätstheologischen Teil veröffentlichte Werk behandelt quellenmäßig reich belegt die unterschiedlichen Aspekte der scholastischen Trinitätslehre; es sei bis heute deren „umfassendste und durchsichtigste Darstellung"[27].

Den von Augustinus bis zur Hochscholastik überspannten Zeitraum hat Schmaus durch eine Fülle von Einzelstudien weiter zu erhellen versucht. So gilt seine Aufmerksamkeit schon früh der Trinitätslehre des von Augustinus geprägten nordafrikanischen Bischofs Fulgentius von Ruspe (467–532)[28]. In ähnlicher Weise bearbeitet er immer wieder die Zeitspanne zwischen dem Ausgang der Väterzeit und dem Beginn der Scholastik[29]. Dabei beschäftigt er sich mit dem karolingischen Theologen Theodulf von Orléans (750/60–821)[30] ebenso wie wiederholt auch mit Anselm von Canterbury. Dessen Gottes- und Trinitätslehre bescheinigt er „schöpferische Originalität" und würdigt ihn als einen über Augustinus hinausführenden

---

Trinitate« (Bayer. Akad. der Wiss., Philosoph.-Histor. Klasse. Sitzungsber. 1962 H. 6) (M 1962); ferner in: Theol. Jahrbuch 1964 (L 1964) 504–520. Weitere Titel verzeichnet die Bibliotheca Trinitariorum I, hg. v. E. Schadel (M u. a. 1984) Nr. 3556–3583.

[22] Die psychologische Trinitätslehre 2.

[23] Ebd. S. XIX.

[24] *Schmaus G* II 153f.

[25] Die Einheit des trinitarischen Wirkens in der Ost- und Westkirche: Renovatio et Reformatio. FS f. L. Hödl, hg. v. M. Gerwing u. G. Ruppert (Ms 1984) 71–79, 79.

[26] II. Teil: Die trinitarischen Lehrdifferenzen (BGPhMA 29) (Ms 1930).

[27] *J. Auer*, Gott – der Eine und Dreieine (KKD II) (Rb 1978) 215; entsprechend bezieht sich Auer auch immer wieder darauf. Vgl. auch *F. Courth*, Trinität. In der Scholastik (HDG II/1b) (Fr-Bs-W 1985).

[28] Die Trinitätslehre des Fulgentius von Ruspe: Charisteria. A. Rzach zum 80. Geb. dargebracht (Reichenberg 1930) 166–175.

[29] Das Fortwirken der augustinischen Trinitätspsychologie bis zur karolingischen Zeit: Vitae et Veritati. Festgabe f. K. Adam (D 1956) 44–56.

[30] Die Trinitätslehre des Theodulf von Orléans auf dem Wege zwischen Augustinus und Anselm von Canterbury: AAns 5 (1976) 221–243.

Denker[31]. Beim Ausgang der Frühscholastik interessiert ihn Simon von Tournai (1130–1201)[32]; er verweist aber auch auf Richard von St. Victor als „Entdecker neuer Wege in das Geheimnis des dreipersönlichen Gottes“[33].

Es entspricht seiner ersten Prägung durch Augustinus, daß sich Schmaus in der Hochscholastik insbesondere der Franziskanischen Theologie verpflichtet weiß. Dabei fällt sein Blick wiederholt auf die ersten Jahrzehnte ihrer Entwicklung, wo deutliche Überschneidungen zu der sich ebenfalls profilierenden Dominikanerschule sichtbar sind. Als über den sich konturierenden Ordenslehren stehenden Theologen widmet sich Schmaus Richard von Mediavilla OP (ca. 1249–1302/8)[34], Wilhelm von Ware OFM (ca. 1255/60–ca. 1305)[35] sowie Wilhelm von Nottingham (ca. 1280–1336)[36]. Er nennt es „ein eigenartiges Spiel der Geistes- und der Theologiegeschichte“[37], daß, wie der Aristoteliker Thomas von Aquin eine augustinische Trinitätslehre vortrug, so auch Robert Kilwardby OP (1205–1279). Dagegen halten sich die sonst augustinisch geprägten Franziskaner des 13. Jahrhunderts gegenüber der psychologischen Trinitätslehre des Bischofs von Hippo weitgehend zurück. Im Unterschied dazu übernimmt sie mit Robert der „wichtigste Angehörige des Dominikanerordens in England während der ersten Hälfte des 13. Jahrhunderts“[38]. Auch Albertus Magnus (ca. 1200–1280)[39] ist nach Schmaus hier einzuordnen; zusammen mit seinem Schüler Thomas trage er zu einer vertieften Neuaufnahme der augustinischen Trinitätslehre bei.

Besondere Aufmerksamkeit schenkt Schmaus der Trinitätslehre Bonaventuras[40]. Bei ihm geht er der Frage nach, ob der seraphische Lehrer der griechischen oder lateinisch-augustinischen Trinitätskonzeption zuzuordnen sei. Generell sieht Schmaus die Trinitätslehre des Kirchenlehrers von der Augustins, Anselms und des Aquinaten „wesentlich“ unterschieden. Sie stehe näher bei den Formulierungen der Heiligen Schrift und den antiochenischen Theologen als jene Augustins und die des

---

[31] Ebd. 221: vgl. ferner: Die metaphysisch-psychologische Lehre über den Heiligen Geist im Monologion Anselms von Canterbury: Sola ratione. Anselm-Studien für F.S. Schmitt (St 1970) 189–219; Die theologiegeschichtliche Tragweite der Trinitätslehre des Anselm von Canterbury: AAns 4/1 (1975) 29–45.

[32] Die Trinitätslehre des Simon von Tournai: RThAM 3 (1931) 373–396; Die Texte zur Trinitätslehre aus den Sententiae des Simon von Tournai: RThAM 4 (1932) 59–77 187–198 294–307.

[33] RThAM 3 (1931) 373.

[34] Die trinitarische Ebenbildlichkeit des Menschen nach Richard von Mediavilla: Mysterium der Gnade. FS f. Joh. Auer, hg. v. H. Roßmann u. J. Ratzinger (Rb 1975) 251–258; vgl. auch: Die theologische Methode des Richard von Mediavilla: Festgabe f. P. Dr. Valens Heynk OFM (FS 48 [1966] H. 3–4) (Ms-Werl 1966) 254–265.

[35] Augustinus und die Trinitätslehre Wilhelms von Ware: Aurelius Augustinus. FS der Görres-Gesellschaft zum 1500. Jubiläum des Todestages Augustinus, hg. v. M. Grabmann u. J. Mausbach (K 1930) 315–352.

[36] Neue Mitteilungen zum Sentenzenkommentar Wilhelms von Nottingham: FS 19 (1932) 195–223.

[37] Augustins psychologische Trinitätserklärung bei Robert Kilwardby OP: Sapientiae procerum amore. Mél. médiévistes off. à Dom Jean Pierre Müller (StAns 63) (Ro 1974) 149–209, 150.

[38] Ebd.

[39] Die trinitarische Gottesebenbildlichkeit nach dem Sentenzenkommentar Alberts des Großen: Virtus politica. Festgabe zum 75. Geburtstag von Alfons Hufnagel, hg. v. J. Möller in Verb. mit H. Kohlenberger (St 1974) 277–306.

[40] Die Trinitätskonzeption in Bonaventuras Itinerarium mentis ad Deum: Wissenschaft und Weltbild 15 (1962) 229–237; Trinitätstheologie in Patristik und Mittelalter. Die psychologischen Ternare Augustins und ihre Abwandlung bei Bonaventura: Begegnung. Beiträge zu einer Hermeneutik des theologischen Gesprächs, hg. v. M. Seckler u. a. (Graz-W-K 1972) 465–476; Neuplatonische Elemente im Trinitätsdenken des Itinerariums Bonaventuras: S. Bonaventura 1274–1974 (Grottaferrata 1973) II 45–69.

Aquinaten[41]. Der Einfluß griechischen Denkens auf Bonaventura zeige sich u.a. bei dem aus der östlichen Theologie bekannten Stichwort circumincessio. Sie besagt, daß die göttlichen Personen in ihrem Wirken einander durchdringen und so die Wesenseinheit wahren. In der behutsamen Aufnahme dieses Begriffs sieht Schmaus dann auch die Franziskanerschule dem seraphischen Lehrer folgen. Dagegen vermißt er ihn bei Thomas und eine Zeitlang auch bei der von diesem ausgehenden Traditionslinie[42]. Zu diesem *theologischen* Akzent der Trinitätslehre Bonaventuras kommt als *philosophischer* Akzent, daß bei ihrer gedanklichen Durchdringung neuplatonisches Gedankengut einfließt. Dabei tritt auch der „Kernunterschied" zwischen thomasischer und bonaventuranischer Denkweise zutage; danach pflegt der Aquinate kausales und der Franziskaner symbolisches Denken[43].

Aber trotz dieser verbindenden Gesichtspunkte möchte Schmaus Bonaventura nicht nahtlos in die griechische Perspektive einordnen. Allenfalls lasse sich von „Einzelzügen" aus der griechischen Vorstellung sprechen[44]. Die Grundgestalt seiner Trinitätsauffassung sei augustinisch. Nirgends setze er den Vater mit dem summum bonum gleich; dieses sei für ihn ein Neutrum und keine Person; auch spreche er von der creatrix essentia. Dies führt Schmaus zu der Annahme, „daß die lateinische Trinitätsauffassung überwiegt, daß also die summa bonitas als das allen Personen gemeinsame Wesen verstanden wird"[45].

Wenn Schmaus eine innere Affinität zum Trinitätsverständnis des Franziskaners hegt, liegt dies in dessen heilsgeschichtlicher Christozentrik begründet. Mit innerer Zustimmung vermerkt er, „daß es Bonaventura nicht um die wertneutrale Darstellung des Trinitätsgeheimnisses geht, sondern um die Vereinigung mit Gott ... Die entscheidende Mitte ist nicht die Trinität an sich, sondern die Heilsgeschichte, näherhin Christus. Die Erlösung kommt aus der Heilsgeschichte, nicht aus der Metaphysik"[46].

Wie Schmaus selbst mit zahlreichen Beiträgen die Trinitätsgeschichte der ausgehenden Väterzeit bis hin zur Scholastik zu erhellen bemüht ist, so versuchen dies auch seine Schüler in Dissertationen und Habilitationsschriften. Unter seiner Leitung werden bearbeitet: Hugo von St. Victor († 1141)[47], Robert von Melun (ca. 1100–1167)[48], die Schule des Petrus Lombardus[49], Bonaventura[50] und Johannes Duns Scotus[51].

---

[41] Neuplatonische Elemente 45.

[42] Perichorese: LThK² VIII 274–276, 275.

[43] Bonaventura und Thomas von Aquin. Ein Vergleich: J. Ratzinger (Hg.), Aktualität der Scholastik? (Rb 1975) 53–77, 69.

[44] Trinitätskonzeption 236.

[45] Ebd. 235.

[46] Ebd. 232.

[47] *J. Hofmeier*, Die Trinitätslehre des Hugo v. St. Viktor dargestellt im Zusammenhang mit den trinitarischen Strömungen seiner Zeit (MThS.S 25) (M 1963).

[48] *U. Horst*, Die Trinitäts- und Gotteslehre des Robert von Melun (Walberberger Studien 1) (Mz 1964).

[49] *J. Schneider*, Die Lehre vom dreieinigen Gott in der Schule des Petrus Lombardus (MThS.S 22) (M 1961).

[50] *O. González*, Misterio trinitario y existencia humana. Estudio histórico teológico en torno a San Buenaventura (Ma 1966).

[51] *F. Wetter*, Die Trinitätslehre des Johannes Duns Scotus (BGPhMA 41/5) (Ms 1967). Durch Schmaus angeregt ist *E. Borchert*, Die Trinitätslehre des Johannes de Ripa (Veröffentlichungen des Grabmann-Institutes NF 21/1–2) (M-Pb-W 1974).

Damit ist überblickhaft das trinitätsgeschichtliche Werk von M. Schmaus skizziert. Dessen weitere Profilierung wäre notwendig[52]. Zumindest aber ist deutlich, in welchem Ausmaß er durch historische Forschung die Trinitätstheologie unseres Jahrhunderts bereichert hat. Diesbezüglich kommt ihm ein unbestreitbarer Ehrenplatz zu: Er sei der „beste Kenner der patristischen und mittelalterlichen trinitarischen Lehrentwicklung“[53]. Diese Würdigung erhält mit Blick auf die Schmaus bewegenden Anliegen weitere Kontur.

b) Leitende Anliegen

Der besondere Sinn für Begrifflichkeit und Sprache wurde einleitend bereits erwähnt. Anerkanntermaßen[54] steht M. Schmaus in der Reihe jener, die „bei der theologischen Arbeit neben dem Blick auf die anstehende Sache immer zugleich ein waches und anspruchsvolles Auge für ihre zeitnahe Formulierung hatten und eine neue theologische Sprache geradezu als besonderes Anliegen betrachteten“[55]. Dabei leitet ihn ein zweifaches Anliegen, ein kerygmatisch-didaktisches und ein hermeneutisch-theologisches. Für M. Schmaus gehören das akademische Katheder und die gottesdienstliche Kanzel aufs engste zusammen. Als Universitätsprediger in Prag sieht er sich durch die Frage herausgefordert, wie vom dreifaltigen Gott, seiner Menschwerdung in Jesus Christus und seinem Wirken im Heiligen Geist zu reden sei, damit dies der interessierte Zeitgenosse auch nur ansatzweise zu verstehen und als lebensrelevant aufzunehmen vermag.

In einem Gesprächsbeitrag formuliert Schmaus einen zentralen Grundsatz seiner Arbeit: „Jede Dogmatik hat Verkündigungsdogmatik zu sein. Es ist Unsinn, von einer Glaubenswahrheit zu sagen, sie hat *auch* Verkündigungswert. Wenn sie nicht *immer* Verkündigungswert hat, soll man sie doch weglassen. Gott ist doch nicht Mensch geworden, damit wir unsere Bücherschränke mit philosophisch-theologischen Werken ausfüllen, sondern ‚propter nos homines‘ – um des Menschen willen. Und die Theologie geht einfach in die Irre, wenn sie dieses Prinzip verachtet. Dogmatik muß so sein, daß der Mensch auch spürt: Hier geht es um sein Heil“[56].

Das lebendige Bewußtsein, als theologischer Lehrer einen Vermittlungsdienst zu vollziehen, begleitet Schmaus zeit seines Lebens. Bereits der ersten Auflage der *Katholischen Dogmatik*[57] bescheinigt K. Rahner: Das Buch ist geschrieben für den Theologiestudierenden, „der nicht erstlich zum theologischen Gelehrten, sondern zum Seelsorger herangebildet werden soll. Es will daher den Weg von der Wissenschaft zum Leben verkürzen: es drängt den wissenschaftlichen Apparat zurück, es sucht das ‚lateinische Gelehrtendeutsch‘ zu vermeiden zugunsten der Sprache Gottes und der Sprache der Zeit“[58]. Dieses Anliegen hat Schmaus bis in sein Spätwerk

---

[52] Eine monographische Bearbeitung ist wünschenswert.

[53] *L. Scheffczyk*, »Der Glaube der Kirche«: MThZ 31 (1980) 62–70, 66. Das geschichtliche Interesse von M. Schmaus wird nicht zuletzt dokumentiert durch die Gründung des Grabmann-Instituts an der Universität München sowie die Herausgabe des „Handbuchs der Dogmengeschichte“ (Fr 1951ff.).

[54] Vgl. *K. Rahner*: ZKTh 63 (1939) 226–229; *K. Forster*, M. Schmaus 422f.; *R. Aubert*: BTZJ II 22; *R. Heinzmann*, Identität 118f.; *L. Scheffczyk*, M. Schmaus.

[55] *H. M. Köster*, Um eine neue theologische Sprache: Wahrheit und Verkündigung I. FS M. Schmaus (M-Pb-W 1967) 449–473, 449.

[56] *K. G. Peschke*, Dogmatik für das Heil des Menschen. Ein Gespräch mit dem Münchener Theologen M. Schmaus, der die katholische Dogmatik mitgeprägt hat: Rheinischer Merkur/Christ und Welt Nr. 34, 26. August 1983, 24.

[57] M 1938ff.; 6. erweiterte Aufl. 1960.

[58] ZKTh 63 (1939) 226.

durchgehalten[59]. Nur geht es ihm jetzt nicht mehr darum, scholastische Begriffe in lebendiges Deutsch zu fassen. Nunmehr empfindet er die Aufgabe, die Grenzen einer neu sich behauptenden Wissenschaftssprache mit ihren komplizierten und unzähligen Fremdwörtern zu überwinden. Äußerungsweisen solcher Art widersprechen nach Schmaus dem Sinn von Sprache. Sie erscheinen als Mauer zwischen Autor und Leser, wo Sprache doch Brücke sein soll.

Das Schmaus'sche Bemühen um eine neue Sprache greift tiefer als bloß verbale Übersetzung. Ihn bewegt vielmehr, ähnlich den vielen Aneignungsbemühungen der Theologiegeschichte, der Wirklichkeit des Glaubens selbst näherzukommen und sie angemessen und zeitbezogen auszudrücken. Daß dazu unterscheidende Wahrnehmung des biblischen Textes wie auch der dogmen- und theologiegeschichtlichen Zeugnisse gehört, dessen wird sich Schmaus mehr und mehr bewußt. Schon sein Frühwerk zeigt einen neuen Umgang mit der Heiligen Schrift. Statt, wie sonst üblich, einzelne Bibeltexte herauszugreifen und der dogmatischen These gemäß zusammenzustellen, versucht Schmaus, so anerkennend K. Rahner[60], „in die Grundauffassung der Schrift selbst einzuführen. Sie ist nicht so sehr bloßer Ausgangspunkt, sondern ihr Verständnis ist selber Ziel der Bemühung". Diese Perspektive bestätigt dem Münchener Theologen das 2. Vatikanum. Ist das Studium der Heiligen Schrift die Seele der gesamten Theologie (OT 16), bedingt dies einen veränderten Aufbau der Dogmatik[61]. Sie hat mit der Auslegung des biblischen Textes zu beginnen, blickt dann auf die Glaubensgeschichte mit ihren Umwegen und Neuansätzen, sucht aufzuzeigen, in welchem Maße das Ursprungszeugnis in der kirchlichen Lehre weiterlebt und gegebenenfalls anders formuliert werden muß. Daß es dabei unterscheidenden Vorgehens bedarf, sieht Schmaus zunehmend ein. Seine diversen Augustinusstudien zeigen dies. Anders als im historisch-positiven Dogmengeschichtsverständnis der dreißiger Jahre, bei dem das evolutive Moment des werdenden Dogmas unberücksichtigt bleibt[62], ist seine Hermeneutik, angeregt durch die zeitgenössische Diskussion, ausgeprägter. Er unterscheidet zum Verständnis eines überlieferten Textes zwischen dem gewordenen Begriff, der jeweils zugrundeliegenden Sprach- und Denkform samt philosophischem Kontext, zwischen Spekulation und heilshafter Betrachtung, zwischen gläubigem Bekenntnis, pastoralem Rat und theologischer Rechenschaft.

Es ist seine differenzierte hermeneutische Sehweise, welche Schmaus die Auffassung Augustins vom Hervorgang des Heiligen Geistes aus Vater *und* Sohn als aus einem Prinzip mit der griechischen Sehweise *sachlich* übereinstimmend erkennen läßt[63]. Bei der Frage nach dem Zusammenhang von metaphysischem und heilsgeschichtlichem Denken in der Trinitätslehre Augustins sieht er letzteres vorherrschen. Er glaubt sagen zu dürfen, „daß die heilsökonomische Sicht die metaphysische in sich begreift, nicht umgekehrt". Der Hauptgrund für diese Verhältnisbestimmung sei das Inkarnationsverständnis des Kirchenvaters[64]. Zugleich meint Schmaus,

[59] *Schmaus G* I/1 (1979) XXII.
[60] ZKTh 63 (1939) 228f.
[61] *Schmaus G* I/1, XXf.
[62] Vgl. *L. Scheffczyk*, Katholische Dogmengeschichtserforschung: Tendenzen – Versuche – Resultate: W. Löser, K. Lehmann, M. Lutz-Bachmann (Hg.), Dogmengeschichte und katholische Theologie (Wü 1985) 119–147.
[63] *Schmaus G* II 158.
[64] Ebd. Vgl. auch Die Denkform: Theol. Jahrbuch 1964, 520f.

Augustins deutliche Betonung der Wesenstrinität kritisieren zu müssen; sie stelle „eine Hypothek“ für den Glaubensvollzug und das Gebetsleben dar[65]. Der angerufene deus trinus bzw. die sancta trinitas könne nicht als das *personale* Du des Beters verstanden werden. Die Personalität Gottes stelle sich nur dar als die des Vaters, des Sohnes und des Heiligen Geistes, nicht aber als eine dem einen Gott selbst zukommende Eigenschaft. Zudem lehne Augustinus doch ausdrücklich die Vorstellung ab, daß der eine Gott als solcher personhaft sei[66]. Um der skizzierten Inkonvenienz zwischen Einheitsschau und Gebetsleben zu entgehen, verweist Schmaus auf die griechische Betrachtungsweise. Mittels ihrer könne „die Personalität Gottes besser erreicht werden, indem sich der Mensch an die drei göttlichen Personen selbst, näherhin, indem er sich durch Christus im Heiligen Geist an den Vater wendet“[67]. Dieser ist nach biblischem wie altkirchlichem Verständnis „Gott katexochen“[68]. Wenn in der Tradition der Heiligen Schriften Israels das Neue Testament von »Gott« rede, meine dies zunächst nicht das eine göttliche Wesen, sondern den ursprunglosen Vater, die erste göttliche Person, der den ewigen Sohn als Erlöser sendet und mit ihm den Heiligen Geist als göttliche Gabe schenkt[69]. Dieser biblische Ansatz wie auch die lebenslange Beschäftigung mit der Gotteslehre der Väter sowie des Mittelalters und dann auch die römische Liturgie bekräftigen Schmaus in seiner Hinneigung zum griechischen Trinitätsverständnis. Er selber spricht von „der Wiederbelebung der ganzheitlichen Trinitätsschau, welche eine Einheit von Metaphysischem und Heilsgeschichtlichem unter der Führung des Heilsgeschichtlichen darstellt“[70].

3. Zum Ort der Gottes- und Trinitätslehre

Den prägenden Einfluß heilsgeschichtlichen Denkens zeigt auch die Schmaus’sche Frage nach dem Ort der Gottes- und Trinitätslehre innerhalb einer dogmatischen Gesamtdarstellung. Dieses Thema spielt für den akademischen Lehrer durchgehend eine wichtige Rolle. In seinem Spätwerk bemerkt er nüchtern, daß eine allseits befriedigende Lösung, *wo* von Christus, *wo* von Gott dem Einen und Dreieinen gesprochen werden soll, unmöglich sei. Der eine setze jeweils den anderen Traktat voraus[71]. Ist eine derart bekundete Selbstkritik die Frucht der vorausgehenden Entwürfe?

Es gehört „zu den unbestreitbaren Verdiensten“[72] der *Katholischen Dogmatik*[73], die Kluft zwischen den Traktaten De Deo Uno und De Deo Trino überwunden zu haben. In seinem Frühwerk faßt Schmaus die Gotteslehre als Einheit und geht aus vom *lebendigen*, d.h. dem dreieinen Gott der Offenbarung. Nach den Präambula ist die Trinitätslehre unter Einbezug der natürlichen Theologie der erste Traktat. Die

---

65 Die Spannung 514.
66 Ebd. 512f.
67 *Schmaus D* I⁶ (1960) 426.
68 Die psychologische Trinitätslehre 19. Darauf verweist *K. Rahner*, Theos im Neuen Testament: Rahner S I 91–167, 165f.
69 *Schmaus D* I⁶ 379–382.
70 Die Denkform: Theol. Jahrbuch 1964, 521f.; Trinität: HThG (dtv) IV 264–282, 280.
71 *Schmaus G* I/1, XXIII f.
72 *W. Breuning*: BTZJ III 27; vgl. auch *Rahner S* IV 110.
73 *Schmaus D* I⁶ 194–196.

Begründung für dieses Vorgehen liegt nach Schmaus in der Eigentümlichkeit dogmatischer Gotteserkenntnis. Sie hat ein anderes Formalobjekt als Religionswissenschaft und Metaphysik. Beide versuchen, die durch die Vernunft gefundenen Einsichten über Gott zu skizzieren. Die Dogmatik dagegen ist bestrebt, „die Selbsterschließung des lebendigen Gottes darzulegen, welche im Antlitze Christi, des in die menschliche Natur hineingesprochenen personhaften göttlichen Wortes, aufleuchtete (2 Kor 4,6) und in Christi Verkündigung hörbar wurde“[74]. Mit seinem heilsgeschichtlichen Ansatz möchte Schmaus die natürliche Gotteslehre von Anfang an in die theologische Perspektive integrieren. Er will jenen Weg beschreiten, „welchen nicht bloß die Schrift, sondern auch die Liturgie alle gehen heißt, die zum Vater kommen wollen (per Christum)“[75].

Dieses Bemühen, die abstrakten Aussagen zum Wesen Gottes wieder in die Lehre von der konkreten Offenbarung Gottes und damit in die Trinitätslehre zu integrieren, hat weithin Anerkennung gefunden. Es ist, so Walter Kasper[76], das Verdienst der Dogmatik von M. Schmaus, „in diese Richtung einen wichtigen Vorstoß unternommen zu haben“. Mit gutem Grund ist auch auf die ökumenische Relevanz dieses Konzeptes hingewiesen worden[77].

Den heilsgeschichtlichen Akzent bringt Schmaus noch deutlicher in dem nach seiner Emeritierung verfaßten zweibändigen Handbuch *Der Glaube der Kirche*[78] zum Ausdruck. Wie er dieses Werk generell als christologische Dogmatik versteht und nach diesem Grundgedanken ordnet, so auch die Trinitätslehre. Er tauscht ihren Ort als Auftakt und Grundlegung zugunsten der Christologie ein und behandelt das Lehrstück nunmehr im Rahmen des Christusgeschehens, als Auslegung des Heilswortes Jesu. Die Begründung lautet: „Der fundamentale Inhalt der göttlichen Selbsterschließung im Worte Jesu ist die Dreipersonalität Gottes“[79]. Den Zugang zum Trinitätsgeheimnis eröffnet die Botschaft vom Vatertum Gottes, dessen wesenhafter Sohn in Jesus offenbar ist; zu beiden gehört, wiederum essentiell, der Heilige Geist, der all jene mit Gott verbindet, die Jesu Wort annehmen[80]. Schmaus macht die trinitarischen Sendungen zum »Schlüsselbegriff« des Traktates. Damit erhält die heilsgeschichtlich-funktionale Trinitätsbetrachtung den ersten Akzent, von dem her die seinshaft-immanenten Konturen Gottes zu erkennen sind. „Was in den Sendungen geschieht, ist die Offenbarung der Differenzierung im absoluten Sein selbst“[81].

In der zweiten, wesentlich veränderten Auflage seines Spätwerkes *Der Glaube der Kirche*[82] nimmt Schmaus die Einordnung des Trinitätstraktates in die Christologie

---

[74] Ebd. 194.
[75] Ebd. 195.
[76] Der Gott Jesu Christi (Mz 1982) 381. Vgl. *A. Heuser*, Die Erlösungslehre in der katholischen deutschen Dogmatik von B.P. Zimmer bis M. Schmaus (Beiträge zur neueren Geschichte der Katholischen Theologie 4) (Essen 1963) 201; nach ihm ist „die wuchtigste Herausstellung“ der Christozentrik „das Herzensanliegen“ der *Katholischen Dogmatik*. Christozentrik sei für Schmaus „Wesenseigenschaft jeder Theologie“.
[77] *J. Auer*, Gott – der Eine und Dreieine 227. Vgl. *O. Weber*, Grundlagen der Dogmatik I (B-Ost 1964) 389 Anm. 1.
[78] M 1969/70. Hierzu *L. Scheffczyk*, Dogmatik in christologischer Zentrierung: MThZ 20 (1969) 330–334; *ders.*, Die Kirche auf dem Weg in die Vollendung: MThZ 21 (1970) 356–359.
[79] Bd. I 530.
[80] Ebd. 532f.
[81] Ebd. 537.
[82] St. Ottilien 1979ff. Vgl. dazu *L. Scheffczyk*, »Der Glaube der Kirche«: MThZ 31 (1980) 62–70.

zurück und behandelt sie wieder im Zusammenhang mit der Lehre von Gott dem Einen. Von seiner diesbezüglichen Unsicherheit war vorausgehend bereits die Rede. Positiv möchte Schmaus mit dieser Umstellung unterstreichen, daß das Trinitätsverständnis „Voraussetzung und Grund“ für die Christologie ist. Zugleich will er, klarer noch als in der *Katholischen Dogmatik*, die klassische Trennung von Gottes- und Trinitätslehre überwinden. Letztere erschien danach „fast wie ein Anhang zur Gotteslehre“. Das wäre insofern verhängnisvoll, weil der Trinitätsglaube „die Zentralwirklichkeit für das christliche Denken und Leben darstellt“. Mit der Rückkehr zur ursprünglichen Vorgehensweise schwächt Schmaus sein heilsgeschichtliches Gottesverständnis nicht ab. Er meint, es entspreche „der Gesamtstruktur der göttlichen Offenbarung“, wenn die Gotteslehre an die erste Stelle gesetzt werde. Dieses Vorgehen könne gleichwohl nur unter ständigem Bezug auf die Person Jesu Christi gelingen[83].

Zusammenfassend sei festgehalten: An der Erneuerung der aktuellen Trinitätslehre hat M. Schmaus maßgeblich mitgearbeitet. Kaum jemand hat wie er aus lebenslanger Beschäftigung und unmittelbarer Kenntnis des patristischen und mittelalterlichen Erbes dessen trinitarische Kernaussagen unserer Zeit nahegebracht. Zur inhaltlichen Verlebendigung der gewachsenen kirchlichen Lehre und der formellen Theologie dienen ihm in besonderem Maße die Heilige Schrift und die Liturgie. Auf diese Weise vermag er die vor allem seit Scheeben zu verzeichnende Hinwendung zum griechischen Trinitätsverständnis im Raum der lateinischen Tradition zu bekräftigen. Als das christliche Glaubensgut aus Bibel, Dogmengeschichte und kirchlichem Gebetsleben erhebender Theologe hat Schmaus eine wahrhafte Brückenbauerfunktion; es ist seinen Impulsen mit zu verdanken, wenn gegenwärtig das Trinitätsbekenntnis erneut in seiner zentrierenden Bedeutung gesehen und entfaltet wird. Friedrich Kardinal Wetter[84] zählt seinen Münchener Lehrer „zu den ganz großen Theologen unseres Jahrhunderts“.

§ 16. Jürgen Moltmann

SCHRIFTTUM: *H. Graß*, Literatur zur systematischen Theologie: ThR 44 (1979) 135–186, hier 157–167; *J. Rohls*, Ist Gott notwendig? Zu einer These von E. Jüngel: NZSTh 22 (1980) 282–296; *H. U. v. Balthasar*, Zu einer christlichen Theologie der Hoffnung: MThZ 32 (1981) 81–102; *J. Niewiadomski*, Die Zweideutigkeit von Gott und Welt in J. Moltmanns Theologien (Innsbrucker theol. Studien 9) (I 1982); *R. Olson*, Trinity and Eschatology. The Historical Being of God in J. Moltmann and W. Pannenberg: Scottish Journal of Theology 36 (1983) 213–227; *P. Clayton*, The God of History and the Presence of the Future: JR 65 (1985) 98–108; *N. Klimek*, Der Gott – der Liebe ist. Zur trinitarischen Auslegung des Begriffs »Liebe« bei E. Jüngel (Theologie in der Blauen Eule 1) (Essen 1986); *A. Milano*, La Trinità dei teologi e dei filosofi: L'intelligenza della persona in Dio, in: Persona e personalismi, hg. v. A. Pavan u. A. Milano (Na 1987) bes. 249–286; *S. Greiner*, Die Theologie W. Pannenbergs (Bonner dogm. Studien 2) (Wü 1988); *K. Koch*, Der Gott der Geschichte (TTS 32) (Mz 1988); *R. Radlbeck*, Der Personbegriff in der Trinitätstheologie der Gegenwart – untersucht am Beispiel der Entwürfe J. Moltmanns und W. Kaspers (Eichstätter Studien NF 27) (Rb 1989); *Chr. Theobald*, La foi trinitaire des chrétiens

[83] Ebd. Bd. II 1 u. 2.

[84] Ein Geschenk Gottes für die Theologie und für die Kirche: MThZ 45 (1994) 115–117, 115. Spiegel des angesehenen Lehrers ist eine bemerkenswerte Zahl von Schülern. Die von M. Schmaus betreuten Doktor- und Habilitationsarbeiten sind aufgelistet in: Wahrheit und Verkündigung I, hg. v. L. Scheffczyk, W. Dettloff u. R. Heinzmann (M-Pb-W 1967) XXXIV–XXXVIII.

et l'énigme du lien social: P. Beauchamp u.a., Monothéisme et Trinité (Publication des Facultés universitaires Saint-Louis 52) (Bl 1991) 99–137; *G. Augustin*, Gott eint – trennt Christus? (KKTS 59) (Pb 1993); *N. Ciola*, La crisi del teocentrismo trinitario nel novecento teologico. Il tema nell contesto emblematico della secolarizzazione (Ro 1993); *J. Ackva*, An den dreieinen Gott glauben. Ein Beitrag zur Rekonstruktion des trinitarischen Gottesverständnisses und zur Bestimmung seiner Relevanz im westeuropäischen Kontext (FTS 47) (F 1994); Trinità in contesto, hg. v. *A. Amato* (Biblioteca di Scienze Religiose 110) (Ro 1994).

1. Theologisches Umfeld

a) Christliche Kernaussage

Es gehört zum zentralen Bemühen aktueller Trinitätslehre, angesichts der währenden Identitätskrise des Christentums gerade diesen Traktat als die Mitte der Theologie zu erweisen. Von der so neu zentrierten trinitarischen Gotteslehre her ist man bestrebt, die prinzipielle Frage nach Sinn und Wesen des Christentums vertieft zu beantworten[1]. Dies gilt trotz des bekannten Einwandes, wonach die weithin beklagte Abwesenheit Gottes vom Theologen den Verzicht auf subtile trinitätstheologische Spekulationen fordere. Sollten nicht im Zentrum seiner Arbeit die grundsätzlicheren Fragen stehen, *ob* ein Gott sei, ja ob ein *persönlicher* Gott sei, der sich dem Menschen offenbarend zuwendet? Und, wie weit vermag der Angesprochene überhaupt sinnvoll und verständlich von Gott zu reden?

Jürgen Moltmann[2] steht für dieses Bemühen, wenn er davor warnt, sich aus der Trinitätstheologie zurückzuziehen, um sich vermeintlich wichtigeren Fragen zuzuwenden. Nach ihm führt für die aktuelle Theologie kein Weg daran vorbei, die Gottes- und Trinitätslehre deutlicher als bisher zu profilieren. Denn es sei der nur schwach christianisierte Monotheismus in Theologie und Glaube, der das Christentum in seine gegenwärtige Unsicherheit gebracht habe.

Die von ihm kritisierte Situation der aktuellen Theologie sieht für den Tübinger Theologen so aus: „Ob Gott einer oder dreieinig ist, das macht in der Glaubenslehre scheinbar sowenig einen Unterschied wie in der Ethik. In den modernen apologetischen Schriften, die das Christentum der neuzeitlichen Welt wieder nahebringen wollen, kommt darum die Trinitätslehre kaum noch vor. Auch die neuen fundamentaltheologischen Ansätze beginnen nicht mit der Trinität. Ob hermeneutische Theologie oder politische Theologie, ob Prozeßtheologie oder theologische Wissenschaftstheorie – die Trinitätslehre hat keine tragende Bedeutung in diesen Versuchen, heute Theologie zu begründen"[3].

Die dieser besorgten Diagnose entsprechende Therapie heißt für Moltmann unmißverständlich: *Erneuerung der Trinitätslehre und des trinitarischen Denkens.* Dieser Appell, die Trinitätslehre wieder zur Mitte der christlichen Theologie zu machen, wird nicht zuletzt angesichts der Herausforderung durch Judentum und Islam sowie der Religionen Asiens mit wachem Bewußtsein aufgenommen und befolgt. Das Trinitätsbekenntnis erscheint neu als *die* Unter- und Entscheidungsfrage für das Christentum und die Kirche[4].

---

[1] *F. Courth*, Das trinitarische Gottesbekenntnis als die Wesensaussage des christlichen Glaubens: MThZ 29 (1978) 1–19; *ders.*, Der Gott der dreifaltigen Liebe (Pb 1993) 13–18.

[2] Der gekreuzigte Gott (M [2]1973) 223.

[3] Trinität und Reich Gottes (M 1980) 17.

[4] Vgl. *A. Manaranche*, Le monothéisme chrétien (P 1985) 49–55 55–78; Art. Trinität: Lexikon religiöser Grundbegriffe, hg. v. A. Th. Khoury (Graz 1987) 1074f. (jüd.), 1079f. (islam.); Trinità in contesto, hg. v. *A. Amato* (Biblioteca di Scienze Religiose 110) (Ro 1994).

Dies zeigen nicht zuletzt Überlegungen von *Raimon Panikkar*[5], das große Erbe der Hochreligionen unter dem Stichwort Trinität zusammenzufassen und damit das alle verbindende Sinnen und Trachten aufzuzeigen. Trinitarisch verstandene Wirklichkeit ist der Schnittpunkt, „in dem die echten spirituellen Dimensionen aller Religionen sich begegnen“[6]. „... in der trinitarischen Schau konvergieren die tiefsten Visionen und überschreiten dabei das Erbe einer bestimmten Kultur“[7].

Der trinitarisch verstandene Gott ist als Vater *Quell* und *Ursprung* des Seins, nicht das Sein selbst; *höchstes Ich* ist er. Der Sohn ist *das Sein, das Du*, an dem das Seiende und die Vielzahl der ins Universum ausgestreuten Du Anteil haben. Der Geist ist „die göttliche Immanenz und, in der Dynamik des reinen Aktes, das Endziel (die Rückkehr) des Seins“. Es gibt das Sein und die Seienden nur insofern, „als sie aus dem Ursprung hervorgehen und im Geist weiterfließen: das *Wir*, insofern es uns alle in der integrierten Gemeinschaft dieser vollkommenen Wirklichkeit vereint“[8].

Panikkars Gottesbild fußt, wie er meint, auf urreligiöser Schau. Sie übersteigt bewußt die heilsgeschichtliche Kontur des biblischen Gottes- und des christlichen Trinitätsglaubens. Die Frage an solches Vorgehen ist, ob auf diese Weise die herausgeforderte Identität des biblisch-christlichen Gottesbildes gewahrt bleibt. Bekennt nicht der Christ ein im Ersten Bund vorbereitetes, aber letztlich doch *einmaliges Eingreifen* Gottes in den Lauf der Geschichte durch *eine einzige Person*? Jesus von Nazaret und seine gesamte Geschichte sind für den Christen vom Namen Gottes nicht zu trennen. Gleiches gilt für das geschichtliche Wirken des Heiligen Geistes. Vom interreligiösen Dialog gespeiste Gedanken wie die Panikkars drängen christliche Glaubensreflexion dazu, die seit der Aufklärung immer wieder gestellte Frage *neu* anzugehen, wieweit *Geschichte* unablösbar zum christlichen Gottes- und Trinitätsbekenntnis gehört und eben nicht in religiöse Allgemeinaussagen aufgehoben werden darf.

b) Universalgeschichtlicher Horizont

Den aktuellen religionsgeschichtlichen Kontext und die durch ihn erneut provozierte Frage nach der *Geschichtlichkeit* des christlichen Gottesbekenntnisses greift in besonderem Maße der evangelische Systematiker *Wolfhart Pannenberg*[9] auf. Deutlicher als bisherige Entwürfe bezieht er die Zukunft in sein Geschichtsverständnis ein. Für ihn stellt erst die Universalgeschichte den vollen Selbsterweis Gottes dar. Diesen weiten Horizont hat die in der Auferweckung gipfelnde Christusoffenbarung ausdrücklich im Blick. Sie stellt deren *vor*-läufige Vollendung dar. „Erst in einem doppelten Bezug zum Ursprung der Welt und zu ihrer künftigen Vollendung ist der in der einmaligen Geschichte Jesu offenbare Gott wahrhaft Gott“[10]. Diese christozentrische und zugleich universale Dynamik der Geschichte auszulegen ist Aufgabe der Trinitätslehre.

---

[5] Trinität. Über das Zentrum menschlicher Erfahrung (M 1993).
[6] Ebd. 70.
[7] Ebd. 71.
[8] Ebd. 98.
[9] *Pannenberg Sy* I (1988) bes. 283–364; *Pannenberg G* II (1980) 96–111 112–128. Vgl. *G. Augustin*, Gott eint – trennt Christus? (KKTS 59) (Pb 1993) bes. 291–313.
[10] *Pannenberg G* II 123.

Das trinitarische Gottesverständnis fußt nach Pannenberg erstlich auf den Aussagen der Heiligen Schrift über Jesu einmaligen und unübertragbaren Gottesbezug. „Die christlichen Aussagen über den einen Gott, sein Wesen und seine Eigenschaften beziehen sich auf den im Verhältnis Jesu zum Vater offenbaren, dreieinigen Gott“[11]. Das Abba-Verhältnis Jesu zum Vater bildet den vorausgehenden Impuls für das nachösterliche Christus-Bekenntnis. Bestätigt wird Jesu Vollmachtsanspruch durch seine Auferweckung von den Toten. Sie wandelt die von Golgota ausgehende Provokation. Der Hingerichtete, der geliebte Sohn? Und Gott, der liebende Vater? Die Kreuzigung stellt nicht nur die *von Jesus* beanspruchte göttliche Autorität in Frage, sondern ebenso die Gottheit des Vaters. Nach Pannenberg ist die Auferweckung des Gekreuzigten „ebenso konstitutiv für die Gottheit des Vaters wie für die Gottessohnschaft Jesu. Ohne Jesu Auferweckung wäre der von Jesus verkündigte Vater nicht Gott“[12]. Insofern der Heilige Geist das handelnde Subjekt von Jesu Auferweckung ist, tritt er als dritte trinitarische Person hervor. Vater und Sohn sind auf sein Wirken *angewiesen*. Wie Jesus nicht sich selbst, sondern den Vater verherrlicht und sich darin als eins mit ihm erweist, so lebt auch der Geist nicht sich selbst, sondern verherrlicht den Sohn und mit ihm den Vater. Von Vater und Sohn unterschieden, gehört er doch mit beiden zusammen. „Der Geist ist die Wirklichkeit des Reiches Gottes in der Welt und damit die Wirklichkeit, die Gegenwart Gottes selber“. Gleichwohl ist der Heilige Geist nicht das göttliche Subjekt schlechthin; er ist dies nur in der Gemeinschaft von Vater und Sohn, die er verherrlicht[13]. Alle drei haben sie je ihren Eigenstand in wechselseitiger *Selbstunterscheidung* und *Selbstverpflichtung*. Deswegen sind die trinitarischen Personen auch nicht als verschiedene Seinsweisen eines einzigen göttlichen Subjekts zu verstehen, sondern müssen als Lebensvollzüge „selbständiger Aktzentren“ aufgefaßt werden[14].

Für das so skizzierte Beziehungsgeflecht findet Pannenberg behutsame Anklänge in der trinitarischen Perichorese. Den vergleichenden Rückbezug will er jedoch nur eingeschränkt gelten lassen, weil selbst in der griechischen Patristik diese Lehre nur innertrinitarisch auf die Ursprungsrelationen beschränkt bleibe[15]. Diese immanente Sicht gilt es nach Pannenberg jedoch zu überwinden. Für ihn existiert der in Jesus offenbare Gott nur dann wahrhaft, wenn er, wie den Anfang der Welt, auch deren Mitte, Inkarnation samt Auferweckung, und deren letzte Vollendung umgreift. Ohne Herrschaft über Welt und Geschichte wäre Gott nicht Gott. So hängt die Gottheit des Vaters am Wirken des Sohnes und des Geistes zur Verwirklichung des Reiches Gottes in der Welt[16].

Pannenberg ist von dem Grundgedanken geleitet, daß die ewige Selbstidentität Gottes nur vom heilsgeschichtlichen Wirken des Sohnes und des Geistes her gedacht werden kann. Er faßt das Sein Gottes und die Geschichte seines Handelns als innere Einheit auf. Dächte man die immanente Trinität allen geschichtlichen Bezügen Gottes zur Welt vorausgehend, erschienen diese, die Inkarnation eingeschlossen, „als etwas nachträglich und äußerlich zum ewigen Leben des trinitarischen Gottes Hinzukommendes. Der Gott der klassischen Trinitätslehre ist nur noch sekundär der

[11] *Pannenberg Sy* I 326.
[12] *Pannenberg G* II 123.
[13] Ebd. 124; *Pannenberg Sy* I 342.
[14] *Pannenberg Sy* I 347.
[15] Ebd.
[16] *Pannenberg G* II 112–128.

Gott der Geschichte und der geschichtlichen Offenbarung"[17]. Begänne Trinitätslehre mit einem Wesensbegriff Gottes, sei es als Geist oder als Liebe, wären entweder Modalismus oder Subordinatianismus die Folge[18].

Pannenberg unterscheidet sich mit dem profiliert geschichtlichen Horizont seiner Trinitätslehre deutlich von dem erklärt *theo*-logischen Ansatz K. Barths[19]. Der Münchener Theologe will auch über K. Rahner hinausgehen, indem er dessen Grundsatz, die immanente Trinität ist die ökonomische und umgekehrt, noch weiter in die Geschichte einbinden und so mit Leben erfüllen möchte. Dies sieht er darin gegeben, daß nach seinem Entwurf „die immanente Trinität selbst, die Gottheit des trinitarischen Gottes, *in den Ereignissen der Geschichte auf dem Spiele steht*"[20]. Das gilt für die Weite des geschichtlichen Prozesses. Erst an dessen Ende wird endgültig offenbar, daß der in der Geschichte lebendige Gott tatsächlich der dreifaltige Gott ist.

So deutlich Pannenberg das Offenbarungswirken Gottes in die Geschichte mit ihrem Auf und Ab auch einbezieht, er möchte jedoch keiner *werdenden Trinität* das Wort reden. Dem tritt er mit der These entgegen, die Geschichte sei Ort der *Entscheidung* darüber, daß der trinitarische Gott immer schon, von Ewigkeit zu Ewigkeit, der wahre Gott ist; hier erweist und bewahrheitet sich Gott als dreifaltiger. Wie die Auferweckung Jesu „rückwirkend *entscheidet*, daß er es war, genauso wird auch die Gottheit des von Jesus verkündigten Gottes erst durch die eschatologische Vollendung seines Reiches endgültig und unwidersprechlich offenbar, der Streit zwischen Atheismus und Glaube damit endgültig entschieden sein, zugleich aber auch rückwirkend für alle Ewigkeit"[21].

Mit diesem weiten Verständnis der Geschichte als Offenbarungsraum des dreifaltigen Gottes hat Pannenberg eine Perspektive gefunden, um den außerchristlichen Religionen aus theologischer Sicht einen authentischen Ort zuweisen zu können. Dabei will er ausdrücklich nicht die Einmaligkeit Jesu Christi antasten und damit der christlichen Identität Schaden zufügen. Außerchristliche Religionen haben es letztlich mit derselben göttlichen Wirklichkeit zu tun, wie sie Jesus gelebt und verkündet hat. Daß sie für Nicht-Christen undeutlich bleibt, liegt an deren historischer Fixierung. Sie verschließen sich gegenüber „ihren eigenen Wandlungen, ihrer eigenen Geschichte". Wer sie jedoch wirklich wahrnimmt, muß erkennen, daß sich der unendliche Gott gegen jede vorläufige Festlegung durchsetzt[22].

c) Sozialpolitischer Kontext

Der universale Horizont wird dadurch konkreter, daß er mit aktuellen sozialpolitischen Kontexten verbunden wird. So interpretiert etwa *Leonardo Boff*[23] den Tri-

---

17 Ebd. 123.

18 *Pannenberg Sy* I 325.

19 Vgl. *I. García-Tato*, Die Trinitätslehre K. Barths als dogmatisches Strukturprinzip (Bad Honnef 1983); *ders.*, Barth, K.: Diccionario teológico El Dios Cristiano, hg. v. X. Pikaza u. N. Silanes (Sa 1992) 138–147; *G. Taxacher*, Trinität und Sprache. Dogmatische Erkenntnislehre als Theologie der Sprache. Eine systematische Befragung K. Barths (Bonner dogm. Studien 18) (Wü 1994).

20 *Pannenberg Sy* I 358. Hervorhebung durch den Verf.

21 Ebd. 359.

22 *Pannenberg G* I 293. Vgl. *H. Waldenfels*, Die Offenbarung. Von der Reformation bis zur Gegenwart (HDG I/1b) (Fr-Bs-W 1977) 149–151.

23 Der dreieinige Gott (D 1987). Vgl. *J. Ackva*, An den dreieinen Gott glauben (FTS 47) (F 1994) 226–242.

nitätsglauben auf die gesellschaftliche Situation des südamerikanischen Kontinents hin. Diese ist dadurch gekennzeichnet, daß sie kein Abbild des dreieinigen Geheimnisses Gottes ist. Dies theologisch neu bewußt zu machen ist nach Boff deswegen geboten, „weil die Dreifaltigkeit als das Modell eines jeden gesellschaftlichen Zusammenlebens erscheint, das gerecht ist, Gleichheit verwirklicht und die Unterschiede achtet. Aufgrund des Glaubens an den dreieinigen Gott fordern die Christen eine Gesellschaft, die Bild und Gleichnis der Dreifaltigkeit sein kann“[24]. Ein am trinitarischen Geheimnis orientiertes Gemeinschafts- und Kirchenverständnis „wehrt jedem Totalitarismus, der vorgeblich auf dem göttlichen Monotheismus beruht, und jedem Paternalismus, der sich auf die Monarchie des Vaters beruft, der alle unterwirft oder von dem alle abhängen. Das Herrschaftsmodell wird vom Gemeinschaftsmodell ersetzt, das Produzieren vom Vernehmen, die Eroberung von der Teilnahme, der Partizipation. Die menschlich als Personengemeinschaft aufgefaßte Dreifaltigkeit begründet eine Gesellschaft gleicher Geschwister, wo – in Welt wie Kirche – Dialog und Konsens dem Zusammenleben zugrunde liegen“[25].

Maßgebliche Impulse für solchermaßen geschichtlich wie sozialpolitisch konzipierte Entwürfe[26] kommen von den evangelischen Theologen J. Moltmann und E. Jüngel. Deren spezifische Position innerhalb der zeitgenössischen Trinitätstheologie ist durch ihr konfessionelles Erbe bestimmt; danach ist die Lehre vom dreifaltigen Gott ganz wesentlich *Kreuzestheologie*. Auf diese Weise gehen beide Theologen auf die *Leidensfrage* ein als *die* zentrale Herausforderung jeder Rede von Gott. „Crux probat omnia“ ist der theologische Grundsatz Martin Luthers[27]. Allein im Kreuz wird offenbar, was christlich genannt zu werden verdient. Als Kontrast zu ihrem staurologischen Konzept sei die Position des reformierten Theologen Heinrich Ott vorgeschaltet. Unter dem Einfluß des existentialen Geschichtsverständnisses Martin Heideggers (1889–1976) sowie des personalen Denkens Martin Bubers fällt Otts Entwurf sehr viel existentialer und subjektbezogener aus als bei Moltmann und Jüngel. Sie alle aber verbindet ein deutlicher Vorbehalt gegenüber einer seinshaft konzipierten Trinitätstheologie.

d) Im Einfluß der Existentialphilosophie

Für *Heinrich Ott*[28], Schüler K. Barths und dessen Lehrstuhlnachfolger in Basel, steht die Gottesfrage unverrückbar im Zentrum von Theologie und Anthropologie. Gerade die Lehre vom Menschen mache die aktuelle Notwendigkeit der Rede von Gott deutlich. Die neuentdeckte Mit-

---

24 Der dreieinige Gott 24.

25 Ebd. 141f.

26 Vgl. *Chr. Theobald*, La foi trinitaire des chrétiens et l'énigme du lien social: Monothéisme et Trinité, par P. Beauchamp u. a. (Publication des Facultés universitaires Saint-Louis 52) (Bl 1991) 99–137; *J. Lois Fernández*, Liberación: Diccionario teológico El Dios Cristiano, hg. v. X. Pikaza u. N. Silanes (Sa 1992) 788–795; *I. Ellacuría – J. Sobrino* (Hg.), Mysterium Liberationis I (Luzern 1995) bes. 507–523 (Trinität: *L. Boff*).

27 WA V 179, 31.

28 *H. Ott*, Wirklichkeit und Glaube II. Der persönliche Gott (Gö-Z 1969); *ders.*, Gott (St-B 1971). – Vgl. *H. Graß*, Die Gottesfrage in der gegenwärtigen Theologie: ThR NR 37 (1972) 6–12; *L. Scheffczyk*, Gott-loser Gottesglaube? (Rb 1974) 235–240; *ders.*, Schwerpunkte des Glaubens (Ei 1977) 158f.; *ders.*, Glaube als Lebensinspiration (Ei 1980) 141f.; *G. Penzo*, Heinrich Ott: Lessico dei teologi del seculo XX, a cura di P. Vanzan e H.J. Schultz (MySal/Supplemento) (Brescia 1978) 817–828; *A. Milano*, La Trinità dei teologi e dei filosofi: L'intelligenza della persona in Dio: Persona e personalismi, hg. v. A. Pavan u. A. Milano (Na 1987) 273–286 (Lit.).

menschlichkeit läßt Ott Offenbarung, ja Gott selbst, als Begegnung aussagen. Dieser Ansatz beim Menschen soll ihm helfen, „*die* Art und Weise theologisch zu definieren, wie der Gott, welcher sich in *Christus* offenbart, den Menschen begegnet, und damit auszusagen, *wer Er* (Gott) *ist*"[29]. So möchte er die Trinitätslehre als „Summe des christlichen Glaubens und Gottesverhältnisses" darstellen[30]. Dies darf nach ihm jedoch weder spekulativ noch in verfügend objektivierenden Seinsaussagen geschehen. Vielmehr muß die Rede vom dreifaltigen Gott zu einer Rede von der menschlichen Existenz im Angesicht des dreieinigen Gottes werden[31]. Nur eine solche existentiale Interpretation, die dem Leben des Menschen vor Gott nachgeht und es zu umschreiben versucht, kann vor dem Mißverständnis unangemessener Verobjektivierung des Glaubens bewahren.

Konkret geht Ott von dem Gedanken aus, daß der Mensch auf personale Begegnung mit dem anderen angewiesen ist. Begegnung und nicht die Seinsfrage ist denn auch der Erfahrungsraum Gottes. Auf ihn trifft der Mensch in dreifacher Form: erstens als Forderung und Anspruch; zweitens als Gabe und Hilfe sowie drittens als wirkmächtige Einladung. Diese dreifache Begegnungsweise des den Menschen ganz umgreifenden Gottes stehe hinter Jesu Leben und Wirken. Hier werde erstens deutlich, „*daß Gott den Menschen total für sich in Anspruch nimmt*", und zweitens, „*daß Gott sich selber dem Menschen als die Gabe gewährt, deren dieser bedarf, um dem totalen Anspruch, welcher an ihn ergeht, zu genügen*"[32]. Dieser Gedanke, daß Gott dem Menschen das schenkt, was er fordert, ist – so H. Ott[33] – „*der existentiale Sinn der Vaterschaft und der Sohnschaft Gottes:* Der Vater ist der Fordernde, das heißt der, welcher ein Recht hat auf die menschliche Existenz ... Der Sohn ist »Gott als Gabe für uns«. Der Fordernde bzw. die Forderung ist aber der *ganze* Gott, wie auch der Geber bzw. die Gabe der *ganze* Gott ist. Das bedeutet: der Vater und der Sohn sind eins".

In dieses Spannungsfeld von *Anspruch* und *Gabe* tritt der Heilige Geist als ein drittes Moment, nämlich als Ermöglichung des Menschen, die gewährte göttliche Gabe als *seine* Antwort aufzunehmen. Denn von ihm ist ja nicht irgend etwas gefordert, sondern er selbst ist als freie, eigenverantwortliche Person gefragt. Eine aufgedrängte Gabe wäre kein wirkliches Geschenk; es würde mit Recht vom Empfänger als Verdemütigung und Zwang empfunden. Damit ein Geschenk tatsächlich bereichert, fordert es die freie Annahme des Empfängers. Dies gilt auch gegenüber Gott. Daß nun der Mensch die gewährte Gabe Gottes als *seine* Antwort annimmt, als *seinen* Weg, auf dem er selber in Freiheit geht, ist dem Heiligen Geist verdankt. „Der Geist Gottes ist es, der Menschenherzen wendet. Wäre der Mensch nicht, durch den Geist gewendet, frei bei Gott, so hätte Gott, auch wenn Er sich selbst zur Gabe für den Menschen machte, Sein Recht auf den Menschen als Person immer noch nicht durchgesetzt"[34]. Der Heilige Geist ist die wirkmächtige Einladung, Gott als uns begegnenden Anspruch und als heilende Gabe anzunehmen. Nur in dieser dreifachen (= trinitarischen) Perspektive ist der Mensch voll und ganz von Gott erfaßt und umfangen. Und so erst ist für den Gläubigen Gott die eigentlich bestimmende Wirklichkeit, welche ihm „unausweichlich, ... von allen Seiten umgreifend, begrenzend und tragend begegnet"[35].

Dieses grundsätzliche und ganz und gar vorgängige Umgriffensein des Menschen von der Wirklichkeit Gottes ist aber nur dadurch möglich, weil Gott „»zuvor in sich selber« derjenige *ist*, der so begegnen *kann*"[36]; das heißt, weil Gott von seinem Wesen her personales, Heil schenkendes Begegnen *ist*. Also doch ontologische Kategorien, um eine Art immanente Trinität zu umschreiben?

Die biblische Begründung für seine Sicht der dreifaltigen Wirklichkeit Gottes bieten nach Ott nicht so sehr einzelne Texte – etwa aus dem Johannesevangelium –, als vielmehr all das an biblischen Zeugnissen, was direkt mit dem letzten Mysterium Gottes und seiner Gegenwart in Christus konfrontiert[37].

---

[29] Gott 86f.
[30] Wirklichkeit II 382.
[31] Ebd. 335.
[32] Ebd. 348.
[33] Ebd. 353f.
[34] Ebd. 355.
[35] Ebd.
[36] Ebd. 358.
[37] Ebd. 368.

Eine kritische Würdigung dieses Entwurfs vermerkt zuerst die ausgeprägt reformierte Grundidee, Gott begegne dem Menschen unentrinnbar beanspruchend. Diesem Obersatz, daß der Forderung Gottes nicht zu entkommen ist, entsprechen die beiden anderen Gedankenschritte; Gott könne nur dann „Sein Recht auf den Menschen als Person"[38] geltend machen, wenn es diesem ermöglicht ist, der an ihn gerichteten Forderung nachzukommen und sie selbst frei zu beantworten.

Ist mit den Stichworten »Anspruch« und »Forderung« das Kennzeichen des erstbundlichen Jahweglaubens genannt? Und ist auf diese Weise die neutestamentliche Vater-Anrede getroffen? Blicken wir nur auf Hosea (11,7–9). Gottes Heiligkeit besteht für den Propheten gerade nicht in unerbittlicher Gerechtigkeitsforderung und Heiligkeitsverlangen, sondern in der unbegreiflichen Schöpferkraft seiner schenkenden Liebe; *sie* weist Jahwe als den ganz anderen, als den der irdisch-geschöpflichen Welt Entgegengesetzten aus. Aus dem Neuen Testament sei nur an das Gleichnis vom verlorenen Sohn erinnert (Lk 15,11–32); dort ist die Rede von der nachgebenden, befreienden Vatergüte Gottes gerade für die Verlorenen. Deshalb dürfte die Proprietät des Vaters mit »Anspruch« und »Forderung« nicht richtig benannt sein.

Kritisch wird auch eine Art Modalismus angemahnt[39]. Dem Baseler Theologen diene die Rede von der Trinität gerade nicht, um von der *Dreipersonalität* Gottes zu sprechen; er verwende sie nur, um die *dreifache Begegnung* Gottes mit dem Menschen zu erläutern; sie geschehe eben als Forderung (Vaterschaft), als Gabe (Sohnschaft) und als Einladung (Heiliger Geist). Entsprechend redet Ott auch nur von der einen Person Gottes, von seiner Überpersonalität; in herkömmlicher Weise von drei göttlichen Personen reden will er ausdrücklich nicht. „Es ist nur *ein Gott*, eine einzige göttliche »Person« (im modernen, nicht im altkirchlichen Sinne dieses Begriffs), welche uns so begegnet"[40]. Ist da der Modalismus-Einwand unberechtigt?

Zutreffend ist schließlich der kritische Hinweis auf die idealistische Struktur dieses Entwurfs. Heilsgeschichtliche und ekklesiologische Aspekte kommen nicht zum Tragen. Der Denkrahmen der Ott'schen Trinitätstheologie ist allein durch das Stichwort ‚personale Begegnung' bestimmt. Ein weit gespannter geschichtlicher und sozialer Horizont kommt nicht in den Blick[41]. Das fällt vor allem im Vergleich mit J. Moltmann und E. Jüngel auf. Ihre Anthropologie und damit auch ihre Gotteslehre sind wesentlich *dramatischer* konzipiert. Man wird auch sagen müssen, daß etwa Moltmanns Menschenbild ungleich *kommunitärer* angelegt ist als bei seinem Baseler Kollegen. Diese beiden Aspekte (dramatisches und zugleich kommunitäres Menschen- und Gottesbild) sind bei Ott unzureichend entfaltet.

2. *Trinitätslehre als Kreuzestheologie*

a) Der leidende Gott

Jürgen Moltmann[42] geht es um eine Trinitätstheologie in *konsequent geschichtlicher* Perspektive. Konsequent geschichtlich, das heißt für den Tübinger Systematiker: die ökonomische Trinität ist mehr als nur die geschichtlich offenbare Gestalt des immanenten Wesens Gottes. Vielmehr besteht nach Moltmann zwischen ökonomischer und immanenter Trinität eine Wechselwirkung derart, daß die trinitarisch geformte

---

[38] Ebd. 355.

[39] *L. Scheffczyk*, Gott-loser Gottesglaube 236.

[40] Wirklichkeit II 358.

[41] *A. Milano*, La Trinità 281f.

[42] Der gekreuzigte Gott (M ^{2}1973); *ders.*, Trinität und Reich Gottes (M 1980); *ders.*, Die Einheit des dreieinigen Gottes. Bemerkungen zur heilsgeschichtlichen Begründung und zur Begrifflichkeit der Trinitätslehre: W. Breuning (Hg.), Trinität. Aktuelle Perspektiven der Theologie (QD 101) (Fr-Bs-W 1984) 97–113. – Vgl. *J. Niewiadomski*, Die Zweideutigkeit von Gott und Welt in J. Moltmanns Theologien (Innsbrucker theol. Studien 9) (I 1982); *A. Milano*, La Trinità dei teologi e dei filosofi: Persona e personalismi 257–267; *R. Radlbeck*, Der Personbegriff in der Trinitätstheologie der Gegenwart – untersucht am Beispiel der Entwürfe Jürgen Moltmanns und Walter Kaspers (Eichstätter Studien NF 27) (Rb 1989); *J. Ackva*, An den dreieinen Gott glauben 199–225; *J. Moingt*, L'homme qui venait de Dieu (P ^{2}1994) 276–281.

Heilsgeschichte Gott zuinnerst trifft, so daß Passion zu seinem Wesen gehört. Leiden und Kreuz berühren zutiefst Leben und Sein des dreifaltigen Gottes. So ist Trinitätslehre für Moltmann Kreuzestheologie.

„Am Kreuz *schafft* Gott Heil nach außen für seine ganze Schöpfung und *erleidet* zugleich das Unheil der ganzen Welt nach innen an sich selbst. Den *opera trinitatis ad extra* entsprechen von der Schöpfung der Welt an *passiones trinitatis ad intra*. Anders wäre Gott als Liebe gar nicht zu verstehen ... Der *Schmerz des Kreuzes* bestimmt das innere Leben des dreieinigen Gottes von Ewigkeit zu Ewigkeit“[43]. Moltmann will nicht nur vom Leiden des Sohnes am Kreuz sprechen; er ist vielmehr bestrebt, Golgota als „das *Leiden des leidenschaftlichen Gottes* zu verstehen“[44].

Die beiden Texte entstammen seiner Gotteslehre *Trinität und Reich Gottes* (1980). In der vorausgehenden christologischen Studie *Der gekreuzigte Gott* (1972) läßt Moltmann den dreifaltigen Gott erst durch das Kreuz konstituiert werden. Die Trinität ist nicht vorher in sich selbst, in der göttlichen Natur vorhanden[45]. Sie wird es durch die Leidensgeschichte Jesu.

„Das Kreuz des Sohnes trennt Gott von Gott bis zur völligen Feindschaft und Differenz. Die Auferweckung des gottverlassenen Sohnes verbindet Gott mit Gott zur innigsten Gemeinschaft“[46]. Oder: „Was am Kreuz geschah, war ein Geschehen zwischen Gott und Gott. Es war eine tiefe Spaltung in Gott selbst, sofern Gott Gott verlassen hat und sich widersprach, und zugleich eine Einheit in Gott, sofern Gott mit Gott einig war und sich selbst entsprach ... Gott starb den gottlosen Tod am Kreuz und starb doch nicht. Gott ist tot und ist doch nicht tot“[47]. Vater und Sohn treten am Kreuz in die äußerste Gegensätzlichkeit auseinander. Und doch sind sie dabei in gegenseitiger Hingabe aufs innigste eins. Die Frucht dieser höchst spannungsvollen Einheit ist der Heilige Geist. „Was aus diesem Geschehen zwischen Vater und Sohn hervorgeht, ist der Geist, der Gottlose rechtfertigt, Verlassene mit Liebe erfüllt und selbst die Toten lebendig machen wird, da auch ihr Totsein sie nicht von jenem Geschehen des Kreuzes ausschließen kann, sondern der Tod in Gott auch sie einschließt“[48].

Dem derart radikal an die Leidensgeschichte gebundenen Trinitätsverständnis entsprechend, meinen »Vater, Sohn und Geist« weniger Personen als ein „Geschehen“. Die drei göttlichen Namen sind das auf die alles heilende Zukunft hin offene Geschehen der göttlichen Liebe und des Schmerzes, das der endgültigen Vollendung entgegenharrt. Es ist ein Prozeß, der auf Golgota beginnt und am Jüngsten Tag seine Vollendung findet. Dann wird Gott seinen Schmerz in ewige Freude verwandeln[49]. Für den Leidenden heißt das: Mit der Kreuzigung Jesu ist Gott den Seinen wahrhaft nahe; hier außerhalb der »heiligen Stadt« ist er vollends Gott-mit-uns.

„Denkt man die Dreieinigkeit als Geschehen der Liebe im Leiden und Tode Jesu – und das muß der Glaube tun –, dann ist die Trinität kein in sich geschlossener Kreis im Himmel, sondern ein für die Menschen offener eschatologischer Prozeß auf der Erde, der vom Kreuz Christi ausgeht. Durch das profane Kreuz auf Golgota, verstanden als offene Verwundbarkeit und als Liebe Gottes zu lieblos-ungeliebten Unmenschen, ist Gottes Sein und Gottes Leben offen für den wahren Menschen. Es gibt bei Gott kein »Draußen vor der Tür« (W. Borchert), wenn Gott doch selbst der ist, der draußen vor der Tür auf Golgotha für diejenigen starb, die draußen sind“[50].

---

[43] Trinität 177.
[44] Ebd. 38.
[45] Der gekreuzigte Gott 232.
[46] Ebd. 145.
[47] Ebd. 231.
[48] Ebd.
[49] Ebd. 232.
[50] Ebd. 235f.

Anders als in seiner Christologie *Der gekreuzigte Gott*, wo Moltmann das offene dreifaltige Liebesgeschehen geschichtsimmanent *im Kreuzestod Jesu* begründet sein läßt, kennt er in seiner Gotteslehre *Trinität und Reich Gottes* einen *innergöttlichen* Hervorgang des Sohnes[51] wie auch des Heiligen Geistes[52]. Es ist eine Beziehung, die schon von ihrem ewigen Ursprung her im Zeichen des Kreuzes steht. „Ehe die Welt war, war das Opfer in Gott“[53]. Bei Jesu Todesschrei am Kreuz wird dies vollends offenbar. Hier zerbricht die Lebensbeziehung des Vaters zum Sohn; dieser ist nunmehr der Verstoßene und Verfluchte.

„... verläßt der Vater den Sohn, dann verliert nicht nur der Sohn seine Sohnschaft, dann verliert auch der Vater seine Vaterschaft. *Die verbindende Liebe wandelt sich zum trennenden Fluch*: nur als der Verlassene, Verfluchte ist der Sohn noch der Sohn. Nur als der Verlassende, Dahingebende ist der Vater noch da. Die sich mitteilende und die erwidernde Liebe wandeln sich in unendlichen Schmerz und in das Erleiden des Todes“[54].

Was in diesem unausschöpfbaren göttlichen Leiden Vater und Sohn dennoch miteinander verknüpft, ist der Heilige Geist; er ist „der Verbindende in der Trennung, der die Verbindung und die Trennung des Vaters und des Sohnes miteinander verbindet“[55].

Mit seiner Trinitätslehre will Moltmann allen sinnlosen und verzweifelten Schmerz dieser Welt in Gott bergen. Er möchte aufzeigen, daß, ebenso wie das Kreuz Christi, auch Auschwitz in Gott selbst ist, hineingenommen in den Schmerz des Vaters, in die Hingabe des Sohnes und in die Kraft des Heiligen Geistes. *Alles, was Menschen zu Tode quält, ist auch in Gott – er in Auschwitz und Auschwitz im gekreuzigten Gott*. Für den leidenden Menschen heißt das: Mit dem fluchbeladenen Tod Jesu ist ihm jetzt Gott zuinnerst gegenwärtig. Seitdem scheiden den Bedrängten keine „Abgründe und Höllen der Gottverlassenheit, des Gottesfluches und des endgültigen Gerichtes“; wahrhaft nichts trennt ihn mehr von der schmerzvoll dahingebenden Liebe Gottes[56].

Der so in die Leidensgeschichte des Menschen eintauchende Gott ist nicht mit seins- und substanzhaften Kategorien, kaum auch mit subjekthaft-personalen Aussagen zu fassen, sondern mit sozialen. Moltmann nennt seinen Entwurf eine »soziale Trinitätslehre«. Sie führt „zu einem Denken in Beziehungen und Gemeinschaften und löst das subjektive Denken ab, das ohne Trennung und Isolierung seiner Gegenstände nicht arbeiten kann“[57]. Statt die Geschichte als das Werk einzelner Subjekte zu verstehen, spreche das Neue Testament von *„weltoffenen Gemeinschaftsbeziehungen des Vaters, des Sohnes und des Geistes“*[58]. Entsprechend der biblischen Vorgabe ist es Aufgabe der christlichen Trinitätslehre, Denkmittel bereitzustellen, „um in der menschlichen Gemeinschaft Personalität und Sozialität auszugleichen, ohne die eine der anderen zu opfern“; sie nötigt dazu, „den *sozialen Personalismus* bzw. den *personalen Sozialismus* zu entwickeln“[59].

[51] Trinität 182.
[52] Ebd. 185.
[53] Ebd. 99.
[54] Ebd. 96. Hervorhebung durch den Verf.
[55] Ebd. 98.
[56] Ebd.
[57] Ebd. 35.
[58] Ebd. 80.
[59] Ebd. 216 u. 217.

b) Sinn im Widersinn

J. Moltmann ist bestrebt, die seiner reformatorischen Tradition verdankte Kreuzestheologie auf die mit dem Namen Auschwitz verbundene Herausforderung hin zu aktualisieren. Kann man nach Auschwitz noch an Gott glauben und gar als Theologe authentisch von ihm reden? Die Antwort, die der »Theologe der Hoffnung« gibt, fällt in hohem Maße dialektisch aus. Statt als bleibenden Protest, der jeden Hörer wortlos macht und verstummen läßt, versucht Moltmann, das Leid als inneres Moment Gottes selbst und dann auch als Los der Geschichte zu begreifen.

Der gegensätzlichen Rede wird etwa *zu viel* zugemutet, wenn Moltmann schreibt, das Kreuz trenne „Gott von Gott bis zur völligen Feindschaft und Differenz“[60]. Oder wenn es da in spannungsvoll formulierter Dialektik heißt: „Es war eine tiefe Spaltung in Gott selbst, sofern Gott Gott verlassen hat und sich widersprach, und zugleich eine Einheit in Gott, sofern Gott mit Gott einig war und sich selbst entsprach ... Gott starb den gottlosen Tod am Kreuz und starb doch nicht. Gott ist tot und ist doch nicht tot“[61].

Der Tübinger Theologe bemüht sich darum, den provozierenden Widersinn des Leidens theologisch zur Sprache zu bringen, indem er alles Elend dieser Welt im Herzen Gottes zu verankern sucht. Aber ist nicht gerade die dialektische Art seines Denkens und Schreibens der Grund für die gegensätzlichen Auslegungen, die Moltmanns Trinitätstheologie erfahren hat? So gibt es etwa die Meinung, er lehre einen Tritheismus[62]. Anders als dieser Einwand und ihn gleichsam aufhebend ist der Hinweis auf das metaphorische Verständnis von »Vater«, »Sohn« und »Geist«. Sie seien für Moltmann „im übertragenen Sinne gebrauchte Wortsymbole für einen göttlichen Prozeß, zu welchem eine Entzweiung gehört, die in einer Überwindung aufgehoben wird”[63]. Hiermit wird dem Autor hegelsches Denken bescheinigt. Das heißt, der dreifaltige Gott verwirkliche sich nach Art des objektiven Geistes, der in die Geschichte eintaucht, um sich aus ihr in vollerer Weise wieder zu erheben. Eine wahrhaft dreipersonale Sicht Gottes kann auf diese Weise nicht ausgesagt werden. Kaum zurückzuweisen ist schließlich die Auffassung, Moltmanns Dialektik habe das Bild von einem zerrissenen, widersprüchlichen und somit auch tragischen Gott entstehen lassen. Der dunkle Schatten dieses Gottesbildes liege darin, daß das geschichtliche Leid Ausdruck eines innergöttlichen Prinzips ist[64].

In ähnlicher Weise ist der dialektische Denk- und Sprachstil auch mit *Eberhard Jüngel*[65] zu diskutieren. Auch er weist strikt jede Art von metaphysischem Gottesverständnis zurück, das von der Leidensunfähigkeit und Unveränderlichkeit Gottes spricht. In ähnlicher Weise wie für Moltmann ist auch für Jüngel Trinitätslehre Kreuzestheologie. Der hingerichtete Jesus Christus ist das *vestigium trinitatis*[66]. Im

---

[60] Der gekreuzigte Gott 145.

[61] Ebd. 231.

[62] Vgl. *R. Radlbeck*, Personbegriff 94ff. und dort verzeichnete Lit.; *J. Ackva*, An den dreieinen Gott glauben 223–225, äußert sich behutsamer.

[63] *L. Scheffczyk*, Glaube als Lebensinspiration (Ei 1980) 141.

[64] *J. Niewiadomski*, Zweideutigkeit 144.

[65] Gott als Geheimnis der Welt (Tü ²1977). Vgl. *H. Graß*, Literatur zur systematischen Theologie: ThR 44 (1979) 135–186, hier 157–167; *L. Oeing-Hanhoff*, Die Krise des Gottesbegriffs: ThQ 159 (1979) 285–303, 291–294; *W. Löser*, Trinitätstheologie heute: W. Breuning (Hg.), Trinität. Aktuelle Perspektiven der Theologie (QD 101) (Fr-Bs-W 1984) 19–45, 31–36; *E. Salmann*, Neuzeit und Offenbarung (StAns 94) (Ro 1986) 45–49.

[66] Gott 470.

dahingegebenen Sohn hat der Vater den Tod in sich aufgenommen und ihn in der Auferstehung überwunden[67]. Darin, daß die Gläubigen diese Hingabe des Vaters an den gekreuzigten und auferstandenen Sohn in ihre eigene Verschlossenheit aufnehmen, wird der Heilige Geist sichtbar. Er ist das Ereignis wahrer Liebe, die innerhalb der menschlichen Gebrechlichkeit werbend aufscheint und vollendend über sie hinausweist. So ist Heiliger Geist das bleibende Kommen Gottes in dieser Welt; durch ihn wird die Liebe des Vaters zum Sohn immer neu zur Geschichte, indem sie den auf sich selbst versessenen Menschen wirkmächtig einbezieht[68].

Der spezifische Akzent der Trinitätslehre Jüngels liegt darin, daß er den mit Moltmann geteilten Bezug auf das Kreuz Jesu mit dem johanneischen Gedanken, daß *Gott die Liebe ist* (1 Joh 4,16b), verbindet und von hierher die Grundbotschaft des Christentums bestimmt.

Zentrales Thema der aktuellen Trinitätstheologie ist die Frage nach dem inneren Zusammenhang von Gottes dreifaltigem Leben und Wirken mit dem Menschen und seiner Geschichte. Zwei besonders ins Auge fallende Antworten belegen, daß das Band zwischen Gott und Mensch gegenüber der Neuscholastik zunehmend enger gesehen wird. Es ist zum einen die individuell-personale Dimension des Trinitätsgeheimnisses mit der Lehre von der Einwohnung des Heiligen Geistes. Zum anderen sind es solche Entwürfe, welche die Geschichte als Ort der Heilsoffenbarung Gottes entfalten. Hierzu gehören auch jene Versuche, die, der mittelalterlichen Drei-Zeiten-Lehre wie auch dem Denken Hegels ähnlich, die Leidensgeschichte als einen formellen göttlichen Prozeß verstehen. Nachfolgend geht es darum, die Spuren der neueren Trinitätstheologie in der kirchlichen Lehrverkündigung aufzuzeigen. Wie stellt sich die trinitarische Glaubensregel angesichts einer gewandelten Trinitätstheologie dar? Wir beschränken uns auf die Aussagen des 2. Vatikanums. Das Konzil fand statt, als die heilsgeschichtliche Theologie ihren Höhepunkt erreicht hatte. Damit hängt zusammen, daß, wie dessen theologische Perspektive weithin heilsgeschichtlich geprägt ist, so auch die trinitarischen Aussagen gefaßt sind.

---

[67] Vgl. ebd. 297f.: „Als Gott sich mit dem toten Jesus identifizierte, hat er das Nichts *innerhalb* des göttlichen Lebens geortet. Doch indem Gott dem Nichts einen Ort im göttlichen Sein eingeräumt hat, hat er diesem die chaotische Wirkung seiner gespenstischen Attraktion genommen. An sich selber die Vernichtung ertragend, erweist Gott sich als der Sieger über das Nichts, beendet er die nichtige Attraktion von »Hölle, Tod und Teufel«. Und gerade indem Gott sich als dieser Sieger erweist, wird überhaupt erst offenbar, was das eigentlich ist: Gott".

[68] Ebd. 513f.

Siebtes Kapitel

SCHWERPUNKTE DER LEHRVERKÜNDIGUNG

§ 17. Erstes Vatikanum

SCHRIFTTUM: *A. Michel*, Trinité: DThC XV (1950) 1797–1799; *L. Orbán*, Theologia Güntheriana et Concilium Vaticanum, vol. I (AnGr 28) (Ro ²1950); *H.-J. Pottmeyer*, Der Glaube vor dem Anspruch der Wissenschaft (FThSt 87) (Fr-Bs-W 1968); *B. de Margerie*, La trinité chrétienne dans l'histoire (Théologie historique 31) (P 1975) 356–362; *K.H. Menke*, Vernunft und Offenbarung nach A. Rosmini (Innsbrucker theol. Studien 5) (I 1980); *A.M. Kothgasser*, Die katholische Pneumatologie im zwanzigsten Jahrhundert: Credo in Spiritum Sanctum. Atti del Congresso teologico Internazionale di Pneumatologia I (Va 1983) 611–659; *S. del Cura Elena*, Concilios: Diccionario teológico El Dios Cristiano, hg. v. X. Pikaza u. N. Silanes (Sa 1992) 263–291, hier 286–291.

1. Entworfene Linien

Die Geschichte des Trinitätsdogmas erfährt auf dem 1. Vatikanum[1] eine bündige Zusammenfassung der neuscholastischen Position. Das Konzil wollte die dogmatische Konstitution »Dei filius« über den katholischen Glauben in einem zweiten Teil »De praecipuis mysteriis fidei« fortführen. Das vorbereitete Schema sprach im cap. I von der allerheiligsten Dreifaltigkeit[2], und 4 Canones faßten den Inhalt zusammen[3]. Weil viele Konzilsväter darauf drängten, möglichst bald die Lehre von der päpstlichen Unfehlbarkeit zu behandeln, wurde der zweite Teil zurückgestellt und dann nicht wieder aufgegriffen, weil das Konzil inzwischen vertagt worden war. Die Vorlage hatte „vor allem“ A. Günther im Auge[4]. J. Kleutgen[5] zeichnet in seiner Relatio des gerade in den trinitätstheologischen Aussagen von Bischof Konrad Martin (1812–1879) von Paderborn zusammen mit ihm überarbeiteten Schemas den aktuellen Hintergrund. Den vorausgehenden Entwurf hatte J. Franzelin verfaßt.

„Viele Autoren haben in unserer Zeit versucht, das Trinitätsgeheimnis mit dem bloßen Licht der Vernunft zu beweisen oder vollends zu verstehen; sie sind damit mehr oder weniger vom rechten Weg des Glaubens abgewichen[6]. Einige anerkennen nicht einmal mehr die wirkliche und reale Unterscheidung der Personen. Die meisten jedoch irren bei der Darlegung der göttlichen

---

[1] Vgl. *A. Michel*, Trinité: DThC XV 1797–1799; *S. del Cura Elena*, Concilios: Diccionario teológico El Dios Cristiano, hg. v. X. Pikaza u. N. Silanes (Sa 1992) 263–291, hier 286–291.

[2] Mansi 53, 230.

[3] Ebd. 236.

[4] *R. Aubert*: LThK² X 639. Vgl. *L. Orbán*, Theologia Güntheriana et Concilium Vaticanum, vol. I (AnGr 28) (Ro ²1950) bes. 128–143.

[5] Mansi 53, 295f.

[6] Ob in diesen Zusammenhang auch A. Rosmini (1797–1855) gehört, wird zunehmend zurückhaltender, ja negativ beantwortet. Vgl. *A. Hilckman*: LThK² IX 53–55; *K.H. Menke*, Vernunft und Offenbarung nach A. Rosmini (Innsbrucker theol. Studien 5) (I 1980) bes. 23 214–219 228–234.

Einheit. Sie erklären den Ursprung der Personen so, daß sie zusammen mit den Personen auch die göttliche Natur oder Substanz vervielfachen. Sie anerkennen in Gott nur eine Einheit der Art und Beziehung nach und nennen sie qualitative oder dynamische Einheit. Die drei Personen seien auch drei untereinander völlig gleiche Substanzen; sie seien untrennbar verbunden im Hinblick auf ihren Ursprung wie auf ihre Gemeinsamkeit im Leben oder Bewußtsein“. Schon im Breve »Eximiam tuam« (1857) Pius' IX. an den Kölner Kardinal-Erzbischof Johannes von Geissel (1796–1864) war davon die Rede, daß A. Günther „von der unverfälschten Erklärung der *Einheit der göttlichen Substanz* in drei unterschiedenen und ewigen Personen nicht wenig abirrt“[7].

Entsprechend hält es Kleutgen in seiner Relatio für unabdingbar, die seinshafte Einheit Gottes deutlich herauszustellen; sie werde durch die Dreipersonalität Gottes nicht in Frage gestellt. Der Ursprung der Personen sei keinesfalls als Vervielfachung des einen Wesens zu verstehen, sondern als gemeinschaftliche Teilhabe an ein und derselben Natur. Weil nach A. Günther die Verwirklichung der göttlichen Weltidee das *ausschließliche* Werk des Sohnes ist und die Rückführung der Geschöpfe zu Gott *allein* dem Heiligen Geist zukommt, meint Kleutgen, daß der konziliare Text besonders die Wirkeinheit des dreipersonalen Gottes betonen müsse[8].

Das von Bischof Martin und J. Kleutgen überarbeitete Schema formuliert die Grundaussagen des christlichen Gottes- und Trinitätsbekenntnisses so: „Das höchste aller Glaubensmysterien ist Gott, einer dem Wesen, drei den Personen nach: Vater, Sohn und Heiliger Geist. Diese eine und ungeteilte Dreifaltigkeit ist nach katholischem Glauben ein Gott; denn die den drei Personen gemeinsame Wesenheit, Substanz oder Natur ist der Sache und Zahl nach *eine*. Der Vater zeugt von Ewigkeit den Sohn, nicht indem er eine andere, der seinen ähnliche Wesenheit hervorbringt, sondern durch Anteilgabe an seiner ungeteilten Natur. Ebenso hat der Heilige Geist nicht in der Mehrung des göttlichen Wesens seinen Ursprung; sondern er geht in der Gemeinschaft des einzigartigen Wesens ewig aus dem Vater und dem Sohn wie aus einem Prinzip und einer einzigen Hauchung hervor.

Es ist darum nicht diese der Sache und Zahl nach eine unverstehbare und unaussprechbare Wesenheit, die zeugt, gezeugt wird oder hervorgeht. Vielmehr ist es der Vater, der zeugt, der Sohn, der gezeugt wird, und der Heilige Geist, der hervorgeht. Es sind drei Personen; und zugleich ist es eine jede von ihnen als solche. Als Personen unterscheiden sie sich wahrhaft voneinander, nicht aber der Natur nach. Ein anderer ist der Vater, ein anderer der Sohn, ein anderer der Heilige Geist. Sie sind aber nicht etwas anderes. Auf Grund seines Wesens ist Gott einer; in den drei Personen ist er unterschieden.

Gemäß der den drei Personen zukommenden einen Gottheit, Natur und Substanz, ist es auch nur eine und ungeteilte Wirksamkeit, durch die die hochheilige Dreifaltigkeit alle außergöttliche Wirklichkeit schafft, ordnet und leitet. Die göttlichen Personen wirken nach außen nicht einzeln. Weil sie der Natur, dem Willen und der Macht nach der eine Gott sind, gelten sie auch als das eine Prinzip von allem“[9].

Diese inhaltlichen Linien des christlichen Trinitätsmysteriums faßt die Konzilsvorlage in vier Canones: „1. Wer sagt, die drei göttlichen Personen seien nicht wahrhaft unterschieden, sondern nur eine, die bald Vater, bald Sohn, bald Heiliger Geist heißt, sei ausgeschlossen.

2. Wer sagt, das göttliche Wesen sei nicht in seiner Einzigkeit, sondern nur der Art und Qualität nach eines, sei ausgeschlossen.

3. Wer sagt, die Trinität sei eine nicht auf Grund ihres besonderen Wesens, sondern wegen der Ähnlichkeit dreier Substanzen sowie der wechselseitigen Beziehung der Personen, sei ausgeschlossen.

4. Wer den Schöpfungsakt oder jede andere die Kreatur meinende Wirksamkeit Gottes derart einer göttlichen Person zueignet, so daß sie nicht allen gemeinsam ist, weil eine und unteilbar, sei ausgeschlossen“[10].

---

[7] DH 2828.

[8] Mansi 53, 296.

[9] Ebd. 287.

[10] Ebd. 294.

Das vorbereitete cap. I und die entsprechenden Canones der geplanten Konstitution sind mit deutlicher Rückbindung an die trinitätstheologisch relevanten Konzilien des Mittelalters formuliert, so das 4. Laterankonzil, die Unionskonzilien von Lyon II und Florenz sowie an den auf dem 3. Konzil von Konstantinopel verlesenen und gebilligten Brief Papst Agathos († 681) »Consideranti mihi«[11]. Dieser Rückbezug läßt ein Trinitätsverständnis artikulieren, das stark vom lateinischen Wesensdenken bestimmt und auf die immanente Trinität konzentriert ist. Eine Annäherung an das Trinitätsverständnis der Griechen, wie es etwa die Tübinger und nicht zuletzt Scheeben ins Gespräch gebracht hatten, ist nicht zu erkennen. Das vorgelegte Schema formuliert ungeachtet der aktuellen Diskussion nur die traditionelle Lehre. Biblisch-heilstheologische und heilsgeschichtliche Aspekte sind hier nicht entfaltet[12], wohl aber im christologischen Zusammenhang. Dort wird bekräftigt, daß die personale Einheit des Sohnes Gottes mit dem Menschen Jesus den christlichen Erlösungsglauben trägt[13]. Daß heilsgeschichtliches Denken dem Konzil nicht ganz fremd war, zeigt schließlich auch die definierte Lehre vom universalen Schöpfertum Gottes und damit die Zurückweisung verschiedener Monismen[14]. Dabei tritt ein zentrales Anliegen der Gotteslehre des 1. Vatikanums hervor. Die Väter möchten die Transzendenz und Freiheit Gottes als ontologische Voraussetzung für sein heilsgeschichtliches, gnadenhaftes, freies und souveränes Handeln wahren[15].

2. *Nachfolgende Impulse*

Was auf dem 1. Vatikanum an heilsgeschichtlichem Denken mehr implizit als ausdrücklich lebendig war, erhält in der Enzyklika Leos XIII. (1810–1903) »Divinum illud munus« (1897)[16] ausgeprägtere Konturen[17]. Sie treten dadurch hervor, daß der Papst die Aussagen zur Wesens- und Wirkeinheit des dreifaltigen Gottes behutsam mit der klassischen Lehre von den Appropriationen verbindet. So wird die immanente durch die heilsgeschichtliche Trinitätsbetrachtung bereichert. Gott ist danach der, der Schöpfung wie Erlösung als dreifaltiger bewirkt.

„Auf diese Weise ist der Vater, der ‚der Anfang der ganzen Gottheit'[18] ist, ebenso die Wirkursache der Gesamtheit der Dinge, der Fleischwerdung des Wortes und der Heiligung der Herzen, *aus ihm ist alles*: aus ihm, weil er Vater ist. Der Sohn aber, das Wort und Abbild Gottes, ist ebenso die urbildliche Ursache, aufgrund derer alle Dinge Form und Schönheit, Ordnung und Übereinstimmung abbilden; er ist für uns der Weg, die Wahrheit und das Leben, der Wiederversöhner des Menschen mit Gott, *durch ihn ist alles*: durch ihn, weil er Sohn ist. Der Heilige Geist aber ist ebenso die Endursache aller Dinge, [und zwar] deshalb, weil, wie in ihrem Ziel der Wille und weithin alles Ruhe finden, nicht anders er, der die göttliche Güte und die Liebe des Vaters und des Sohnes untereinander selbst ist, diese geheimnisvollen Werke für das

---

11 Vgl. ebd. 287f.

12 *L. Scheffczyk*, Lehramtliche Formulierungen und Dogmengeschichte der Trinität: MySal II 200.

13 Mansi 53, 289–291; vgl. dazu die Relatio Kleutgens ebd. 302–304.

14 DH 3001–3002 3021–3025.

15 *H.-J. Pottmeyer*, Der Glaube vor dem Anspruch der Wissenschaft (FThSt 87) (Fr-Bs-W 1968) 138f.

16 DH 3325–3331.

17 Vgl. *A. M. Kothgasser*, Die katholische Pneumatologie im zwanzigsten Jahrhundert: Credo in Spiritum Sanctum. Atti del Congresso Teologico Internazionale di Pneumatologia I (Va 1983) 611–659, hier 613–615.

18 *Augustinus*, Trin. IV 20, n. 29.

Heil der Menschen ... vervollkommnet und vollendet, *in ihm ist alles*: in ihm, weil er Heiliger Geist ist"[19].

Diese trinitarische Klammer von Schöpfung, Erlösung und Vollendung erhält dadurch weiteres Relief, daß Leo XIII. konkrete Ereignisse der Heilsgeschichte vertieft zur Sprache bringt. So schreibt er die Inkarnation des Wortes, obgleich Werk der ganzen Dreifaltigkeit, dem Heiligen Geist „tamquam proprium" zu[20]. Wie er die innerlichste Kraft Christi war, so ist er ähnlich die Seele der Kirche und die den Gläubigen gewährte Erlösungsgabe; aber auch den Gerechten des Alten Bundes war er zugegen[21].

In der Einheit von immanenter und ökonomischer Perspektive entfaltet die Enzyklika das Trinitätsdogma als die beseelende Mitte des christlichen Glaubens; sie läßt dessen umfassende Wirklinien erkennen und trägt so zu einem authentischeren Gottes- und Erlösungsverständnis bei. Mit Recht ist sie als „Impuls" in Richtung auf eine vertiefte biblisch-heilstheologische und heilsgeschichtliche Trinitätsbetrachtung gewertet worden[22]. Als Etappe dorthin darf ferner die Enzyklika »Mystici Corporis« (1943) von Pius XII. (1876–1958) gelten. Sie zeichnet die Kirche als organische Gemeinschaft und zugleich als geistige, transzendente Wirklichkeit. Die Kirche wird mit dem Leib Christi gleichgesetzt. Der Heilige Geist ist das sie beseelende Prinzip, der aber auch als Fülle des Heiles dem erlösten Menschen einwohnt.

§ 18. Zweites Vatikanum

SCHRIFTTUM: *M. Philipon*, Die Heiligste Dreifaltigkeit und die Kirche: De Ecclesia, hg. v. G. Baraúna I (Fr u. a. 1966) 252–275; *B. de Margerie*, La trinité chrétienne dans l'histoire (Théologie historique 31) (P 1975) 303–331; *N. Silanes*, »La Iglesia de la Trinidad«. La SS. Trinidad en el Vaticano II. Estudio genético-teológico (Sa 1981); *ders.*, El Espíritu Santo y la Iglesia en el Concilio Vaticano II: Credo in Spiritum Sanctum. Atti del Congresso Teologico Internazionale di Pneumatologia II (Va 1983) 1011–1024; *ders.*, Vaticano II: Diccionario teológico El Dios Cristiano, hg. v. X. Pikaza u. N. Silanes (Sa 1992) 1425–1433 (Lit.); *Y. Congar*, Der Heilige Geist (Fr-Bs-W 1982) 147–153; *G. Chantraine*, L'enseignement du Vatican II concernant l'Esprit Saint: Credo in Spiritum Sanctum. Atti del Congresso Teologico Internazionale di Pneumatologia II (Va 1983) 993–1010; *A. M. Kothgasser*, Die katholische Pneumatologie im zwanzigsten Jahrhundert: Credo in Spiritum Sanctum. Atti del Congresso Teologico Internazionale di Pneumatologia I (Va 1983) 611 659; *Chr. Schütz*, Einführung in die Pneumatologie (Da 1985) 136–140; *M. Seybold*, Die Kirche als Mysterium in ihren Ämtern und Diensten – Dogmatische Orientierung: B. Mayer – M. Seybold, Die Kirche als Mysterium in ihren Ämtern und Diensten (Extemporalia 5) (Eichstätt-W 1987) 43–88; *B. Forte*, Trinität als Geschichte (Mz 1989); *M. Kehl*, Die Kirche (Wü 1992); Trinità in contesto, hg. v. *A. Amato* (Biblioteca di Scienze Religiose 110) (Ro 1994).

1. *Kirche als Trinitätsmysterium*

Hauptanliegen des 2. Vatikanums war die Besinnung auf Wesen und Gestalt der Kirche. Beide Aspekte ihrer Berufung sollten zur Sprache kommen und als Zweieinheit gesehen werden: die geistliche Dimension und die sichtbare, innerweltliche

[19] DH 3326.
[20] DH 3327.
[21] DH 3328–3331.
[22] *L. Scheffczyk*, Lehramtliche Formulierungen 200.

Seite der Kirche. Nach außen hin ist sie sinnenfällige Vermittlungsform für die Verbundenheit der Menschen mit Gott und untereinander. Dem entspricht die innere trinitarische Struktur: Die Kirche gründet im universalen Heilswillen des Vaters; das Erlöserwirken des Sohnes eint sie zur eucharistischen Gemeinschaft; der Heilige Geist ist ihr Lebensimpuls durch die Zeiten hin[1].

Die geschichtliche Kirche hat ihren Ursprungssinn im allgemeinen Heilswillen des *Vaters*; so umfaßt sie alle Nachfahren Adams. Von Anfang des Menschengeschlechtes an gibt es niemanden, dem der Weg hin zu Gottes Lebensgeheimnis verschlossen wäre. Dessen Inbegriff und Fülle begegnet in Jesus Christus, „Bild des unsichtbaren Gottes" und „Erstgeborener aller Schöpfung" (Kol 1,15). Was er als Urbild darstellt, wurde und wird von Menschen vor und nach ihm in unterschiedlichen Brechungen gelebt; alle aber gehören sie zu dem einen Volk Gottes. Erst recht zählt das Haus Jakobs dazu. Im konzentrierten Sinn ist Kirche dann dort gegeben, wo Menschen ausdrücklich an Jesus Christus als den „Erstgeborenen unter vielen Brüdern" (Röm 8,29) glauben[2].

Mit der Sendung des *Sohnes*, die in seiner Kreuzigung und dessen geöffnetem Herzen ihren äußersten Ausdruck findet, erhält der universale Erlöserwille Gottes ein konkretes Gesicht: Jesus von Nazaret. Um ihn geschart, sind Menschen Söhne und Töchter des Vaters, sind sie Kirche. Deren urbildliche Verwirklichungsform ist das Todesgedächtnis Jesu in der Eucharistie. Die konkrete Abendmahlsgemeinde schränkt die Universalität der Vaterliebe Gottes nicht ein. *Für viele* (semitisch alle) hat Jesus sein Bundesblut (Mk 14,24) vergossen. Jeder ist zur Gemeinschaft mit dem gerufen, der das Licht der Welt ist: „von ihm kommen wir, durch ihn leben wir, zu ihm streben wir hin"[3].

Dem Hinweis auf die geöffnete Seite Jesu als den symbolischen Ursprung der eucharistischen Kirche läßt Lumen Gentium den Bezug auf Pfingsten als weiterführende Aussage folgen. Gemeint ist der Gedanke, daß die Sendung des Heiligen Geistes die Jüngergemeinde „erst so recht zu dem [macht], was sie ist: mysterium, allumfassendes Heilszeichen, Leib Christi, jene ‚komplexe Wirklichkeit', die aus Göttlichem und Menschlichem besteht (LG 8,1)"[4]. In reichlicher Bezugnahme auf biblische Texte wird das Wirken des *Geistes* umschrieben:

Daß die Jünger den Gekreuzigten als *den Herrn* bekennen, ist dem Heiligen Geist verdankt (1 Kor 12,3). Gleiches gilt für ihre Einheit im Gebet (Röm 8,26). Er ist das Kraftfeld, in dem die Botschaft Jesu ihre Lebendigkeit erweist und die Gläubigen zu einer engeren Verbindung mit ihm selbst und untereinander hinfinden (1 Kor 12,13). Er schließt die Gläubigen zur Einheit des Leibes Christi zusammen (1 Kor 12,4–11). Was der Heilige Geist vertiefend erschließt und lebendig hält, kommt vom Vater und durch den Sohn. Ist dieser Offenbarer und Offenbarung zugleich, so kommt es dem Heiligen Geist zu, die Christusoffenbarung auslegend gegenwärtig zu halten und als werbenden Anruf zu verlebendigen. Diesen trinitarischen Lebensstrom im

---

[1] LG 2–4. Vgl. *M. Philipon*, Die Heiligste Dreifaltigkeit und die Kirche: De Ecclesia, hg. v. G. Baraúna I (Fr u.a. 1966) 252–275; *B. de Margerie*, La trinité chrétienne dans l'histoire (Théologie historique 31) (P 1975) 303–331; *A.M. Kothgasser*, Die katholische Pneumatologie im zwanzigsten Jahrhundert: Credo in Spiritum Sanctum. Atti del Congresso Teologico Internazionale di Pneumatologia I (Va 1983) 611–659, hier 623–638; *N. Silanes*, Vaticano II: Diccionario teológico El Dios Cristiano, hg. v. X. Pikaza u. N. Silanes (Sa 1992) 1425–1433 (Lit.).

[2] LG 2.

[3] LG 3.

[4] *A. Grillmeier*: LThK. E I 160f.

Auge, zitiert das Konzil[5] Cyprian von Karthago († 258)[6]; er nennt die Kirche „das von der Einheit des Vaters und des Sohnes und des Heiligen Geistes her geeinte Volk".

Das hier erkennbare Gottesverständnis ist nicht wie noch auf dem 1. Vatikanum von immanenter Trinitätsbetrachtung geleitet. Es ist heilsökonomisch gefaßt und hebt das Wirken der göttlichen Personen für den universalen Sinn und die konkrete Gestalt der Kirche hervor. Unter Bezug auf Lumen Gentium 4 hat nachkonziliare Theologie das Gottesvolk als *Ikone der Trinität* bestimmt[7]. Wo immer etwas vom Sinn der Kirche in menschlich begrenzter Weise verwirklicht wird, ist eine authentische Spur des dreieinen Gottes gegeben. Der trinitarische Rahmen hat das Kirchenverständnis des letzten Konzils weit und zugleich konkret gemacht: *weit* – durch die Bindung des Gottesvolkes an den heilig-heilenden Ursprungswillen des Vaters sowie das alles belebende Wirken des Heiligen Geistes; *konkret* – durch dessen Zentrierung als Christus- und Eucharistiegemeinschaft. Mit diesen Akzenten trifft zu: „Die Kirche des Zweiten Vatikanischen Konzils ist die Kirche der Dreifaltigkeit"[8].

Die zum Auftakt von Lumen Gentium skizzierten Linien bleiben nicht auf das Anfangskapitel beschränkt. Sie werden dort wieder leitend, wo die Einheit und Universalität des Gottesvolkes zur Sprache kommen[9]. Auch hier begegnet zur Begründung seiner Einheit und Verschiedenheit der Hinweis auf den umfassenden Heilswillen des Vaters; Christus ist es, der es aus allen Völkern zur Gemeinschaft des Glaubens, der Hoffnung und der Liebe zusammenruft; der Heilige Geist durchseelt und trägt sein geschichtliches Wirken. Nach konziliarem Verständnis ist die Kirche Christi nicht von unipolarer Einheitssicht geprägt, sondern vom Einheitswirken des dreipersonalen Gottes. In diesem Zusammenhang begegnet das Wort von der Einheit der »Gemeinschaft Gottes«[10].

Es ist naheliegend, daß sich auch im *Ökumenismus*dekret das trinitarische Einheitsverständnis als Klammer für die innere Zusammengehörigkeit aller Christus-Jünger findet: „Höchstes Vorbild und Urbild dieses Geheimnisses ist die Einheit des einen Gottes, des Vaters und des Sohnes im Heiligen Geist in der Dreiheit der Personen"[11]. Desgleichen erscheint die *Missionsarbeit* der Kirche in trinitarischem Licht[12]. Schließlich gilt der Pastoral-Konstitution der Trinitätsglaube als die authentische Antwort auf die Herausforderung des zeitgenössischen *Atheismus*.

Seinen kritischen Anfragen gegenüber ist es Aufgabe der Kirche, „Gott den Vater und seinen menschgewordenen Sohn präsent und sozusagen sichtbar zu machen, indem sie sich selbst unter der Führung des Heiligen Geistes unaufhörlich erneuert und läutert … Dazu, daß Gott in seiner Gegenwärtigkeit offenbar werde, trägt schließlich besonders die Bruderliebe der Gläubigen bei, wenn sie in einmütiger Gesinnung zusammenarbeiten für den Glauben an das Evangelium und sich als Zeichen der Einheit erweisen"[13].

---

[5] LG 4.
[6] Domin. or. 23 (PL 4, 553).
[7] Vgl. *B. Forte*, Trinität als Geschichte (Mz 1989) bes. 199–203 (Die Kirche als Ikone der Trinität); *M. Kehl*, Die Kirche (Wü 1992) 56.
[8] *M. Philipon*, Die Heiligste Dreifaltigkeit 260.
[9] LG 13.
[10] *M. Kehl*, Kirche 60.
[11] UR 2.
[12] AG 2–4 7.
[13] GS 21.

In dem Maße die Kirche insgesamt wie auch der nach dem Bild Christi erneuerte Mensch[14] den dreifaltigen Gott widerspiegeln, verlieren die Einwände des humanistischen Atheismus ihre bohrende Kraft. Gemeint sind jene Argumente, die um der Freiheit und existentiellen Würde des Menschen willen Gottes Existenz bestreiten. Aufgenommen ist aber auch jener Widerspruch, der um des leidenden Menschen willen gegen einen allmächtigen und guten Gott erhoben wird. Angesichts dieses Protestes verweist das Konzil auf die Passion Christi; in ihm „wird das Rätsel von Schmerz und Tod hell, das außerhalb seines Evangeliums uns überwältigt“[15].

2. *Trinitarisches Konzil*

Unter trinitätsgeschichtlichem Aspekt liegt die Bedeutung des 2. Vatikanums darin, sein Verständnis von Kirche und christlicher Existenz wie keines der vorangegangenen Konzilien mit dem Grundgeheimnis der Offenbarung verknüpft zu haben[16]. Es erscheint tatsächlich als das »Protomysterium« und der zusammenfassende »Schlußstein« aller Glaubensaussagen[17]. Dieser konzentrierte Blick ist mit einer bemerkenswerten heilsökonomischen Perspektive verbunden. Dabei wird auf dramatischere Weise als bei einem seinshaften Ansatz offenbar, wie der dreifaltige Gott in die Geschichte hineinwirkt und wer er für den Menschen ist. Auch bleibt das die Glaubensgeschichte hindurch währende *Annäherungsbemühen* an den Heil wirkenden Gott leitender Gedanke. Die Kirche insgesamt wie der einzelne Gläubige, der Lebensmutige wie der Leidende, sind Spur und Bild dieses Gottes. Mit der Einbindung des Trinitätsglaubens in das Verständnis von Kirche und christlicher Existenz hat das Konzil einen wichtigen Anstoß gegeben, wie der Lebensleere und Weltlosigkeit unserer Gottesrede zu begegnen ist.

Heilsgeschichtlich verstanden, ist trinitarischer Gottesglaube zuinnerst verbunden mit der Annahme der je unvertretbaren, aktuellen Geschichte sowie der hier und jetzt begegnenden Menschen, seien sie Christen oder nicht. »Vom Vater her und zu ihm hin«, »mit dem Sohn«, »im Heiligen Geist« sprengt jeden existentialistisch verengten Gottesbezug. Wird dieser trinitarisch verstanden, kann er nur in geeinter Gefährtenschaft bekannt und gelebt werden. In stets überholbaren Formen mitmenschlicher Liebe konkretisiert sich dieser Gottesglaube, werden Spuren des Dreieinen sichtbar. Von ihnen gilt „Die Liebe hört nie auf“ (1 Kor 13,8). Dieses Hoffnungswort angesichts der bescheidenen Gestalt menschlicher Liebe und auch im wachen Bewußtsein ihres vieltausendfältigen tödlichen Verrats annehmen und wagen zu können, dazu möchte Gott im Heiligen Geist ermutigen. Trinitarischer Gottesglaube will Dunkel und Drangsal menschlicher Existenz nicht überhöhen oder wegreden; aber er möchte dazu befähigen, die Lebenslast (bisweilen nur stumm) auszuhalten und kraft des Heiligen Geistes in der Gefährtenschaft des universalen Gottesvolkes mit dem gekreuzigten und auferstandenen Christus zum Vater zu bestehen. Trinitarisch geformte Existenz blickt auf den aktuellen Lebensraum; sie erstrebt dessen Annahme und dessen gestaltgebende Verwandlung.

Wie jedes vorausgehende Konzil, rezipiert auch das 2. Vatikanum zeitgenössische Impulse. Dies gilt in besonderem Maße für die heilsgeschichtliche Perspektive, die eine seiner tragenden Denkformen ist. Als äußeres Zeichen dafür sei auf den trinitarisch untergründeten Leitbegriff für die Kirche *Volk Gottes* verwiesen[18]. Nach-

---

[14] GS 22.
[15] GS 22.
[16] *M. Philipon*, Die Heiligste Dreifaltigkeit 260.
[17] *N. Silanes*, Vaticano II 1432.
[18] Vgl. u. a. LG 9.

konziliare Ekklesiologie greift diese Sehweise auf und stellt den Weg- wie den Communio-Gedanken in den Mittelpunkt ihrer Neuentwürfe. In ihnen entfaltet sich ein Trinitätsverständnis, das den dreifaltigen Gott zunehmend von der Einheit intersubjektiver Beziehungen her denkt. Das läßt Kirche verstehen „als Sakrament der Communio Gottes“[19]. Oder sie gilt als die Gemeinschaft der Gläubigen, „die in der Nachfolge Christi die trinitarische Lebens-Gemeinschaft Gottes bezeugt“[20]. Auch begegnet die Wendung, „daß die Communio Kirche Gottes Communio, seine kommuniale ‚Beziehungsmacht‘ und seinen kommunialen ‚Beziehungswillen‘ zu bezeugen hat, bezeugen darf“[21].

Ist die Kirche behutsames Abbild des dreifaltigen Gottes, kommt es den Amtsträgern zu, dieser Einheit zu dienen. Wie sich dies in einer ausgewogenen Verhältnisbestimmung von hierarchischen und kommunitären Elementen in der Kirchenverfassung und der ekklesialen Praxis darstellen läßt, ist bisher noch weitgehend offen und wird sehr kontrovers diskutiert[22]. Dies ist ein äußeres Zeichen dafür, daß nicht zuletzt die trinitarischen Impulse des Konzils der weiteren theologischen wie lebensmäßigen Rezeption bedürfen.

Neue Horizonte sind inzwischen hinzugekommen: die Politische Theologie, die Theologie der Befreiung, die Feministische Theologie. Diese und andere Fragehorizonte mehr[23] lassen den dreifaltigen Gott verstärkt inmitten der menschlichen Freiheitsgeschichte aufscheinen. „Hier tritt in den Notsituationen und Bedrängnissen unserer Zeit Gott als der Solidarische, Ermutigende und Befreiende aus dem Dunkel der Skepsis heraus“[24].

---

19 *M. Kehl*, Kirche 63; vgl. auch *B. Forte*, Trinität 199–211; *G. L. Müller*, Katholische Dogmatik (Fr-Bs-W 1995) 611–613.

20 *S. Wiedenhofer*, Das katholische Kirchenverständnis (Graz-W-K 1992) 181.

21 *J. Werbick*, Kirche (Fr Bs W 1994) 346; *ders.*, Trinitätslehre: Th. Schneider (Hg.), Handbuch der Dogmatik, Bd. 2 (D 1992) 573 f.

22 Vgl. *L. Scheffczyk*, Aspekte der Kirche in der Krise (Siegburg 1993) bes. 69–102; *M. Seybold*, Die Kirche als Mysterium in ihren Ämtern und Diensten – Dogmatische Orientierung: B. Mayer – M. Seybold, Die Kirche als Mysterium in ihren Ämtern und Diensten (Extemporalia 5) (Eichstätt-W 1987) 43–88.

23 Trinità in contesto, hg. v. *A. Amato* (Biblioteca di Scienze Religiose 110) (Ro 1994).

24 *H. Vorgrimler*, Theologische Gotteslehre (D 1985) 186.

RÜCKBLICK

Die von Luther bis hin zum 2. Vatikanum verfolgte Geschichte der Trinitätstheologie hat, ungeachtet mancher Besonderheiten, die zentrale Grundaussage freigelegt: Der dreieinige Gott ist der dem geschichtlichen Menschen zuinnerst Nahe; dessen personales wie kommunitäres Selbstverständnis ist von hierher geprägt. Aus der Väterzeit wie auch aus der mittelalterlichen Scholastik überlieferte Kategorien und Begriffe werden im Laufe des zurückgelegten Weges von den genannten Autoren immer wieder auf dieses Zentrum hin befragt und eingeordnet.

Es ist erstaunlich, wie einmütig der trinitarische Gottesglaube in den verschiedenen Epochen als Mitte des christlichen Bekenntnisses empfunden und wie sehr um eine entsprechende Auslegung gerungen wird. Kritik finden rationalistische Interpretationen ebenso wie jede isolierte Behandlung des Lehrstücks. Diesbezüglich darf ausdrücklich Hegel als engagierter Anwalt des christlichen Fundamentalbekenntnisses gelten. Der Berliner Philosoph hält der rationalistischen Theologie seiner Zeit vor, mit *leeren* Begriffen zu arbeiten und ein oberflächliches Gottesverstehen anzubieten; dieses sei nur dann inhaltlich gefüllt, wenn es trinitarisch gefaßt werde. Nicht weniger verdienen K. Rahner und J. Moltmann in diesem Zusammenhang gehört zu werden. Ihre Namen stehen für die zeitgenössischen Bemühungen, der aktuellen Identitätskrise des Christentums mit einem profilierten Trinitätsglauben entgegenzutreten. In dessen voranleuchtendem Licht sollen sämtliche Aussagen über den Menschen und die Kirche, wie auch über die Schöpfung und die Zeit verstanden werden. Desgleichen erscheint unter dieser Rücksicht H. Schell als grundsätzlich denkender Theologe, wenn er fordert, in jedem Dogma den dreieinigen Gott zu erweisen.

Die fundamentale Bedeutung des Trinitätsglaubens für das christliche Bekenntnis gründet in der geschichtlichen Selbstoffenbarung Gottes. H. U. v. Balthasar sagt es mit die Epochen übergreifender Deutlichkeit: Die tiefe Ahnung, daß Gott weltüberhoben, heilig ist, verbindet die Religionen; daß er in der Person Jesu der Mitleidende ist, gilt als *das* christliche Proprium. Ähnlich klar hatte es zuvor M. Luther gesehen. Das an die trinitarischen Namen des Vaters, des Sohnes und des Heiligen Geistes geknüpfte Heilswirken ist wesenhaft *Gottes* geschichtliche Tat, die ihn als Erlöser definiert. An ihn die Heilsgeschichte zurückzubinden ist für den Reformator mehr als überlieferte Tradition; es liegt in der Logik seines Offenbarungsverständnisses. Dieses gipfelt darin, daß die durch den Vater, den Sohn und den Heiligen Geist im Ablauf der Zeit verwirklichte Vollendung des Heils zur Ewigkeit Gottes selbst gehört. Er hat sich in deren Wirken ein für allemal und unwiderrufbar dem Menschen und seiner Welt verbunden. Was mit der Schöpfung anhebt, in der Geschichte Israels Kontur gewinnt, erreicht in Leben und Werk Jesu sowie in der Sendung des Heiligen Geistes seinen vollen Ausdruck: Der trinitarische Gott ist ein Gott der Geschichte; er ist im vollendeten Sinne Jahwe, der dem Menschen in seinem Lebensraum hilfreich Nahe, ohne daß er aufhört, der Entzogene, Unerforschliche, Heilige zu sein.

Zur gedanklichen Bewährung dieses Glaubens drängen nicht nur Judentum, Islam und antitrinitarische Gruppen, wie es nachdrücklich Luther und Calvin empfinden.

H. de Lubac weiß sich zudem durch die Religionen Asiens herausgefordert. Deren idealistischem Monismus fehle jedes Verständnis für Geschichtlichkeit; für einen *lebendigen* Gott sei keinerlei Raum frei, damit auch nicht für eine Inkarnation. Im aktuellen religionsgeschichtlichen Gespräch werden diese Fragen noch intensiviert. Leben im trinitarischen Gottesglauben nicht aus der Gnosis herrührende Urvielheiten weiter?

Gedanklich treffen sich diese Einsprüche mit denen des Deismus und Monismus. Der deistische Gott west über aller Welt, ohne von ihren dunklen Schatten berührt zu werden. Der Monismus sieht Gott und Welt derart ineins, daß die Weltüberhobenheit und damit jedes Offenbarungswirken Gottes aufhört.

In besonderem Maße wirkmächtig ist der Einwand der Aufklärung, wonach das Christentum als positive, historische Religion nur eine einstweilige Vorstufe der reinen Vernunftreligion ist. Letztere gelte es anzuzielen und alle Begründung durch Offenbarung und Bibel als vorläufige Hilfestellung zu überwinden. Sosehr Hegel wieder Gott und Geschichte zuinnerst verbindet, leidet sein Entwurf daran, die geschichtliche Stunde in je ihrer Eigenart und Bedeutung dem selbstmächtigen Lebensprozeß des absoluten Geistes untergeordnet zu haben.

Die Auseinandersetzung mit solchem Denken weckt den Sinn für ein Geschichtsverständnis, das offen ist für das Einmalig-Personale und zugleich Mitmenschlich-Konkrete als Transparenz für das unauslotbar Göttliche. So wird neu die Perspektive dafür eröffnet, in der sich von freier Gottes-Offenbarung und seiner trinitarischen Selbstgabe an den Menschen sprechen läßt.

Hier verdient F.A. Staudenmaier besondere Erwähnung. In Abgrenzung zu Hegel ist sein Gottes- und Heilsverständnis bewußt personal und geschichtlich bestimmt. Was im Ablauf der Zeit geschieht, ist alles andere als eine spekulativ zu überwindende Spur Gottes. Der Dreifaltige ruft in geschichtlichen Ereignissen den Menschen, damit dieser in seiner personalen Existenz dem Reifen des göttlichen Reiches Gestalt gebe. Die Geschichte ist mit Schöpfung und Erlösung Ort der Selbstoffenbarung Gottes; sie ist zugleich Bewährungsraum des Menschen, seiner Personalität und Freiheit, seiner Entscheidung und Tat. Der frei und voraussetzungslos Schöpfung stiftende, Geschichte tragende, dem Menschen Erlösung und Heil gewährende Gott ist *in sich selbst* Lebensfülle, Hingabe und Liebe. Unter der Last der Notwendigkeit wäre seine Liebe unwahr und selbstsüchtig. Nicht nur Staudenmaier greift diesen Gedanken des Aquinaten auf; er ist in der neuzeitlichen Trinitätslehre, die sich mit Hegel'schem Gottes- und Geschichtsverständnis auseinandersetzt, weithin gegenwärtig. Nur weil der dreifaltige Gott der *in sich* liebende ist, vermag er auch der sich uns hingebende zu sein. Gegenüber idealistischen Herausforderungen sind Freiheit und Personalität Gottes wie auch des Menschen zentrale Gesprächsthemen.

Die angesichts philosophischer Anfragen wieder gesuchte Annäherung des weltjenseitigen Gottes an den geschichtlichen Lebensraum des Menschen erhält mit der in unserem Jahrhundert verstärkt empfundenen Leidensfrage einen neuen Akzent. Sosehr schon Augustinus wie auch M. Luther das Kreuz Christi als Kristallisationspunkt der Trinitätsoffenbarung entfalten, gehen beispielsweise J. Moltmann und E. Jüngel einen bemerkenswerten Schritt weiter. Für sie ist Trinitätslehre insofern Kreuzestheologie, als Passion zum innersten Wesen Gottes gehört. Ähnlich H.U. v. Balthasar; von Bulgakow übernimmt er den Gedanken, daß der heilsgeschichtlichen Kenose eine innertrinitarische Ur-Kenose zugrunde liegt. Was in der Heilsgeschichte bis hin zur Leere des Karsamstags offenbar wird, ist ein irdischer Spiegel der bis hin zum Chaos der Hölle reichenden Gottesliebe. Für den dreifaltigen Gott gibt es keinen Raum, der seiner heilenden Gegenwart entbehrte; auch der (vermeintlich) Gottlose ist, wie der Leidende, von der trinitarischen Liebe umgriffen. Sosehr Entwürfe dieser Art mit der Leidensfrage eine zentrale Herausforderung des Gottesglaubens aufgreifen, bleiben sie doch im Hinblick auf ihre Hermeneutik vertieft zu bewähren. Was ist etwa der Realgehalt der in solchen Gedankengängen verwendeten Bilder?

In dem Maße, wie mit dem neu eroberten geschichtlichen Denken verstärkt das Offenbarungswirken Gottes als Lebensraum des Menschen in den Blick kommt, tritt die in der Spät- und Neuscholastik konzentriert gepflegte Betrachtung der immanenten Trinität zurück. Ein bemerkenswertes Beispiel für diesen Wandel sind die unterschiedlichen trinitätstheologischen Perspektiven der beiden letzten Konzilien. Das 1. Vatikanum formuliert noch eine stark vom lateinischen Wesensdenken geprägte und auf die immanente Trinität konzentrierte Sehweise. Im Unterschied dazu denkt das 2. Vatikanum bemerkenswert heilsökonomisch; es hebt das Wirken der göttlichen Personen für den universalen Sinn und die konkrete Gestalt der Kirche hervor. Daß die unterschiedlichen Nuancen im Trinitätsverständnis beider Konzilien einen inneren Zusammenhang voraussetzen, wird schwerpunkthaft im Anschluß an Rahners These erörtert, die »ökonomische« Trinität sei die »immanente« und umgekehrt. So unmittelbar dieser Grundsatz auch formuliert erscheint, er will nicht ausdrücken, daß Gott in der Heilsgeschichte aufginge und mit der ökonomischen Trinität der unendliche Reichtum göttlichen Lebens umfassend benannt sei. Positiv meint Rahner, daß die Heilsgeschichte nicht *etwas* von Gott offenbart, sondern *ihn* selbst; in der Zeit erschließt sich Gott, wie er *in sich* ist. Ferner möchte die Rahner'sche These festhalten: Gott ist *in sich* so, daß er dem Menschen in dessen Geschichte *als er selber* begegnen kann. Damit bleibt der spezifische Blick auf die immanente Trinität offen; er ist um den Aufweis bestrebt, Gottes schöpferische Hingabe und Heil schenkende Liebe unabhängig von seinem Weltbezug und in sich selbst als relationale Wirklichkeit zu verstehen. Letztlich geht es darum, sich gedanklich der unauslotbaren Tiefendimension der ökonomischen Trinität anzunähern.

Ist die Heilsgeschichte Ort der freien Selbstoffenbarung Gottes und wird der Lebensraum des Menschen so zur Freiheitsgeschichte, konkretisiert sich dies auf verschiedene Weise. Die Kirche mit ihren konstitutiven Vollzügen ist geschichtliches Abbild und Spur des dreifaltigen Gottes. Konkrete Konsequenzen für die kirchliche Verfassung und Praxis daraus zu ziehen liegt als einzulösender Zukunftsauftrag vor uns. Deutlicher erkennbar sind die Linien im Hinblick auf den vom Heiligen Geist erfüllten einzelnen Gläubigen. Daß dieser biblische und augustinische Gedanke neue Kraft erhalten hat, ist zentrales Ergebnis der neuzeitlichen Trinitätsgeschichte. Deren Grundthema war und ist: Die sich im Raum der Geschichte ereignende und so über sie hinausführende kommunitäre wie personale Lebensgemeinschaft mit dem dreifaltigen Gott haben kirchliche Verkündigung und theologische Reflexion als *die* Wesensaussage des Christentums zu entfalten.